I, D.1264.
B.P. 22.

HISTOIRE
DES FRANÇAIS.

TOME XXII.

Ouvrages du même Auteur, publiés par la Librairie Treuttel *et* Würtz.

Histoire des Français. In-8°. Tom. I à XXI. *Paris,* 1821 à 1836.................................. 168 fr.
— Le même ouvrage, sur papier vélin superfin.. 252 fr.
Précis de l'Histoire des Français, 2 forts vol. in-8°. *Paris,* 1839............................... 16 fr.
Julia Severa, ou l'An quatre cent quatre-vingt-douze (Tableau des Mœurs et des Usages dans les Gaules, du temps de Clovis). 3 vol. in-12. *Paris,* 1822.. 7 fr. 50 c.
Histoire des Républiques Italiennes du moyen age; nouvelle édition, revue et corrigée. 16 vol. in-8°. *Paris,* 1826. (Ouvrage complet.)................. 112 fr.
Histoire de la Renaissance de la Liberté en Italie, de ses Progrès, de sa Décadence et de sa Chute. 2 vol. in-8°. *Paris,* 1832............................ 12 fr.
De la Littérature du Midi de l'Europe; nouvelle édition, revue et corrigée. 4 vol. in-8°. *Paris,* 1829. 28 fr.
Histoire de la Chute de l'Empire romain et du Déclin de la Civilisation, de l'an 250 à l'an 1000. 2 vol. in-8°. *Paris,* 1835............................ 15 fr.
Études sur les Sciences sociales. — Tome I. *Études sur les Constitutions des peuples libres.* Un vol. in-8. *Paris,* 1836............................... 7 fr. 50 c.
— Tomes II et III. — *Études sur l'Économie politique,* 2 vol. in-8°. *Paris,* 1837 et 1838................. 15 fr.

HISTOIRE
DES FRANÇAIS,

PAR

J. C. L. SIMONDE DE SISMONDI,

Associé étranger de l'Institut de France, de l'Académie impériale de Saint-Pétersbourg, de l'Académie royale des Sciences de Prusse; Membre honoraire de l'Université de Wilna, de l'Académie et de la Société des Arts de Genève, de l'Académie Italienne, de celles des Georgofili, de Cagliari, de Pistoia, de Palerme; de l'Académie Romaine d'Archéologie, et de la Société Pontaniana de Naples.

TOME VINGT-DEUXIÈME.

A PARIS,

Chez TREUTTEL et WÜRTZ, Libraires,
RUE DE LILLE, N° 17.

A STRASBOURG, même Raison de Commerce, Grand'Rue, n° 15

1839.

HISTOIRE DES FRANÇAIS.

SUITE DE LA HUITIÈME PARTIE,

ou

LA FRANCE SOUS LES BOURBONS.

CHAPITRE IX.

Pacification de la France. — Courte guerre de Savoie. — Mariage du roi. — Mécontentement des grands. — Arrestation et supplice du maréchal de Biron. — 1598-1602.

Il y a déjà quatre ans que le vingt-unième volume de cette histoire a été publié; il s'annonçoit comme le premier d'une division nouvelle, destinée à représenter la France sous les Bourbons; mon désir étoit de comprendre l'histoire tout entière de l'ancienne monarchie en vingt-quatre volumes et de la conduire jusqu'en 1789 : mais il n'appartient point à un homme de prendre d'engagement sur une entreprise qui peut dépasser de beaucoup ses forces ; et si, comme il me semble qu'un historien doit le faire, il n'adopte point un système d'avance, il ne juge point son sujet avant de l'avoir étudié, mais il mène de front ses recherches et son récit, et il expose les faits et les réflexions qu'ils lui suggèrent, au moment où sa mémoire en est le plus saturée, il lui est plus difficile encore de savoir ce qu'il fera d'une période qui lui est en quelque sorte inconnue.

C'est ce que j'ai éprouvé fortement, après avoir conduit mon récit jusqu'à la publication de la paix de Vervins et de l'édit de Nantes. Je sentis alors que j'étois parvenu à une des grandes époques historiques qui semblent terminer une série d'événemens et rompre la liaison des siècles passés avec les siècles futurs ; j'avois atteint la fin de cette longue rivalité entre la France et la maison d'Autriche, que François Ier et Charles-Quint avoient transmise à leurs descendans ; j'avois amené à l'époque de leur réconciliation des ennemis plus acharnés encore, les partisans des opinions anciennes et des opinions nouvelles en matière de religion; j'étois enfin parvenu jusqu'aux dernières limites du moyen âge, et je ne pouvois me dissimuler que j'allois entrer désormais dans l'histoire moderne, histoire que je n'avois point étudiée, pour laquelle je ne me sentois aucun attrait, tandis que quarante ans de ma vie consacrés à l'étude du moyen âge me faisoient croire que je m'y trouvois dans mon élément.

Je pouvois bien m'apercevoir que le public ne jugeoit point comme moi la série des temps; que son intérêt s'accroissoit à mesure que les époques étoient plus rapprochées, et qu'il sembloit ne se soucier des périodes les plus reculées qu'à cause de leur rapport avec celles qui sont venues ensuite. Mais il me sembloit qu'il se livroit à une illusion toute pareille à celle qu'éprouve celui qui, dans une campagne ouverte, promène ses regards, des objets rapprochés de lui, jusqu'au plus lointain horizon. Les arbres plus distans d'une longue avenue ne lui apparoissent que comme des points, tandis que ceux sous l'ombre desquels il se trouve l'étonnent par leur grandeur et leur magnificence. Il doit apprendre à rectifier cette première impression que lui transmettent ses sens. De même, il doit se défier de l'importance qu'il attache aux temps qui précèdent immédiatement le nôtre. Ce n'est point en effet la série d'événemens la plus importante; mais c'est celle vers laquelle se reportent tous les regards, celle dont tous les souvenirs sont encore vivans, celle que chacun croit savoir, même sans l'avoir apprise, tant les faits dont elle se compose offusquent notre vue et se pressent sur nous, lors même que nous ne songeons point à les chercher.

Cette prédilection que je sentois en moi pour le moyen âge, tandis que j'en connoissois une toute contraire à mes lecteurs, m'avoit presque déterminé à poser la plume au moment où je devois prendre définitivement congé d'un temps auquel il me sembloit que j'appartenois. Je savois que le public auquel je devois m'adresser attend de l'historien des deux derniers siècles tous les détails qu'il sait déjà, et tous ceux encore qu'il ignore. Il veut voir revivre tous les personnages avec lesquels il a fait connoissance par des milliers de mémoires répandus partout, par des anecdotes de cour répétées en cent lieux, par des relations devenues publiques avec ceux qui se sont fait un nom dans les lettres, par des traditions de famille que chacun a plus ou moins conservées. Chaque lecteur espère voir occuper la scène par ces hommes dont le nom lui est déjà familier, dont l'influence a été sentie au loin, et qui lui paroissent tous des personnages historiques.

Il y a de graves désavantages pour un auteur à tromper cette attente universelle ; cependant il seroit impossible de la satisfaire sans descendre, à mesure que nous avançons, à des détails toujours plus circonstanciés, sans sortir, pour ces deux derniers siècles, des proportions de tout le reste de l'ouvrage, sans excéder infiniment le nombre de volumes qui avoit été annoncé au public. On m'assure que ceux qui m'ont suivi au travers de vingt-un volumes demandent que je continue mon récit; on m'assure qu'ils désirent que l'histoire d'une grande nation soit ramenée par un seul homme sous un point de vue commun, qu'elle soit étudiée selon les mêmes règles, qu'elle soit jugée d'après les mêmes principes. La demande m'en a été faite de la manière la plus expresse par celui qui doit naturellement être mon intermédiaire avec le public. Je me suis soumis; j'ai repris le travail, mais il doit être subordonné à toutes les chances que mon âge multiplie. Je me suis proposé d'éviter la prolixité, de marcher à grands pas, de me contenir, s'il était possible, à peu près dans le nombre de volumes annoncés d'avance; mais je ne saurois fixer avec précision la longueur d'une carrière que je n'ai point encore parcourue; en même temps il seroit présomptueux, comme les années s'appesantissent sur moi, de dire jusqu'où elle pourra s'étendre. Je vois cependant, en mesurant d'avance les deux siècles que j'entreprends de parcourir, que des hommes éminens ont déjà déblayé le terrain vers lequel je m'avance, et que là où je serai forcé de m'arrêter, le lecteur trouvera une histoire spéciale, ou d'un règne, ou d'une période, ou d'un siècle, qui le conduira jusqu'à nos jours, et lui laissera peu d'occasions de regretter mon silence.

En commençant l'histoire des Français, nous avons cherché à nous rendre compte des races diverses qui s'étoient successivement fondues en une seule, des intérêts divers, des passions diverses, qui se manifestoient dans chaque province; nos regards devoient embrasser toutes les parties du territoire; à mesure que nous avançons, nous sommes appelé à les concentrer toujours plus sur le gouvernement, sur la cour; et le moment approche, vers le milieu du dix-septième siècle, où cette action unique du pouvoir va jusqu'au point de diminuer l'intérêt historique : tous les efforts du gouvernement tendent en effet dès lors à centraliser l'autorité, à faire dépendre dans toute la France tous les événemens publics d'une seule volonté et d'une volonté secrète. A cette époque, toutes les grandes existences dans les provinces ont cessé; le monarque et ses ministres se sont dès lors attachés, par la persuasion, la vanité, la corruption, plus encore que par la violence, à rappeler à la cour, à faire dépendre de la faveur d'un lever du roi, ceux qui auparavant avoient des forteresses et des armées; ils ont ôté aux communes tout sentiment d'indépendance; ils ont dépouillé leurs magistrats, leurs conseillers, de toute fierté; ils ont accoutumé la France à ce que rien ne pût se faire dans les provinces, à ce qu'on ne se permît pas même d'y avoir une volonté où une pensée d'avenir. On peut apprécier différemment l'influence que cette centralisation a dû exercer sur le bonheur national, mais on ne peut révoquer en doute qu'elle ne soit destructive de l'intérêt dans l'histoire nationale. Nous venons de parcourir l'époque toute vivante, toute passionnée du seizième siècle, où chaque ville, chaque village avoit sa chronique, ses révolutions, ses petites guerres, ses hommes qui se signaloient ou dans les conseils, ou dans les armées. Nous entrons dans une période nouvelle, préparée par cinquante ans d'efforts et de résistance, où les villes et les provinces ne sentent plus qu'elles fassent un corps, où les hommes ne se montrent plus que comme des individus qui ne connoissent que des intérêts individuels, et qui ne tiennent plus par le cœur avec ceux qui semblent groupés avec eux sur le terrain. Cependant cette période, surtout dans ses commencemens, remplit toute une bibliothéque de ses Mémoires; il n'y a pas un des négociateurs qu'elle a produits qui n'ait entassé volume sur volume pour nous conter ses ambassades, sans jamais oser juger ni la volonté souveraine qui lui traçoit sa conduite, ni la moralité de ses propres actions; pas un général qui n'ait raconté ses combats, tandis qu'aucun ne s'élevoit jusqu'au plan de la guerre; surtout il n'y a pas un courtisan qui ne veuille nous associer à sa faveur ou à sa disgrâce, entre les caprices du roi et les intrigues de ses favorites et de ses ministres. A tous ces détails si chers à la vanité, et dont un grand nombre nous ont été transmis par des femmes, sont venus se joindre tous les souvenirs de la médisance, toute la chronique scandaleuse de tous les gens de cour, de leurs femmes et de leurs maîtresses, toutes les intrigues des boudoirs. En vérité, on devroit rougir de confondre de tels souvenirs avec l'histoire de la nation française.

Cette centralisation de l'autorité, ce travail constant pour ramener la France sous l'unité du pouvoir, pour la soumettre sans résistance à une volonté absolue, furent l'œuvre à laquelle Henri IV s'attacha dès que la paix de Vervins avec l'Espagne, la paix de Nantes avec les protestans, l'eurent affermi sur un trône jusqu'alors ébranlé; il y apporta l'énergie de sa volonté et la puissance que lui donnoit une haute réputation militaire, et il ouvrit la route où ses successeurs persévérèrent, même au milieu des embarras et de la foiblesse de longues minorités. Henri IV étoit alors âgé de quarante-cinq ans; depuis dix ans il portoit le titre de roi de France, depuis vingt-six ans celui de roi de Navarre; mais il n'avoit point encore commencé à régner, du moins selon l'idée qu'il se faisoit lui-même de la royauté. Alors seulement il put diriger toute son attention vers les moyens de courber sous son obéissance des sujets qui, jusqu'alors, avoient été ses compagnons d'armes ou ses ennemis, ses rivaux, et souvent ses maîtres. La souffrance de la nation étoit à cette époque si intolérable; chaque famille avoit éprouvé tant de désastres, avoit perdu tant de membres par une mort cruelle, avoit vu tant de fois ravir ou brûler ses récoltes, piller ses magasins, dissiper ses épargnes; ces calamités s'étoient si universellement étendues, depuis le moindre toit d'une cabane jusqu'aux châteaux et aux palais les plus superbes, que le premier vœu de la France étoit le repos et la sécurité : aussi on demandoit avant tout au roi une main ferme et une volonté immuable, et tout le peuple le convioit au pouvoir absolu, car c'étoit la seule règle que tous les esprits pussent alors comprendre, et la seule qu'il comprît lui-même.

Après la double paix qui rendit à Henri IV sa puissance, personne n'osa plus disputer à Paris contre l'autorité royale; mais dans la plupart des provinces, on lui opposoit encore une résistance d'inertie, et les concessions qu'il avoit faites lui-même élevoient en face du trône des princes presque indépendans. Nous avons vu qu'il avoit acheté l'obéissance des seigneurs de la Ligue en leur livrant des gouvernemens, des forteresses, des troupes, de l'argent. Il avoit abandonné au duc de Guise la Provence; il avoit confirmé au capucin Joyeuse, rentré dans le monde, le titre de maréchal de France et la lieutenance générale de la partie du Languedoc qui tenoit pour la Ligue. Le duc de Mercœur, le duc de Mayenne, Brissac, Villars, et tous les autres chefs qui avoient cédé des provinces, avoient obtenu en récompense des gouvernemens particuliers avec des villes fortifiées. Le parti des catholiques politiques avoit été mieux partagé encore. Henri de Damville, maréchal de Montmorency, leur chef, avoit été fait connétable, confirmé dans le gouvernement de Languedoc, dont la lieutenance avoit été donnée à son gendre, le duc de Ventadour, tandis qu'en 1606 il en obtint encore la survivance pour son fils, âgé seulement de douze ans (1). L'homme qui, dans le même parti, étoit doué des plus grands talens pour la guerre, et qui avoit rendu les plus éminens services au roi, le baron, depuis duc de Biron, étoit maréchal de France et gouverneur de Bourgogne; enfin l'ancien mignon de Henri III, le duc d'Epernon, alors âgé de quarante-quatre ans, qui s'étoit fait craindre et jamais aimer de Henri IV, avoit conservé de grands débris de son immense faveur, Angoulême, la Saintonge, le Limousin, les trois Évêchés de Lorraine, le

---

(1) Hist. gén. de Languedoc. L. XLII, p. 483-498.

comté de Boulogne, beaucoup d'autres places fortes, et une ambition insatiable. Un troisième parti, moins puissant, mais plus uni, mieux organisé, occupoit encore une partie du territoire français, c'étoit celui des huguenots. Lesdiguières, qui, à leur tête, avoit reconquis pied à pied le Dauphiné, en étoit demeuré lieutenant-général, et il n'y tenoit presque sa puissance que de lui-même. Le vicomte de Turenne, riche de fiefs en Limousin et en Auvergne, étoit devenu par son mariage duc de Bouillon. Depuis le traité entre Henri III et Henri IV, Du Plessis-Mornay étoit demeuré gouverneur de Saumur; Caumont-la-Force gouvernoit le Béarn; d'autres, tels que les Rohan en Bretagne, les La Trémouille en Poitou, conservoient seulement les fiefs de leurs pères.

Ainsi s'étoit formée une nouvelle classe de grands vassaux presque aussi puissans que ceux qui avoient été humiliés par Philippe-Auguste et ses successeurs. La plupart ne tiroient point leur origine de la féodalité; ils avoient grandi par les guerres civiles, ils avoient arraché à la couronne leurs gouvernemens; mais les habitudes féodales, qui se maintenoient encore dans l'esprit des gentilshommes, donnoient à ces parvenus une garantie qui n'auroit pas dû leur appartenir; la noblesse qui relevoit d'eux se croyoit obligée à les défendre, même contre le

1598.

roi, comme elle auroit défendu ses vrais seigneurs; elle adoptoit leurs passions et leurs préjugés, et tout un gouvernement s'armoit pour son gouverneur. D'autre part, l'habitude des guerres civiles, l'habitude du combat et de la résistance, avoient resserré les liens entre les vassaux et le petit nombre de ceux dont la grandeur étoit encore toute féodale. Au moment où la double paix de l'Espagne et des protestans fut proclamée, on retrouvoit dans toutes les provinces ce qu'on n'avoit point vu sous Louis XII ou François 1er, des princes qui avoient le pouvoir et qui se croyoient le droit de soulever contre l'autorité royale les villes qu'ils gouvernoient au nom de cette autorité.

La première pensée de Henri IV fut de rabaisser ou de détruire cette grande aristocratie, qu'il trouvoit, à la paix, en possession de son royaume. Il reconnut bientôt que tout le peuple étoit, dans ce vœu, d'accord avec lui; aussi, lorsqu'il se mettoit au-dessus des traités qu'il avoit faits ou avec ses anciens compagnons d'armes ou avec ses adversaires, lorsqu'il n'en exécutoit plus les conditions, l'opinion, loin de se prononcer contre lui, l'encourageoit à persévérer. Il persévéra en effet, et après lui ses successeurs ou leurs ministres persévérèrent aussi ; en sorte que la féodalité ou plutôt son ombre, qui se montroit encore, fut domptée une troisième ou quatrième fois. Dans le siècle qui finissoit, on avoit vu surgir une autre aristocratie toute royale, celle des ducs et pairs, qui, créés par lettres-patentes de la couronne, opposoient la faveur d'une cour à l'illustration de l'antiquité, et prétendoient tenir le premier rang dans la noblesse. Il n'y avoit que huit duchés-pairies à l'avénement de Henri III. Il y en avoit dix-huit à l'avénement de Henri IV, et dans chaque règne, dès lors, les Bourbons en créèrent de nouvelles, préférant une noblesse qui tenoit d'eux toute son illustration à celle qui les avoit placés eux-mêmes sur le trône (1).

1598

La puissance des gouverneurs de province étoit éparse et disséminée; Henri IV eut soin de leur opposer toujours une volonté unique, constante, énergique, devant laquelle ils furent bientôt forcés de fléchir. A la tête de son conseil se trouvoit, au moment de la paix, le chancelier Hurault de Chiverny, qui devoit son avancement à Henri III. A sa mort, il fut remplacé en 1599 par le président de Bellièvre, puis en 1607 par Brûlart de Sillery : tous trois appor-

---

(1) Voici ces duchés-pairies dans l'ordre de leur création :

1527. Guise.	1572. Usez.	1581. Joyeuse.
1538. Montpensier.	1573. Mayenne.	1581. Piney-Luxembourg.
1547. Aumale.	1575. Saint-Fargeau.	1581. Retz.
1551. Montmorency.	1581. Épernon.	1581. Halwin.
1569. Mercœur.	1581. Elbeuf.	1588. Montbazon.
1569. Penthièvre.	1581. Rethel.	1589. Ventadour.

toient dans le conseil les opinions qui avoient fait éclater la Ligue, mais modifiées par l'esprit précautionneux et irrésolu des hommes de loi. Maximilien de Béthune, marquis de Rosny, étoit dès 1596 surintendant des finances : il avoit remplacé les huit intendans contrôleurs généraux qui relevoient de la cour des comptes, et il avoit centralisé cette administration en la mettant entièrement dans les mains du roi. Nicolas de Neufville de Villeroy étoit chargé de l'administration de la guerre et des affaires étrangères. Rosny étoit huguenot et Villeroy zélé catholique, mais tous deux faisoient passer avant leurs sentimens religieux le désir d'affermir l'autorité royale. De Fresne, qui avoit eu une grande part à la confection de l'édit de Nantes, et Loménie, dont le père avoit péri à la Saint-Barthélemy, étoient secrétaires d'état, l'un pour les affaires religieuses, l'autre pour la maison du roi. Enfin, le président Jeannin, du parlement de Dijon, autrefois attaché au duc de Mayenne, étoit le négociateur que Henri choisissoit pour les opérations les plus délicates (1).

Les hommes qui composoient le conseil le plus habituel du roi, Bellièvre, Sully, Sillery, Villeroy et le président Jeannin, étoient con-

---

(1) Isambert, Anc. lois françaises. T. XV, p. 1. — Capefigue, Hist. de la Réforme. T. VIII, p. 101.

sommés dans les affaires; mais ils étoient opposés d'opinions et de sentimens, et leur jalousie les auroit le plus souvent empêchés d'arriver à aucune conclusion s'ils avoient été laissés à eux-mêmes; aussi le roi les consultoit, il les faisoit travailler pour lui, mais il se réservoit à lui seul l'exercice de la volonté et la décision. Les connoissances du roi étoient peu étendues, et lorsque Sully rapporte les entretiens qu'ils avoient ensemble, il s'attribue toujours à lui-même toutes les notions d'histoire, de géographie, de statistique, qui faisoient la base de leurs résolutions; mais l'entendement de Henri étoit prompt et clair, il saisissoit rapidement ce qui lui étoit exposé, et il prenoit son parti plus rapidement encore, après quoi il ne revenoit point en arrière; aucun temps n'étoit perdu en incertitude et en redites, en sorte qu'il alloit fort vite en besogne : ses conseils ne duroient pas plus de deux heures, qu'il passoit le plus souvent à se promener avec ses ministres. Jamais, à ce qu'assure Fontenay-Mareuil, il ne renvoyoit une affaire d'une séance à une autre. Peut-être, il est vrai, cet homme d'état, qui n'avoit que seize ans lorsque Henri mourut, en nous transmettant les traditions de la cour et du ministère sur l'action du roi dans le gouvernement, songeoit-il plus encore à présenter un modèle à imiter par ceux qui vinrent depuis, qu'un portrait bien fidèle (1).

Pour faire goûter à la France les fruits de la paix qu'elle venoit d'obtenir, deux choses étoient importantes avant toutes les autres, réprimer les brigandages des soldats et rétablir les finances du roi. Depuis le commencement des guerres civiles les soldats n'avoient presque jamais reçu une paie régulière. On regardoit leur modération comme exemplaire quand ils se contentoient de manger la soupe du paysan, ou, lorsqu'ils étoient trop nombreux pour qu'elle leur suffit, quand ils prenoient sans payer son bétail ou ses récoltes. Mais le plus souvent ils vouloient de l'argent; c'étoit par des coups, c'étoit par des tortures, qu'ils forçoient les malheureux habitans des lieux ouverts à leur livrer tout ce qu'ils possédoient. La souffrance du peuple étoit intolérable, mais le remède qu'y apporta le roi fut violent. Une ordonnance du 4 août 1598 défendit le port des armes à feu sous peine d'amende et de confiscation pour la première fois; sous peine de la vie en cas de récidive (2). En même temps, les gouverneurs des provinces, les lieutenans généraux et particu-

(1) Mémoires de Fontenay-Mareuil. T. I, p. 54-100.
(2) Isambert, Anc. lois. T. XV, p. 211. — De Thou. T. IX, L. CXX, p. 162.

liers, reçurent ordre de courir sus à tous les gens de guerre à pied ou à cheval qui se trouveroient tenir les champs sans commission expresse du roi, et de les tailler en pièces (1). Seulement, pour adoucir un peu cette manière brutale de licencier des gens de guerre qui avoient rendu de grands services, et qui, pour la plupart, n'avoient pas de maisons où ils pussent se retirer, ou de ressources pour y vivre, divers édits de décembre 1599 et de juin 1606 imposèrent aux hôpitaux l'obligation de pourvoir à la subsistance et à l'entretien des pauvres gentilshommes, capitaines et soldats, estropiés, vieux et caducs (2).

Le rétablissement des finances étoit l'affaire du marquis de Rosny, plus connu sous le nom de Sully. Ce gentilhomme, de sept ans plus jeune que le roi, s'étoit distingué auprès de lui dans les guerres civiles; sa carrière, jusqu'après quarante ans, avoit été toute militaire; il s'étoit attaché surtout à la direction de l'artillerie; aussi Henri le fit grand-maître de cette arme, gouverneur de l'arsenal et de la Bastille; mais en même temps il avoit montré dès ses premières années l'esprit d'ordre et d'économie, et une grande attention aux moyens de s'enrichir. Quoique protestant, il n'avoit point adopté les sentimens

---

(1) Capefigue, Hist. de la Réforme. T. VIII, p. 102.
(2) Isambert, Anc. lois. T. XV, p. 226 et 301.

de liberté des anciens huguenots; il s'étoit dévoué uniquement au roi, c'étoit de lui qu'il attendoit sa grandeur et sa fortune, et il avoit de bonne heure manifesté de la jalousie ou de la malveillance pour les autres chefs de la réforme, Lesdiguières, Bouillon, Duplessis, d'Aubigné, qui conservoient plus d'indépendance de caractère. Il avoit des connoissances très variées et très étendues, grâce à cette éducation érudite qui distinguoit alors les religionnaires, à sa forte mémoire et à sa perception rapide; il étoit probe, il vouloit le bien du peuple comme il vouloit l'ordre, mais il manquoit de sensibilité, de pitié, de délicatesse morale; il étoit dur, hautain; il aimoit à rompre en visière, à refuser, à contredire, et peu d'hommes étoient plus détestés de la cour, et même de la bourgeoisie. Les finances de France étoient, avant lui, en quelque sorte au pillage; les financiers ne rougissoient d'aucune malversation, d'aucune volerie; Henri IV fit preuve d'habileté en choisissant son jeune compagnon d'armes pour faire trembler les traitans, pour contenir tous les voleurs, et pour repousser avec rigueur les prétentions des courtisans.

D'ailleurs, l'habileté de Sully en finances se bornoit à empêcher les dilapidations, soit celles des comptables, soit celles des gens de cour, qui profitoient de la foiblesse du roi pour se faire accorder le droit de lever des tributs sur le peuple.

Il menaçoit, il effrayoit, il se faisoit apporter l'ar- 1598. gent en nature pour l'accumuler dans les caves de la Bastille; il rachetoit les vieilles dettes à de grands rabais, souvent au prix de six fois ou de huit fois la rente; mais il ne songeoit point à soulager les contribuables en modifiant les impositions les plus oppressives, la gabelle, la taille, la corvée. Lorsque nous passons en revue toutes les ordonnances de finances rendues sous son ministère, nous n'en trouvons qu'une seule qui puisse être considérée comme accordant un soulagement au peuple, c'est celle de mars 1600, par le premier article de laquelle il faisoit remise aux contribuables du reste des tailles de l'année 1596 et années antérieures (1). Mais chacun reconnoissoit qu'il n'y avoit aucun moyen de recouvrer cet arriéré, et que le roi en y renonçant facilitoit la rentrée de la taille pour les années subséquentes. Cette ordonnance ne dégrévoit point les taillables pour l'avenir, mais elle portoit remède à quelques uns des abus les plus crians qui s'étoient introduits dans la perception; elle obligeoit les élus à faire des inspections plus fréquentes pour égaliser les cotes dans les paroisses; elle soumettoit toutes les plaintes à une justice sommaire; elle restreignoit les exemptions de tailles qu'avoient voulu s'attribuer les fermiers des nobles

---

(1) Isambert, Anc. lois françaises. T. XV, §. 139, p. 226.

ou de l'église, les gens de guerre non gentilshommes, et les bâtards non reconnus de la noblesse.

Dans une autre ordonnance encore, Sully eut égard aux plaintes du public, contre sa propre opinion ; il supprima la pancarte, par son édit du 10 novembre 1602, tout en déclarant qu'il regardoit ce subside « comme le plus juste et équitable, et le plus à la décharge des pauvres et nécessiteux. » C'étoit un impôt du sou pour livre de la valeur, sur l'introduction dans les villes, de toute marchandise et de toute denrée; il avoit été proposé par les notables assemblés à Rouen en 1596, mais le peuple n'avoit pas tardé à prononcer que de toutes ses charges c'étoit la plus odieuse et la plus insupportable, celle qui entravoit le plus le commerce, qui multiplioit le plus la contrebande, et compromettoit le plus les approvisionnemens. Pour supprimer la pancarte, le ministre combla le déficit que devoit produire son abolition en augmentant de 450,000 livres la gabelle du sel, de 450,000 livres la taille, et de 400,000 l'impôt sur les boissons (1). Un autre édit, rendu deux mois auparavant, avoit déjà accru d'un sou dans tout le royaume le prix du minot de sel.

On ne trouve dans les lois de Henri IV la trace d'aucune autre innovation dans les finan-

---

(1) Isambert, Anc. lois. T. XV, §. 162, p. 276.

ces. Les ressources que Rosny mettoit en œuvre ne demandoient point tant de publicité. C'étoit surtout la création et la vente d'un grand nombre d'offices nouveaux ; les compositions qu'il obtenoit, à force de menaces, des traitans, qu'il accusoit de s'être trop enrichis dans la perception des finances ; et les pots-de-vin considérables qu'il se réservoit sur tous les marchés. C'étoit à l'aide de ces ressources extraordinaires qu'il se trouvoit en état de fournir au roi les sommes considérables dont Henri avoit besoin pour son jeu ou pour ses maîtresses, et qu'il dissimuloit ensuite dans ses ordonnances de *comptant* (1). Henri savoit fort bien quel étoit l'emploi de ces pots-de-vin, mais il ne s'abstenoit jamais de goguenarder sur ses amis ou ses ministres, pas plus que sur les autres. Un jour que des fenêtres de son palais du Louvre il vit Sully broncher en traversant la cour, il dit à ceux qui étoient autour de lui « qu'ils ne s'en étonnassent pas, et que si le plus fort de ses Suisses avoit autant de pots-de-vin dans la tête, il seroit tombé tout de son long. » (2)

Comme ministre des finances, Sully étoit aussi appelé à s'occuper de la reproduction de la ri-

(1) Billets de Henri à Sully. T. IV, p. 103 *et passim*. Celui ci est pour acquitter une dette de jeu de 49,910 fr. au financier Zamet. Il y en a un grand nombre chaque année.

(2) Historiettes de Tallemant des Réaux. T. I, p. 70.

chesse qu'il soumettoit à des contributions. On trouve en effet quelques ordonnances faites dans ce but : telles sont celles sur le desséchement des marais pour rendre à la culture les terrains inondés : cette opération devoit être faite par un ingénieur de Berg-op-Zoom, Hunfroi Bradley, qui l'entreprenoit à ses frais avec de nombreux et riches associés, auxquels devoit demeurer la moitié des terrains recouvrés par eux (1). Tels sont encore plusieurs édits pour encourager à la plantation des mûriers, pour en établir des pépinières dans toutes les provinces, et pour instituer ou encourager les manufactures de drap d'or et de soie (2). Les moyens de communication furent aussi l'objet de sa sollicitude : d'une part, il fit créer une charge de grand-voyer de France, qu'il obtint pour lui-même, afin de soumettre à une seule direction tous les travaux ordonnés pour l'entretien des grandes routes(3) ; d'autre part, il rendit, en septembre 1602, un édit sur les monnoyes, par lequel, reconnoissant qu'il ne pouvoit repousser absolument les espèces étrangères, il donnoit un tarif de toutes celles dont il permettoit le cours, avec leur nom, leur poids et leur figure, menaçant de fortes

---

(1) Isambert. T. XV, ord. du 8 avril 1599, §. 133, p. 212 ; et de janvier 1607, §. 186, p. 313.

(2) *Ibid.*, p. 278, 283, 291.

(3) *Ibid.*, mai 1599, p. 223.

amendes ceux qui en mettroient en cours aucune autre, et de la peine de mort ceux qui exporteroient des monnoyes nationales (1). Indépendamment de la rigueur injuste de cette ordonnance, elle avoit encore le tort de hausser la valeur de toutes les monnoyes d'un douzième à un quinzième (2). Enfin, un édit de juin 1601 soumit toutes les mines du royaume à une seule surintendance générale, centralisant ainsi leur administration comme toutes les autres : il est vrai que le contrôle général en fut donné à deux favoris de cour, Beringhen et Bellegarde, que Henri connoissoit mieux comme compagnons de jeu et de galanterie que comme capables de veiller à l'inspection qu'il leur confioit. (3)

Si nous passons du dépouillement des ordonnances à l'examen des Mémoires mêmes de Sully, nous n'y trouvons rien non plus de bien propre à nous donner une haute idée du surintendant. Il ne faut point confondre cet ouvrage avec les mémoires que l'abbé de l'Écluse publia, au milieu du siècle passé, sous le nom du ministre : ceux-ci sont un des ouvrages les plus agréables à lire, un de ceux qui ont le plus contribué à donner une idée avantageuse et du maître et du serviteur, entre ceux qui nous restent sur le

(1) Isambert. T. XV, §. 160, p. 270.
(2) Sully. T. IV, p. 168.
(3) Isambert. §. 150, p. 253. — Sully. T. IV, p. 169.

règne de Henri IV; mais quoique tirés des Economies royales, ils ne leur ressemblent aucunement. L'ouvrage original, composé par les secrétaires de Sully, qui s'adressent à lui-même pour le flatter sans cesse avec une emphase fastidieuse, est entremêlé de beaucoup de pièces de Sully lui-même, qui semblent être absolument du même style. Ce style est fort lourd, fort chargé de paroles inutiles; et tandis que les secrétaires de Sully lui répètent de mille manières qu'il est le plus habile et le plus vertueux des hommes, leurs récits soulèvent beaucoup de doutes, et sur la netteté de son esprit, et sur sa parfaite probité. (1)

Toutefois, la haute réputation de Sully, la haute réputation de Henri IV, ce culte de reconnoissance que la postérité leur a voué, sont la juste récompense d'une amélioration dans le sort de tous, qui fut en partie leur ouvrage. La France, pendant tout le seizième siècle, mais surtout dans sa seconde moitié, durant les guerres civiles, avoit été exposée à d'horribles souffrances; elle goûta avec délices, de la paix de Vervins à la mort de Henri IV, douze années de repos, d'espérance, de confiance dans l'avenir. Tous les arts utiles à la vie recommencèrent; le laboureur remit en culture ses champs, de-

(1) Ils remplissent les neuf premiers volumes de la 2ᵉ série de la collection de Petitot. Quand M. Capefigue cite Sully, ce sont toujours les mémoires de l'abbé de l'Écluse qu'il indique.

meurés long-temps en friche; tous les métiers 1598. redoublèrent d'activité pour rebâtir les maisons ruinées, pour rendre des vêtemens à ceux qui n'avoient eu long-temps qu'un pourpoint usé par la cuirasse, pour refaire tous les meubles, tous les outils, que depuis quarante ans on avoit à peine réparés dans les longues fureurs des guerres civiles. Or, il y a du bonheur pour le peuple toutes les fois que son travail est demandé, et qu'il est bien payé; depuis deux siècles, il bénit la mémoire de Henri IV et de Sully pour un bienfait reçu pendant leur administration, bienfait qu'il a tenu du temps plus encore que d'eux-mêmes.

En même temps, la découverte des mines d'Amérique commençoit à exercer son influence; l'argent avoit considérablement baissé de prix dans toute l'Europe, comparativement à tout ce qui est nécessaire à la vie : une once d'argent étoit obtenue en échange de moins de blé ou de moins de travail qu'elle n'en auroit coûté un siècle auparavant. Or, dans un pays accablé par d'anciens impôts, d'anciennes dettes et d'anciennes redevances annuelles, la diminution du prix de l'argent équivaut à une abolition partielle des dettes : on paye, avec cinquante mesures de blé ou cinquante journées de travail, ce qu'on avoit estimé devoir en coûter cent; ainsi, le fardeau qu'une génération impose à celle qui la suit se trouve allégé; les Français ne succomboient plus sous le poids de dettes ou de taxes qui, cinquante ans auparavant, leur auroient paru intolérables. Sully a écrit un mémoire sur les dépenses de la France : il les fait monter à cent cinquante millions par année, mais il y accole très bizarrement les impôts avec l'argent que le peuple perd en procès, et celui qu'il néglige de gagner par fainéantise. Là, il nous apprend que la taille étoit portée sous son ministère à vingt millions, les droits sur le sel à quatorze millions, ceux sur les boissons à cinq millions, les péages, les douanes et d'autres moindres impôts à huit millions. Il suffisoit que des sommes aussi considérables rentrassent régulièrement au trésor public et que les grandes voleries des temps antérieurs fussent supprimées pour que l'ordre se rétablît bien vite dans les finances du roi. (1)

Henri IV ne donnoit pas plus de deux heures chaque jour aux affaires : accoutumé à la vie active, comme aussi à la grossièreté, souvent à la débauche des corps de garde, il avoit besoin d'être fortement excité. Il passoit une partie de ses journées à la chasse, et comme il étoit jaloux de cet exercice, ses ordonnances pour la conservation du gibier étoient non seulement vexa-

(1) Économies royales, ou Mémoires de Sully. T. III, c. 18, p. 217-224. On peut compter la livre de cette époque à environ 2 francs 50 c.

toires, mais cruelles. Les délinquans devoient être mis à l'amende, et de plus battus de verges jusqu'à effusion de sang, et les récidives les exposoient aux galères, ou même à la mort. « Quant « aux marchands, artisans, laboureurs, paysans « et autres telles sortes de gens roturiers, » non seulement la chasse leur étoit interdite, ils ne pouvoient point posséder des arquebuses, escopettes, arbalètes et autres armes, et les officiers des chasses coupoient les jarrets de derrière de leurs chiens. D'autre part, disoit l'ordonnance, « depuis les guerres dernières, le nombre des « loups est tellement accru et augmenté en ce « royaume qu'il apporte beaucoup de perte et « de dommage à tous les pauvres; » aussi tous les seigneurs étoient-ils invités à faire tous les trois mois des battues pour les détruire (1).

A son retour de la chasse, le roi passoit les soirées au jeu ; il s'y livroit avec passion, en homme qui avoit éprouvé les émotions fortes de la guerre, et qui aimoit à tenter la fortune. Il y perdoit des sommes très considérables, et l'exemple qu'il donnoit étoit plus fâcheux encore, outre qu'il le mettoit en relation avec des gens indignes de l'approcher. Mais la passion qui entraînoit Henri plus que la chasse ou le jeu, c'étoit son goût pour les femmes : il oublioit avec

1598.

(1) Isambert, Anciennes lois françaises. T. XV, juin 1601, p. 247, et juillet 1607, p. 330.

elles toute prudence, toute dignité, tout soin de ses intérêts, et même toute loyauté envers ses amis; car il rapportoit immédiatement à ses maîtresses les avis qu'on lui avoit donnés sur elles, puis il les servoit dans leur ressentiment. Il étoit arrivé à un âge qui auroit dû lui inspirer plus de retenue ; il n'avoit rien de la beauté qui avoit été héréditaire chez tous les Valois : aussi, madame de Simier, qui étoit accoutumée à voir Henri III, disoit, quand elle vit Henri IV: « J'ai vu « le roi, mais je n'ai pas vu *Sa Majesté* (1). » Il grisonnoit, les rides couvroient son front et ses joues amaigries; l'amour n'auroit pu se nicher, disoit madame de Rohan, entre un nez et un menton qui se mêloient l'un à l'autre ; enfin, sa peau avoit une odeur repoussante (2). « Bien « vous prend d'être roi, lui disoit madame de « Verneuil, car sans cela on ne pourroit vous souf- « frir. » Aussi, aucune des personnes qu'il aima, de ses deux femmes ou de ses nombreuses maîtresses, ne lui fut jamais fidèle. Celle qui avoit pu lui céder par ambition ou par avarice cédoit toujours par amour à quelque autre.

A cette époque, Henri IV étoit attaché à Gabrielle d'Estrées, qu'il avoit faite duchesse de Beaufort, et dont il eut trois enfans; du moins, il les regardoit comme siens, encore que ce ne

(1) Tallemant des Réaux. T. I, p. 19.
(2) *Ibid.*, p. 9, et Capefigue. T. VIII, p. 154.

fût point l'opinion ni de son médecin ni du public (1). Gabrielle ne lui étoit pas plus fidèle que les autres. Praslin, capitaine des gardes du corps, offrit à Henri de lui faire surprendre le beau Bellegarde, un des mignons de Henri III, la nuit, avec elle. En effet, il fit lever le roi une nuit, à Fontainebleau; mais quand il fallut entrer dans l'appartement de la duchesse, le roi dit : *Ah! cela la fâcherait trop*, et s'en retourna (2). Toutefois, Henri étoit résolu à l'épouser, s'il pouvoit obtenir son divorce d'avec Marguerite de Valois, sa première femme. Il en parla au cardinal Alexandre de Médicis, le légat qui avoit été médiateur de la paix de Vervins; mais celui-ci, effrayé des conséquences que pourroit avoir une telle résolution, rompit l'entretien (3). Il en parla aussi à Rosny, et, après avoir passé en revue toutes les princesses alors vivantes, et avoir conclu qu'aucune ne lui convenoit, il dit qu'il en vouloit une qui fût belle, d'humeur complaisante, et qui lui donnât des fils; il dit qu'il ne la prendroit qu'autant qu'il seroit assuré sur ces trois points. Comme Rosny ne vouloit pas le deviner, il lui nomma enfin Gabrielle. Rosny assure qu'il lui répondit : « Sire, outre le « blâme général que vous pourrez en encourir, « et la honte qu'un repentir vous apportera lors-

1598.

(1) Mém. de Sully. T. II, p. 355.
(2) Note de Tallemant des Réaux. T. I, p. 9.
(3) De Thou. T. IX, Liv. CXX, p. 166.

« que les bouillons d'amour seront attiédis, je
« ne puis imaginer nul expédient propre pour
« développer les intrigues et embarras, et con-
« cilier les prétentions diverses qui surviendront
« à cause de vos enfans, nés en si diverses ma-
« nières, et avec des formes tant irrégulières;
« d'autant qu'outre les beaux contes que l'on en
« a faits (dont vous en avez su le moins, et tou-
« tefois ne les avez pas entièrement ignorés, sur-
« tout celui de M. Alibour, qui a tant couru (1),
« car je sais que Regnardière vous en dit un
« jour quelque chose, en paroles couvertes, que
« vous entendîtes bien néantmoins, car n'en vou-
« lant pas faire semblant, vous vous servîtes du
« dépit de M. l'Amiral pour le faire battre, afin
« qu'il se retirât de la cour), le premier de vos
« enfans, puisque vous les nommez tels, ne sau-
« roit nier qu'il ne soit né dans un double adul-
« tère; le second, que vous aurez à présent, se
« croira plus avantagé, à cause que ce ne sera
« plus que sous un simple adultère; et ceux qui
« viendront après, lorsque vous serez marié,
« ne faudront à prétendre qu'eux seuls doivent
« être estimés légitimes. A toutes lesquelles dif-
« ficultés, je vous laisserai penser à loisir, avant
« que de vous en dire davantage. » (2)

(1) C'étoit le médecin.
(2) Économ. royales, Sully. T. III, p. 178. On peut par ces phrases embrouillées se faire une idée du style de tout l'ouvrage.

Malgré cet avertissement, que Henri reçut en déclarant que c'étoit bien assez dit pour une première fois, il auroit probablement persisté, si Marguerite de Valois, qui vivoit alors retirée à Usson, n'avoit pas déclaré que, pour le bien de la France, et pour procurer au roi des enfans légitimes, elle étoit prête à faciliter et accélérer la dissolution de son mariage, mais qu'elle ne le feroit jamais pour mettre en sa place une femme de si basse extraction et de si mauvaise conduite (1). Peu après, le 10 avril 1599, Gabrielle d'Estrées mourut d'une manière si rapide et si extraordinaire que le bruit courut qu'elle avoit été empoisonnée. Pendant que le roi faisoit ses pâques, elle étoit venue loger chez Zamet, financier lucquois immensément riche, chez lequel Henri IV donnoit souvent des rendez-vous de galanterie. C'étoit peu après avoir dîné que Gabrielle s'étoit trouvée mal, et elle étoit si frappée elle-même de l'idée du poison que, mourante comme elle étoit, elle se fit transporter au cloître Saint-Germain pour expirer. Les crimes de ce genre étoient alors si fréquens, et causoient si peu de remords, que le seul motif pour ne pas croire à l'empoisonnement de Gabrielle, c'est qu'on ne voit personne qui eût un intérêt suffisant pour la faire périr. (2)

(1) Écon. royales, Sully. T. III, p. 233.
(2) Économ. royales, Sully. T. III, p. 285-297. — Jour-

A cette époque, Marguerite avoit déjà donné son consentement à ce qu'on soumît à l'examen la validité de son mariage; elle écrivit même au pape pour lui demander de le rompre. Le cardinal d'Ossat et Sillery, ambassadeur à Rome, furent chargés de solliciter cette affaire. Les raisons qu'ils alléguoient étoient les plus vaines du monde. La grand'mère de Henri IV, Marguerite, étoit sœur de François Ier; les deux époux étoient donc issus de germains, mais ils avoient obtenu une dispense de Grégoire XIII. On prétendoit, pour annuler l'effet de cette dispense, que le pape n'avoit pas été bien instruit des circonstances, et surtout de la persistance secrète du roi dans l'hérésie qu'il paroissoit avoir abandonnée, ou de la répugnance de Marguerite à ce mariage; on ajoutoit que le curé ni l'évêque n'avoient point pris connoissance de la dispense de Rome, et qu'en conséquence elle n'avoit pu légitimer le mariage. Clément VIII étoit alors résolu à délivrer Henri IV d'une chaîne qu'il traînoit depuis vingt-sept ans, à le séparer d'une femme dont la conduite avoit toujours été scandaleuse, et à garantir le repos de la France et de

---

nal de l'Estoile. T. III, p. 248. — De Thou. L. CXXII, p. 285. Déjà l'on négocioit le mariage de Henri IV avec Marie de Médicis; la vie de Gabrielle étoit le grand obstacle à sa réussite; elle périt dans une maison italienne, et Ferdinand n'en étoit pas à son premier empoisonnement.

l'Europe, en permettant au roi d'avoir des enfans légitimes. Mais en fondant le divorce sur des allégations aussi futiles, il exposoit la France à un autre danger : il se trouva bientôt et dedans et dehors le royaume des gens puissans qui refusèrent de reconnoître la dissolution du premier mariage de Henri IV, et qui se préparèrent pour une guerre de succession. Le pape cependant délégua, le 24 septembre 1599, trois prélats pour connoître de cette affaire ; et le 10 novembre, ces trois commissaires prononcèrent que le mariage de Henri avec Marguerite avoit été nul dès le commencement. (1)

Le danger de voir élever une maîtresse sur le trône de France n'étoit cependant point dissipé par la mort de madame de Beaufort. Il n'y avoit que trois semaines que celle-ci avoit expiré, lorsque le roi s'attacha à Henriette, fille de François de Balzac d'Entragues et de Marie Touchet, maîtresse de Charles IX, de qui elle avoit eu un fils connu sous le nom de comte d'Auvergne. Mademoiselle d'Entragues étoit aussi belle que Gabrielle d'Estrées, et beaucoup plus enjouée, plus hardie et plus malicieuse. Le

(1) De Thou. T. IX, L. CXXIII, p. 317. — Sully, Économies royales. T. III, p. 306. — L'Estoile, Journal de Henri IV. T. III, p. 243, 257. — Flassan, Diplomatie française. T. II, p. 196. — Capefigue, Hist. de la Réforme. T. VIII, p. 167.

roi la fit marquise de Verneuil, et Sully eut ordre de trouver immédiatement cent mille écus : c'étoit le prix que cette demoiselle mettoit à sa vertu. Le surintendant les apporta à Henri IV, encore qu'il eût dans ce moment à faire trois ou quatre millions de fonds extraordinaires pour renouveler l'alliance des Suisses. Mais à quelque temps de là Henri montra à Sully une promesse que le père de mademoiselle d'Entragues avoit exigée de lui, par laquelle il s'engageoit à épouser Henriette, au cas que dans l'année il eût d'elle un enfant mâle. Sully, encouragé à dire ce qu'il en pensoit, la déchira, en remontrant au roi que c'étoit le vrai moyen d'empêcher son divorce, qui n'étoit pas encore prononcé. Henri, sans répondre, rentra dans son cabinet, et écrivit une nouvelle promesse, qu'il remit au père de sa maîtresse. Ce honteux marché pouvoit avoir des conséquences graves. Entragues et sa fille considérèrent cette promesse comme un mariage, ou tout au moins comme invalidant le mariage de Henri avec une autre, et ôtant à ses enfans à venir leur droit à la légitimité. Des troubles et des conspirations dangereuses naquirent plus tard d'un tel engagement. (1)

(1) Economies royales, Sully. T. III, p. 311. — Capefigue, Hist. de la Réforme. T. VIII, p. 154. — Histoire des Amours de Henri IV, p. 331.

Dès les premiers temps qui avoient suivi la mort de Henri III, et tout au moins dès l'année 1592, Henri IV avoit recherché l'alliance de Ferdinand, le troisième des grands-ducs de Toscane, qui avant de régner avoit été cardinal; il avoit obtenu de lui des avances d'argent considérables, et il y avoit répondu en promettant d'épouser sa nièce, Marie de Médicis, fille de François, son prédécesseur, et de Jeanne d'Autriche : cette princesse étoit née le 26 août 1573; elle étoit alors d'une grande beauté, et son portrait avoit été apporté au roi par Jérôme de Gondi, lorsqu'elle n'avoit encore que dix-neuf ou vingt ans (1). La négociation, qui avoit été suspendue pendant plusieurs années, avoit été reprise lorsque les procédures pour le divorce commencèrent. Sillery, alors ambassadeur à Rome, en fut chargé. Ce fut ensuite Villeroy, qui, comme secrétaire d'État, dut traiter de la dot avec l'envoyé du grand-duc. Celui-ci étoit flatté d'une telle alliance; il y avoit des droits cependant, car il s'étoit montré fidèle à l'amitié de Henri IV, dans un temps où le roi ne pouvoit trouver aucun autre allié parmi les princes catholiques. Il lui avoit avancé à propos des subsides, et il se trouvoit à cette époque son créancier pour deux millions d'écus d'or; il pas-

(1) Galluzzi, Hist. des Gr.-Ducs de Toscane. T. V, p. 198, 336.

soit pour fort riche, et Villeroy crut pouvoir lui faire payer à très haut prix l'honneur de l'alliance de France. Il lui demanda pour la dot de Marie quinze cent mille écus, au lieu de cinq cent mille, qu'en offroit Ferdinand. C'étoit par trop le traiter en banquier; le grand-duc s'offensa, et la négociation auroit été rompue, si Rosny n'avoit représenté à Henri qu'il étoit aussi contraire à sa dignité qu'à celle de son épouse de faire de son mariage une affaire d'argent. La dot fut fixée à six cent mille écus; Henri écrivit le 9 mars 1600 au grand-duc pour lui en témoigner sa satisfaction : le contrat fut signé à Florence le 25 avril, et le mariage célébré par procureur, dans la même ville, seulement le 5 octobre. (1)

Avant l'arrivée en France de la nouvelle reine, avant même la célébration de son mariage à Florence, Henri IV se trouva engagé avec le duc de Savoie dans une nouvelle et courte guerre, la dernière de son règne. Il étoit loin de désirer de recommencer les hostilités avant d'avoir procuré à ses peuples le repos dont ils avoient un si extrême besoin, d'avoir rempli de nouveau son trésor et garni ses arsenaux : aussi

(1) Galluzzi, Hist. des Grands-Ducs. T. V, p. 347. — De Thou. L. CXXIV, p. 337, et L. CXXV, p. 404. — Sully, Économ. royales. T. III, c. 28, p. 332. — Péréfixe, Hist. de Henri-le-Grand, p. 276. — Traités de Paix. T. II, p. 640.

son but dans cette courte campagne ne fut point d'innover, de changer sa situation relative en Europe, mais plutôt de compléter la paix de Vervins, d'amener à une décision le seul article de ce traité qui fût demeuré en suspens, celui relatif à la restitution du marquisat de Saluces par le duc de Savoie.

La politique étrangère ne pouvoit cependant plus inspirer à Henri IV les inquiétudes qui lui avoient fait sacrifier ses engagemens au désir de la paix. Philippe II, le rival qu'il avoit eu le plus à redouter, étoit mort le 13 septembre 1598, après cinquante jours d'excessives souffrances. Cet homme, non moins extraordinaire qu'odieux, durant un règne de quarante-deux ans, une vie de plus de soixante et onze ans, n'avoit pas cessé de surveiller toutes les branches de l'administration dans sa vaste monarchie, avec une activité jalouse; il avoit montré une sagacité rare dans le choix de ses ministres et de ses généraux, une attention infatigable sur leur conduite, une persistance, une force indomptable de caractère dans la poursuite de projets funestes à l'humanité, mais qui ne manquoient pas d'une certaine grandeur (1). Philippe III, son fils, qui lui succéda, n'étoit âgé que de vingt et un ans; il étoit dépourvu de toute énergie;

(1) Watson, Hist. de Philippe II. T. IV, p. 300. — De Thou. T. IX, L. CXX, p. 167.

sa paresse étoit insurmontable, et il ne fut pas plus tôt proclamé roi qu'il renvoya toutes les affaires à son premier écuyer, le marquis de Denia, qu'il créa duc de Lerme, ordonnant à tous les conseils du royaume de lui obéir sans réserve (1). Ce premier ministre, léger, imprudent, inattentif, prodigue, augmenta rapidement les embarras dans lesquels se trouvoit l'Espagne; et déjà Philippe II l'avoit laissée accablée de dettes, tandis que sa population, son agriculture, son commerce et son industrie dépérissoient rapidement.

Dès le 6 mai 1598, peu de jours après la paix de Vervins, Philippe II avoit publié un acte par lequel il cédoit aux archiducs Albert et Isabelle la souveraineté du comté de Bourgogne et des Pays-Bas. Albert, cinquième fils de Maximilien II et frère de Rodolphe, l'empereur régnant, avoit été de bonne heure fait archevêque de Tolède et cardinal; cependant il s'étoit déjà distingué en Portugal, comme guerrier et comme politique, lorsque Philippe II l'avoit envoyé dans les Pays-Bas pour remplacer son frère Ernest, mort en 1595. Ce monarque, lorsqu'il se résolut à la paix, crut aussi convenable de le faire renoncer à la carrière ecclésiastique, et de lui faire épouser l'infante Isabelle, sa

(1) Watson, Hist. de Philippe III. T. I, p. 8.

fille de prédilection : c'étoit la même qu'il avoit long-temps voulu faire reine de France. Albert se rendit en Espagne pour le mariage, mais il n'y arriva qu'après la mort de son beau-père. Les deux époux furent unis le 18 avril 1599, et ne firent leur entrée à Bruxelles qu'en septembre, à leur retour dans les états qu'ils gouvernèrent en commun. On les nommoit les archiducs, sans distinction de sexe. L'armée que leur avoit laissée Philippe II étoit encore nombreuse ; elle étoit surtout formidable par son effroyable cruauté. François de Mendoza, qui la commandoit en leur absence, en avoit donné des preuves ; mais il avoit par là soulevé l'indignation et le désespoir des Hollandais. Maurice de Nassau, leur stathouder et leur général, sut en profiter ; il gagna sur les Espagnols la bataille de Nieuport (2 juillet 1600), et il épuisa les forces, non pas des archiducs seulement, mais de Philippe III, qui ne pouvoit envoyer qu'avec des délais et des dépenses infinies des renforts à son beau-frère et à sa sœur. (1)

Ainsi soit au nord, soit au midi, la monarchie espagnole avoit cessé de menacer la France. La branche cadette de la maison d'Autriche, qui avoit conservé la dignité impériale, étoit moins redoutable encore. Rodolphe II, fils de Maxi-

(1) History of the Netherlands, by Thomas Colley Grattan. Ch. 14, p. 195, et c. 18, p. 203, cabinet cyclopædia.

milien II, élu roi des Romains dès le 27 octobre 1575, avoit succédé à son père l'année suivante sur le trône impérial. Dès lors, il s'étoit abandonné à l'indolence et à la paresse. Pendant un temps il avoit été dominé par ses maîtresses; plus tard, il avoit paru prendre goût aux sciences; l'astronomie, la chimie, l'horlogerie, la peinture, remplissoient le temps qu'il ne passoit pas dans ses écuries, auprès de ses chevaux; il avoit la prétention de faire de l'or, celle de lire dans les astres, mais il évitoit les regards des hommes avec une défiance soupçonneuse; il ne s'apercevoit pas des calamités de l'empire, il affoiblissoit la Transylvanie par ses intrigues, et il laissoit la Hongrie exposée aux invasions des Turcs (1). Cependant Henri IV organisoit dans l'empire une résistance contre l'empereur, qui ne sembloit pas nécessaire; il avoit envoyé en Allemagne Bongars, un de ses plus habiles négociateurs, qui avoit travaillé sans relâche à rattacher tous les princes protestans aux intérêts de la France, et à leur persuader que Henri IV ne seroit pas moins zélé à les protéger que s'il n'eût pas changé de religion. (2)

Une guerre acharnée entre la Suède et la Pologne amena, en 1599, la séparation de ces

---

(1) Pfeffel, Hist. d'Allem. T. II, p. 210, 228. — De Thou. T. IX, L. CXXI, p. 212; L. CXXII, p. 241.
(2) Capefigue, Hist. de la Réforme. T. VIII, p. 187.

deux couronnes. Sigismond, né Suédois et roi de Pologne, avoit réuni les deux royautés en 1592; mais il avoit voulu rétablir en Suède la religion catholique, et il s'en fit chasser par son oncle Charles IX, qui y maintint la réforme (1). En Angleterre, Elisabeth approchoit de la fin de son règne glorieux, qui s'étoit déjà prolongé quarante ans; l'âge lui apportoit ses défiances et ses chagrins; elle étoit toujours en guerre avec l'Espagne, et les rébellions de l'Irlande augmentoient ses inquiétudes et ses dangers.

La France, en paix entre ces puissances, toutes souffrantes, toutes épuisées par la guerre, étoit plus en position de leur dicter des lois que d'en recevoir. Ses ressentimens contre la maison d'Autriche ne s'étoient point apaisés. Elle la regardoit toujours comme une ennemie, dont elle désiroit l'abaissement. Philippe III, de son côté, ou son ministère, ne laissoit pas échapper une occasion de nuire à Henri IV. Les deux rois, cependant, observoient, du moins extérieurement, la paix qu'ils venoient de jurer; Balagni ayant fait, en 1599, une tentative pour s'emparer de Cambrai, dont il avoit été seigneur au temps de la Ligue, et ayant été repoussé par la garnison espagnole, fut désavoué par Henri IV (2), lequel, vers la fin de

(1) De Thou. T. IX, L. CXXI, p. 226.
(2) *Ibid.* T. IX, L. CXXII, p. 256.

la même année, publia une ordonnance pour interdire à tout soldat ou officier français d'aller servir en Flandre contre les archiducs. (1)

Il ne restoit à la France de querelle à vider qu'avec la Savoie seule. Par le traité de Vervins, la décision sur la souveraineté du marquisat de Saluces avoit été renvoyée au pape Clément VIII, entre les mains duquel ce marquisat avoit été remis en séquestre. Le roi demandoit qu'avant tout examen du droit primitif des deux souverains, le pape remît la France en possession du marquisat de Saluces, puisque c'étoit au mépris de la paix qu'il avoit été ravi de force, au mois de novembre 1588, à son prédécesseur. Le pape prétendoit, au contraire, vouloir examiner les titres des deux souverains. Or, les anciens marquis de Saluces avoient tour à tour rendu hommage aux dauphins de Viennois, dont le roi de France avoit hérité, et aux ducs de Savoie. Le plus habile jurisconsulte auroit été embarrassé de décider lequel avoit le meilleur droit; mais l'on voit, par les lettres du cardinal d'Ossat, chargé de la négociation, que le pape en profitoit pour s'ingérer dans les affaires de France, pour faire des reproches au roi s'il donnoit quelque charge ou quelque distinction à un protestant, pour se prémunir

(1) De Thou. L. CXXIII, p. 514.

surtout contre tout danger de l'introduction de la réforme en Italie, par les Vaudois des montagnes de Saluces : comme il vouloit garder ce contrôle sur la conduite de Henri IV ; comme de plus il craignoit, par son jugement, de se faire un ennemi, ou du roi de France, ou du roi d'Espagne, il demandoit toujours de nouveaux délais, et il se gardoit bien de prononcer (1).

Le duc de Savoie, Charles-Emmanuel, le célèbre bossu, le prince le plus actif et le plus inquiet de son siècle, comprenoit bien que ce ne seroient pas les arguties des jurisconsultes qui décideroient une cause de cette importance. Il ne se fioit à personne; il comptoit sur sa propre adresse, et il voulut juger et négocier par lui-même. Son premier projet étoit de se rendre à Rome pour solliciter le pape ; mais celui-ci le fit avertir que dans la circonstance il le prioit de s'en dispenser (2). Alors le duc partit pour Milan, pour s'aboucher avec le comte de Fuentes, l'un des meilleurs généraux de l'Espagne, et de ses hommes d'État les plus ambitieux, qui gouvernoit alors la Lombardie pour Philippe III. Fuentes ne se ressentoit point de la langueur où était tombée la monarchie espagnole ; il désiroit la guerre, et il avoit les

---

(1) Lettres du card. d'Ossat. L. V, p. 667 et suiv. — Flassan, Hist. de la Diplomatie française. T. II, p. 199.

(2) Guichenon, Hist. généalogique de Savoie. T. II, p. 338.

moyens de la faire. Il persuada au duc de Savoie que le trône de Henri IV étoit bien moins affermi qu'il ne le paroissoit ; que la haine des grands, la souffrance du peuple opprimé et accablé d'impôts, le ressentiment des ligueurs et des huguenots, ne pouvoient tarder à éclater par une conspiration ou une guerre civile. Charles-Emmanuel voulut en juger par lui-même, et il vint en France avec l'intention avouée de traiter avec le roi, l'espoir de traiter avec les mécontens. Vers la fin de novembre 1599, il partit de Hautecombe pour Lyon, où il fut reçu avec beaucoup d'honneur, et, après s'y être reposé quelques jours, il vint trouver le roi à Fontainebleau. Les deux princes entrèrent ensuite à Paris le 19 décembre. (1)

Le duc de Savoie mérita souvent les reproches d'inconstance et de fausseté ; mais on lui demandoit d'être fidèle à de prétendus alliés qui ne prenoient aucun intérêt à lui, et qui le sacrifioient en toute occasion. Placé entre deux grands souverains, plus disposés à lui faire du mal que du bien, il avoit besoin de beaucoup d'adresse pour s'appuyer sur l'un contre l'autre. Il avoit épousé une fille de Philippe II, et il étoit jaloux de ce que cette princesse ne lui avoit porté en dot

---

(1) De Thou. T. IX, L. CXXIII, p. 319. — Journal de l'Estoile. T. IV, p. 258.

qu'une somme d'argent peu considérable, tandis que sa sœur avoit eu en partage les Pays-Bas et la Franche-Comté ; il lui sembloit avoir tout autant de droit à ce que son beau-père ajoutât à ses États la Lombardie, qui ne faisoit point corps avec la monarchie espagnole. Au contraire, il venoit d'apprendre, avec assez de ressentiment, que le duc de Sessa, ambassadeur d'Espagne à Rome, avoit déclaré que son maître ne recommenceroit point la guerre pour maintenir au Savoyard la possession du marquisat de Saluces (1). Il chercha donc à reconnoître si l'amitié de Henri IV lui seroit plus profitable. Le grand-duc de Toscane et les Vénitiens avoient de bonne heure recherché cette amitié ; l'oppression du reste de l'Italie sous le joug des Espagnols étoit épouvantable ; le duc assura au roi qu'il ne doutoit point que la Lombardie et le royaume de Naples ne se soulevassent à la vue des drapeaux français, que le pape et tous les petits princes ne se rangeassent au parti du plus fort ; mais lui-même, avant de le seconder, vouloit savoir ce qu'il y gagneroit. Il déclaroit ne vouloir entrer dans l'alliance de la France qu'autant que Henri investiroit ou lui ou son fils du marquisat de Saluces, dont il étoit prêt

---

(1) Guichenon, Hist. de Sav. T. II, p. 339.

à faire hommage, et qu'il lui laisseroit réunir à ses États la république de Genève, depuis longtemps objet de son ambition. (1)

Henri ne portoit point encore ses projets au delà des Alpes ; il ne faisoit point de cas de ses alliances italiennes, et il le témoigna au duc. Il vouloit ravoir ce qu'il regardoit comme à lui ; seulement il offrit à Charles-Emmanuel d'échanger ses droits sur le marquisat de Saluces contre la Bresse et le Bugey, encore qu'il se fermât ainsi la porte de l'Italie ; quant à Genève, il déclara qu'il ne souffriroit point que le Savoyard s'en emparât, non pour l'amitié qu'il portoit à cette ville, avec les catholiques Henri étoit toujours honteux de ses alliances huguenotes, « mais pour le bien de « la France, et la sûreté du pas de l'Écluse ; car « si on perdoit une fois ce poste, il ne seroit « plus possible de faire entrer en France les se- « cours que le roi tiroit de Suisse (2). » Le duc de Savoie, ne pouvant obtenir autre chose du roi, signa avec lui, le 27 février 1600, un traité par lequel il s'engageoit à remettre à la France, à son choix, le 1er juin suivant, ou le marquisat de Saluces ou la Bresse. Il se réservoit ces trois mois pour consulter ses vassaux,

---

(1) De Thou. T. IX, L. CXXIII, p. 324. — Sully, Économ. roy. T. III, p. 329. — L'Estoile. T. III, p. 265.

(2) De Thou. L. CXXIII, p. 324.

et reconnoître lequel des deux pays il lui convenoit le mieux de céder. (1)

Le duc de Savoie repartit pour ses États, trois jours après avoir signé son traité ; mais il étoit moins que jamais résolu sur ce qu'il avoit à faire; ses observations sur la France, sur les dispositions des courtisans, sur celles des partis, avoient confirmé l'avis que lui avoit donné le comte de Fuentes, que la monarchie étoit menacée de nouvelles révolutions. Le peuple de Paris surtout ne cachoit point son mécontentement ; tout le monde souffroit de la pesanteur des impôts, tout le monde se plaignoit de la misère, et quelques paroles du roi que l'on répétoit, et qui sembloient empreintes d'un tendre amour pour le peuple, devenoient presque dérisoires quand on les comparoit avec la rigueur des financiers. De fréquens projets d'assassinat révélèrent cette haine du bas peuple et des anciens ligueurs. Un jacobin, nommé Ridicoux, et un capucin, nommé Langlois, dénoncés sur quelques propos qui annonçoient de leur part le projet de tuer le roi, furent, le 3 avril 1599, rompus vifs et exposés ensuite sur la roue, pour y mourir lentement dans d'horribles douleurs. Une femme, nommée Nicole Mignon, fut brûlée vive le 2 juin 1600, pour avoir dit au comte

(1) Traités de Paix. T. II, p. 639. — De Thou. L. CXXIII, p. 325. Sully, Écon. royales. T. III, p, 347.

de Soissons qu'elle pourroit le faire roi en empoisonnant Henri IV; car c'étoit la pensée seule du régicide qui étoit punie par ces supplices atroces, lors même qu'il n'y avoit eu aucun commencement d'exécution. (1)

Le parlement étoit fort dévoué au roi, et il lui donnoit, par ses rigueurs mêmes, de tristes preuves de sa fidélité; mais en même temps il s'abandonnoit à sa jalousie contre tout l'ordre sacerdotal, à sa haine contre les jésuites, avec un acharnement qui redoubloit encore le ressentiment des ligueurs. Il en avoit récemment donné des preuves dans les arrêts qn'il avoit rendus contre Rose, évêque de Senlis, et contre Louis Juste de Tournon, sénéchal d'Auvergne (2). Dans le parti opposé, les huguenots étoient également mécontens; ceux qui avoient le plus fidèlement servi Henri, et qu'il avoit tous disgraciés, prétendoient qu'il ne savoit leur pardonner ni le bien qu'il avoit reçu d'eux, ni la gloire qu'ils avoient acquise. Sancy, qui cependant avoit changé de religion pour imiter l'exemple du roi, étoit renvoyé, d'Aubigné étoit écarté de la cour, le duc de la Trémouille boudoit contre Henri, à Thouars; le vicomte de Turenne,

---

(1) De Thou. T. IX, L. CXXIII, p. 309-311. — L'Estoile, Journal. T. III, p. 282. — P. Cayet, Chronolog. septenn. T. II, p. 89.

(2) De Thou. T. IX, L. CXX, p. 163, 165.

devenu duc de Bouillon, n'osoit presque sortir de sa citadelle de Sédan, tant il se savoit en butte à la haine du roi, Constant et St.-Aubin s'étoient retirés auprès de lui. Le vertueux, le fidèle Duplessis-Mornay, que Henri appeloit toujours en dérision le pape des huguenots, étoit oublié dans son gouvernement de Saumur. Henri avoit pris un plaisir extrême à l'humilier dans une conférence publique entre lui et l'évêque d'Evreux, depuis cardinal du Perron, où on lui refusa le temps de vérifier quelques citations qu'il avoit faites, et dont du Perron contestoit l'exactitude. (1)

Le parti dont le duc de Savoie avoit le mieux pu juger les dispositions étoit encore celui des politiques, qui, obéissant à l'intérêt plus qu'à l'enthousiasme, étoient aussi plus disposés à se plaindre du monarque qu'ils avoient mis sur le trône, et qui les avoit mal récompensés. Le connétable de Montmorency avoit depuis long-temps, dans son gouvernement de Languedoc, formé une alliance intime avec le duc de Savoie; le hautain duc d'Epernon ne prenoit jamais la peine de dissimuler son peu de goût pour le Navarrais, qu'il avoit vu si petit compagnon. Le duc de Biron, qui croyoit avoir tant de droits à la reconnoissance de Henri, en son propre nom

(1) Sully, Écon. royales. T. III, p. 346; T. IV, p. 184. — Journal de l'Estoile. T. III, p. 266-285.

et au nom de son père, lui qui s'étoit signalé à la journée d'Arques et à la bataille d'Ivry, aux siéges de Paris et de Rouen, aux combats d'Aumale et de Fontaine-Française, apprit de la bouche du duc de Savoie que Henri lui avoit dit : « Que ce duc se trompoit bien s'il attribuoit « les succès du roi à l'habileté et à la prudence de « ses généraux ; qu'il avoit eu moins de peine à « vaincre ses ennemis qu'à maintenir l'union et « la paix dans son parti, et que l'humeur fière « et intraitable des deux Biron, père et fils, « étoit la circonstance qui lui avoit le plus « nui. » (1)

Biron fut indigné quand il apprit dans quels termes Henri IV parloit de lui aux ennemis de l'État. Récemment il avoit été envoyé en Flandre, pour jurer au nom du roi la paix de Vervins ; et les Espagnols lui avoient témoigné une si haute estime de son mérite qu'ils avoient encore augmenté sa présomption, et lui avoient fait croire qu'il pourroit s'élever à la plus haute fortune auprès des archiducs. Le duc de Savoie, en voyant son ressentiment, montra plus d'empressement encore à se l'attacher. Charles de Gontaut, duc de Biron, pair et maréchal de France, étoit encore gouverneur de Bourgogne, en sorte que si ses services étoient grands,

---

(1) De Thou. T. IX, L. CXXIII, p. 321.

il en avoit aussi reçu une magnifique récompense ; mais il étoit dissipateur ; par un jeu extravagant, il se mettoit souvent à court d'argent. Charles-Emanuel lui offrit d'abord sa sœur naturelle en mariage, et comme ce parti ne parut pas encore assez grand à Biron, le duc de Savoie lui offrit sa troisième fille avec trois cent mille écus de dot. Par ce mariage, Biron seroit devenu cousin de l'empereur et neveu du roi d'Espagne. (1)

En séduisant son ambition par une aussi brillante alliance, le duc de Savoie ne demandoit à Biron que de revenir au projet qui depuis deux siècles préoccupoit tous les grands de la France, et surtout les princes du sang. Il s'agissoit de ramener la monarchie à l'état où elle étoit du temps de Charles VI, et d'affermir l'indépendance de chacun d'eux dans son duché. Pour y parvenir, il falloit reconnoître la suzeraineté du roi d'Espagne ou de l'empereur, comme faisoient les ducs de l'Italie et de l'Allemagne, qui cependant étoient bien souverains. Les princes français trouvoient injuste que les ducs de France fussent de moindre importance que ceux des autres pays, et régner leur paroissoit un si noble objet d'ambition qu'il ren-

(1) Vie et mort du duc de Biron, Archives curieuses de la France. T. XIV, p. 100.

doit honorables tous les moyens qu'on prenoit pour y parvenir : celui qui portoit ses vues si haut ne songeoit point à rougir d'une conjuration contre la patrie. Telle avoit été l'ambition des royaux de France, au temps de Charles VI et Charles VII, des seigneurs de la ligue du bien public sous Louis XI, du connétable de Bourbon sous François Ier, des ligueurs sous Henri III. Chaque parti avoit à son tour invoqué des secours étrangers, chaque grand seigneur avoit noué des intrigues avec quelqu'un des ennemis de la France : c'étoit en quelque sorte le droit public du temps; aussi Biron ne se refusa point à calculer les chances qu'il pourroit trouver à se faire une souveraineté de son gouvernement de Bourgogne. Il alla plus loin; il voulut connoître quelles seroient les dispositions des autres grands seigneurs, et en général il les trouva disposés à faire cause commune avec lui. Il fit pressentir d'abord Charles de Valois, comte d'Auvergne, fils naturel de Charles IX, et alors âgé de vingt-sept ans. Ce jeune homme se croyoit des droits à quelque part dans l'héritage d'une dynastie dont il étoit le dernier représentant : il étoit brave, mais dissipateur, et ses passions et ses vices le faisoient souvent recourir aux expédiens les plus honteux pour se procurer de l'argent. Il entra dans toutes les vues de Biron, et promit d'engager son beau-père, le connétable de Montmorency, à les seconder aussi. Henri, duc de Montpensier, qui, comme Auvergne, avoit alors vingt-sept ans, promit également sa coopération. On fit aussi à d'Épernon des ouvertures, mais, quoiqu'il fût un des plus hautains entre les seigneurs, et des plus ambitieux, il eut l'art de ne se point compromettre. D'Aubigné assure que ce projet, déjà adopté par plusieurs seigneurs, fut aussi communiqué à un petit comité de huit ou neuf chefs des huguenots ; que pour les séduire on leur promettoit la souveraineté des provinces à l'ouest de la France et au midi de la Loire, et en outre le Dauphiné, et que l'un d'eux (il fait entendre que c'est lui-même) fit sentir aux autres l'imprudence qu'il y auroit à s'associer avec leurs plus grands ennemis, le roi d'Espagne, le duc de Savoie et les ligueurs, ou de compter sur leurs promesses. (1)

Ainsi, la vieille conspiration contre l'unité de la monarchie se retrouvoit dans les têtes, peut-être dans les cœurs des grands du royaume ; aucun d'eux n'avoit montré de répugnance pour des projets qui condamnoient la France à l'humiliation et à la foiblesse. Les conjurés cependant ne s'étoient point liés d'une manière indis-

1600.

---

(1) D'Aubigné, Hist. universelle. L. V, c. 13, p. 671 — Sully, Économ. royales. T. III, c. 26, p. 299; et T. IV, c. 10, p. 135.

soluble; ils ne s'étoient point préparés à agir en conformité avec leurs vagues projets. Le duc de Savoie s'y trompa; il ne se fit pas une juste idée de la disposition de ces esprits nourris dans les guerres civiles; il ne comprit pas le caractère des Français, si prêts à parler en révoltés et à agir en sujets obéissans et fidèles; il crut qu'une explosion dans le royaume ne devoit pas tarder, et il refusa d'exécuter le traité de paix qu'il avoit signé, ou tout au moins il demanda qu'on prolongeât le terme qui lui avoit été accordé pour choisir entre la rétrocession du marquisat de Saluces et l'abandon de la Bresse. (1)

Mais Henri ne vouloit ni souffrir une plus longue indécision du duc de Savoie ni lui permettre de continuer des intrigues dont il avoit déjà quelque soupçon. Vers la fin de juin 1600, il partit pour Moulins, d'où il se rendit le 9 juillet à Lyon; et tandis qu'il y donnoit audience aux ambassadeurs de Savoie, Rosny, qu'il avoit laissé à Paris et qu'il avoit fait grand-maître de l'artillerie, avoit fait transporter en quinze jours, par le roulage du commerce, de la Bastille jusqu'à Lyon, vingt canons, six mille boulets et cent vingt milliers de poudre. En même temps

(1) Journal de l'Estoile. T. III, p. 286. — De Thou. T. IX, L. CXXV, p. 379. — Cayet, Chronologie septenn. T. II, p. 141.

il avoit donné l'ordre au trésor, et à toutes les recettes générales, de ne plus payer ni assignations, ni rentes de l'Hôtel-de-Ville, et de réserver tous leurs fonds pour la guerre. (1)

Cette guerre mit bientôt en évidence combien le duc de Savoie avoit été imprudent de l'avoir provoquée. Elle fut déclarée le 11 août. Le duc, qui ne s'attendoit pas à une attaque si prompte, étoit demeuré à Turin, et n'avoit point encore fait passer de troupes en deçà des monts. Henri IV s'avança jusqu'à Grenoble, tandis que Lesdiguières entroit par le Dauphiné en Savoie, et Biron par la Bourgogne en Bresse. Dès le 13 août, Biron se rendit maître de la ville de Bourg en renversant les portes avec le pétard; la garnison se retira dans la citadelle. Le 17 août, Lesdiguières et Créqui, son gendre, surprirent Montmeillan; les Savoyards se retirèrent dans le château, qui passoit pour une des plus fortes places de l'Europe. Chambéry se rendit le 20, Conflans le 26, et en peu de jours il ne resta plus à la maison de Savoie que quelques châteaux forts, de tous ses États en deçà des monts. Le commandant Bouvens tint bravement dans celui de Bourg, jusqu'à la signature de la paix; le comte de Brandis rendit trop tôt pour son honneur, le 16 octobre, celui de Montmeillan; enfin, le fort de Sainte-

---

(1) Sully, Économ. royales. T. III, p. 350, 351.

Catherine, situé à un quart de lieue du village de Luiset, et à trois lieues de Genève, capitula le 16 décembre, trois jours après que le roi y eut mis le siége. Déjà des négociations étoient entamées par l'entremise du légat Aldobrandini pour rétablir la paix, et Villeroy, toujours dévoué à la cause catholique, avoit promis que les places prises seroient rendues dans l'état où elles se trouvoient. Mais Rosny regardoit le fort de Sainte-Catherine comme destiné à protéger le passage des Espagnols en Franche-Comté; il croyoit donc important de le raser; il invita les Génevois, que ce fort menaçoit plus spécialement, à l'assister dans cette œuvre; toute la population de Genève s'y porta en foule, et en peu d'heures il ne resta pas à ce fort pierre sur pierre (1).

Le duc de Savoie avoit rassemblé dix mille hommes de pied et cinq mille chevaux dans la vallée d'Aoste, mais les hautes neiges de l'hiver les empêchoient d'arriver au secours de ses places. Les Espagnols ne faisoient aucun mouvement en sa faveur, mais ils lui recommandoient de faire avec la France un arrangement qui n'ouvrît pas à cette puissance la porte de

(1) De Thou. T. IX, L. CXXV, p. 411. — Sully, Econom. royales. T. III, p. 364-387 et 396. — D'Aubigné, Hist. univ. L. V, c. 9, p. 658. — Cayet, Chronol. sept. T. II, p. 142. — Spon, Hist. de Genève. T. II, L. III, p. 352.

l'Italie, et de lui offrir de préférence une compensation au delà des monts. Le légat offroit de nouveau sa médiation; Villeroy et tous les ministres du roi, excepté Rosny, étoient favorables aux prétentions de la Savoie. Enfin, le traité fut signé à Lyon, le 17 janvier 1601. Henri renonça, en faveur du duc de Savoie, à tous ses droits sur le marquisat de Saluces; ce duc, en retour, lui céda la Bresse, le Bugey, le val Romey et le bailliage de Gex, avec tout ce qu'il possédoit sur la rive droite du Rhône, se réservant seulement une communication avec la Franche-Comté par le pont de Grésin, sans pouvoir y élever aucune fortification. D'après un traité que Sancy avoit signé en 1589 avec la république de Genève, le pays de Gex, que Henri recouvroit, auroit dû être cédé à cette république, en compensation des sommes qu'elle avoit avancées à Henri III, et des soldats qu'elle lui avoit prêtés; mais les traités ne lient point les États forts envers les États foibles. La république de Genève dut se contenter de quelques petits villages détachés du pays de Gex. (1)

Ce fut au moment où il concluoit la paix avec

(1) Traités de Paix. T. III, p. 1. — Journal de l'Estoile. T. III, p. 307. — Sully, Écon. royales. T. III, p. 402. — D'Aubigné, Hist. univ. L. V, c. XI, p. 664. — Cayet, Chronol. sept. T. II, p. 255. — Preuves de l'Hist. de Genève. T. III, p. 461 et 474.

la Savoie que Henri IV termina aussi son mariage avec la princesse Marie de Médicis. Le duc de Bellegarde, rival heureux de Henri IV auprès de plusieurs de ses maîtresses, avoit été envoyé par lui à Florence pour chercher sa femme. La princesse toscane avoit alors déjà vingt-sept ans, elle avoit montré quelque disposition à la galanterie ; Paul-Giordano Orsini, son cousin germain, un des seigneurs qui l'accompagnèrent à la cour de France, passoit pour lui avoir inspiré de l'amour. Concino-Concini, petit-fils d'un secrétaire de Cosme, jeune homme spirituel et d'une figure agréable, mais qui s'étoit ruiné par le libertinage, venoit aussi à sa suite chercher fortune en France. S'il est vrai que son oncle, en prenant congé d'elle, lui eût dit que son pouvoir ne seroit assuré que si elle avoit un fils, et qu'elle devoit en avoir un à tout prix, le cortége qui l'accompagnoit sembloit destiné à réaliser ce vœu. Elle conduisoit encore avec elle une femme de basse naissance et remarquable par sa pâleur et sa maigreur, Éléonore Dori, fille d'un charpentier et d'une mère diffamée, qui lui étoit attachée dès sa première enfance, et qui avoit obtenu un pouvoir absolu sur son esprit. Éléonore avoit profité de son crédit pour engager la noble maison des Galigaï de Florence à lui donner son nom. Marie la maintint dans sa place de dame d'atours, que le roi avoit destinée à une dame française (1). La nouvelle reine, partie de Florence le 13 octobre, s'embarqua à Livourne pour Marseille; puis elle chemina de fêtes en fêtes jusqu'à Lyon, où elle arriva le 2 décembre.

Henri se rendit en poste à Lyon, seulement le 9 décembre; il étoit devant la porte à onze heures du soir par un froid extrême. Il y attendit cependant une heure et demie avant qu'on la lui vînt ouvrir, car il n'avoit pas voulu donner avis de sa venue. Il entra en habit de guerre dans la chambre où Marie alloit se coucher. Elle se jeta à ses pieds; il la releva, s'excusa d'avoir tant tardé à se rendre auprès d'elle, l'embrassa, et lui dit : « J'attends que vous me prêterez la moitié de votre lit, car je n'ai pu faire apporter le mien (2). » La reine étoit grosse de taille et de figure; ses yeux étoient grands, mais ronds et fixes; sa beauté ne répondoit plus au portrait qu'on avoit envoyé au roi lorsqu'elle n'avoit que vingt ans : on assure que dès le lendemain Henri témoigna du mécontentement sous plus d'un rapport à quelques courtisans (3). La reine n'avoit rien de caressant dans

---

(1) Galluzzi, Hist. des Ducs de Tosc. T. V, p. 362, 371. — Hist. des Amours de Henri IV. Arch. cur. T. XIV, p. 333. — Journal de l'Estoile, sur le voyage de la reine. T. III, p. 300—304.

(2) Sully, Écon. royales. T. III, p. 396. — Journal de l'Estoile, p. 305.

(3) Capefigue, Hist. de la Réforme. T. VIII, p. 174.

les manières; elle n'avoit aucune gaieté dans l'esprit; elle n'avoit point de goût pour le roi; elle ne cherchoit point à en témoigner; elle ne se proposoit point de l'amuser ou de lui plaire; son humeur étoit acariâtre et obstinée; toute son éducation avoit été espagnole, et dans l'époux, qui lui paroissoit vieux et désagréable, elle soupçonnoit encore l'hérétique relaps. Henri étoit retenu à Lyon par la négociation de Savoie; mais le traité de paix ayant été signé le 17 janvier 1601, il en repartit le lendemain pour Paris en poste, afin de se rapprocher d'Henriette d'Entragues, marquise de Verneuil, qui lui plaisoit bien plus que la reine, et qui avoit justement les grâces, la vivacité, la gaieté, qui manquoient à celle-ci.

Après le départ du roi, Marie de Médicis se mit aussi en route pour la capitale avec toute la cour; mais les voitures ne voyageoient point encore en poste, et elle n'arriva à Paris que le 9 février. Elle descendit dans l'hôtel de Gondi; elle vint ensuite loger chez le grand financier Zamet avant de prendre possession de son appartement du Louvre. La princesse de Conti (Louise-Marguerite de Lorraine) raconte que « le même jour que « la reine arriva à Paris, le roi commanda à la « duchesse de Nemours (surintendante de sa « maison) d'aller quérir la marquise de Ver« neuil et de la présenter à la reine. Cette vieille

« princesse s'en voulut excuser, disant que cela
« lui ôteroit toute créance auprès de sa maî-
« tresse; mais le roi le voulut, et lui commanda
« assez rudement de le faire, contre sa coutume,
« qui étoit d'être fort courtois. Elle l'amena donc
« à la reine, qui, extrêmement surprise de cette
« vue, se trouva étonnée et la reçut très froide-
« ment ; mais la marquise de Verneuil, fort
« hardie de son naturel, lui parla tant et fit si
« fort la familière qu'enfin elle s'en fit entre-
« tenir.....

« Le roi, lassé d'aller deux ou trois fois par jour
« chez la marquise, quand il vit que la reine
« étoit radoucie pour elle, la fit venir dans le
« Louvre, où il lui fit faire sa chambre. Au
« bout de quelque temps, cela ralluma la jalou-
« sie de la reine, qui d'ailleurs étoit entretenue
« de plusieurs personnes des discours de la mar-
« quise de Verneuil, qui, à la vérité, parloit
« d'elle assez librement et avec peu de respect....
« Elles étoient toutes deux grosses, et le roi
« fort empêché d'être bien avec l'une et avec
« l'autre. Il portoit du respect à la reine, à quoi
« l'obligeoit le rang qu'elle tenoit, mais il se
« plaisoit davantage en la compagnie de la mar-
« quise. Chacun, ne lui voulant déplaire, alloit
« visiter celle-ci, ce que la reine trouvoit fort
« mauvais. Elles étoient logées si près l'une de

« l'autre que l'on ne s'en pouvoit cacher, et c'é-
« toit une brouillerie perpétuelle. » (1)

Si Henri mettoit en présence sa femme et sa maîtresse, les courtisans prétendoient aussi que Marie préféroit à l'époux qu'on lui avoit donné, tour à tour, le maréchal de Bellegarde, don Virginio, puis don Paul-Giordano Orsini, et Concino-Concini. Des querelles violentes éclatoient souvent entre les deux époux : une fois Marie lui sauta au visage et l'égratigna ; une autre fois elle leva le bras pour le frapper, et Sully l'arrêta si rudement que le bras de la reine en fut meurtri (2). C'étoit lui qui, le plus souvent, étoit le pacificateur dans leurs violentes querelles ; mais il n'auroit pu empêcher Henri de la renvoyer si elle ne s'étoit trouvée enceinte, et si elle n'avoit mis au monde, le 27 septembre 1601, un dauphin, qui fut depuis Louis XIII, et que Henri regardoit comme la garantie de son trône. (3)

La courte guerre de Savoie n'avoit ni alarmé la France, ni dérangé ses finances, ni retardé pour un moment le retour de sa prospérité : ce

(1) Histoire des Amours de Henri IV. Archives curieuses. T. XIV, p. 335.

(2) Mémoires de Richelieu, 2ᵉ série. T. X, p. 352.

(3) Sully, Économ. royales. T. IV, p. 71, 129, etc. — De Thou. T. IX, L. CXXVI, p. 474. — Journ. de l'Estoile. T. III, p. 319. — Récit de Louise Bourgeois, sage-femme de la reine. Archives curieuses. T. XIV, p. 196. — Capefigue, Hist. de la Réforme. T. VIII, p. 174.

n'avoit été en quelque sorte qu'une sommation adressée à son duc d'exécuter le traité qu'il avoit précédemment signé à Paris. Cette guerre avoit fait voir en même temps que, malgré les intrigues du duc de Biron et les coupables manœuvres dans lesquelles il s'étoit laissé engager, quand il se trouvoit les armes à la main, il faisoit loyalement son devoir. Après la prise de Bourg, il demanda le commandement de la citadelle; le roi la lui refusa, et son irritation s'exhala en menaces et en propos violens. Bientôt après il s'en repentit; il craignit aussi que le roi n'eût appris quelque chose de ses complots : il vint le trouver à Lyon, et, se promenant avec lui dans le cloître des Cordeliers, il lui raconta comment le duc de Savoie lui avoit offert sa troisième fille avec une grosse dot; il le pria de lui pardonner cette négociation entamée sans son aveu, aussi bien que les expressions qui lui étoient échappées dans sa colère. Le roi, après l'avoir questionné sur toutes les circonstances de sa correspondance avec le duc de Savoie, lui en accorda en effet le pardon. (1)

Biron avoit eu le malheur d'employer pour ses communications avec le duc de Savoie le sieur de Lafin, gentilhomme bourguignon, l'un

(1) Vie du duc de Biron, Archiv. cur. T. XIV, p. 103. — Capefigue, Hist. de la Réforme. T. VIII, p. 230. — Lettre de Henri IV à Biron, du 14 mai. *Ib.*, p. 238.

des plus mauvais hommes de France, qui s'étoit précédemment mêlé dans les intrigues pour lesquelles le duc d'Épernon avoit perdu son gouvernement de Provence. Il étoit mécontent du roi, et il continuoit à intriguer au nom de Biron, auprès du duc de Savoie et du comte de Fuentes. Biron en ressentit de l'inquiétude, et dans les premiers jours de l'année, il écrivit à Rosny une lettre touchante, dans laquelle il exprimoit l'agitation où le jetoient les propos qu'on lui rapportoit de toute part que le roi tenoit sur son compte, et il lui demandoit ses bons offices (1). Henri continuoit en effet à décrier Biron dans ses propos, mais en même temps il se servoit de lui. A cette époque, l'archiduc Albert avoit entrepris le siége d'Ostende; cette place avoit été investie le 5 juillet 1601; les états-généraux faisoient des efforts inouïs pour la défendre, et ce mémorable siége, qui dura plus de trois ans, fut considéré comme la grande école militaire de l'Europe; long-temps aussi l'on crut que le sort de la nouvelle république y étoit attaché. Élisabeth se rendit à Douvres, et Henri IV à Calais, pour être plus à portée des nouvelles. La première fit demander au roi une entrevue; on ne dit point quel fut son motif pour la refuser. Mais il fit choix du duc de Biron pour

---

(1) Sully, Économ. royal. T. IV, p. 25.

aller complimenter la reine, dans une ambassade solennelle, en même temps qu'il engagea Rosny à passer sans bruit et sans suite en Angleterre, comme pour satisfaire sa curiosité, le chargeant secrètement de ses communications les plus confidentielles avec la reine (1). Biron, parti pour l'Angleterre vers la fin d'août, étoit de retour à Fontainebleau le 15 octobre.

Biron se rendit à Londres avec toute la pompe qu'il aimoit à déployer. Il avoit une cinquantaine de gentilshommes à sa suite, et parmi eux s'étoit rangé, sans se faire connoître, le comte d'Auvergne, fils de Charles IX. Elisabeth reçut Biron avec beaucoup de faveur : c'étoit à ses yeux l'homme qui, par son génie militaire, avoit le plus contribué aux succès de Henri IV. Il y avoit alors peu de mois que cette reine avoit envoyé au supplice, en février 1601, son favori, le comte d'Essex, avec lequel Biron, par ses qualités brillantes, ses imprudences et sa fin, devoit avoir la plus frappante ressemblance. On dit que, comme Élisabeth et Biron étoient ensemble à une fenêtre, leurs regards s'arrêtèrent sur la tour de Londres, sur le portail de laquelle étoient exposées les têtes d'un grand nombre de criminels d'État, et entre autres celle du comte d'Essex. La reine dit à Biron que son or-

---

(1) Journal de l'Estoile. T. III, p. 315. — Sully, Écon. royal. T. IV, p. 35.

TOME XXII. 5

gueil l'avoit perdu. « Il a cru, dit-elle, que je
« ne pourrois me passer de lui : il a souffert un
« juste supplice, et si le roi mon frère veut m'en
« croire, il doit tenir à Paris la conduite que j'ai
« tenue à Londres. Il faut qu'il sacrifie à sa sû-
« reté tous les rebelles et tous les traîtres ; je prie
« le ciel que la clémence de ce prince ne lui soit
« pas funeste. » (1)

La clémence de Henri n'étoit pas telle cependant qu'elle dût fort alarmer ses amis. Il avoit pardonné aux ligueurs, parce que c'étoit le seul moyen de leur faire poser les armes; il n'avoit point gardé de ressentimens contre ceux dont l'alliance pouvoit lui être utile; mais on ne voit point qu'il ait pardonné à ceux qu'il pouvoit punir sans nuire à ses intérêts, et les supplices auxquels furent livrés pendant son règne les criminels d'État sont de la plus révoltante atrocité. En même temps, sa vigilance étoit grande; il avoit des espions répandus en tous lieux, et il se montroit souvent alarmé quand ses ministres, et surtout Rosny, ne voyoient pas qu'il y eût lieu de s'inquiéter.

Henri IV passa l'hiver de 1601 à 1602 dans les fêtes, bien plus occupé d'intrigues de femmes que des affaires de son royaume. Le mariage de sa sœur Catherine lui avoit causé quel-

(1) De Thou. L. CXXVI, p. 447. — Journ. de l'Estoile. T. III, p. 323. — Sully, Économ. royal. T. IV, p. 52.

que souci; il n'avoit point voulu l'accorder au comte de Soissons, qu'elle aimoit, et au mois de janvier 1599, il lui avoit fait épouser Henri de Lorraine, duc de Bar. Comme ce duc étoit catholique et elle protestante, et qu'ils n'avoient point obtenu de dispense, aucun évêque n'avoit voulu bénir le mariage. Henri demanda ce service à son frère naturel, qu'il avoit fait depuis peu archevêque de Rouen, et qu'il connoissoit pour un libertin fort ignorant. Comme celui-ci faisoit toutefois des difficultés, Henri chargea de le persuader son compagnon de débauche Roquelaure, qui lui fit sentir fort cavalièrement que ce n'étoit pas à lui à parler de conscience (1). Le mariage fut donc béni par l'archevêque de Rouen, mais Henri ne sortit point ainsi de difficulté. Il avoit compté qu'à choses faites le pape accorderait la dispense; au contraire, le cardinal d'Ossat ne tarda pas à l'informer que le pape en montroit beaucoup d'indignation et contre la France et contre la maison de Lorraine. Le duc de Bar à son tour éprouva des scrupules : il renonça à cohabiter avec Catherine; il se rendit à Rome en 1600 pour solliciter le pape à l'occasion du jubilé. Pendant ce temps, Henri pressoit sa sœur de changer de religion, et quoique Catherine se fût éprise d'amour pour le mari

1601.

(1) De Thou. L. CXXII, p. 270. — Sully, Écon. royales T. III, p. 268.

qu'on lui avoit donné, elle fit preuve de grande fermeté en résistant à toutes ces sollicitations; ce fut enfin le pape qui céda. (1)

Au printemps de l'année 1602, Henri IV fut averti que le mécontentement dans les provinces du midi, ancien théâtre de ses exploits militaires, alloit croissant; que les huguenots et les politiques, qui se vantoient de lui avoir donné la couronne, se montroient également blessés de ce qu'il les négligeoit si complétement; que le baron de Benac, aîné de la maison de Biron, tenoit dans le Périgord, sa province, des assemblées de noblesse qui sembloient annoncer un soulèvement; qu'enfin le duc de Bouillon vouloit faire un voyage en Limousin, y visiter ses terres, sa vicomté de Turenne, et réunir auprès de lui ses anciens compagnons d'armes. Henri résolut de se rapprocher des lieux sur lesquels on lui donnoit de l'inquiétude, de détruire les bruits qu'on répandoit sur une prochaine augmentation d'impôts dans tout le royaume, et sur l'abolition des priviléges des provinces. Il se rendit à Blois, où il trouva les ducs d'Épernon et de Bouillon; il s'adressa d'abord au premier, qui ne nia point qu'il n'eût été instruit des méconten-

---

(1) Lettres du card. d'Ossat. L. V, p. 677 et suiv. 765-778. — De Thou. L. CXXIV, p. 336. Tout n'étoit pas terminé le 16 décembre 1602. Lettre 322 du card. d'Ossat à Villeroy, p. 1170.

temens des grands et des peuples, mais qui protesta qu'il n'y avoit jamais rien vu de sérieux, et qu'il ne s'étoit associé avec personne. Le lendemain, Henri parla aussi au duc de Bouillon : ce dernier, depuis la conversion du roi, se regardoit comme le chef des réformés, et il exposa avec chaleur et les plaintes de son parti, et ses motifs de défiance. Il prit cependant congé du roi avec des assurances de fidélité auxquelles Henri répondit par des promesses de bienveillance. Mais au fond, Henri étoit blessé, et il ne pardonnoit pas. L'arrogance d'Épernon pouvoit déplaire, toutefois il ne songeoit qu'à lui-même; les plaintes de Bouillon étoient l'expression des sentimens et des opinions d'un parti, elles lui donnoient donc plus d'inquiétude (1). Le duc de Biron lui paroissoit, de son côté, le représentant de l'armée et du parti politique; il lui envoya le président Jeannin en Bourgogne pour le déterminer à venir le trouver à Fontainebleau, où il revint lui-même au commencement de juin, après s'être avancé jusqu'à Poitiers. (2)

Dès le mois de mars précédent, Jacques Lafin, qui avoit négocié au nom de Biron avec le duc de Savoie et le comte de Fuentes, étoit arrivé à

---

(1) Sully, Économ. royales. T. IV, p. 135. — De Thou. L. CXXVIII, p. 523.

(2) Journal de l'Estoile. T. III, p. 355.

la cour; il avoit remis au chancelier tous les papiers qui pouvoient le plus compromettre Biron; il avoit eu une audience du roi, il lui avoit exposé tout le plan de la conspiration, dont il avoit été le vrai auteur, et où il avoit entraîné son bienfaiteur et son ami. Il lui avoit nommé comme complices du maréchal de Biron le duc de Bouillon, le comte d'Auvergne, et plusieurs autres, parmi lesquels il comprit aussi Rosny. Quoique Henri IV fût assez disposé à se défier de tout le monde, il accueillit les protestations de Rosny : « Or bien, lui dit le roi, aussi n'en
« ai-je rien cru; et pour vous le montrer, j'ai
« commandé à Bellièvre et à Villeroy de vous
« aller trouver, et vous porter toutes les accusa-
« tions, tant contre vous que contre tous les au-
« tres, et faire voir les preuves. Même j'ai dit
« à Lafin, qui est celui qui m'a découvert la
« menée, que je voulois qu'il vous vît et vous
« parlât librement de tous ces desseins. » (1)

Mais, quoique le roi accordât toute confiance à l'un de ceux que Lafin accusoit, quoiqu'il dît aussi « qu'il croyoit bien que M. d'Espernon
« n'étoit point de toutes ces menées par actes vi-
« sibles; il est trop habile homme et craint trop de
« perdre son bien et ses charges pour s'embarras-
« ser parmi tous ces esprits brouillons.... encore

---

(1) Économ. royales. T. IV, p. 98.

« qu'en son petit cœur il fût peut-être bien aise « que quelqu'un me traversât, » Henri n'en croyoit pas moins l'accusation contre les ducs de Bouillon et de la Trémouille, contre MM. de la Noue, de Constant, d'Aubigné et de Préaux, qu'il avoit vus à leur suite à Poitiers ; surtout contre le duc de Biron, qu'il étoit déjà résolu à sacrifier. Sully réussit à tromper ce dernier en lui annonçant qu'il lui envoyoit de l'artillerie neuve de l'arsenal de Lyon, tandis qu'il faisoit venir la vieille pour la refondre. Il désarma ainsi toutes ses places de Bourgogne, car les canons dont il annonçoit l'envoi n'arrivèrent jamais. Lafin écrivit en même temps à Biron qu'il avoit vu le roi, mais qu'il ne lui avoit rien laissé pénétrer, et que Biron pouvoit être sans inquiétude ; Henri lui-même félicita le baron de Luz, ami de Biron, sur ce que Lafin avoit dissipé tous les soupçons qu'il avoit conçus. Jeannin et l'Escures le pressoient de venir en cour : il partit de Dijon, et des escadrons de cavalerie semés sur sa route ne lui auroient point permis de revenir sur ses pas s'il avoit voulu le faire. (1)

Biron, toujours confiant, toujours léger et présomptueux, arriva à Fontainebleau le 13 juin

---

(1) Économies royales. T. IV, p. 145--156. — De Thou. L. CXXVIII, p. 526.

1602. Il put bientôt s'apercevoir, à la manière dont il fut reçu par le roi, que celui-ci nourrissoit contre lui les plus fortes préventions. Cependant, comme il dînoit ce jour-là chez le duc d'Épernon, le roi et le comte de Soissons y arrivèrent après dîner pour jouer à la paume avec eux. Le roi le prit à part et le pressa d'avouer ingénument sa faute, dont il étoit, disoit-il, suffisamment informé, lui promettant son pardon, pourvu qu'il fût sincère. Biron répondit hardiment qu'il n'étoit point venu à la cour pour se justifier, mais pour demander justice de ses accusateurs, ou se la faire à lui-même. Il fit la même réponse le soir au comte de Soissons, qui le pressoit de nouveau de tout avouer. Le lendemain le roi le fit appeler au petit jardin, et se promena long-temps avec lui, le sollicitant tout aussi inutilement de s'accuser lui-même. En le quittant, Henri donna les ordres nécessaires à Vitry et Praslin, capitaines de ses gardes, tandis que Biron étoit si plein de confiance qu'après souper il rentra dans la chambre du roi et se mit à jouer à la prime avec la reine. Un peu avant minuit, Henri IV fit cesser le jeu, et, comme la compagnie se retiroit, Vitry s'approcha de Biron, qui passoit dans l'antichambre, lui saisit la droite de sa gauche et de sa droite prit son épée, en lui disant qu'il l'arrêtoit au nom du roi; à la porte du château, le comte d'Auvergne fut arrêté par Praslin; Mergé et quelques autres furent arrêtés en même temps. (1)

Malgré son assurance, Biron étoit coupable en effet. L'historien de Thou nous apprend qu'on produisit contre lui quatre feuilles écrites de sa main, adressées à Lafin, et que celui-ci avoit remises au roi, où il exposoit ce que le duc de Savoie devoit faire ou auroit dû faire pour la défense des forteresses de Montmélian, Bourg et Sainte-Catherine. Il y parloit aussi de l'armée de Savoie comme n'ayant point passé les monts. Ainsi, ces feuilles avoient dû être écrites avant le 16 octobre, où la capitulation de Montmélian fut signée, tout au moins avant le 16 novembre, où cette place fut livrée aux Français. On ne sauroit comprendre quel but se proposoit Biron en donnant à son confident des renseignemens destinés à l'ennemi, dans le temps même où il le combattoit avec vaillance et remportoit sur lui de nombreux avantages. On n'établissoit point que ces feuilles eussent jamais été communiquées au duc de Savoie, moins encore qu'aucun des avis donnés par le maréchal eût profité à l'ennemi. Peut-être, dans un moment où il croyoit avoir

---

(1) Vie et mort du maréchal de Biron. Archives curieuses. T. XIV, p. 110. — De Thou. T. IX, L. CXXVIII, p. 528. — Sully, Écon. royales. T. IV, p. 149. — Journal de l'Estoile. T. III, p. 354.

éprouvé un passe-droit, avoit-il exhalé sa colère dans ces écrits, que son ami lui avoit perfidement demandés, et qu'il conservoit pour le perdre. Toutefois ces papiers formoient un corps de délit sur lequel les juges pouvoient baser leur condamnation sans prévariquer. (1)

Biron fut conduit de Fontainebleau à la Bastille par la rivière. Rosny s'y était rendu d'avance pour le recevoir et le garder sûrement; mais il ne le vit point. Le roi avoit adressé au parlement des lettres patentes qui lui donnoient plein pouvoir pour le juger. Il fit aussi convoquer les pairs pour assister au jugement, mais aucun ne voulut s'y rendre, en sorte que la cour passa outre en leur absence. Biron fut interrogé une première fois le 18 juin, une seconde le 9 juillet. Dans l'intervalle entre ces deux interrogatoires, on entendit les dépositions de Lafin et de Renazé, son secrétaire. Ceux-ci, qui avoient entraîné Biron dans le crime, le chargèrent avec acharnement. Ils prétendirent que Biron avoit indiqué au commandant de Sainte-Catherine le lieu où se trouveroit le roi, pour le faire tuer. Lafin rapporta que lorsqu'il eut conté à Biron que Henri IV avoit dit au duc de Savoie : « Biron n'est qu'un fanfaron; « s'il fait une belle action, ce n'est qu'autant « qu'il a des spectateurs : c'est un oiseau de mau-

―――――
(1) De Thou. T. IX, L. CXXVIII, p. 532-536.

« vais augure, une orfraie; il suffit que je le
« charge d'une affaire pour qu'elle manque, »
Biron s'étoit écrié avec fureur : « Que n'étois-
« je présent quand il a parlé de la sorte, je
« me serois bientôt couvert de sang. (1)

Tous les parens du duc de Biron s'étoient jetés aux genoux du roi pour demander sa grâce; il les refusa; il leur dit même que tant que le prévenu n'étoit pas convaincu, il leur permettoit d'user de tous les moyens légitimes pour faire éclater son innocence, mais qu'après la sentence, ils se rendroient coupables d'un crime d'État en intercédant pour lui. La mère du duc demanda qu'on lui donnât un conseil, il lui fut refusé. Biron, dans une lettre au roi, et dans son plaidoyer, invoqua le souvenir de ses services, des trente-deux blessures qu'il avoit reçues en combattant pour lui; le pardon qui lui avoit été accordé à Lyon, depuis lequel il n'avoit plus failli; une de ses lettres mêmes, produite par Lafin contre lui, où il déclaroit que depuis la naissance du dauphin il avoit renoncé à tous ses projets. Ses juges furent inflexibles; le parlement, à l'unanimité, le condamna à mort, le 29 juillet, avec confiscation de ses biens, réunion de sa pairie à la couronne, et dégradation de tous ses honneurs

(1) De Thou. *Ib.*, p. 539. — Vie et mort du maréchal de Biron, p. 122.

et dignités. Cent vingt-sept juges signèrent cette sentence, qui étoit conforme aux conclusions des gens du roi ; et le 31 juillet, le malheureux Biron eut la tête tranchée dans la cour de la Bastille. (1)

Le comte d'Auvergne n'étoit pas moins coupable que Biron, mais Henri lui accorda la vie à la sollicitation de madame de Verneuil et du connétable de Montmorency, qui avec ses trois filles se jeta à ses pieds. Plus tard, le comte d'Auvergne ayant obtenu que Henri vînt le voir dans sa prison, il lui conta ses intelligences avec les ministres du roi d'Espagne, et il lui offrit de renouveler avec eux ses correspondances, pour, en faisant semblant de les vouloir servir, découvrir tous leurs secrets et les lui révéler. Henri, qui conta cette conversation à Rosny, sentit son cœur se soulever de ce qu'un homme de cette qualité s'offroit de lui-même à faire le métier d'espion ; cependant il ne repoussa point une trahison qui pouvoit lui être utile, et le 2 octobre, il lui rendit une liberté entière. (2)

(1) Vie et mort du maréchal de Biron. T. XIV, p. 138. — De Thou. L. CXXVIII, p. 544. — Journal de l'Estoile. T. III, p. 338. — Capefigue, Hist. de la Réforme. T. VIII, p. 249. — La lettre de Biron au roi et le procès-verbal de sa mort. Duplessis-Morn. T. IX, p. 492-510.

(2) Sully, Écon. royales. T. V, p. 505-510. — Journal de l'Estoile. T. III, p. 352.

Le baron de Fontenelle, gentilhomme breton, et cousin du maréchal de Lavardin, qui fut convaincu en même temps d'avoir correspondu avec l'Espagne, fut appliqué le 27 septembre à la question ordinaire et extraordinaire, puis rompu vif sur la roue, où il languit une heure et demie. Un Calabrois, son compagnon, fut condamné au même supplice; un autre fut pendu. Le baron de Luz cependant, qui avoit été admis à la confidence de Biron, eut sa grâce, qu'il acheta probablement par des révélations. (1)

1602.

Lorsque la nouvelle de toutes ces conspirations parvint à Rome au cardinal d'Ossat, il se crut appelé à écrire au roi lui-même et à son ministre Villeroy, pour les encourager à sévir (2), mais ensuite il écrivit de nouveau à Villeroy : « Que quelque légèreté et inquiétude
« naturelle qu'une grande partie des Français
« aie, et quelqu'ambition et avarice qui règnent
« aujourd'hui parmi eux, les conspirateurs
« n'eussent jamais eu l'audace de faire leurs
« conspirations, et mêmement sous le règne
« d'un si valeureux et heureux roi, s'ils n'eus-
« sent vu une partie de la noblesse mal con-
« tente, l'Eglise toute mal menée et déconfor-

(1) Journal de l'Estoile. T. III, p. 350. — Sully, Économ. royales. T. IV, p. 103. — De Thou. L. CXXVIII, p. 548.

(2) Lettres 307 et 308, p. 1138 et 1139.

« tée, et le pauvre peuple, et quasi tout le
« tiers état, foulé : comme aussi sans cela les
« étrangers ne fussent entrés en espérance de
« nous troubler, ni en la hardiesse de suborner
« les seigneurs et gentilshommes françois. A la
« vérité la pourvoyance et vigilance du roi à
« préserver sa personne et à découvrir et pré-
« venir les desseins de ses mauvais voisins et
« sujets a tellement profité jusques ici, que
« sans elles nous serions déjà perdus, et la con-
« tinuation en est et sera toujours nécessaire;
« mais je ne puis m'exempter de la crainte de
« semblables récidives, ni espérer un entier et
« assuré repos, jusques à ce que le roi aie ré-
« formé l'État, commençant par soi-même, et
« entr'autres choses à moins prendre sur ses
« sujets, et contenté les meilleures parties dudit
« État..... Je sais bien que ce propos est hardi,
« et que peu l'oseroient tenir, mais je l'estime
« encore plus vrai et nécessaire (1). » C'étoit
un prince de l'Église qui, dans un âge avancé
et bien près de mourir, parloit ainsi. Cependant, même chez lui, un tel langage fut regardé
comme d'une hardiesse extraordinaire : « ce ne
« pouvoit être qu'un ingrat et un impudent
« qui s'exprimoit ainsi », disoit Sully, lequel,
ayant eu connoissance de cette lettre, lui sup-

---

(1) Lettre 325 du card. d'Ossat, 27 janvier 1603, p. 1177.

prima son traitement (1). On peut juger, par ce ressentiment du ministre, de la liberté d'écrire dont jouissoient ceux aux mémoires desquels nous sommes réduits à nous fier.

Quelque jalousie que Henri ressentît contre le duc de Biron, il en avoit plus encore contre le duc de Bouillon : tous deux étoient de grands généraux, et il étoit blessé de ce qu'on les regardoit comme ses maîtres dans l'art de la guerre; mais Henri de Turenne, qui, le premier, avoit relevé le parti protestant après les désastres de la Saint-Barthélemy, qui avoit conduit avec tant d'adresse le duc d'Alençon à ses fins, passoit pour non moins habile comme négociateur que comme général; et en effet, si on le vit échouer plus tard, ce fut pour avoir mis trop d'habileté, trop de ruse, dans sa conduite. Il étoit déjà arrivé au but vers lequel se dirigeoient les autres seigneurs : il étoit souverain; il étoit allié avec les princes souverains de l'Allemagne, et il s'efforçoit de faire de Sédan, sa forteresse, la ville sainte des huguenots, la ville où l'on ne souffroit aucun des désordres de la cour. Lui-même il parloit, il écrivoit comme un homme qui faisoit de la défense de sa religion l'affaire de sa vie; aussi tous les réformés le regardoient comme leur chef.

(1) Lettre de Rosny à Villeroy, Écon. royales. T. IV, p. 198. — D'Ossat, né en 1536, mourut le 13 mars 1604.

1602.

Pendant le procès de Biron et après son supplice, le roi invita Bouillon à plusieurs reprises à se rendre à la cour. Il lui écrivit lui-même, le 19 octobre, lui promettant toute son indulgence, pourvu qu'il avouât ses torts; mais Bouillon n'étoit nullement encouragé par l'exemple de son rival ou par la jalousie que le roi manifestoit de tous ceux qui se distinguoient. Henri de Chastillon, petit-fils du grand Coligni, avoit été tué à Ostende, où il avoit conduit un régiment de huit cents hommes. Le roi dit à Rosny qu'il n'étoit pas fâché de sa mort, car « avec les grandes qualités d'homme de guerre « qui paroissoient déjà en lui, il n'avoit plus « grand désir que de se fourrer dans les factions « de ceux de la religion, tellement qu'il étoit « à craindre qu'il ne fît un jour plus de mal à la « France que n'avoit jamais fait son grand-« père (1). » Depuis la mort de Biron, il avoit aussi fait arrêter le prince de Joinville, accusé de quelque intelligence avec l'Espagne, mais il le relâcha sur les instances de Rosny et de la duchesse de Guise, sa mère, tout en recommandant à Rosny de ne se faire plus le protecteur de cette maison-là (2). Bouillon savoit bien qu'il ne pouvoit pas compter sur de tels intercesseurs.

(1) Économ. royales. T. IV, p. 47.
(2) *Ibid.* T. IV, p. 171 et 186.

Il étoit à Turenne, il en partit pour le Languedoc; il passa quelques jours à Montauban et à Figeac, places dont les protestans étoient maîtres; puis il vint à Castres, ville où siégeoit la chambre *de l'Édit,* tribunal mi-parti, institué par l'édit de Nantes pour rendre justice aux protestans; il demanda acte de sa comparution devant elle, pour ne pas être accusé comme contumace. Le roi ne permit point à la chambre de juger un si grand seigneur; il témoigna beaucoup de ressentiment de ce qu'elle lui avoit, le 6 décembre, accordé acte de sa comparution; il retint l'argent qu'il devoit à Bouillon pour paiement des garnisons dans les places de sûreté des protestans, et il s'emporta contre Saint-Germain, député de ceux de la religion, pour avoir osé le demander. Bouillon crut prudent de se soustraire à tant de ressentimens, et, prenant à grandes journées la route d'Orange et du Dauphiné, il arriva bientôt à Genève. (1)

Cette république venoit alors même de courir un grand danger. Quoique comprise dans le traité de Vervins, parmi les alliés des Suisses,

---

(1) De Thou. L. CXXVIII, p. 550. — Journ. de l'Estoile. T. III, p. 365. — Sully, Écon. royales. T. IV, p. 193, 230. — Hist. gén. de Languedoc. L. XLII, c. 16, p. 496. — Capefigue, Hist. de la Réf. T. VIII, p. 307. — Advis de M. Duplessis au roi sur l'affaire du duc de Bouillon. Duplessis. T. IX, p. 488.

et quoique Henri IV eût déclaré expressément qu'il la prenoit sous sa protection, le duc de Savoie l'avoit fait attaquer par escalade dans la nuit du 12 décembre. Ses soldats avoient déjà franchi les murailles; plus de deux cents d'entre eux se répandoient dans les rues en criant : « Vive Espagne ! vive Savoie ! ville gagnée ! Tue, tue ! » quand les bourgeois, loin de perdre courage, les attaquèrent bravement, les repoussèrent et les firent ressauter en bas des murailles. Les prisonniers qui restèrent dans la ville, quoique gentilshommes, furent pendus comme voleurs de nuit. La Savoie étoit cependant pleine de troupes, et une attaque à force ouverte sembloit devoir bientôt suivre cette surprise manquée. (1)

Le duc de Bouillon resta à Genève jusqu'au 5 janvier, pour encourager les bourgeois et diriger leurs mesures de défense. Il se retira ensuite chez son beau-frère, l'électeur Palatin, ne voulant pas attendre les troupes que Henri IV pourroit faire passer à Genève. Ce furent les renforts envoyés par Lesdiguières, gouverneur de Dauphiné, qui y arrivèrent les premiers. Henri IV écrivit ensuite aux conseils de Genève, qu'au besoin il auroit marché lui-même pour

---

(1) Spon. Hist. de Genève. T. II, L. III, p. 371-408. — De Thou. L. CXXIX, p. 570. — Sully, Écon. royales. T. IV, p. 173. — Journal de l'Estoile. T. III, p. 367.

protéger leur ville. Cependant il les exhorta en même temps à la paix, de peur que cette étincelle ne produisît un embrasement général. Il les aida à conclure, dès le mois de février, un armistice avec le duc de Savoie ; et les négociations, qui durèrent ensuite quelques mois, se terminèrent le 21 juillet 1603, par le traité de St.-Julien, entre le duc de Savoie et la république de Genève. (1)

La retraite du duc de Bouillon contrarioit Henri dans sa politique. Le roi vouloit bien la paix, mais il n'avoit point déposé ses inimitiés contre l'Espagne. Il regardoit toujours Philippe III comme son ennemi ; il cherchoit toujours les moyens de le rabaisser, et, encore qu'il eût changé de religion, il vouloit toujours être considéré comme le chef du parti de la réforme en Europe. Il avoit bien accusé Bouillon d'être d'accord avec Biron, et d'être entré dans quelques intrigues avec l'Espagne, mais de toute part les réformés lui écrivoient pour lui recommander ce chef des protestans, et pour lui remontrer en même tems combien son accord avec les Espagnols étoit invraisemblable. Les cantons suisses, qui, au milieu d'octobre 1602, lui envoyèrent une ambassade solennelle, déclarèrent qu'ils retireroient leurs troupes auxiliaires si le roi faisoit la guerre aux protestans

(1) De Thou. T. IX, L. CXXIX, p. 573.

de France. L'Électeur Palatin avoit écrit au roi, le 8 février, pour lui recommander ses deux beaux-frères, les ducs de Bouillon et de la Trémouille, et protester de leur innocence : ils avoient épousé les trois filles de Guillaume, prince d'Orange. Elisabeth enfin, la vieille reine d'Angleterre, et la plus puissante alliée de Henri, lui avoit écrit aussi pour lui recommander le duc de Bouillon, et lui faire comprendre quelle jalousie les persécutions dirigées contre lui causeroient à tous les réformés ; mais cette grande reine étoit arrivée au terme de son influence comme de sa carrière. Elle étoit entrée dans sa soixante-dixième année ; elle paroissoit accablée par une profonde mélancolie ; elle ne voulut prendre aucun des remèdes qu'on lui prescrivoit, et elle mourut enfin le 4 avril 1603 (le 24 mars, ancien style). Six heures après sa mort, Jacques VI, roi d'Ecosse, le plus prochain héritier de la couronne, comme issu de Marguerite, sœur de Henri VIII, fut proclamé pour roi d'Angleterre. (1)

(1) De Thou. T. IX, L. CXXIX, p. 557, 531, 583. — Journ. de l'Estoile. T. III, p. 353, 379. — Sully, Écon. royales. T. IV, p. 186, 190, 208.

CHAPITRE X.

Fin du règne de Henri IV. — Sa politique; ses projets; sa mort.—1603-1610.

Les principales difficultés que Henri avoit eues à surmonter, en parvenant à la couronne, sembloient s'être aplanies devant lui ; non seulement la guerre étrangère étoit terminée, mais le nouveau roi d'Espagne sentoit désormais sa foiblesse, et ne redoutoit rien tant que de se brouiller derechef avec la France; toutes ses forces lui suffisoient à peine pour soutenir la guerre, qu'il n'avoit pas réussi à terminer, contre les Anglais et les Hollandais. L'empereur Rodolphe, toujours en guerre avec les Turcs, brouillé avec ses sujets, brouillé avec son propre frère Matthias, qui lui enlevoit successivement toutes ses couronnes héréditaires, étoit moins redoutable encore; les royaumes de Pologne et de Suède étoient épuisés par les guerres civiles; l'Italie, corrompue et accablée sous le despotisme, dépensant son argent et ses soldats pour des querelles qui lui étoient étrangères, ne comptoit plus comme puissance en Europe; l'Angleterre enfin avoit perdu la grande reine qui l'avoit si long-temps gouvernée, qui avoit secouru efficacement Henri IV, mais qui

1603.

lui avoit fait sentir plus d'une fois qu'elle démêloit sa secrète politique et qu'elle ne le croyoit pas implicitement. A sa place étoit monté sur le trône un prince plus jeune, plus foible, moins habile, que le roi de France se flattoit de pouvoir désormais diriger. Aucun des grands états de l'Europe n'étoit en paix, à l'exception de la France seule, et celle-ci paroissoit d'autant plus forte que les autres s'affoiblissoient davantage.

La paix régnoit aussi à l'intérieur de la France : le grand ferment religieux n'y agissoit plus avec la même force ; le fanatisme s'étoit calmé plutôt qu'éteint dans l'un comme dans l'autre parti, surtout parmi les chefs, parmi tous ceux qui paroissoient à la cour, ou qui pouvoient compter dans l'histoire. Les conversions chez les courtisans, pour se conformer à la religion du monarque, étoient presque journalières, mais, malgré l'encouragement qu'il leur donnoit, il n'avoit point encore pu persuader à la multitude dans les villes qu'il agissoit de bonne foi : celle-ci continuoit à regarder Henri avec défiance et avec haine, comme l'ancien champion de la réforme, comme l'allié de tous les hérétiques de l'Europe. De leur côté, les huguenots se plaignoient de lui; ils le regardoient comme les ayant trahis; ils s'attendoient de sa part à de nouvelles injustices, et ils resserroient leur ligue pour se défendre au moment du besoin. Depuis que les grands seigneurs s'étoient éloignés des églises, c'étoient les ministres qui étoient devenus les chefs, les représentans et les démagogues des huguenots ; et ils apportoient dans leurs délibérations cette âpreté et cette inflexibilité théologiques qui semblent caractériser les prêtres de toutes les religions et qui donnent à leurs haines une amertume plus offensante. Dans un synode qu'ils tinrent à Gap, au mois d'octobre 1603, ils commencèrent par se proposer d'opérer quelque rapprochement entre les calvinistes, les zwingliens et les luthériens, mais, au lieu d'écarter des questions qu'il ne dépendoit pas d'eux de décider, ils s'irritèrent toujours davantage par des discussions amères et injurieuses : ils ne surent tomber d'accord que sur un seul point, et ce fut pour commettre une imprudence ; ils ajoutèrent à leur confession de foi la déclaration que le pape étoit l'antechrist et qu'il en réunissoit tous les caractères, blessant ainsi sans ménagement et la charité, et les catholiques, avec lesquels ils devoient vivre, et le roi, dont ils reconnoissoient l'autorité. (1)

Tandis que les fanatiques dans les deux partis se figuroient pouvoir rallumer le zèle par les injures, la cour et le plus grand nombre des gen-

---

(1) De Thou. T. IX, L. CXXIX, p. 595. — Duplessis-Mornay. T. IX, §. 259, p. 524.

tilshommes se plongeoient avec une ardeur nouvelle dans tous les genres de déréglemens. La corruption des mœurs étoit universelle; les exemples de Henri III n'étoient point oubliés parmi des seigneurs dont le plus orgueilleux, d'Épernon, ou le plus à la mode, Bellegarde, lui devoient leur élévation : le langage étoit d'un cynisme rebutant, et Henri IV, alors âgé de cinquante ans, et de qui on auroit pu attendre plus de gravité et plus de sagesse, étoit celui qui contribuoit le plus au désordre : ce n'étoit point avec ses anciens compagnons d'armes, pas plus qu'avec ses ministres, qu'il vivoit familièrement, mais avec le duc de Bellegarde, grand-écuyer, de dix ans plus jeune que lui, et qui avoit été son rival préféré dans presque tous ses amours; avec le comte de Bassompierre, né en Lorraine, qui n'avoit que vingt-quatre ans, qui lui tenoit tête aux jeux les plus ruineux, et qui lui enlevoit souvent aussi ses maîtresses; avec Beringhen, son valet de chambre, qu'il avoit remarqué, pour son adresse, au service d'un gentilhomme normand, et qu'il avoit dès lors attaché à sa personne; avec La Varenne, qui le servoit dans ses amours après avoir servi dans sa cuisine; mais Catherine disoit qu'il portoit plus de poulets pour son frère qu'il n'en avoit autrefois mis à la broche; enfin avec Roquelaure, gentilhomme gascon, le seul de sa familiarité intime qui fût plus âgé que Henri, mais qui étoit aussi plus dissipé encore que lui.

Au printemps de l'année 1603, Henri fit un voyage en Lorraine ; il annonçoit que c'étoit pour revoir sa sœur, et la remettre bien avec Henri, duc de Bar, son mari ; elle l'aimoit passionnément, mais elle avoit déjà quarante et un ans quand elle s'étoit mariée, et les scrupules du duc de Bar sur la religion de sa femme semblent indiquer que l'amour n'étoit pas bien vif de son côté (1). En même temps, Henri se proposoit de renouer des relations plus étroites avec les princes protestans de l'Allemagne ; il les regardoit comme formant le parti français, et il vouloit leur persuader que son changement de religion ne l'avoit point refroidi pour eux ; il vouloit aussi faire entrer plus complétement la Lorraine dans ses alliances, et se faire donner quelques garanties par la famille qui y régnoit ; enfin, il se proposoit surtout de soustraire Metz et sa citadelle à la puissance absolue du duc d'Épernon. Cette forte place frontière, dont l'empire réclamoit toujours la restitution, lui paroissoit dangereuse à laisser entre les mains d'un homme qu'il n'aimoit point, et dont il parloit, dit Sully, quelquefois assez, et peut-être trop librement (2).

(1) De Thou. T. IX, L. CXXXII, p. 708. — Sully, Écon. royales. T. IV, p. 240.
(2) Écon. royales. T. V, p. 241.

1603.

D'Épernon avoit donné le commandement de Metz et de sa citadelle aux deux frères Sobole, gentilshommes du Midi, hommes durs et avides, qui accusoient tour à tour les citoyens les plus riches de Metz de complots pour recouvrer la liberté de cette ville impériale, ou d'intelligence avec quelques agens de la maison d'Autriche. Ils les faisoient mettre à la torture, et, se fondant sur les aveux qu'ils leur arrachoient, ils confisquoient leurs biens et se les approprioient. Quoique ces actes de tyrannie eussent été déférés au parlement, Henri n'étoit point assez sûr de son autorité dans les trois évêchés pour punir ces gentilshommes sans être d'accord avec le gouverneur; il aima mieux traiter avec eux, et racheter de leurs mains Metz et sa citadelle, qu'il confia à Montigny et à son frère, sans préjudice de l'autorité supérieure du duc d'Épernon. Il accorda ensuite aux frères Sobole une grâce complète, en déclarant qu'il étoit content de leurs services. (1)

Ce fut à Metz que Henri IV reçut la nouvelle de la mort d'Élisabeth. Il sentit combien il lui importoit de s'assurer immédiatement des dispositions du roi Jacques Ier, son successeur, et il se hâta de revenir à Paris pour s'entendre avec le marquis de Rosny, qu'il vouloit envoyer

(1) De Thou. L. CXXIX, p. 574.

en ambassade en Angleterre. Henri, dans sa politique extérieure, croyoit sa puissance attachée au rôle de chef des protestans en Europe. Il savoit déjà que Jacques étoit plus pédant qu'homme d'État ; il connoissoit son goût pour la controverse, et croyoit Sully l'homme le plus propre à manier ce roi théologien. Il vouloit donc que son ministre parût à Londres non seulement comme ambassadeur de France, mais comme seigneur protestant, qui agiroit pour son compte en quelque sorte auprès du roi anglais, et qui paroîtroit chargé de garantir les intérêts de leur religion commune. « Pour éviter, lui dit-il, les
« difficultés, j'ai trouvé un expédient, qui seroit
« de ne vous faire traiter en mon nom, et comme
« mon ambassadeur, sinon des condoléances et
« conjouissances nécessaires en une telle occa-
« sion, et des affaires publiques et générales qui
« ont accoutumé d'être traitées en semblables
« conjonctures. Et quant aux autres, n'en parler
« que comme de vous-même, et comme y étant
« amené par l'affection particulière que vous di-
« rez lui porter, et à votre commune religion ;
« afin que s'il les approuve et agrée, vous puis-
« siez faire semblant de me les vouloir proposer,
« et essayer de m'y porter semblablement (1). »
Mais Sully connoissoit bien le maître gascon qu'il servoit ; il sentit qu'une négociation sem-

(1) Sully, Économ. roy. T. **IV**, p. 248.

blable, dérobée à Villeroy, secrétaire d'État pour les affaires étrangères, pourroit l'exposer lui-même à de graves conséquences s'il étoit désavoué. Il répondit donc au roi que, comme il seroit forcé d'user de telles paroles, pour témoigner son zèle envers la religion, que Henri pourroit lui reprocher ensuite, il demandoit pour garantie « une petite instruction écrite de la propre « main du roi, en laquelle ses intentions fussent « clairement expliquées, afin que si jamais quel- « qu'un essayoit de lui faire trouver mauvais ce « qu'il auroit fait, S. M. se pût tant mieux res- « souvenir que le tout se seroit passé suivant « son commandement exprès. » (1)

Sully obtint ce qu'il avoit demandé; il fut porteur de deux instructions, en date du 2 juin 1603, l'une délibérée en conseil d'État, avec l'assistance du comte de Soissons, de Sillery, de Jeannin, et signée par Villeroy ; l'autre secrète et signée du roi seulement. Dans la première, le roi recommandoit à Rosny de pressentir le roi d'Angleterre, de chercher à connoître quelles étoient ses intentions envers les Hollandais ou envers l'Espagne, avant de s'exprimer clairement, de peur de fortifier les soupçons déjà nourris par les ministres d'Élisabeth, que Henri étoit bien aise d'entretenir la guerre entre l'Angleterre et l'Espagne, pour augmenter sa puissance tandis que

(1) Sully, Économ. roy. T. IV, p. 250.

ses voisins s'affoibliroient. Mais s'il trouvoit dans Jacques et dans ses conseillers une juste défiance de la maison d'Autriche, il devoit lui rappeler que cette maison, depuis le règne de Charles-Quint, n'avoit cessé de prétendre à la monarchie universelle ; qu'elle avoit été bien près d'y arriver lorsqu'elle avoit réussi à susciter la Ligue ; qu'elle poursuivoit toujours le même dessein, « usant aussi toujours du même pré- « texte de la religion pour pénétrer jusqu'aux « foyers de ses voisins et les remplir de rébel- « lion. » Pour l'arrêter, on pouvoit lui faire une guerre ou découverte ou couverte. Henri ne repoussoit pas absolument la première : il préféroit cependant la seconde, pour laquelle il suffisoit de secourir d'une commune main les États des Provinces-Unies (1). Dans l'instruction secrète, Sully étoit autorisé à faire, mais en son propre nom, des ouvertures tendant à réaliser ce qu'on a nommé le grand projet de Henri IV, et qui peut-être étoit tout entier dans la tête de son ministre : c'étoit un remaniement universel de l'Europe, pour la partager entre quinze dominations à peu près égales, après avoir ôté l'empire a la maison d'Autriche et réduit Philippe III à la possession de la seule Espagne. Mais cette instruction ne s'est pas conservée, et

(1) Sully, Économ. royales. T. IV, p. 261-289. — Flassan, Diplom. franç. T. II, p. 217.

tout le projet auquel elle se rapporte semble bien plutôt une chimère que la conception de deux hommes d'État. (1)

Rosny passa la mer le 14 juin 1603; il étoit accompagné de plus de deux cents gentilshommes, et les honneurs qu'on lui rendit en Angleterre étoient proportionnés à la grandeur de son souverain. Il avoit eu ordre de se présenter à sa première audience en habits de deuil : c'étoit un hommage que le roi vouloit rendre à la grande reine qui venoit de mourir; mais les serviteurs de Jacques Ier lui représentèrent que leur maître verroit dans cette affectation une offense, ou tout au moins un reproche à la cour d'Angleterre, qui ne regrettoit pas cette grande reine comme elle étoit regrettée en France (2). Rosny se conforma à leurs avis. Il fut fort bien reçu du roi d'Angleterre; il s'efforça de lui donner une haute idée de son crédit auprès de son maître, de son attachement à la cause protestante, de la nécessité, pour sauver celle-ci, de secourir les Hollandais, que Jacques Ier s'obstinoit à nommer des rebelles; de l'espoir qu'il nourrissoit d'unir dans une alliance protestante l'Angleterre, la Suède, le Danemarck, avec la France et la Hollande. Jacques, de son côté, étala son savoir, son goût pour la controverse, sa haute idée du pouvoir ab-

---

(1) Économ. royales. T. IV, p. 289, 290.
(2) *Ibid.* p. 338.

solu des rois, et Rosny en conclut « que quoique
« ce prince ne soit pas d'humeur guerrière, ni
« homme pour se porter légèrement à une guerre
« ouverte, et encore moins sa personne aux pé-
« rils et hasards, néanmoins, comme il est d'un
« très grand esprit et n'ignore guère des sciences,
« il aime merveilleusement à discourir d'affaires
« d'État, entendre parler des hautes et géné-
« reuses entreprises, les examiner par toutes
« leurs circonstances, et en remarquer toutes
« les utilités et inconvéniens (1). » Enfin Sully
engagea Jacques Ier à signer à Hampton-Court,
le 30 juillet, un traité d'alliance dont le but principal étoit de faire passer six mille Anglais au secours des Provinces-Unies, moyennant une
avance d'argent que feroit la France, montant à
1,400,000 livres; les deux tiers de cette somme
demeureroient à sa charge, l'autre tiers étoit en
déduction des dettes de la France à l'Angleterre.
Cette subvention devoit être tenue secrète, pour
que les Espagnols ne se plaignissent pas que
Henri contrevenoit au traité de Vervins : cependant, si elle venoit à être découverte et à rallumer la guerre, les deux rois se promettoient une
assistance mutuelle. (2)

(1) Lettre de Rosny au roi, du 10 juillet 1603. Économies
royales. T. IV, p. 412.
(2) Traités de Paix. T. III, p. 7. — Sully, Econom. royales.
T. IV, p. 260-461. — Flassan, Hist. de la Diplom. fr. T. II,

A son retour en France, Rosny, lorsqu'il reprit l'administration des finances, fut obligé d'entrer en lutte avec les grands et les courtisans, qui, toujours avides de grâces, au lieu de demander à Henri de l'argent, obtenoient plus facilement de lui quelque concession à lever sur le peuple, quelque droit extraordinaire qu'ils se chargeoient d'exiger eux-mêmes des contribuables. Le comte de Soissons, le dernier des fils du premier prince de Condé, engagea Henri à lui accorder la permission de percevoir quinze sols par ballot de toile qui entreroit dans le royaume ou en sortiroit, en affirmant que ce droit lui vaudroit seulement 40 ou 50,000 livres. Rosny montra au roi que cette exaction rendroit au moins 900,000 livres, mais qu'elle ruineroit la Bretagne, la Normandie, et partie de la Picardie, qui se vouoient à la culture du lin et du chanvre. Poursuivant alors ses recherches, il ne trouva pas moins de vingt ou vingt-cinq édits de même nature, que l'on sollicitoit en faveur des cousins du roi, de ses maîtresses ou de ses courtisans. Rosny déclara à la marquise de Verneuil, qui étoit la sixième sur cette liste, « qu'il alloit faire des remontrances en

---

p. 220. — Hume's *Hist. of Engl.*, ch. 45, T. VIII, p. 222. — Quoique le traité porte la date du 30, Rosny étoit déjà de retour à Villers-Cotterets le 12 juillet. Journal de l'Estoile. T. III, p. 395.

« faveur du pauvre peuple, qui s'en va ruiné,
« si telles vexations sont approuvées, et peut
« bien le roi dire adieu à ses tailles, car il n'en
« recevra plus...... Ce seroit bon si sa majesté
« prenoit l'argent dans sa bourse, mais de lever
« cela de nouveau sur les marchands, artisans,
« laboureurs et pasteurs, il n'y a nulle appa-
« rence, étant ceux qui nourrissent le roi et
« nous tous; et se contentent bien d'un seul
« maître, sans avoir tant de cousins, de parens
« et de maîtresses à entretenir. » Il empêcha, en
effet, l'enregistrement de tous ces édits. (1)

Le grand moyen de Rosny pour déterminer le roi à l'économie, c'étoit de réveiller son ambition et son ressentiment contre l'Espagne. Henri IV s'étoit fort séparé de ses anciens serviteurs huguenots; il les regardoit tous avec malveillance ou jalousie; mais il n'avoit point pardonné à Philippe II la longue inimitié contre laquelle il avoit dû lutter dès sa première jeunesse, la rébellion excitée parmi ses sujets, les tentatives d'assassinat dont il avoit failli être victime; aussi la politique de Henri étoit toujours toute huguenote; il vouloit demeurer à la tête du parti protestant en Europe, et il entroit bien plus dans les vues de Rosny que dans celles des vieux ligueurs. Ces derniers, tels que Villeroy,

---

(1) Économ. royales. T. V, p. 54-63.

Jeannin, Sillery, qu'il avoit introduits dans son conseil, se proposoient, d'accord avec la reine et ses favoris italiens, de lui faire embrasser l'alliance d'Espagne, et, avec son aide, de lui faire exterminer les hérétiques, suivant le serment de son sacre. Henri, qui étoit fort porté à la défiance, voyoit avec plaisir cette opposition complète entre les membres divers de son conseil; elle forçoit ses ministres à se renfermer dans le rôle qu'il leur destinoit, celui de simples commis pour exécuter ses affaires : mais aussi elle fut cause que ce même ministère fut hors d'état de conduire le gouvernement, quand la grande volonté de Henri ne fut plus là pour lui imprimer le mouvement et la vie. Comme Rosny se voyoit attaqué en même temps par le comte de Soissons, la marquise de Verneuil, la reine et Villeroy, Henri jugea convenable de lui donner une nouvelle marque de sa confiance, et le 16 décembre 1603, il le nomma gouverneur de Poitou. (1)

Les projets de guerre contre l'Espagne, dont Rosny entretenoit Henri, étoient cependant ajournés à une époque encore éloignée. Au commencement de l'année 1604, il avoit déjà accumulé à la Bastille 25 millions destinés à cette guerre. Mais, dit-il au roi, « pour que les

---

(1) Écon. royales. T. V, p. 87.

« préparatifs nécessaires de votre part corres-
« pondent à un si magnifique dessein, il faut
« trouver encore 25 millions de livres, tout
« comptant, outre les vingt-cinq que j'ai déjà
« assemblés, et préparer des moyens infaillibles
« pour faire encore un fonds semblable pour la
« suite des années ; ce dont je ne suis nulle-
« ment en doute, si l'on me laisse ménager ce
« que j'ai en l'esprit, afin de pouvoir entretenir
« trois ans durant (sans toucher à vos revenus
« ordinaires, ni surcharger vos peuples de la
« campagne, ni les marchands, la protection
« desquels j'ai surtout en recommandation) cin-
« quante mille hommes de pied, desquels la
« dépense reviendroit par mois à 900,000 livres,
« six mille chevaux souldoyés, pour lesquels
« aussi il faudroit 340,000 livres; pour qua-
« rante canons, 150,000 livres; pour le déchet
« des vivres, pour les ouvrages et parties ino-
« pinées, 150,000 livres ; tout cela revenant par
« mois à 1,440,000 livres (1), et pour dix mois
« à 14,400,000 livres. Outre laquelle somme
« il faut encore ajouter pour la première année
« 1,500,000 livres pour les frais des levées et
« achapts de ce qui pourroit manquer en vos
« provisions faites de longue main. Pour l'as-

1604.

(1) Ce calcul de Rosny nous apprend quels étoient alors les frais de la guerre ; mais il est étrange que dans tout son livre aucune addition ne soit jamais juste ; il falloit ici 1,540,000 liv.

« semblage de toutes lesquelles choses, et le
« ménagement des personnes dont l'on auroit
« besoin, il me faut encore un loisir de deux an-
« nées, et un relâche de toutes dépenses non ab-
« solument nécessaires. » (1)

Pour accumuler tout cet argent, Rosny traitoit les finances avec l'âpreté qui lui étoit naturelle. La France, au sortir des guerres civiles,
étoit encore chargée de beaucoup de dettes ;
elle n'avoit pu emprunter qu'à des termes fort
onéreux, et elle payoit de 8 à 10 pour 100 d'intérêt sur presque tout ce qu'elle devoit : les
prêteurs avoient sans doute profité de leurs
avantages, mais aussi Rosny les regardoit tous
comme des ennemis de l'État ; il s'applaudissoit
de tout ce qu'il pouvoit leur retrancher. Il fit
enfin nommer sept commissaires, qui, assemblés sous sa présidence, classèrent toutes les
dettes de l'État en vingt et une catégories, suivant leur origine. Celles qu'il considéroit comme
les plus sacrées, les plus exemptes de fraude,
et qui étoient constituées au denier dix ou
douze, il les réduisit au denier seize : toutes
les autres éprouvèrent des réductions plus considérables, et plusieurs furent déclarées éteintes
sans compensation. (2)

Les financiers et les traitans furent exposés

---

(1) Sully, Écon. royales. T. V, c. 11, p. 138.
(2) *Ibid.*, c. 17, p. 200.

encore à plus de dureté que les créanciers. Le
peuple les haïssoit, et s'en prenoit à eux, non au
gouvernement du roi, de toute la pesanteur des
impôts; aussi s'indemnisoient-ils sur leurs con-
trats avec le fisc de cette haine publique et des
dangers qu'elle leur faisoit courir; ils amassoient
tous de grandes richesses, et ces richesses
étoient regardées comme une preuve suffisante
de leurs voleries. Prélats, gentilshommes, bourgeois, paysans, tous se réjouissoient quand
les traitans étoient exposés à quelque mauvais
traitement. Rosny présenta au roi une suite de
projets contre eux. Il vouloit qu'on reprît tous
les comptes de ceux qui avoient tenu les grosses
fermes, et qu'on les fît renoncer ainsi à plusieurs millions qu'ils répétoient encore du trésor; que l'on poursuivît Castille, le receveur
général du clergé, et qu'on lui fît rembourser
tout ce qu'il avoit gagné par plusieurs abus et
malversations; qu'on fît une recherche générale
contre tous financiers et trésoriers de France,
« assurant sa majesté d'un grand denier, s'il
« demeuroit ferme à les faire tous juger défini-
« tivement, sans entrer en aucune composition
« ni en exempter un seul par faveur ni impor-
« tunité; » qu'on fît une vérification de toutes
les aliénations de domaines, pour revenir sur
celles qui avoient été faites à trop bas prix;
qu'on recherchât également à quel prix tous les

offices vénaux avoient été vendus, pour forcer ceux qui les avoient acquis à trop bon marché d'apporter un supplément de finances. Dans tous les cas, Rosny appliquoit toujours le même principe; il ne tenoit compte d'aucune prescription, il revenoit sur tout ce qui avoit déjà été jugé, et il regardoit comme redevable envers le trésor quiconque avoit fait des bénéfices dans ses transactions avec lui. (1)

Mais tandis que Rosny, toujours aspirant à une guerre contre l'Espagne, donnoit au roi des leçons d'économie ; qu'il lui recommandoit de retrancher sur ses plaisirs et de se réserver pour la gloire ; qu'il maintenoit à la rigueur tous les anciens impôts ; qu'il pressuroit tous ceux qui s'étoient enrichis à leur perception ; qu'il faisoit fondre des canons ; qu'il s'approvisionnoit de poudres, de boulets, d'armes de tout genre, il apprenoit souvent avec surprise que les délibérations les plus secrètes du conseil étoient aussitôt connues en Espagne ; il s'étoit déjà assuré que sa correspondance, pendant son ambassade en Angleterre, avoit été révélée au cabinet auquel il importoit le plus de la cacher. Ses soupçons tombèrent sur Villeroy, vieux ligueur, grand partisan de l'Espagne, et qui, dans le conseil, recommandoit toujours cette alliance de préférence à celle des protestans. Sur ces entrefaites,

(1) Économies royales. T. V, c. 18, p. 204.

un Français réfugié en Espagne, voulant faire sa paix avec le roi, dénonça le traître : c'étoit Nicolas l'Hoste, commis principal de Villeroy, âgé de vingt-trois ans, son filleul, qu'il aimoit beaucoup. Villeroy lui-même ne sortit pas parfaitement net de cette accusation. Lorsque l'Hoste lui fut dénoncé, il le laissa échapper avec une négligence fort suspecte ; il fit bien ensuite courir après lui le prévôt des maréchaux, mais l'Hoste fut trouvé noyé, le 24 avril, de l'autre côté de la Marne, et près du bac de Fay, qu'il avoit déjà passé. Un courrier espagnol l'accompagnoit, et ce courrier s'étoit probablement défait de lui, de crainte des révélations qu'il pourroit faire (1). Son corps, rapporté à Paris, fut tiré à quatre chevaux.

Henri IV se sentoit de toute part enlacé par les intrigues d'Espagne ; il venoit de découvrir que son chiffre secret et ses dépêches ministérielles avoient été vendues à Philippe III par le premier commis d'un de ses ministres ; il éprouvoit de l'impatience lorsque la reine sa femme et les confidens italiens auxquels elle se fioit uniquement exprimoient des sentimens tout espagnols, et il ne tarda pas à découvrir que sa maîtresse étoit de son côté entrée

---

(1) Économ. royales. T. V, c. 13, p. 153-176. — Journal de l'Estoile. T. III, p. 438. — De Thou. T. IX, L. CXXXII, p. 711. — Flassan, Hist. de la Diplom. T. II, p. 231.

en correspondance avec l'Espagne. Éléonora Galigaï avoit épousé Concino-Concini, et avoit ainsi donné un motif suffisant pour admettre à la familiarité dans le palais cet homme, qui déplaisoit fort à Henri IV. Ni le mari ni la femme ne se mêloient précisément de politique, mais, pour conserver plus d'empire sur la reine, ils l'éloignoient de tous les confidens de son mari, ils la confirmoient dans sa bigoterie, et ils ne l'entretenoient que de l'appui qu'elle devoit chercher en Espagne. D'ailleurs, la reine avoit toujours avec Henri IV des manières glacées : Madame de Verneuil, disoit le roi, « est d'agréable compagnie « quand elle veut; elle a de plaisantes rencon- « tres, et toujours quelque bon mot pour me « faire rire; ce que je ne trouve pas chez moi, « ne recevant de ma femme ni compagnie, ni « réjouissance, ni consolation; ne pouvant ou « ne voulant se rendre complaisante ou de douce « conversation, ni s'accommoder en aucune façon « à mes humeurs et complexions. Elle fait une « mine si froide et si dédaigneuse, lorsque arri- « vant de dehors je viens pour l'embrasser et « rire avec elle, que je suis contraint de la quit- « ter là de dépit, et de m'en aller chercher quel- « que récréation ailleurs. » (1)

Mais la marquise de Verneuil ne donnoit pas

---

(1) Économ. royales. T. V, ch. 12, p. 142.

moins de mécontentement à Henri que la reine, qu'elle appeloit toujours la grosse banquière de Florence, tandis que de son côté Marie de Médicis la désignoit toujours comme une courtisane, mais par un mot plus grossier. La marquise avoit représenté à Henri que si elle avoit le malheur de le perdre, elle et les enfans qu'elle avoit eus de lui seroient victimes du ressentiment de la Florentine, en qui elle ne vouloit pas voir une épouse légitime, puisque le roi étoit lié à elle-même par une promesse antérieure à son prétendu mariage. Elle lui demandoit donc de permettre qu'elle s'assurât d'avance une retraite hors du royaume. Une sœur de la marquise avoit épousé le duc de Lénox, et c'étoit en Angleterre que Henri croyoit qu'elle vouloit se retirer; mais don Balthasar de Zuniga, ambassadeur d'Espagne à Paris, offrit à la marquise et à toute sa famille la protection de son maître. Dans le cas d'une minorité, Philippe III songeoit à faire valoir les prétentions de la marquise pour disputer la légitimité des enfans de Henri IV, car le roi d'Espagne vouloit se réserver tous les moyens possibles de troubler la France. Henri ne tarda pas à être informé qu'un Écossais, nommé Thomas Morgan, autrefois attaché à Marie Stuart, avoit été l'intermédiaire de quelques négociations entre François de Balzac d'Entragues, le comte d'Auvergne, fils de sa femme, la marquise de Verneuil sa fille, et l'Espagne. La marquise, alarmée de l'arrestation de Morgan, consentit à faire rendre au roi, par son père, le 2 juillet 1604, la promesse de mariage dont elle avoit fait tant de bruit. (1)

Quoique Henri fût tranquille désormais sur cette promesse, qui lui avoit causé de vives inquiétudes, et dont il avoit demandé la restitution à sa maîtresse, d'une manière souvent fort rude, il étoit résolu à suivre la découverte de la trame avec l'Espagne dont il venoit d'obtenir des indices. Le comte d'Auvergne s'étoit retiré dans son gouvernement. On conservoit tant de respect pour le sang des Valois que ce bâtard de Charles IX, dernier de leur race, pouvoit devenir chef de parti. Il n'avoit cependant que le brillant d'un courtisan, avec tous les vices de sa race. « S'il avoit pu, dit un contemporain, se
« défaire de l'humeur d'escroc que Dieu lui
« avoit donnée, c'eût été un des plus grands
« hommes de son siècle ; il étoit bien fait, brave,
« spirituel ; avoit de l'acquis, savoit de la guerre ;
« mais il n'a fait toute sa vie que *griveller* pour
« dépenser, non pour thésauriser (2). » En effet, nous avons vu qu'il s'étoit offert à Henri IV

(1) Économ. royales. T. V, c. 22, p. 269. — De Thou. T. IX, L. CXXXII, p. 713. — Lettre de Philippe III sur la marquise de Verneuil. Capefigue, Hist. de la Réforme. T. VIII, p. 536. — Journal de l'Estoile. T. III, p. 471.

(2) Tallemant des Réaux, Historiettes. T. I, p. 138.

pour faire l'espion, et sous Louis XIII il fit de la fausse monnoie. Le roi avoit envoyé successivement Murat et d'Escures au comte d'Auvergne pour l'engager à revenir à la cour; Rosny lui avoit aussi écrit ; mais il étoit décidé à ne point sortir de son gouvernement ; enfin, deux gentilshommes, d'Eure et Nérestang, se chargèrent de l'arrêter, tandis qu'il passoit la revue des chevau-légers dont d'Eure commandoit une compagnie. Comme un grand seigneur se croyoit toujours en droit de tuer celui qui vouloit lui faire violence, on ne le désarmoit point sans un extrême danger, et ce danger faisoit oublier la honte à ceux qui s'abaissoient au métier d'archers. Le comte d'Auvergne fut arrêté le 9 novembre et conduit à la Bastille; François de Balzac d'Entragues, qui étoit gouverneur d'Orléans, fut arrêté en même temps en son château de Marcoussis, comme il étoit encore au lit. Le prévôt, pour y entrer, avoit fait déguiser quatre de ses archers en villageoises qui se présentoient pour vendre des œufs frais; puis l'anxiété d'Entragues pour détruire des papiers cachés dans l'épaisseur du mur les fit découvrir au prévôt: on y trouva entre autres trois lettres du roi d'Espagne, et l'engagement qu'il prenoit envers la marquise de Verneuil de faire reconnoître son fils pour dauphin de France. (1)

(1) Discours d'une trahison attentée contre le roi; Archives

1604.

La marquise de Verneuil avoit cru que l'amour de Henri IV la mettroit à l'abri de tout danger; mais lorsque le 11 décembre son père fut amené prisonnier à la Conciergerie, le chevalier du guet eut ordre de mettre des gardes autour du logement de la marquise, au faubourg Saint-Germain, et de répondre d'elle au roi sur sa vie. Cette dame, qui, dit l'Estoile, « pour son « adversité, parloit aussi librement et effrontément que de coutume, disoit qu'elle ne se « soucioit point de mourir, au contraire qu'elle « le désiroit; mais quand le roi le feroit, on « diroit toujours qu'il avoit fait mourir sa « femme, et qu'elle étoit reine devant l'autre. « Au surplus, qu'elle ne demandoit que trois « choses à sa majesté : un pardon pour son « père, une corde pour son frère, et une justice pour elle (1). » Le parlement, chargé d'instruire leur procès, prononça son arrêt le 1ᵉʳ février 1605. Il condamna le comte d'Auvergne et Entragues à avoir la tête tranchée, et la marquise de Verneuil à être enfermée pour le reste de ses jours dans un couvent. Henri commua la peine des deux premiers en prison

curieuses. T. XIV, p. 165-175. — Économ. royales. T. V, p. 335 et 400. — De Thou. L. CXXXII, p. 715. — Journ. de l'Estoile, fin de septembre. T. III, p. 475. — Le Laboureur, add. aux Mém. de Castelnau. T. II, p. 600, 601.

(1) Journ. de l'Estoile, décembre 1604, p. 479.

perpétuelle, et au bout de peu de temps il rendit à la marquise sa liberté et recommença ses galanteries avec elle, encore que dans l'intervalle il se fût donné une autre maîtresse, mademoiselle de Beuil, qu'il fit comtesse de Moret. (1)

Tandis que les intrigues des divers partis français avec l'Espagne augmentoient le ressentiment de Henri contre cette puissance, les événemens qui se succédoient sembloient tous la favoriser à son désavantage. La mort de Catherine, sœur du roi, rompit le lien qu'il avoit cherché à former avec la Lorraine en la mariant à Henri, duc de Bar, héritier de ce duché: elle mourut au printemps de 1604 d'une hydropisie qu'elle s'étoit obstinée à prendre pour une grossesse et à traiter comme telle (2). Le traité de paix de Jacques Ier avec l'Espagne étoit un événement plus grave. Henri s'étoit flatté d'avoir attaché ce nouveau souverain à sa politique, et le but principal de l'ambassade de Rosny avoit été d'éveiller ses défiances contre l'Espagne. Mais Jacques n'aimoit pas la guerre: en paix avec l'Espagne comme roi d'Ecosse, il croyoit si peu devoir embrasser les ressentimens du peuple sur lequel il venoit régner

---

(1) De Thou. T. X, L. CXXXIV, p. 17. — Écon. royales. T. VI, c. 2, p. 84. — Journ. de l'Estoile. T. III, p. 476 et 485.

(2) De Thou. T. IX, L. CXXXII, p. 708.

qu'un de ses premiers actes en Angleterre avoit été de retirer les lettres de marque pour courir sus aux Espagnols. Philippe II et Philippe III lui paroissoient revêtus de toute la majesté de cette royauté absolue qu'il aimoit, et il commençoit à regarder comme ses premiers ennemis les parlemens de son royaume, qui cherchoient à limiter son autorité. Le traité de paix entre l'Angleterre et l'Espagne fut signé le 29 août 1604. Il n'y avoit eu aucune conquête faite par l'un des États sur l'autre, et leurs rapports étoient si peu compliqués que pour faire la paix il leur suffisoit presque de déclarer qu'ils ne s'offenseroient plus (1). Ferdinand de Vélasco, connétable de Castille, qui avoit conclu le traité avec l'Angleterre, traversa ensuite la France, et fut reçu à Fontainebleau par Henri avec toutes les grâces, toute l'effusion de cœur qu'il auroit pu réserver pour l'ambassadeur de son plus intime allié. Il l'avoit cependant contrarié tant qu'il avoit pu, dans toute la durée de sa négociation ; mais, la voyant terminée, il cherchoit à se remettre bien avec l'Espagne, et il signa avec cette puissance, le 12 octobre 1604, un traité pour rétablir le commerce entre les deux Etats : les Espagnols con-

(1) De Thou. T. IX, L. CXXXI, p. 666. — Hume's *History of Engl.* ch. 45, T. VIII, p. 243. — Traités de Paix. T. III, p. 9.

sentirent à supprimer un impôt de trente pour cent qu'ils avoient mis l'année précédente sur tous les vaisseaux étrangers qui entreroient dans les pays de leur domination, et les Français s'engagèrent à ne favoriser en aucune manière le commerce des Hollandais. Henri, qui, malgré ses traités, n'avoit pas cessé de faire passer sous main des secours aux Hollandais, ne comptoit pas que les engagemens qu'il prenoit à l'égard du commerce dussent le lier davantage. (1)

Un troisième événement plus douloureux encore pour le roi fut la réduction d'Ostende. Il y avoit trente-trois mois que cette place étoit assiégée ; tous les progrès que l'art militaire avoit faits pour l'attaque et la défense des villes avoient tour à tour été mis en œuvre par les assiégeans et les assiégés. Cette cité autrefois florissante n'étoit plus qu'un monceau de ruines ; sa population avoit péri ou dans les combats ou par la misère ; mais d'autre part les Espagnols confessoient eux-mêmes qu'ils avoient perdu plus de cinquante mille hommes à ce siége ; ils y avoient épuisé toutes les forces de leur monarchie. Ostende fut livrée au marquis Spinola le 20 septembre 1604. Un moment, on put

(1) De Thou. L. CXXXI, p. 668. — Flassan, Hist. de la Diplom. T. II, p. 222, 227. — Traités de Paix. T. III, p. 17 et 18.

croire à la cour de France que la puissance d'Espagne alloit accabler les Hollandais, et qu'elle laisseroit éclater ensuite ses longs ressentimens contre la France. Mais le comte Maurice de Nassau, avec les troupes des États, s'étoit rendu maître de l'Écluse le 19 août, et la place qu'il avoit conquise paroissoit valoir mieux pour les Provinces-Unies que celle qu'il avoit perdue ; les Hollandais s'enrichissoient par leurs expéditions contre les colonies espagnoles et portugaises ; ils ne perdoient nullement courage, tandis que les provinces catholiques des Pays-Bas, soumises aux archiducs, soupiroient après la paix, et tomboient dans la dernière détresse. (1)

Les procès d'Entragues, du comte d'Auvergne et de leurs complices, avoient occupé la cour pendant une partie de l'hiver ; les succès de l'Espagne à la guerre et dans les négociations avoient augmenté les dispositions du roi à l'inquiétude ; dans le temps même des guerres civiles, ses compagnons d'armes lui reprochoient son naturel jaloux ; alors cependant il devoit vivre avec eux en camarade et non en maître, chercher à leur complaire et à se les attacher par sa bonhomie et sa familiarité. Une longue lutte l'avoit accoutumé à croire que l'ordre ne se trouvoit que

(1) De Thou. T. IX, L. CXXX, p. 634. — Lettre sur l'État des Pays-Bas, dans l'Estoile, Journal. T. III, p. 444.

dans le pouvoir absolu; il prétendoit être aussi roi que l'avoient été François Ier ou Henri II avant les guerres civiles; il savoit mauvais gré à tous ceux qui se souvenoient de leur ancienne égalité avec lui; il ne l'avoit pas pardonné au duc de Biron, il ne le pardonnoit pas davantage aux ducs d'Épernon ou de Bouillon, et il ressentoit surtout contre ses anciens serviteurs protestans une irritation bien faite pour les aliéner. L'austère Duplessis-Mornay, l'homme le plus vertueux de son siècle, qui l'avoit servi avec tant de dévouement, de sa plume comme de son épée, lors de ses plus grandes difficultés, avoit toujours pour lui un attachement qui ne cédoit qu'à celui que le même Duplessis avoit pour sa religion, tandis que les lettres bien rares et bien courtes que le roi lui écrivoit étoient d'une extrême sécheresse. Dans celles du 10 juin et du 7 juillet 1602, pendant le procès du duc de Biron, le roi laissoit percer contre Duplessis lui-même la menace. Lorsque le duc Claude de la Trimouille, beau-frère de Bouillon, mourut à Thouars, à l'âge de trente-quatre ans, Duplessis, qui étoit auprès de lui avec la plupart des seigneurs protestans du Poitou, écrivit à Henri IV une lettre touchante le 30 octobre 1604, pour lui exposer la désolation de sa veuve; mais la Trimouille étoit un des princes du parti protestant dont Henri étoit le plus jaloux, uniquement à cause de sa grande existence. Henri répondit à Duplessis, seulement le 17 décembre, et sa lettre fut plus sèche encore que les précédentes : il lui dit qu'il vouloit bien lui permettre d'être l'exécuteur testamentaire de ce duc, parce qu'il aimoit à croire qu'il ne donneroit à sa femme et à ses enfans que des conseils conformes au service du roi et à leur bien propre. Enfin, la plus grande des calamités atteignit Duplessis : son fils unique, M. de Bauves, fut tué devant la ville de Gueldre. Henri écrivit au père à cette occasion le 20 novembre 1603, et sa lettre, quoique un peu moins sèche, n'a rien de l'affection et de la sympathie qu'il savoit si bien exprimer dans ses autres correspondances. (1)

Telles étoient les dispositions d'esprit où se trouvoit Henri IV, quand M. de Murat, lieutenant-général à Riom, qui avoit eu la principale part à l'arrestation du comte d'Auvergne, puis la reine Marguerite de Valois, qui vers cette époque quitta le château d'Usson, où elle avoit vécu vingt ans dans le libertinage, et vint s'établir à Paris, s'accordèrent pour recommander au roi de se mettre sur ses gardes. Ils prétendirent que les amis du duc de Biron et ceux du duc d'Épernon s'étoient réunis dans le Midi; qu'ils étoient entrés en correspondance avec les

---

(1) Mémoires de Duplessis-Mornay. T. IX, p. 484, 485; T. X, p. 24 et 45; *Ib.*, p. 133 et 138.

Espagnols, pour leur livrer Blaye, Bayonne, Narbonne, Marseille et Toulon. Ils prétendirent encore que les huguenots étoient disposés à s'unir avec eux, quelque absurde qu'il fût de supposer qu'ils songeroient à faire triompher les Espagnols, de qui ils ne pouvoient attendre que des persécutions et des supplices; on ajoutoit que le peuple étoit si misérable, qu'il étoit tellement accablé sous le poids des impôts, qu'il se joindroit aux premiers, quels qu'ils fussent, qui soulèveroient l'étendard de la révolte. Rosny n'ajoutoit guère de foi à ces dénonciations; il étoit persuadé qu'elles partoient toutes de gens qui vouloient se faire payer leurs avis alarmans. Il s'engagea, du moins pour les huguenots, qui ne pouvoient, dit-il, rien avoir de commun avec l'Espagne, et il partit, avec la commission de Henri, pour aller présider à Châtelleraut leur assemblée, qui se réunissoit au mois de juillet 1605. (1)

Ces assemblées des huguenots étoient une des conséquences de l'édit de Nantes; c'étoit un gouvernement représentatif accordé au parti le plus foible pour le mettre à couvert de l'oppression. Les huguenots, partagés en quinze provinces, entre lesquelles ils comptoient cinq cents églises, nommoient dans leurs assemblées de provinces des députés à l'assemblée générale, qui se réunis-

(1) Sully, Économ. royales. T. VI, p. 169-195.

soit tous les trois ans : celle-ci se composoit de soixante-dix députés, savoir trente gentilshommes, vingt pasteurs, seize anciens, ou membres du tiers-état, et quatre députés de La Rochelle. Ils étoient chargés de présenter un cahier contenant leurs plaintes sur les infractions faites à leur droit, et de désigner six personnages, entre lesquels le roi choisissoit deux commissaires de la religion pour résider auprès de lui, pendant l'intervalle de trois ans qui s'écouloient d'une assemblée à l'autre. Henri IV avoit permis que cette organisation du parti, commencée pendant les guerres civiles, et rendue nécessaire par l'état de défiance où vivoit une minorité si foible, et en butte à tant de haines, se consolidât. Mais plus elle étoit étrangère aux institutions du reste du royaume, et plus elle excitoit sa défiance. Lui, qui s'attachoit à briser partout les résistances, ne pouvoit voir sans ressentiment qu'il se formoit un État dans son État. Il donna commission à Rosny d'insister pour qu'on ne reçût dans l'assemblée aucun député des grands seigneurs, « Rohan, Bouillon, Lesdiguières, « Laforce, Châtillon, Duplessis, ou autre, qui « pût prendre assez d'ambition et de vanité pour « vouloir faire l'entremetteur entre le roi et ses « sujets. » Le terme pour lequel les places de sûreté avoient été accordées aux protestans par l'édit de Nantes étoit écoulé, mais l'assemblée de

Châtelleraut étoit chargée d'en demander avant toute chose la prolongation, d'autant que la situation du parti en France étoit aussi critique qu'elle l'eût jamais été. Rosny chercha vainement à faire comprendre à ses coreligionnaires que la possession d'un grand nombre de très petites et très mauvaises places les affoiblissoit au lieu de les fortifier, et qu'il vaudroit mieux réunir tous leurs moyens pour défendre trois ou quatre places importantes. Les gens qui ne connoissent point la guerre se font toujours illusion sur la puissance des murs et des fossés, et il n'y avoit pas de huguenot provincial qui ne crût sa citadelle imprenable ; d'ailleurs, Rosny étoit bien plus l'homme du roi que celui de sa religion, et on ne l'écoutoit qu'avec défiance. Henri IV, qui connoissoit mieux le peu de valeur de toutes ces forteresses, consentit à ce que toutes les places des réformés leur demeurassent encore pendant quatre ans. (1)

Pendant la durée de l'assemblée de Châtelleraut, le roi écrivoit fréquemment à Rosny, et lui faisoit écrire, le mettant sans cesse en garde contre des conspirations auxquelles son ministre ne vouloit point croire. « Les avis de « M. de Vivans, » écrivoit Villeroy à Rosny, le 13 juillet, « s'accordent avec ceux que la

---

(1) Économies royales. T. VI, c. 3, p. 196-201.

« reine Marguerite a donnés, et je crois qu'ils
« viennent d'une même souche. Le roi s'en
« émeut, et dit qu'il n'est pas de notre avis, que
« le mal est plus grand que nous ne l'estimons, et
« qu'il éclatera sans doute, s'il n'y pourvoit vi-
« vement. Il espère bien que ce sera à la confu-
« sion des entrepreneurs et de leurs fauteurs.
« Vrai est qu'il ne croit pas, non plus que
« nous, que celui que l'on dit être chef princi-
« pal de ces menées (le duc de Bouillon) aban-
« donne le lieu où il est, pour venir en Li-
« mousin hasarder sa fortune avec ceux qui
« offrent de le servir et assister (1). » Le roi
envoya à Rosny une lettre de Bouillon qu'il
avoit interceptée, et qui augmentoit encore son
ressentiment, encore qu'on n'y voie guère que
les conseils qu'il donnoit au parti huguenot
pour défendre ses droits contre tant d'ennemis. (2)

Lorsque l'assemblée de Châtelleraut fut terminée, Henri IV fit un voyage dans le Midi,
pour achever de dissiper les prétendues conspirations qui lui avoient causé tant d'inquiétude.
Le chevalier de Montmorency arrêta d'abord
par ses ordres deux gentilshommes albanais
nommés Luquisses, qui servoient dans la compagnie du connétable son père : l'aîné fut accusé

---

(1) Économies royales. T. VI, p. 208.
(2) *Ibid.*, p. 213.

d'avoir fait visite au gouverneur espagnol de Perpignan, et d'avoir offert de lui livrer les villes de Leucate, Béziers et Narbonne, pourvu que celui-ci envoyât des troupes de débarquement au *Grau* de Sérignan. Il est peu probable que ce commandant eût renouvelé les hostilités pour un objet si peu considérable, tandis que l'Espagne mettoit tant d'importance à conserver la paix. Mais le parlement de Toulouse, qui fit leur procès, n'étoit jamais embarrassé à trouver, par la torture, les preuves des complots les plus invraisemblables : l'aîné des Luquisses fut écartelé, son frère eut la tête tranchée ; les capitaines Julien et Jean, déclarés leurs complices, furent, le premier rompu vif, l'autre écartelé. (1)

A la fin de septembre, Henri visita le Quercy et le Limousin. Il conduisoit avec lui environ six mille hommes d'infanterie, neuf cents chevaux et six pièces de canon. Il écrivoit à Rosny qu'il avoit découvert une nouvelle trahison du sieur d'Entragues, qui cherchoit à faire évader le comte d'Auvergne de la Bastille (2). Il étoit persuadé que le duc de Bouillon, qui avoit tout son patrimoine dans ces provinces, lui feroit fermer les portes de ses deux principales

---

(1) Lettre de Villeroy à Rosny. T. VI, p. 216. — Hist. de Languedoc. L. XLII, p. 497.

(2) Sa lettre du 22 sept. Écon. royales. T. VI, p. 274.

forteresses, Turenne et Sinceray. Mais Bouillon s'étoit hâté, au contraire, d'ordonner aux deux capitaines qui en avoient la garde, Rignac et Bassignac, de les ouvrir au roi, et de lui en laisser la libre disposition. (1)

Henri IV, avec ses soldats, avoit conduit aussi des juges en Limousin, pour y tenir ce qu'on nommoit les grands jours : le chancelier Pompone de Bellièvre, qui étoit fort âgé, ne s'avança pas plus loin que Tours; mais Sillery, le garde des sceaux, avec des maîtres des requêtes, entrèrent dans les terres mêmes de la maison de Turenne, et recueillirent des informations contre tous les amis et serviteurs du duc de Bouillon, contre le frère du duc de Biron, et plusieurs de ses parens. On les accusoit de s'être alliés ensemble pour le venger; d'avoir reçu de l'argent, les uns disoient de Sédan, d'autres d'Espagne, pour lever des régimens; d'en avoir distribué à leur tour, pour se gagner des partisans; d'avoir formé le projet de surprendre les villes de Domme en Périgord, Villeneuve d'Agénois, et Cahors, qui n'avoient cependant point été attaquées. D'après ce que de Thou rapporte de ces procédures, il ne paroît pas qu'on put prouver contre ces gentilshommes autre chose que des propos imprudens

---

(1) Lettre de Bouillon au roi, du 20 septembre. Économies royales. T. VI, p. 283.

et du mécontentement; mais les plus légers soupçons, en matière de crimes d'Etat, suffisoient aux juges pour ordonner des supplices. Ce fut alors, dit Rosny, à la chambre des grands jours à faire la guerre. « Il y eut dix ou douze têtes « qui volèrent, et fut tout le surplus de ces foi- « bles mouvemens si bien approfondi et re- « cherché, qu'il n'en parut plus rien de- « puis. » (1)

Cette année, marquée par tant de supplices, se termina par celui de Louis de Meyrargues, gentilhomme provençal, de la famille des comtes de Saulx, allié des ducs de Montpensier et de Joyeuse; il étoit envoyé à Paris par les États de Provence, pour y soutenir une réclamation sur l'assiette des tailles. Meyrargues, qui étoit capitaine de deux galères, et qui, l'année suivante, devoit être viguier ou premier magistrat de Marseille, fut dénoncé au duc de Guise, gouverneur de Provence, comme ayant voulu livrer Marseille à l'Espagne. Pendant son séjour à Paris, il eut quelques conférences avec Balthasar de Zuniga, ambassadeur de Philippe III. Lorsqu'il fut arrêté le 5 décembre dans sa maison, on trouva avec lui Bruneau, secrétaire flamand de la légation espagnole, qui fut également arrêté. L'ambassadeur se plaignit

---

(1) De Thou. T. X, L. CXXXIV, p. 33, 35. — Économies royales. T. VI, p. 284.

hautement de cette violation du droit des gens. Henri IV répondit qu'elle étoit justifiée lorsqu'il s'agissoit d'un crime de haute trahison, et Meyrargues eut la tête tranchée le 19 décembre. (1)

Tous les conspirateurs étoient toujours accusés de vouloir livrer des places françaises à l'Espagne, encore que les deux royaumes fussent toujours en pleine paix, et que les deux rois n'eussent pour le moment aucune intention de recommencer la guerre. Il est probable que les commandans espagnols, tout en encourageant les intrigans dans leur voisinage à leur proposer des attaques par trahison, ne les auroient jamais laissées dégénérer en hostilités ouvertes. Henri IV le savoit bien; aussi étoit-il moins préoccupé de ceux qui entroient en correspondance avec Philippe III que du duc de Bouillon, le grand ennemi de l'Espagne, le chef des huguenots, et l'allié des protestans d'Allemagne. Il vouloit le punir ou le forcer à s'humilier; il vouloit surtout lui enlever sa forteresse de Sédan, où Bouillon étoit souverain. Il donna donc ordre à Rosny, qu'il fit à cette époque duc et pair de Sully, le 12 février 1606 (2), de lui préparer, comme grand-maître de l'artil-

(1) De Thou. T. X, L. CXXXIV, p. 35-39. — Bouche, Hist. de Provence. L. X, p. 841, 842.
(2) Sully, Économies royales. T. VII, p. 35.

lerie, un équipage de siége, avec lequel il pût réduire cette forteresse. La nouvelle de cette résolution porta une grande alarme dans tout le parti protestant. Sédan avoit été une ville de refuge ouverte aux huguenots, dans le temps de leurs plus cruelles persécutions ; son académie et son église étoient pour les réformés des foyers d'où leurs missionnaires se répandoient dans les provinces voisines, à peu près comme ceux de Genève; en même temps, cette ville les mettoit en communication avec tous les protestans d'Allemagne, et c'étoit par là que dans un besoin extrême ils pouvoient introduire en France des landsknechts et des reîtres, dont Coligni et Condé avoient autrefois recruté leurs armées. Henri de Turenne, duc de Bouillon, qui depuis plus de trente ans s'étoit dévoué à la défense de la réforme, étoit cher à tout le parti, encore qu'on reconnût et son génie inquiet et son ambition. La Noue, commissaire des protestans auprès du roi, écrivoit à Duplessis, le 17 février, qu'il avoit cru avoir moyenné un arrangement ; que le roi, satisfait de la confession du duc de Bouillon, pardonnoit tout, et le remettoit en ses biens et honneurs. Mais comme on pensoit venir à une conclusion, le roi avoit déclaré qu'il vouloit aussi avoir des sûretés. « Enfin, le mot a été
« tranché, que le roi vouloit avoir dans Sédan

« un gouverneur et une garnison qui lui en ré-
« pondissent. » La Noue fit un voyage auprès
de Bouillon pour l'engager à se soumettre à
toutes les volontés du roi, sans aucune restriction ; mais il le trouva obstiné à ne se vouloir
dessaisir de sa place pour chose au monde, offrant seulement que son commandant, sa garnison et ses soldats fissent serment au roi ; et La
Noue, comme Duplessis, en voyant la négociation rompue, se livroit à un profond chagrin.
« Dieu donne bon conseil à M. de Bouillon, di-
« soit Duplessis, que le désespoir ne le porte
« point hors du devoir et de la conscience ;
« mais aussi à sa majesté, pour ne l'y précipiter
« point. » (1)

La place de Sédan passoit pour très forte : la ville est en partie bâtie sur le roc ; on assuroit que le duc de Bouillon, qui étoit lui-même un bon capitaine, y avoit un grand parc d'artillerie, et que la considération dont il jouissoit dans le parti protestant, et auprès des princes allemands ses alliés, étoit telle qu'une armée de l'empire ne manqueroit point de s'avancer pour prendre sa défense. Le duc de Sully seul, qui étoit personnellement jaloux du duc de Bouillon, prétendoit connoître le foible de sa place, et s'engageoit à la réduire en un mois. Toutefois, il convenoit

___
(1) Corresp. de Duplessis. T. X, p. 156, 159.

qu'il faudroit pour cela 800,000 écus ; tandis qu'avec 200,000 offerts à Bouillon pour payer ses dettes on l'amèneroit peut-être à composition. Henri y consentit, mais dans les articles secrets qu'il fit proposer à son ancien compagnon d'armes, et qui ne nous ont pas été conservés, il lui imposa quelque condition qui l'auroit décrié auprès de son parti. (1)

Bouillon répondit à Sully, le 4 mars 1606 : « Je
« remarque en vos lettres et articles que l'on
« parle de me faire reposséder les bonnes grâces
« du roi, en me faisant en même temps com-
« mettre des actions qui m'en rendroient du tout
« indigne. L'on me propose d'être aimé de lui
« comme un homme de bien auquel il se fie,
« mais cela par un écrit particulier qui ne sera
« vu que de peu de gens, en même temps que
« par des actes et actions publiques, il me té-
« moignera une défiance extrême... Tellement
« que je crois être obligé de vous dire que si le
« roi se tient offensé de moi, j'aime mieux con-
« fesser de lui en avoir pu donner quelque su-
« jet que d'en aigrir davantage son esprit en le
« contrariant ; et que s'il me demande quelques
« reconnoissances et soumissions, je n'en refuse-
« rai une seule de celles qu'il me commandera
« absolument de lui rendre, moyennant que par

(1) Économ. royales. T. VII, p. 42.

« icelles aussi je me voie remis en ses bonnes
« grâces, et qu'il me fasse paroître qu'il ne de-
« meure plus en doute de ma loyauté. » (1)

Henri IV approchoit cependant de Sédan, avec une petite armée et une cinquantaine de pièces de canon; Bouillon faisoit bonne contenance, mais de tous les amis qu'on prétendoit devoir s'armer pour sa cause, on n'en voyoit encore paroître aucun. Sully affirmoit toujours qu'il connoissoit les défauts de la place et qu'il ne lui faudroit qu'un mois pour s'en rendre maître; il est vrai que son arrogance avoit blessé tout le monde dans le conseil, et Villeroy, Sillery, Jeannin, qui n'avoient guère le courage de lui tenir tête, saisissoient cependant toutes les occasions de le contrarier ou le mortifier. Tout vieux ligueurs qu'ils étoient, ils entreprirent de dérober le maréchal huguenot à la persécution d'un huguenot qu'ils détestoient encore plus que lui. La reine Marie elle-même paroissoit avoir à cœur la réconciliation de Bouillon; La Noue et Nétencourt, les deux commissaires des huguenots, alloient et venoient sans cesse du quartier du roi à Sédan ; enfin, les conditions de l'accord furent arrangées, pendant que Sully étoit retourné à Paris. Bouillon eut avec Villeroy une conférence au village de

---

(1) Lettre de Bouillon à Sully. T. VII, p. 47.

Torcy ; il vint ensuite, le 6 avril, trouver le roi, qui s'étoit avancé jusqu'au village de Donchery ; il entra dans sa chambre avant qu'il fût levé, et se mit à genoux auprès de son lit : c'étoit l'étiquette d'usage et non une humiliation exigée d'un chef rebelle. Leur conférence fut amicale ; Henri reçut de bonne grâce le duc et lui confirma l'abolition de tout le passé ; il l'avoit déjà accordée par lettres patentes enregistrées au parlement. Bouillon remit pour quatre ans la garde de Sédan au roi, acceptant le commandant que Henri voudroit y mettre : le roi nomma Nétencourt, celui même qui avoit ménagé l'accord. « Dès cette heure-là, dit Bassom« pierre, M. de Bouillon vécut comme il souloit « faire auparavant, nous mena dîner à la table « des chambellans, qu'il tint, et se fâcha contre « les contrôleurs du roi, qui ne la servoient pas « bien à son gré. Même quand les troupes se « mirent en bataille devant la ville pour le pas« sage du roi, il leur fit changer d'ordre, et leur « commanda avec la même audace qu'il avoit « accoutumé de commander partout. » Le roi séjourna cinq jours à Sédan, puis revint à Paris, où M. de Bouillon l'accompagna. (1)

L'année suivante, ou 1607, présenta à peine

---

(1) De Thou. T. X, L. CXXXVI, p. 117-119. — Sully, Économ. royales. T. VII, p. 80. — Mém. de Bassompierre, 2ᵉ sér. T. XIX, p. 354.

quelque événement dans la politique intérieure. La rigueur avec laquelle les conspirations vraies ou prétendues avoient été poursuivies tenoit tous les grands seigneurs dans la crainte ; il n'y en avoit plus aucun qui osât se mettre en opposition avec le roi. Celui-ci s'abandonnoit de nouveau à son goût pour les plaisirs : mais il ne savoit comment se démêler entre la reine, la comtesse de Moret, sa nouvelle maîtresse, et la marquise de Verneuil ; souvent il étoit contraint de recourir à Sully pour mettre la paix entre elles. Il chassoit cependant, il dépensoit de grosses sommes pour ses bâtimens, il faisoit au jeu des pertes considérables, il donnoit avec profusion à ses maîtresses et à ses enfans naturels, mais il s'étoit fait la règle dans ses besoins d'argent de ne point toucher aux ressources ordinaires de l'État, aux grands impôts, la taille, les aides, la gabelle ; il ne vouloit y pourvoir que par ce qu'il regardoit comme des parties casuelles, les pots-de-vin sur les grosses fermes, les compositions et les amendes auxquelles il soumettoit les financiers, et la vente des offices. Il lui sembloit éviter de cette manière de porter du désordre dans l'administration des finances, quoique souvent il ouvrît ainsi la porte à des abus plus pernicieux encore.

La vente des offices de judicature n'avoit pas seulement le danger d'introduire dans la magistrature des hommes ignorans ou corrompus, elle exposoit les familles de robe à jouer leur fortune dans une dangereuse loterie, et cette considération avoit plus d'influence sur les parlemens que l'intérêt du public. Les magistrats trouvoient juste qu'un office acheté à grand prix devînt partie de leur héritage : l'usage s'introduisit d'abord de permettre aux officiers de *résigner*, ou céder par contrat la charge dont ils étoient en possession, ou plus exactement de la vendre, pourvu qu'ils survécussent quarante jours au marché, autrement leur office étoit réputé vacant à leur mort, et rentroit dans les mains du roi. Le financier Charles Paulet représenta au roi que cette expectative incertaine étoit pour lui de peu de valeur, et qu'elle menaçoit cependant les magistrats d'une chance ruineuse. Il proposa donc « qu'en payant tous les ans quatre deniers « pour livre de la valeur de leurs offices, ceux « qui en étoient pourvus fissent passer à leurs « héritiers le droit de résignation qu'ils n'auroient « pas exercé eux-mêmes. » Le rachat volontaire fut nommé la *paulette* ; il fut aussitôt suivi d'une augmentation extraordinaire dans le prix des charges. Ce droit nouveau fut établi pour la première fois en 1604 : il causa d'abord des réclamations universelles contre Sully qui l'avoit approuvé, et contre Paulet lui-même, qui faillit être assassiné en avril 1609; les parlemens s'y attachèrent cependant ensuite, quand les conseillers reconnurent combien leurs charges avoient augmenté de valeur. (1)

Les grandes fortunes amassées dans les finances tentoient toujours le roi; il se croyoit en droit d'entrer en partage avec ceux qui s'étoient enrichis aux dépens ou de son trésor ou du peuple. Au mois de mars 1607, il établit un tribunal extraordinaire, sous le nom de chambre de justice, pour recevoir les accusations contre les financiers : ceux-ci à leur tour prétendirent que les plus grandes voleries provenoient des chambres des comptes. Rosny écrivit au roi pour lui demander s'il vouloit qu'on les poursuivît, déclarant qu'en son particulier, il n'étoit pas assez fort ni assez puissant pour s'attaquer à des compagnies souveraines. Je vois bien ce que c'est, dit Henri, M. de Sillery voudroit bien faire pendre une demi-douzaine des créatures de M. de Sully, et celui-ci autant de celles de M. de Sillery; on pourra bien les satisfaire tous les deux. Il ne satisfit au contraire ni l'un ni l'autre, mais, après avoir reçu un million de francs des comptables, pour suspendre les procédures, il supprima le 8 septembre la chambre

---

(1) De Thou. T. IX, L. CXXXII, p. 715. — Journal de l'Estoile. T. IV, p. 247.

de justice, dont le nom étoit odieux à tout le monde. (1)

La politique étrangère donna dans cette année plus d'occupation que celle de l'intérieur au cabinet de Henri IV. Le roi vouloit en même temps se ménager des alliances pour la guerre contre l'Espagne, qu'il projetoit toujours dans l'avenir, et acquérir dans le présent le caractère d'arbitre et de pacificateur de l'Europe. Ses alliés les plus intimes étoient alors les républiques de Venise, des Suisses et de Hollande ; on lui a fait un mérite de les avoir protégées avec énergie et désintéressement ; il n'est pas sûr qu'elles-mêmes en jugeassent ainsi.

Dès l'an 1605, le conseil des Dix à Venise avoit fait arrêter deux prêtres de ses États, accusés de crimes énormes, et il se préparoit à les traduire devant les tribunaux séculiers. Paul V (Camille Borghèse), qui venoit la même année de monter sur la chaire de saint Pierre, protesta qu'il ne souffriroit jamais que des ecclésiastiques fussent jugés par des séculiers, et il exigea que les deux prisonniers fussent remis à son nonce. Un monitoire, puis un interdit, furent successivement lancés par le siége de Rome

---

(1) Nic. Rigault, suite de l'Hist. de J.-A. de Thou. L. I, p. 224. — Journ. de l'Estoile. T. IV, p. 63. — Sully, Économ. royales. T. VII, p. 232.

contre la république, qui de son côté interdit à tous ses prêtres de les publier ou de les observer. Venise, de toute part entourée par les États autrichiens, étoit demeurée catholique, mais elle avoit mis son espérance dans l'alliance des protestans ; la violence de Paul V, l'injure qu'il faisoit à la souveraineté de la république, aigrirent les esprits ; dès qu'on osa penser et parler, les principes de la réforme commencèrent à éclater dans Venise ; Fra Paolo Sarpi, moine servite, qui soutenoit dans ses écrits comme dans ses discours les intérêts du sénat, fut attaqué par cinq sicaires qu'on disoit envoyés de Rome par le cardinal Borghèse, neveu du pape, et blessé de vingt-trois coups de poignard. Il ne succomba pas sous tant de blessures ; au contraire, cet assassinat ne fit que redoubler son énergie et celle de quelques autres prédicateurs ; ils embrassèrent dès lors ouvertement les opinions des protestans ; ils entrèrent en correspondance avec Duplessis - Mornay, et avec les ministres de Genève. « C'est la plus « grande consolation du monde, écrivoit un Ge- « nevois à Duplessis, de se trouver ès compa- « gnies et assemblées, par les maisons de la no- « blesse de Venise, et ouïr parler si bien, si « religieusement et efficacement de la vérité de « Dieu.... et les sermons publics, lesquels sont

« tels qu'on les pourroit faire à Genève; mais « avec telle ardeur que la foule y est très grande, « et faut s'avancer beaucoup à y arriver pour « y trouver place. » (1)

La république de Venise étoit sur le point d'embrasser la réforme; elle venoit de faire alliance avec les Grisons; par leur pays et celui des Suisses elle pouvoit communiquer avec la France; elle recherchoit en même temps l'appui des protestans d'Allemagne; mais d'autre part le gouverneur de Milan et le vice-roi de Naples faisoient des préparatifs militaires pour soutenir par les armes les prétentions du pape; l'introduction de la réforme en Italie pouvoit y bouleverser la domination de l'Espagne; Henri IV vouloit bien l'ébranler, mais non pas en ruinant l'Eglise. Les Vénitiens réclamoient son alliance, il n'offrit que sa médiation. Il en chargea son ambassadeur Du Fresne-Canaye, et le cardinal de Joyeuse, protecteur de la couronne de France à Rome : l'arrangement fut conclu en février, et exécuté en avril 1607; quelque soin fut apporté à sauver dans les détails la dignité de la république, mais ce fut elle au fond qui fut sacrifiée, et qui dut abandonner ses droits : les deux prêtres criminels furent remis à l'ambassadeur de France, qui les livra au nonce du

---

(1) Correspond. de Duplessis-Mornay. T. X, p. 245, et tout le volume. — Journal de l'Estoile. T. IV, p. 83.

pape, et la république accepta l'abolition des censures prononcées contre elle. (1)

Les républiques des Suisses et celles des Grisons étoient encore au premier rang parmi les alliés de Henri IV. A cette époque, dans le reste de l'Europe, une très petite partie de la population étoit armée, aussi ces montagnards, tous soldats, passoient pour très redoutables; la France levoit plus de troupes chez eux que dans ses propres provinces, et elle les estimoit comme ses meilleurs guerriers. Les passages de leurs montagnes avoient de plus acquis d'autant plus d'importance qu'ils ouvroient une communication avec l'Italie, tandis que la France avoit renoncé à celle que lui donnoit auparavant le marquisat de Saluces. Mais les Suisses et les Grisons étoient alors divisés par la religion comme l'étoit toute l'Europe : les protestans étoient affectionnés à la France, les catholiques à l'Espagne. Quoique la population fût partagée assez également entre les deux sectes, c'étoient les protestans qui avoient alors l'activité, l'énergie, et qui s'étoient saisis de la direction des affaires, en sorte que les alliances publiques étoient avec la France, et

(1) De Thou. T. X, L. CXXXVII, p. 129, 158, 171. — Économ. royales. T. VII, p. 67 et 213. — Flassan, Diplom. fr. T. II, p. 243-250. — Traités de paix. T. III, p. 58.

que l'Espagne n'avoit pour elle que les mécontens.

Les Suisses, malgré leurs dissentimens religieux, avoient conservé assez d'ordre dans leurs États. Leurs constitutions étoient balancées entre l'aristocratie et la démocratie, et la prudence des sénats, qui favorisoient la liberté de conscience, tempéroit l'impétuosité et l'intolérance des assemblées populaires. Mais dans les Grisons, où la population, quoiqu'on la supposât bien plus nombreuse, ne dépassoit réellement pas cent mille âmes, à l'exclusion des vallées sujettes, on comptoit cinquante-trois démocraties absolues ; le pouvoir aristocratique, exclu de la constitution, avoit grandi en dehors des lois, et les deux maisons des Salis et des Planta, l'une vendue à la France, l'autre à l'Espagne, causoient des convulsions fréquentes dans toute la Rhétie. Les sujets italiens des Grisons, dans la Valteline, Chiavenne et Bormio, étoient opprimés ; la religion catholique y étoit froissée, mais ses prêtres, relevant du diocèse de Como, s'en vengeoient par des conspirations continuelles. La protection du comte de Fuentes, gouverneur du Milanais, étoit fréquemment invoquée par l'évêque de Como et l'archevêque de Milan, auxquels on ne permettoit point de visiter leur diocèse. Pour rendre cette protection plus efficace, Fuentes fit en octobre 1603

1607. jeter les fondemens du fort auquel il donna son nom, à l'entrée de la Valteline, sur une colline d'où il dominoit les débouchés de Chiavenne, le lac de Como et la Vallée, de manière à intercepter le commerce des Grisons avec la Lombardie, ou, s'il lui en prenoit fantaisie, à les affamer. Les ducs de Milan s'étoient engagés à ne jamais bâtir de forteresses si près des frontières. Les Grisons réclamèrent, ils s'allièrent aux Vénitiens, et Henri IV montra beaucoup de ressentiment de ce qu'ils ne s'en tenoient pas à sa seule alliance; ils demandèrent à la France de protéger leurs droits : au lieu de le faire, Henri IV les engagea à se tenir tranquilles, et à laisser terminer le fort de Fuentes. (1)

Enfin, les plus puissans entre les alliés de Henri IV étoient les Hollandais, ou la république des sept Provinces-Unies. C'étoient eux dont la résistance prolongée avoit causé le marasme où tomboit la monarchie espagnole : ils avoient détruit son commerce, intercepté ses flottes, envahi ses conquêtes dans les deux Indes, tandis que dans les Pays-Bas le comte Maurice de Nassau, chef des armées de la république, tenoit tête aux plus habiles généraux de l'Espagne, et les empêchoit de faire aucun

---

(1) *Storia della città e diocesi di Como, di Cesare Cantù.* T. II, p. 200. — Sully, Économ. roy. T. VII, p. 225, 242, 293. — De Thou. T. X, L. CXXXIV, p. 8.

progrès. Henri IV avoit promis de ne leur donner aucun secours, mais comme il soupçonnoit l'Espagne de conspirer sans cesse contre lui, il ne se piquoit pas de son côté d'observer beaucoup de bonne foi envers elle ; il faisoit donc passer aux Hollandais des subsides qu'il représentoit comme le paiement d'anciennes dettes, et il encourageoit les protestans de France à lever des régimens qu'ils conduisoient au service des Provinces-Unies. Il nourrissoit toujours le projet d'attaquer l'Espagne dès qu'il seroit en mesure de le faire, en sorte qu'il lui convenoit de continuer à la miner sourdement par cette guerre des Pays-Bas.

Mais les archiducs Albert et Isabelle désiroient ardemment goûter quelque repos dans cette souveraineté qui leur avoit été cédée, et dont ils n'avoient jamais joui. Leurs peuples, épuisés par les impôts, et plus encore par les voleries des soldats, demandoient la paix à tout prix ; le roi d'Espagne se fatiguoit d'une guerre dont le poids retomboit sur lui, tandis que les conquêtes dans les Pays-Bas, si ses troupes réussissoient à en faire, ne seroient pas pour lui ; son ministre, le duc de Lerme, dont la tête suffisoit à peine aux intrigues de cour, attribuoit à la guerre de Hollande toutes les difficultés de sa position. Le général espagnol en Belgique, Ambroise, marquis Spinola, lui-même, qui avoit engagé tout son crédit pour entretenir ses troupes, et qui se trouvoit pressé par ses créanciers, désiroit aussi la paix. Du côté des Hollandais, les opinions étoient plus partagées : ceux qu'enrichissoient le commerce des Indes et les expéditions maritimes vouloient continuer la guerre; à eux se joignoient encore tous les fanatiques en religion. Avec leur appui, le stathouder Maurice de Nassau, que ses exploits avoient mis au rang des premiers capitaines de l'Europe, repoussoit de toutes ses forces toute proposition de paix. Mais les vrais amis de la république et de la liberté, les magistrats les plus modérés et les plus sages, et à leur tête Olden Barneveldt, grand-pensionnaire de Hollande, s'efforçoient de rétablir la paix, et lorsqu'il surent que l'Espagne et les archiducs offroient de reconnoître d'une manière absolue l'indépendance de la république, ils signèrent le 24 avril 1607 une suspension d'armes pour huit mois, afin de se donner le temps de négocier. (1)

Henri IV désiroit la continuation de la guerre; il désiroit le triomphe de Maurice de Nassau, mais il désiroit surtout demeurer l'arbitre des déterminations de la république, et, soit qu'elle fît la paix ou la guerre, il vouloit paroître l'au-

(1) Traités de paix. T. III, p. 38. — *History of the Netherlands*, ch. 14, p. 221.

teur de la décision qu'elle prendroit. Il renvoya donc en Hollande avec Buzanval, son ambassadeur ordinaire, le président Jeannin, le négociateur en qui il avoit le plus de confiance. Ses instructions, fort longues, et écrites avec beaucoup d'art, font comprendre toute la politique de Henri IV à l'égard des Pays-Bas : son ministre devoit se plaindre avec douceur de la précipitation avec laquelle les Hollandais avoient signé leur armistice, sans l'y faire intervenir ; il devoit rappeler les secours que la France avoit constamment fournis à la république, et en faire espérer de nouveaux à l'avenir, mais sans se lier d'une manière précise, ni promettre rien de positif; il devoit insister sur la reconnoissance absolue de l'indépendance des sept provinces, sur les dangers d'une trêve à court terme, sur les dangers d'une paix qui ne trancheroit pas toutes les questions à la fois; il devoit resserrer les liens de la France avec Maurice de Nassau, tout en cultivant aussi l'amitié de Barneveldt, et, quel que fût le résultat, il devoit faire que le roi parût toujours en première ligne. (1)

1607.

Ces négociations furent fort longues, et elles

(1) Instruction aux sieurs Jeannin et Buzanval, du 22 avril 1607. Négociations de Jeannin. T. XI, 2ᵉ série, p. 466-494. 2ᵉ instruction, du 6 août 1608. *Ib.* p. 495-500. — De Thou. T. X, L. CXXXVIII, p. 213. — Sully, Économ. royales. T. VII, c. 17, p. 282.

1607. furent conduites par Jeannin avec une grande habileté. L'Espagne insistoit sur le rétablissement du culte catholique dans les Provinces-Unies pour ceux qui étoient restés attachés à l'ancienne religion, et sur l'interdiction des mers des Indes aux Hollandais : ceux-ci repoussoient l'une et l'autre condition, et la négociation parut plusieurs fois sur le point de se rompre. Jeannin profita de ces incertitudes pour signer, le 23 janvier 1608, un traité entre la France et les Provinces-Unies, par lequel la France se rendoit garante envers celles-ci de la paix quand elle seroit obtenue, et promettoit de les assister à ses frais de dix mille hommes de pied si l'Espagne, après l'avoir signée, venoit à la rompre. Des difficultés insurmontables s'opposèrent cependant à ce que la paix fût conclue : les deux parties belligérantes durent se contenter d'une trêve pour douze ans, qui rendoit toute liberté au commerce, même dans les Indes. Ce traité important, qui admit les Hollandais parmi les puissances indépendantes de l'Europe, fut signé à Anvers le 11 janvier 1609, sous la garantie de Henri IV et de Jacques Ier, roi d'Angleterre. (1)

---

(1) Ligue défensive entre Henri IV et les Prov.-Unies. Traités de paix. T. III, p. 39. — Trêve de XII ans. *Ib.* p. 43. — Flassan, Diplom. fr. T. II, p. 256-264. — Négociations du président Jeannin. T. XII et XIII.

Ces négociations diverses avoient changé la face de l'Europe; l'Espagne, obligée de reconnoître l'indépendance de ses sujets rebelles, renonçoit à sa fierté passée, et n'inspiroit plus de craintes à ses voisins. Un traité de paix signé à Prague, le 27 juin 1608, entre l'empereur Rodolphe II et son frère Matthias, transmettoit à ce dernier le royaume de Hongrie, l'Autriche et tous ses États héréditaires, à la réserve de la Bohême (1). La maison d'Autriche étoit tombée si bas qu'elle sembloit ne devoir plus inspirer aucune crainte. Cependant Henri IV ne renonçoit point pour cela à son ressentiment contre elle; mais il se laissoit distraire de ses projets belliqueux par les intrigues de femmes au milieu desquelles il vivoit, et qui devenoient toujours plus indignes de son âge. Dans l'année 1608, on le vit tour à tour obtenir les faveurs de la marquise de Verneuil, de la comtesse de Moret, de mademoiselle des Essarts, qu'il fit comtesse de Romorantin; de la vicomtesse d'Étanges, de deux cousines de Gabrielle d'Estrées, et, dans chacune de ces aventures, reconnoître toujours que quelque galant plus jeune et plus beau que lui étoit préféré par sa maîtresse.

Quoique les amours et la galanterie de Henri fussent sans délicatesse, ses accès de jalousie,

1608.

---

(1) Traités de paix. T. III, p. 41.

ou quelquefois ceux de la reine, sa femme, troubloient toute la cour: c'étoit le plus souvent alors à Sully qu'il s'adressoit. Un jour il lui dit :
« Il faut que vous me rendiez deux signalés
« services, qu'à mon avis je peux recevoir de
« vous seul..., et que vous commenciez ces
« deux offices par celui qui concerne ma-
« dame de Verneuil, afin que ce soit un prépa-
« ratif à l'autre; l'avertissant, comme son ami
« particulier, qu'elle est fort prochaine de per-
« dre mes bonnes grâces si elle n'use de grande
« prudence et industrie pour les conserver. Il
« y a des personnes qui me sollicitent de faire
« les doux yeux à d'autres qui lui pourroient
« bien causer ce préjudice; lequel arrivant,
« vous lui pouvez bien dire que je lui ôterois
« ses enfans et la confinerois dans un cloître.....
« L'autre commission est pour la reine, à la-
« quelle vous devez dire qu'entre plusieurs
« choses où elle s'obstine, il y en a une qui
« m'aigrit tellement l'esprit qu'elle me rend
« toutes les autres bien fort ennuyeuses, qui
« est l'absolue puissance qu'elle a voulu laisser
« empiéter à son Concini et sa Concina, sur
« toutes ses volontés ; qu'ils lui font faire
« tout ce qu'ils veulent, et s'opposer à tout
« ce qui ne leur plaît pas, voire, aimer ou
« haïr qui bon leur semble ; et que plus j'ai
« patienté, plus ont-ils abusé de ma patience....

« Eux-mêmes en sont devenus si roques, hau-
« tains et audacieux, jusques à user de menaces
« contre ma personne si je faisois quelque
« violence aux leurs. Néantmoins, je m'en
« déferois bien facilement si je croyois le con-
« seil de certaines gens, qui peut-être n'ont
« pas trop de tort; car il peut, de toutes ces
« brouilleries, arriver de grands accidens; mais
« vous savez que mon esprit est tellement aliéné
« du sang et de toute cruauté que je ne me
« saurois porter à de telles résolutions. » (1)

C'étoit aussi à Sully que Henri recouroit lors-qu'on excitoit sa défiance contre quelqu'un de ses anciens amis. Déjà celui-ci, qui étoit apparenté avec la maison de Lorraine, avoit protégé contre les ressentimens du roi le prince de Joinville, frère du duc de Guise, qui lui avoit débauché une de ses maîtresses, et le duc d'Aiguillon, fils du duc de Mayenne, qui avoit attaqué un rival dans un guet-apens. « Comme
« il est bien difficile, continuent les secrétaires
« de Sully, qu'en un grand État chacun reçoive
« à son gré faveur de son prince, aussi s'en
« trouve-t-il toujours assez de mécontens. De
« ce nombre étoient lors, ainsi que le bruit en
« courut, outre les ci-devant nommés, M. le
« prince (de Condé), M. le comte (de Soissons),

---

(1) Sully, Économies royales. T. VII, p. 349.

1608.
« MM. de Bouillon, Duplessis et autres; les« quels, parlant à plusieurs en ces termes, leur
« donnoient des espérances de changement et du
« courage pour le procurer; tellement que le
« roi eut souvent avis que l'on pratiquoit les uns
« et les autres, qu'on levoit des capitaines et des
« soldats, et qu'on faisoit des entreprises sur des
« places; de quoi il vous parla (à Sully) sou« ventefois, mais toujours vous n'en faisiez
« que rire, lui disant: Comment voulez-vous,
« sire, que tous ceux que vous nommez, qui ne
« sauroient même entr'eux convenir du prétexte
« qu'il leur faudroit prendre, demeurent long« temps bien unis, parmi les difficultés à quoi
« telles entreprises sont sujettes? ni quelles
« sortes de gens, villes ou provinces voulez« vous qui jettent leurs honneurs, vies et biens
« au hasard, pour des personnes qui n'ont ni
« places, ni argent, ni armes, ni hommes, ni
« crédit, ni de quoi promettre gratification ou
« récompense, contre un prince vaillant, dili« gent, et qui abonde en toutes les choses qui
« leur défaillent? et de croire qu'un corps ou
« parti formé, et moins celui de la religion que
« tout autre, se jette là dedans, il n'y a nulle
« apparence; et pour moi, je tiens tous ces avis
« pour des chimères et imaginations d'esprits
« mélancoliques. » (1)

(1) Sully, Économ. royales. T. VII, p. 382.

Malgré ces sages avis, les délateurs étoient accueillis, et ils se multiplioient : le roi montra à Sully l'extrait qu'il avoit fait faire de leurs mémoires : on y parloit de surprendre La Haye en Touraine, Saint-Jean-d'Angle, la Roche-Posay, Saint-Savin, Chauvigny, le Blanc en Berry, et autres petites bicoques. « Par Dieu, « sire, dit Sully, je crois que ces messieurs « se moquent de vous et de moi, de vous faire « marcher pour telles niaiseries. C'est un homme « qui cherche quelques centaines d'écus, et « puis c'est tout. — Vous direz ce qu'il vous « plaira, reprit le roi; mais si faut-il que j'y « aille, ou que vous partiez dans deux jours « pour y donner ordre : et puisque c'est en « votre gouvernement, c'est à vous à y pour- « voir, car je ne veux pas que votre pape (Du- « plessis-Mornay) me tienne toujours l'esprit en « alarme. » Sully ne voulut emmener que le prévôt Morel, avec vingt archers, par lesquels il fit arrêter tous les accusés. « Aucuns « furent trouvés coupables et furent exécutés ; « à d'autres le roi pardonna, et d'autres furent « trouvés innocens, et toute la menée reconnue « pour si foible qu'elle ne méritoit pas davan- « tage de peine. » (1)

Mais le roi, qui se défioit si fort de tous ceux

---

(1) Sully, Économ. royales. T. VII, p. 386, 387.

qu'il avoit connus de près, de tous ceux qui lui avoient rendu des services, et qui pouvoient lui reprocher son ingratitude, ne remarquoit pas la fermentation sourde qui se maintenoit dans son royaume, parmi ceux que les prédicateurs de la ligue avoient exaltés. Il avoit fait ce qu'il avoit pu pour regagner l'affection des catholiques, et peut-être s'étoit-il attaché de bonne foi à leur croyance. Il s'étoit montré bienveillant pour les jésuites, encore que les parlemens et tous ceux qui tenoient à la magistrature ressentissent plus de prévention contre ces religieux que ne faisoient les huguenots eux-mêmes. Dès l'année 1604, sur les instances de la Varenne, qui le servoit dans ses amours, il avoit fondé un collége de jésuites à La Flèche en Anjou, lieu de la naissance de cet homme; il lui avoit attribué un revenu de onze mille écus d'or; il lui avoit fait voter cent mille écus par l'assemblée du clergé; et lorsque le parlement voulut lui adresser des remontrances par écrit, avant d'enregistrer cet édit, il ne voulut pas le lui permettre (1). L'année suivante, Henri IV fit abattre la pyramide qui avoit été élevée en mémoire de l'attentat de Jean Chastel contre lui, parce que l'inscription qu'elle portoit inculpoit les jésuites d'avoir excité à cet assassinat (2).

(1) De Thou. T. IX, L. CXXXII, p. 696-704.
(2) *Ibid.* T. X, L. CXXXIV, p. 26 à 30.

Enfin, le roi, qui, jusqu'à cette époque, avoit senti combien il lui étoit avantageux que son principal ministre demeurât fidèle à la religion réformée, et lui répondît de ce parti, commença, en 1608, à le presser sérieusement de se convertir avec son fils, et pour l'y déterminer il offrit à ce dernier, qui portoit le titre de marquis de Rosny, sa fille naturelle, mademoiselle de Vendôme, en mariage. Il ajoutoit encore la promesse de l'épée de connétable pour Sully, et plusieurs gouvernemens (1). Mais ce changement dans les dispositions secrètes de Henri, ou n'étoit pas remarqué, ou n'étoit pas cru par le peuple. Les vieux ligueurs voyoient toujours en lui le huguenot relaps, qui s'efforçoit de les tromper, qui ne montroit à l'Église qu'un respect extérieur, tandis qu'il complotoit avec les hérétiques de l'Allemagne, de la Suisse et des Pays-Bas, pour détruire le pouvoir du pape, et pour abaisser la maison d'Autriche. Cette hostilité secrète couvoit dans la plus basse classe des villes; elle étoit constante, impitoyable, et bien plus dangereuse que celle des gentilshommes, dont Henri se défioit tant.

Au reste, quelque progrès que le catholicisme eût fait dans le cœur de Henri, son ani-

(1) Sully, Économ. royales. T. VII, p. 335. — Journal de l'Estoile, novembre 1608. T. III, p. 191.

mosité contre la maison d'Autriche ne se calmoit point. Il disoit « que les rois de France et « d'Espagne sont comme posés dans les deux « bassins d'une balance, desquels il est impos- « sible que l'un hausse que l'autre n'abaisse (1). » Il vouloit réduire Philippe III à ses seules couronnes d'Espagne et des Indes, lui enlever la Lombardie pour en gratifier le duc de Savoie, qu'il attiroit ainsi dans son alliance, et auquel il promettoit une couronne royale ; enlever également à Philippe les provinces catholiques des Pays-Bas, pour en faire une seule république avec les Provinces-Unies; s'approprier la Franche-Comté, ou, suivant les circonstances, la réunir aux Suisses avec le Tyrol et l'Alsace ; il vouloit que l'empire sortît de la maison d'Autriche pour être rendu à la libre élection des Allemands ; que les deux royaumes de Hongrie et de Bohême recouvrassent aussi leur ancien droit d'élire leur souverain. C'étoient là les bases de ce que Sully appelle souvent le grand projet de son maître ; mais il semble, d'après ce qu'il rapporte, que c'étoit bien plutôt le projet de Sully lui-même. Il donne à entendre que son maître étoit assez ignorant sur la géographie, l'histoire et la constitution de tous les États de l'Europe. Il se plaisoit peut-être à

---

(1) Sully, Économ. roy. T. VIII, p. 63.

écouter son ministre lorsqu'il exposoit comment on pourroit partager l'Europe en quinze États à peu près égaux : cinq monarchies héréditaires, la France, l'Espagne, la Grande-Bretagne, la Suède et la Lombardie; six monarchies électives, la papauté, l'empire, la Hongrie, la Bohême, la Pologne et le Danemark; et quatre républiques, des Belges, des Suisses, de Venise, et des petits États d'Italie; comment enfin on maintiendroit la paix perpétuelle dans la république chrétienne, à l'aide d'un conseil formé des députés de ces quinze États. Mais toute cette organisation paroissoit bien vague et bien fantastique à un homme aussi positif que Henri IV. Il avoit devant lui un but plus rapproché et plus précis, celui d'appeler les petits États à s'enrichir des dépouilles des deux branches de la maison d'Autriche, qu'il vouloit humilier en même temps. Et lorsque Sully ajouta qu'il devoit annoncer à l'Europe son désintéressement et ne rien se réserver pour lui-même, il lui répondit : « Hé quoi! voudriez-vous que je « dépensasse 60 millions pour conquêter des « terres pour autrui, sans en retenir rien pour « moi; ce n'est pas là mon intention. » (1)

En effet, il comptoit bien étendre de plusieurs manières ses frontières : en aidant le duc

(1) Sully, Économ. royales. T. VII, c. 19 et 20, p. 298-326; et T. VIII, p. 56 et 125.

de Savoie à s'emparer du Milanais, il comptoit se faire, en retour, céder la Savoie ; tout en parlant de donner la Franche-Comté aux Suisses et la Belgique aux Hollandais, il n'étoit pas trop déterminé à y renoncer pour lui-même; il tenoit surtout à réunir la Lorraine à la France, et l'occasion sembloit propice. Henri de Bar, devenu duc de Lorraine cette année, après avoir perdu Catherine de Bourbon, sa première femme, s'étoit remarié à une princesse de Gonzague, dont il n'avoit que des filles. Henri chargea Bassompierre d'obtenir l'aînée, nommée Nicole, pour le dauphin. Il estimoit que la France devoit chercher ses alliances parmi les petits États, qui se dévoueroient à elle, tandis que les liens d'un mariage ne suffisoient point pour faire oublier les rivalités de deux grands États (1). Mais Bassompierre rencontra de grandes difficultés dans sa négociation : les peuples de la Lorraine étoient fort alarmés de l'idée de perdre leur indépendance. Le frère du duc et son fils, qui, en effet, lui succéda en épousant Nicole, sa cousine, regardoient la Lorraine comme un fief masculin, qui devoit passer aux agnats de la maison et non aux filles; le duc donna sa parole, cependant, mais avec un grand secret, comptant peut-être, et avec raison,

---

(1) Mém. de Richelieu, collection. T. X, p. 169.

sur les chances de la politique, qui romproient ce mariage avant que les deux époux enfans fussent en âge de l'accomplir. (1)

Henri s'occupoit déjà de l'établissement de ses deux autres fils ; le second, qu'il fit duc d'Orléans, se réservant de lui choisir plus tard un nom, étoit né le 16 avril 1607. Il comptoit lui faire épouser Marie de Bourbon Montpensier, dont le père, Henri, étoit mort le 28 février 1608, en sorte qu'elle demeuroit héritière des biens immenses de la seconde branche de Bourbon. Le troisième fils du roi, Gaston, qui venoit de naître le 25 avril 1608, étoit aussi destiné, par son père, à une héritière : c'étoit Marie de Gonzague, qui lui auroit apporté l'héritage de Mantoue et du Montferrat, et lui auroit ainsi assuré un pied en Italie. (2)

En même temps que ces projets divers mûrissoient dans la tête de Henri IV, et que le moment approchoit de les mettre en exécution, un changement important fut apporté par lui dans la législation intérieure, et il se flattoit de le faire aussi passer dans les mœurs. Tel étoit le but de son édit contre les duels, du mois de juin

1608.

1609.

(1) Mém. de Bassompierre, collection, 2ᵉ série. T. XIX, p. 395-416.
(2) Des Naissances des enfans de France, Archives curieuses. T. XIV, p. 212 et 214. — Journal de l'Estoile. T. IV, p. 104. — Sully, Économ. royales. T. VIII, p. 55.

1609, ouvrage du chancelier Brûlart de Sillery. On devoit surtout attribuer à Henri III la fureur avec laquelle toute la noblesse française saisissoit toutes les occasions de se battre en duel. Cet homme efféminé recherchoit les émotions fortes ; il se plaisoit à mêler l'image de la mort à tous ses plaisirs ; il aimoit la bravoure, comme une femme qui tremble pour l'objet aimé, et à qui il devient d'autant plus cher qu'elle a plus ressenti d'anxiété pour lui. Tous les mignons de Henri III savoient que le meilleur moyen d'avancer dans sa faveur, c'étoit de le troubler par des duels journaliers. L'exemple de la cour avoit gagné toute la noblesse : un homme étoit regardé comme un lâche, s'il n'avoit pas trouvé moyen d'établir sa réputation de bravoure par quelques combats singuliers. Aussi, la législation du point d'honneur, qui aujourd'hui est adoptée dans le monde, et qui oblige chacun à prouver, toutes les fois qu'il est offensé, que ce n'est du moins pas par sa faute, ou parce qu'il manque de cœur pour se défendre, qu'on a osé lui manquer, n'avoit point reçu alors ce degré de précision. On se battoit parce qu'on désiroit se battre, et qu'on croyoit y gagner de l'honneur ; on se battoit parce qu'on étoit avide de querelles, qu'on étoit toujours prêt à venger les offenses de ses valets aussi bien que les siennes, qu'on se disputoit le haut du pavé, qu'on faisoit passer sa voiture la première, qu'on se rencontroit ensemble à une porte, et qu'on y prétendoit la préséance ; sans compter toutes les querelles qui naissoient du jeu ou de la galanterie. Chacun avoit une telle avidité de se battre qu'à la nouvelle d'un différend, tous les amis de l'offensé venoient lui offrir leur épée ; tous l'accompagnoient, lorsqu'il cherchoit une rencontre, et les moindres combats étoient de trois à trois ou de quatre à quatre. Ces duels étoient devenus si fréquens, le désordre étoit si grand, que le roi sentit la nécessité d'y porter remède ; on assuroit que depuis la paix deux mille gentilshommes avoient été tués en duel. Ce n'étoit pourtant point encore là ce qui touchoit le plus Henri ; il sentoit que l'autorité royale s'évanouissoit devant cet esprit universel de résistance. S'il vouloit faire arrêter un gentilhomme, il falloit que ce fût par surprise, car il se faisoit tuer plutôt que de se laisser désarmer ; la loi du point d'honneur se plaçoit au-dessus de la loi royale, et l'obéissance n'étoit jamais implicite : le despotisme ne pouvoit s'affermir parmi des gens accoutumés à jouer avec leur propre vie. En même temps, le père Cotton, confesseur du roi, lui avoit déclaré qu'il étoit responsable devant Dieu de tout le sang qu'il laissoit verser. Ainsi, la religion et la politique s'accordoient pour abolir les duels ; mais les pré-

jugés et les habitudes de Henri IV leur étoient favorables. Un premier édit d'avril 1602 avoit interdit les duels, et cependant Henri laissoit voir dans sa familiarité qu'il estimoit ses courtisans en raison de la bravoure qu'ils y avoient déployée, et que, s'il n'étoit pas roi, il auroit combattu lui-même pour plusieurs de ses amis. Son second édit de juin 1609 fut beaucoup plus sévère; il déclara les duellistes criminels de lèse-majesté, et le roi s'engagea, par serment, à ne jamais leur faire grâce; mais il permettoit « à toute personne qui s'estimera offensée
« par une autre, en son honneur, de s'en plain-
« dre à nous ou à nos très chers et amés cousins,
« les connétable et maréchaux de France, nous
« demander ou à eux le combat, lequel leur
« sera par nous accordé, selon que nous ju-
« gerons qu'il sera nécessaire pour leur hon-
« neur. » (1)

Le roi avoit alors cinquante-six ans, et les grandes guerres qu'il projetoit ne s'accordoient déjà plus guère avec son âge; peut-être auroit-il continué à les ajourner, si une passion moins faite encore pour l'époque de la vie où il étoit entré ne l'avoit aveuglé. En février 1609, on vit paroître à la cour Charlotte Marguerite, troi-

---

(1) Isambert, Anciennes lois françaises. T. XV, p. 551. — Sully, Économ. royales. T. VI, p. 122-127; et T. VIII, p. 101. — Fontenai-Mareuil. T. I, p. 33.

sième fille du connétable de Montmorency, âgée alors de seize ans. « Sous le ciel il n'y avoit alors « rien de si beau, ni de meilleure grâce, ni de « plus parfait (1). » Le roi en devint aussitôt passionnément amoureux, et quoiqu'elle fût déjà promise à Bassompierre, il engagea celui-ci à y renoncer, et il la maria, le 3 mars 1609, à Henri II de Bourbon, prince de Condé, qui n'avoit que vingt et un ans, mais qu'il croyoit beaucoup plus occupé de la chasse que d'une jeune femme. Ce prince, né six mois après la mort de son père, d'une femme accusée de l'avoir empoisonné, et soupçonnée d'être la maîtresse de Henri IV, n'avoit pas alors dix mille livres de rente, et Henri se figuroit que sa pauvreté le rendroit plus souple (2). Condé toutefois laissa bientôt voir qu'il ne seroit point si complaisant. Il emmena sa jeune femme à Muret, tandis que Henri IV revêtoit toute sorte de déguisemens pour la voir, et que la jeune personne, tout en s'écriant : « Jésus, « qu'il est fou ! » se prêtoit avec assez de plaisir à cette adoration secrète. Mais la reine, à qui tout ce jeu n'avoit pu être entièrement dérobé, et qui étoit fort jalouse, quoiqu'elle n'aimât point le roi et qu'elle en aimât bien d'autres,

1609.

(1) Mém. de Bassompierre. T. XIX, p. 388. — Fontenai-Mareuil. T. I, p. 15.
(2) Tallemant des Réaux, Histor, T. I, p. 100.

voyoit cette intrigue nouvelle avec un extrême dépit. Ses conseillers intimes, Concini et Léonora Galigaï, qu'il avoit épousée, l'aigrissoient encore. Élevés dans une cour accoutumée à tous les crimes, ils ne mettoient point de bornes à leurs soupçons ou à ceux de leur maîtresse. Ils surent bientôt que le connétable, qui remarquoit la passion du roi pour sa fille et vouloit la faire tourner à son profit, lui avoit fait signer une requête pour être démariée, et l'entretenoit de l'espérance qu'elle pourroit bien devenir reine, comme si le divorce ou même le poison devoit écarter du trône Marie de Médicis. (1)

Tandis que ces galanteries si indécentes augmentoient les haines et les jalousies de la cour, Henri IV découvroit que sa femme, son ministre d'État Villeroy, et les favoris florentins qui avoient suivi Marie, s'engageoient dans des intrigues politiques diamétralement opposées à son système, et qu'on ne pouvoit expliquer que par la croyance qu'il n'avoit pas pour long-temps à vivre. Vaucelas, beau-frère de Sully, ambassadeur à Madrid, découvrit que l'ambassadeur de Florence à la même cour proposoit « une « ferme et indissoluble alliance et amitié entre « les rois et royaumes de France et d'Espagne. » Les lettres que cet ambassadeur avoit reçues

---

(1) Tallemant des Réaux. T. I, p. 104.

étoient de Concini et de sa femme, et de trois de leurs créatures, Vinti, Guidi et Gioannini; Henri soupçonnoit cependant que la reine et Villeroy y avoient eu une part directe, car Vaucelas y avoit été trompé, et croyoit que ces ouvertures venoient du roi lui-même, qui vouloit les cacher à Sully. On avoit proposé « de faire
« un double mariage des fils et filles de l'un et de
« l'autre État; voire de bailler la fille en France,
« sans renonciation, afin de former par ce moyen
« une vraie union en iceux, qui les fasse ré-
« soudre d'avoir mêmes desseins et intérêts, et
« communs amis et ennemis... Tous lesquels pro-
« jets, disoit Henri à Sully, ne peuvent être bâ-
« tis que sur certaines pronostications que l'on
« m'a averti avoir été faites de moi par plusieurs,
« que je ne devois point passer l'an cinquante-
« huit de mon âge. » (1)

Il n'est pourtant pas impossible que Henri IV eût lui-même entretenu quelquefois ces projets de coalition avec la maison d'Autriche. Il chanceloit entre sa vie luxurieuse et l'ambition que Sully vouloit réveiller en lui. Quand il étoit entraîné par son ardeur pour les plaisirs de tout genre, pour la chasse, le jeu, les ballets, les parties de galanterie; quand il perdoit dans un soir jusqu'à 50,000 pistoles à ce jeu furieux dont

---

(1) Sully, Économies royales. T. VIII, p. 54, 57.

parle Bassompierre (1), il se laissoit séduire par la pensée de ne point troubler cette existence de plaisirs et de fêtes, et de se réconcilier pleinement avec la cour de Madrid. Puis Sully survenoit, qui regardoit la guerre comme le seul moyen de le distraire des voluptés, et qui ranimoit sa jalousie de l'Espagne. (2)

Henri dans ses lettres appeloit toujours Sully mon ami; il les terminoit en lui disant : je vous aime bien; mais il étoit cependant fatigué de ce caractère dur avec le peuple, grossier et hautain avec tous les courtisans, cassant, obstiné et suffisant avec le roi lui-même. Richelieu assure « qu'il avoit dit plusieurs fois à la reine qu'il ne « pouvoit plus souffrir ses mauvaises humeurs, « et que, s'il ne changeoit de conduite, il lui « apprendroit à ses dépens combien la juste indi- « gnation d'un maître étoit à craindre (3). » Comme il ne l'approchoit pas volontiers de sa personne, quand il vouloit le voir il alloit le plus souvent le chercher à l'arsenal, où Sully tenoit sous sa garde son immense artillerie et les trésors accumulés dans les caves. Ces trésors, en 1609, montoient à 40 millions de francs. Henri, jaloux quelquefois de l'immense richesse de Sully, laissoit entendre qu'il ne croyoit

---

(1) Mém. de Bassompierre. T. XIX, p. 374.
(2) *Ibid.* p. 424. — Sully, Économ. royales. T. VIII, p. 120.
(3) Mém. du card. de Richelieu. T. X, p. 165.

pas ses mains bien nettes; cependant l'ordre et l'économie qu'il avoit introduites dans les finances royales, et qu'il pratiquoit aussi pour lui-même, suffisoient, avec les bienfaits du roi, à expliquer son opulence. Au reste, il ne se laissoit jamais arrêter par les murmures du peuple, toutes les fois qu'il croyoit pouvoir procurer plus d'argent au roi. Alors même, au mois de juillet 1609, il préparoit un nouvel édit pour changer les monnoies, « et par même moyen, « dit l'Estoile, ruiner et apauvrir le peuple (jà « assez ruiné et pauvre d'ailleurs), et enrichir « le roi : chacun en murmuroit, principalement « les pauvres marchands, qu'on tondoit si sou- « vent qu'ils en étoient tout morfondus... Le « roi seul, pour avoir son compte, rioit de tout, « et se moquoit de tout le monde, même de ses « officiers et de leurs remontrances. » Un partisan, en effet, l'importunoit pour cet édit, dont il étoit l'inventeur. « Le roi connoissant bien l'ini- « quité d'icelui, lui demanda enfin de quel pays « il étoit; et comme il lui eut répondu, de Péri- « gord : Ventre-Saint-Gris ! va dire le roi, je m'en « étois toujours douté, car ce sont tous faux « monnoyeurs en ce pays-là. » Mais encore qu'il jugeât son édit comme un faux monnoyage, il n'insistoit pas moins rigoureusement auprès du parlement pour l'enregistrer. (1)

(1) Journal de l'Estoile, juillet 1609, p. 291, 292, 301 et 308, 316.

Ces rigueurs, qui excitoient alors un mécontentement assez vif, furent bientôt oubliées, quand ce trésor, accumulé avec une si vigilante économie, fut dilapidé par ceux aux mains desquels il passa, sans que le contribuable éprouvât aucun soulagement ; l'administration de Henri IV et de Sully devoit gagner à être comparée, soit à celles qui la précédèrent ou qui la suivirent, soit bien plus encore à celle des États voisins, surtout de la grande puissance rivale de la France. A cette époque même, au mois d'août 1609, Philippe III exécutoit l'effroyable résolution qu'il avoit formée d'expulser de ses États un million de ses sujets : c'étoient les Maures ou Morisques, qui dans quelques provinces, surtout dans les royaumes de Valence et de Grenade, formoient presque seuls la population des campagnes. Ils les cultivoient avec une admirable industrie, en même temps qu'ils avoient fondé dans les villes beaucoup de manufactures qu'ils faisoient prospérer. Ils avoient tous embrassé, au moins extérieurement, le christianisme ; mais la plupart, aigris par les persécutions mêmes qu'ils avoient éprouvées, conservoient dans leur cœur un inébranlable attachement à la foi de leurs pères. Don Juan de Ribera, archevêque de Valence, avoit, dès l'année 1602, donné un mémoire à Philippe III pour l'engager à se défaire de tous ses sujets infidèles, en les renvoyant dans les pays musulmans ; mais il conseilloit de réserver les adultes pour travailler, comme esclaves, aux galères et aux mines, et les enfans au-dessous de sept ans pour les élever dans la religion chrétienne (1). Un autre prélat, plus féroce encore, don Bernard de Sandoval, archevêque de Tolède, grand-inquisiteur et frère du duc de Lerme, premier ministre, demanda au contraire que toute la race moresque répandue en Espagne fût sans pitié passée au fil de l'épée; il insista pour qu'on n'en laissât pas survivre un seul, hommes, femmes ni enfans. (2)

1609.

Philippe s'arrêta au projet d'expulsion; il commença par les Maures du royaume de Valence, qui, cernés par les troupes castillanes, et poussés vers les vaisseaux qu'il avoit fait préparer, furent embarqués conformément à l'édit qu'il avoit fait publier en même temps, et transportés sur la côte d'Afrique. Plus de cent quarante mille de ces malheureux furent contraints de monter sur les vaisseaux; à peine quarante mille d'entre eux arrivèrent à leur destination : les autres furent volés, puis massacrés sur les navires qui les transportoient, ou bien ils péri-

---

(1) Deux mémoires de Ribera sont rapportés dans Watson, Hist. de Philippe III. T. II, p. 33-41, et 42-50. — Alessandro Zilioli, *Historie memorabili de' nostri tempi*. Lib. VII, p. 182-199.

(2) Watson, Hist. de Phil. III. T. II, L. IV, p. 57.

rent dans les déserts où on les avait débarqués. Lorsque l'issue funeste de cette déportation fut connue en Espagne, loin de faire reculer d'effroi Philippe III et ses conseillers devant un si grand crime, elle fut représentée par les prélats espagnols comme un jugement du ciel qui confirmoit le leur, et elle les excita à redoubler de zèle pour déporter le reste des Maures qui se trouvoient en Espagne (1). Pendant que ces projets étoient en délibération et que le joug s'aggravoit chaque jour sur la tête des malheureux Moresques, ils avoient fait solliciter Henri IV de les secourir; ils ne manquoient, disoient-ils, ni d'argent, ni de soldats, ils ne demandoient que des armes et quelques bons capitaines pour leur enseigner l'art de la guerre; ils offroient même d'embrasser la religion protestante, qui, peu chargée de cérémonies et repoussant le culte des images, leur paraissoit se rapprocher de leur foi (2). On leur donna quelques espérances, puis on les abandonna à leur sort. Un grand nombre d'entre eux relâchèrent à Marseille, où, sur la recommandation de l'ambassadeur de France à Constantinople, des ordres étaient donnés pour leur montrer quelque hospitalité (3). Rien ne sauva cependant ce peuple

---

(1) Watson, Hist. de Philippe III. T. II, p. 63-88.
(2) Sully, Économ. royales. T. VIII, p. 328.
(3) *Ibid.* p. 102.

malheureux, contre lequel une sentence de mort avoit été portée par le gouvernement qui devoit le protéger; abandonnés à la férocité de matelots cupides et fanatiques en même temps, ils périrent presque tous dans les flots : les habitans de la Provence en faisoient une atroce plaisanterie; ils appeloient les sardines, grenadines, et ils s'abstenoient d'en manger parce qu'elles n'étoient repues que de chair humaine (1). Cependant ce forfait causa dans toute l'Europe un frémissement d'horreur : le cardinal de Richelieu, qui n'étoit pas très susceptible de pitié, l'appelle « le plus hardi et le plus barbare conseil dont l'histoire de tous les siècles précédens fasse mention (2). » De nos jours seulement, le même historien qui s'est plu à justifier la Saint-Barthélemy fait aussi l'apologie de cette proscription, et n'y voit « qu'une mesure qui complète le système de défense catholique. » (3)

Un événement assez peu important en Allemagne fournit à Henri IV le prétexte qu'il cherchoit depuis quelque temps pour commencer les hostilités. Jean-Guillaume, qui depuis 1592 étoit duc de Clèves, Berg et Juliers, étoit tombé en démence, et sa plus jeune sœur,

---

(1) Bouche, Hist. de Provence. T. II, L. X, p. 850.
(2) Mém. du card. de Richelieu. T. X, p. 231.
(3) Capefigue, Richelieu, Mazarin, etc. T. I, p. 31 et 87.

Sibylle, mariée à Charles d'Autriche, margrave de Burgau, s'étoit emparée du gouvernement de son duché. Jean-Guillaume mourut sans postérité le 25 mars 1609. Les deux branches de la maison de Saxe réclamèrent son héritage comme dévolu aux agnats; les enfans de ses sœurs y prétendirent, alléguant que c'étoit un fief féminin; enfin Léopold d'Autriche, évêque de Strasbourg, et cousin de l'empereur, se saisit, avec l'aide de Sibylle, de la forteresse de Juliers pour tenir en séquestre la succession contestée, qu'il prétendoit devoir faire échute à l'empire par l'extinction de la ligne masculine (1). Les droits de tous ces prétendans étoient contentieux; Bongars, agent du roi auprès des princes protestans d'Allemagne, envoya au roi un mémoire très savant sur la succession des princes de Clèves et de Juliers: tout ce qu'il prouve, c'est que la violence et le caprice avoient été consultés plus souvent que le droit. Les enfans des deux sœurs aînées cependant, l'électeur de Brandebourg, protestant, et le comte palatin de Neubourg, aussi protestant, mais dont le fils se fit catholique en 1613, se mirent en commun en possession des deux duchés, et convinrent, par le traité de

---

(1) Art de vérifier les dates, Chronologie des ducs de Gueldre. T. XIV, p. 305. — Pfeffel, Hist. d'Allemagne, T. II, p. 238.

Dortmund, de soumettre leur droit à des arbitres (1). Dès lors on les désigna par le nom de princes possédans.

Il sembloit juste, en effet, que le conseil aulique, juge de toutes les contestations féodales, et à son défaut des arbitres choisis par les parties, décidassent une question de droit aussi compliquée. Mais les protestans d'Allemagne et les Hollandais voyoient dans la succession de Juliers un événement qui pouvoit compromettre leur sûreté, si ce petit état demeuroit entre les mains d'un prince de la maison d'Autriche ; car il ouvroit aux Espagnols une entrée facile dans les Pays-Bas. Les protestans d'Allemagne convoquèrent à Halle, en Souabe, une assemblée des délégués de leur religion, qui s'unirent entre eux, par ce qu'on nomma l'Union de Halle, pour la défense de leur liberté et de leur religion. A cette union, Henri IV envoya comme ambassadeur Jean de Thumery de Boissise, qui signa le 11 février 1610 un traité d'alliance avec les électeurs palatin et de Brandebourg, auxquels se joignirent encore le duc de Würtemberg, le prince d'Anhalt, et les frères des deux électeurs. Ces princes s'engagèrent à mettre sur pied quatre mille fantassins et mille chevaux,

1609.

---

(1) Sully, Économ. royales. T. VIII, p. 126 et 171-182. — Fontenai-Mareuil. T. I, p. 23. — Contin. de De Thou. T. X, L. III, p. 274. — Traités de Paix. T. III, p. 47.

et la France promettoit huit mille fantassins et deux mille chevaux, pour assurer les droits des princes possédans, ou de ceux qui représentoient les lignes féminines. Les princes de l'Union de Halle annonçoient aussi l'intention de s'opposer, lors de la mort de Rodolphe II, à ce que l'empire fût plus long-temps transmis à des princes de la maison d'Autriche. D'autre part, les trois électeurs ecclésiastiques et le duc de Bavière signèrent à Wurtzbourg une contre-alliance des catholiques, qui prit le nom de Sainte-Ligue. (1)

Si le motif pour lequel Henri IV vouloit commencer la guerre sembloit avoir peu de gravité, les alliances sur lesquelles il comptoit sembloient aussi lui promettre peu d'appui. Il n'avoit pu engager Jacques Ier, roi d'Angleterre, à faire cause commune avec lui : ce prince, tout occupé des affaires de son royaume, ne se mêloit plus de celles du reste de l'Europe. Les royaumes protestans de la Scandinavie, que Sully faisoit souvent intervenir dans ses projets de république européenne, n'avoient donné aucune occasion de croire qu'ils voulussent renoncer sans motifs à la paix dont ils jouissoient; les Hollandais, qui venoient à peine de signer leur

(1) Fontenai-Mareuil, Mém. T. I, p. 25-33. — Flassan, Diplom. franç. T. II, p. 271 et suiv. — Traités du 30 janvier et du 11 février 1610. Traités de Paix. T. III, p. 61, 62.

trêve de douze ans avec l'Espagne, se livroient avec délices à un repos si long-temps désiré. Une seule puissance du second ordre avoit paru entrer dans les vues de Henri IV : c'étoit Charles-Emanuel, duc de Savoie, auquel Henri avoit envoyé en ambassade, en 1609, Claude Bullion, conseiller au parlement de Grenoble. Charles-Emanuel, qui étoit beau-frère de Philippe III, étoit blessé de ce que l'infante Catherine, sa femme, n'avoit eu aucune part à l'héritage paternel, tandis que sa sœur, l'infante Isabelle, avoit reçu en dot les Pays-Bas. Il croyoit, en alarmant la cour de Madrid, pouvoir obtenir d'elle de meilleures conditions : c'étoit son motif pour s'allier à la France, mais comme il savoit que Henri ne l'aimoit point et n'avoit aucune confiance en lui, de son côté il ne comptoit persister dans la guerre qu'autant qu'il y trouveroit son avantage. Henri IV promit de donner Madame, sa fille aînée, en mariage au prince de Piémont, fils du duc de Savoie; il promit de mettre sous ses ordres vingt mille hommes de pied, deux mille hommes d'armes, et deux mille arquebusiers à cheval, que lui conduiroit le maréchal de Lesdiguières, pour faire la conquête de la Lombardie, qui lui demeureroit à titre de royaume; dès que cette conquête seroit effectuée, le duc devoit consentir à la démolition du fort de Montmélian. Telles étoient les conditions stipulées dans deux traités conclus en décembre et janvier, entre la France et la Savoie. Cependant la France avoit des vues ultérieures : elle comptoit, en livrant à Charles-Emanuel la Lombardie, se faire céder, en retour, tout ce que ce duc possédoit en deçà des Alpes ; elle comptoit d'autre part détacher des portions du duché de Milan pour tenter l'ambition de divers princes italiens, et elle vouloit offrir aux Vénitiens la Ghiara d'Adda ; en sorte qu'il étoit aisé de prévoir que les deux alliés ne demeureroient pas long-temps unis. (1)

On ne peut s'empêcher de s'étonner de la légèreté avec laquelle Henri IV se précipitoit dans cette guerre nouvelle : aucun motif suffisant ne l'y déterminoit, aucun droit de la France n'étoit blessé dans l'affaire de Juliers ; l'Espagne n'y étoit point intéressée directement ; l'empereur Rodolphe ni son frère Mathias ne songeoient qu'à éviter toute contestation ; le grand-duc de Toscane, qui avoit envoyé tour à tour le marquis Bonzi, son ambassadeur, aux cours de Madrid et de Fontainebleau, avoit trouvé Philippe III si empressé pour la paix, qu'il consentoit à mettre en dépôt le comté de Juliers aux mains de Bassompierre, jusqu'à la décision de la question de droit.

(1) Mém. de Bassompierre. T. XIX, p. 427-431. — Guichenon, Hist. de Sav. T. II, p. 367. — Flassan, Diplom. franç. T. II, p. 278-286. — Les deux traités avec la Savoie. Traités de Paix. T. III, p. 64-65. — Fontenai-Mareuil. T. I, p. 25-33.

Le nonce du pape Ubaldini présenta encore à Henri, le 27 avril 1610, un bref de Paul V, pour l'exhorter à la paix; il lui représenta, avec une franchise à laquelle le roi étoit peu accoutumé, qu'il alloit mettre l'Europe en feu sans qu'aucune cause importante pût le justifier. « Qui-
« conque, dit le cardinal de Richelieu, considérera
« l'entreprise qu'il fait sur la fin de ses jours, ne
« doutera pas du bandeau qu'il a sur les yeux,
« puisqu'il s'embarquoit en une guerre qui sem-
« bloit présupposer qu'il fût au printemps de son
« âge; au lieu qu'approchant de soixante ans,
« qui est au moins l'automne des plus forts, le
« cours ordinaire de la vie des hommes lui de-
« voit faire penser à sa fin. » (1)

Peut-être en effet pensoit-il à sa fin, car il s'occupa de pourvoir au sort de ses enfans naturels: l'aîné, César duc de Vendôme, né de madame de Beaufort le 3 juin 1594, étoit déjà un adolescent; il le maria, au commencement de juillet 1609, à Françoise de Lorraine, duchesse d'Etampes et héritière du duc de Mercœur, mort en 1602. La belle succession de la branche de Lorraine-Mercœur, qui avoit recueilli les droits d'une branche de la maison de Bretagne, faisoit de César un des plus puissans princes de France. Son frère,

(1) Mém. de Richelieu. T. X, p. 179. — Vittorio Siri, *Memorie recondite*. T. II, p. 189. — Flassan, Dipl. T. II, p. 287. — L'Estoile, au 30 avril. T. IV, p. 418.

le chevalier de Vendôme, n'avoit que dix ans; le roi l'avoit fait cependant grand-prieur de France. Les fils que Henri IV avoit eus de la marquise de Verneuil et de la comtesse de Moret devoient hériter des terres et des titres qu'il avoit donnés à leurs mères, tandis que des abbayes restoient pour ses plus jeunes filles. (1)

Ce grand nombre d'enfans adultérins sembloit au reste lui avoir fait perdre toute pudeur dans ses relations de galanterie. Il s'étoit plusieurs fois vanté à la marquise de Verneuil que le prince de Condé étoit son fils; cependant il n'avoit pas de plus ardent désir que de séduire sa femme (2). A l'âge de cinquante-sept ans, il étoit plus épris de la princesse de Condé qu'il ne l'eût encore été d'aucune de ses maîtresses. La princesse, qui avoit quarante ans de moins que lui, étoit flattée et amusée de cette flamme, et elle commençoit à croire tout de bon qu'elle seroit bientôt reine. « Le roi, disoit l'Estoile, donne
« par ses déportemens sujet à de nouveaux dis-
« cours pour les curieux et médisans, qui sans
« cela ne parloient que trop licencieusement de sa
« majesté et des vilenies de la cour.... se mon-
« trant si échauffé à la poursuite de cette belle
« proie, qu'il met tout le monde en besogne,

---

(1) Journal de l'Estoile. T. IV, p. 284. — Fontenai-Mareuil, Mém. T. I, p. 13. — Mém. de Richelieu. T. X, p. 175.

(2) Journal de l'Estoile. T. IV, p. 342.

« jusqu'à la mère du mari.... M. le prince de
« Condé ayant été malmené du roi, jusques à
« l'avoir appelé b....., selon le bruit commun
« de la cour, s'est retiré fort piqué et mécontent
« en sa maison.... Voire et on disoit que ce prince
« en étoit tellement las, qu'il consentoit à demi
« à la dissolution de son mariage, qu'il savoit le
« roi tenter par tous moyens, pour n'être plus
« long-temps en cette peine. » (1)

De son côté, le roi écrivoit à Sully le 12 juin 1609 : « Mon ami, M. le prince est ici, qui fait
« le diable; vous seriez en colère et auriez
« honte des choses qu'il dit de moi; enfin, la
« patience m'échappera, et je me résous de bien
« parler à lui. Cependant, si on ne lui a point
« encore payé le quartier d'avril de sa pension,
« défendez que l'on ne le paye sans parler à
« vous..... comme aussi ceux qui vous iront
« trouver pour être payés de leurs dettes, sur
« ce que je lui ai donné pour son mariage. »
Comme le prince de Condé étoit fort pauvre, Henri croyoit pouvoir le réduire à toutes ses volontés par la famine (2). Sully n'en jugeoit point ainsi; il voyoit que la reine joignoit sa jalousie à celle du prince, « car, dit-il, plu-
« sieurs malicieux esprits essayoient de lui per-

---

(1) Journal de l'Estoile. T. IV, juin 1609, p. 267; septembre 1609, p. 321.
(2) Sully, Économ. royales. T. VIII, p. 107.

« suader mille chimères, choses extravagantes
« et du tout impossibles, jusques à vouloir faire
« deviner, sans le prononcer, que le roi seroit
« homme pour se laisser dominer tellement à
« l'amour qu'il l'abandonneroit pour prendre
« madame la princesse : et pour cette cause
« lui faisoient-ils faire tant d'instances pour être
« sacrée, comme il sera dit ci-dessous (1). »
Aussi Sully conseilloit-il au roi de faire arrêter
M. le prince, s'il ne vouloit pas qu'il sortît du
royaume. Jusqu'alors le prince s'étoit contenté
de conduire sa femme à Moret, à Chantilly,
à Verteuil, pour l'écarter de la cour; mais le
roi la suivoit de lieux en lieux sous divers déguisemens, avec la Varenne et Beringhen : la petite coquette ne refusoit jamais de l'entretenir,
tandis que ses gardiens faisoient de vains efforts
pour ne pas le laisser approcher. (2)

Enfin la patience échappa au prince de Condé;
il partit le 29 novembre 1609, à cinq heures
du matin, de Verteuil, château situé sur les
frontières de la Picardie; deux de ses domestiques portoient en croupe, l'un la princesse,
l'autre une de ses femmes; deux gentilshommes
encore accompagnoient les époux, et dans la
journée ils arrivèrent à Landrecies, première
place des Pays-Bas. Henri IV fut furieux à la

(1) Sully, Économ. roy. T. VIII, p. 132.
(2) Journ. de l'Estoile. T. IV, p. 341.

nouvelle que celle qu'il aimoit lui avoit été ravie; il repoussa durement les conseils de Sully, qui lui remontroit qu'il falloit se résigner, et n'en montrer ni humeur ni colère ; il accusa la reine d'avoir eu part à cette fuite ; il donna ordre à Praslin d'aller avertir l'archiduc Albert et l'infante qu'il regarderoit comme un acte d'hostilité contre la France l'accueil donné à ce prince fugitif. Albert n'osa point en effet recevoir le prince de Condé, que sa condition auroit pu faire regarder comme un chef de parti ; mais il donna asile à Bruxelles à la princesse, qui s'y établit auprès de la princesse d'Orange, femme de celui qui avoit été si long-temps prisonnier des Espagnols. Le prince de Condé passa en Lombardie, où il fut bien accueilli par le comte de Fuentes, et où il ne tarda pas à publier un manifeste contre le roi et le duc de Sully, cherchant à couvrir d'une cause politique sa querelle personnelle. (1)

1609.

C'étoit cependant la princesse et non le prince que Henri IV vouloit ravoir. Il renouvela sa correspondance avec elle, par l'entremise de madame de Berny, femme de l'ambassadeur à Bruxelles; il donna commission à Annibal d'Estrées, frère de son ancienne maîtresse, et mar-

1610.

---

(1) Sully, Écon. roy. T. VIII, p. 134. — Mémoires de Bassompierre. T. XIX, p. 421. — Cont. de l'Hist. de De Thou. L. III, p. 282.

quis de Cœuvres, de l'enlever, et ce courtisan y auroit réussi si Henri ne s'en étoit imprudemment vanté auprès de la reine, et si celle-ci n'avoit aussitôt prévenu l'ambassadeur d'Espagne, qui fit passer cet avis à l'archiduc (1). Henri résolut alors d'aller lui-même reprendre la princesse de Condé à Bruxelles; il renonça à toutes les négociations qui auroient pu terminer l'affaire de la succession de Clèves d'une manière pacifique. Il écrivit à l'archiduc que, devant porter secours à ses meilleurs alliés et confédérés dans les duchés de Clèves et Juliers, il devoit pour cela traverser ses États; qu'il demandoit donc à savoir s'il y seroit reçu comme ami ou comme ennemi (2). En même temps, il mettoit en mouvement son armée; le duc de Rohan, gendre de Sully, qui commençoit à tenir un rang distingué parmi les huguenots, y commandoit six mille Suisses levés à cette occasion; le marquis de Rosny, fils de Sully, dirigeoit vers la Champagne un magnifique train d'artillerie; l'armée devoit être forte de trente mille hommes de pied et de quatre ou cinq mille chevaux. Lesdiguières en même temps devoit joindre le duc de Savoie en Piémont avec l'armée du Dauphiné; M. de la Force en Béarn devoit me-

---

(1) Sully, T. VIII, p. 137. — Fontenai-Mareuil. T. I, p. 41.

(2) Sa lettre dans Sully. T. VIII, p. 370.

nacer les frontières d'Espagne. Le prince Maurice, qui n'espéroit s'agrandir que par la guerre, promettoit d'entraîner les Hollandais à renouveler les hostilités; de toute part les forces de la France sembloient confiées aux huguenots, savoir à Sully, à son fils Rosny, à Rohan, la Force et Lesdiguières. Les hostilités devoient commencer au milieu de mai 1610. (1)

Avant de se mettre en campagne, Henri, pour complaire à sa femme, consentit à la faire sacrer. Marie de Médicis estimoit que cette cérémonie religieuse donneroit quelque chose d'ineffaçable à son caractère de reine; elle étoit alarmée de la passion de Henri pour la princesse de Condé, et elle vouloit rendre impossible le scandaleux divorce qu'elle redoutoit; d'ailleurs elle prêtoit foi aux prédictions des dévotes et des sorcières, qui lui annonçoient que le roi étoit entré dans la dernière année de sa vie; et elle vouloit être en mesure, s'il périssoit à la guerre, de recueillir son autorité. Déjà elle avoit obtenu que le 20 mars 1610 son mari la nommât régente pour le temps où il seroit absent à la tête de ses armées; il est vrai qu'il lui avoit en même temps donné un conseil de régence qui réduisoit presqu'à rien son autorité. Ce conseil étoit com-

(1) Sully, Écon. royales. T. VIII, p. 343, 369. — Mém. de Fontenai-Mareuil. T. I, p. 36-40. — Mém. de Bassompierre. T. XIX, p. 430. — Suite de De Thou. T. X, L. III, p. 285.

posé de quinze personnes : c'étoient les cardinaux de Joyeuse et du Perron, les ducs de Mayenne, de Montmorency et de Montbazon; les maréchaux de Brissac et de Fervacques, Chateauneuf, comme garde des sceaux de la régence; Harlay et Nicolaï, premiers présidens du parlement et de la chambre des comptes; Chateauvieux, Liancourt, Pontcarré, Gesvres et Maupeau. La reine n'y avoit qu'une voix à l'égal des autres, et toutes les résolutions devoient y être prises à la simple majorité des suffrages (1). Henri IV, après avoir donné à la reine cette preuve de confiance, l'appela fréquemment madame la régente, et cette plaisanterie, dans laquelle se mêloit peut-être un pressentiment de ce qu'elle seroit après lui, fut plus tard donnée comme une preuve qu'il la destinoit à être régente pendant la minorité de son fils. (2)

Sully, Bassompierre et l'Estoile racontent également que Henri avoit la plus extrême répugnance pour le sacre de la reine; qu'il le repoussoit avec une crainte superstitieuse. « Hé! « mon ami, disoit-il à Sully, que ce sacre me « déplaît! Je ne sais ce que c'est, mais le cœur « me dit qu'il m'arrivera quelque malheur. Puis, « s'asseyant dans une chaise basse, faite exprès « pour lui (à l'Arsenal), rêvant et battant de

---

(1) Journal de l'Estoile, avril 1610. T. IV, p. 410.
(2) Mém. de Richelieu. T. X, p. 185.

« doigts sur l'étui de ses lunettes, il se relevoit
« tout à coup, et frappant des deux mains sur
« ses deux cuisses, disoit : Pardieu je mourrai
« en cette ville, et n'en sortirai jamais. Ils me
« tueront, car je vois bien qu'ils n'ont d'autre
« remède en leurs dangers que ma mort. Ah!
« maudit sacre, tu seras cause de ma mort...
« Car, pour ne vous en rien céler, l'on m'a dit
« que je devois être tué à la première grande
« magnificence que je ferois, et que je mourrois
« dans un carrosse, et c'est ce qui me rend si
« peureux. — Vous ne m'aviez, ce me semble,
« jamais dit cela, sire, aussi plusieurs fois me
« suis-je étonné de vous voir crier dans un car-
« rosse, comme si vous eussiez appréhendé ce
« petit péril, après vous avoir vu tant de fois
« parmi les coups de canon, les mousquetades,
« les coups de lances, de piques et d'épées, sans
« rien craindre. Mais puisque vous avez cette
« opinion et que votre esprit en est tant tra-
« vaillé, si j'étois que de vous, je partirois dès
« demain, je laisserois faire le sacre sans vous,
« ou le remettrois à une autre fois, et je n'en-
« trerois de long-temps à Paris, ni en car-
« rosse. » (1)

Le roi ne partit point cependant : il ne dif-

(1) Sully, Écon. roy. T. VIII, p. 364-366. — Bassompierre, Mém. T. XIX, p. 431. — Journal de l'Estoile. T. IV, p. 419 et 430.

féra point le sacre de la reine; au contraire, il fit publier, le 12 mai, que ce sacre et ce couronnement auroient lieu à Saint-Denis, le lendemain, jeudi 13, et qu'elle feroit son entrée solennelle à Paris le dimanche 16. Le même jour le comte de Soissons quitta la cour pour une dispute d'étiquette; on prétend qu'il avoit trouvé mauvais que le manteau de la reine fût semé de fleurs de lis : cette distinction, disoit-il, n'appartenoit qu'aux princes du sang. Il se retira, avec la comtesse de Soissons, dans une de ses maisons de campagne (1). Une singulière destinée sembloit éloigner en même temps tous les anciens amis du roi. Ses deux plus proches parens, Condé et Soissons, étoient disgraciés; il n'y avoit aucune affection entre lui et sa femme, encore que son humeur caressante et la bonhomie qui étoit dans son caractère se retrouvassent souvent dans ses rapports avec elle, et qu'il lui parlât de ses affaires avec une certaine confiance : plus d'une fois ils avoient porté la main l'un sur l'autre; souvent Marie avoit craint d'être empoisonnée par lui, et lui d'être assassiné par quelqu'un des courtisans de la reine. Sa maîtresse en titre, la marquise de Verneuil, qui, loin de l'aimer, s'étoit abandonnée à Bassompierre, à Bellegarde et à plusieurs autres,

---

(1) P. Matthieu, Hist. de la mort de Henri IV, Archives curieuses. T. XV, p. 17. — Journal de l'Estoile. T. IV, p. 424.

étoit cependant jalouse de ce que de nouvelles maîtresses lui enlevoient son crédit, et elle lui gardoit rancune pour sa propre captivité et pour son père et son frère condamnés à mort, quoique non exécutés. Sully étoit malade à l'Arsenal des suites d'une ancienne blessure de pistolet au visage, qui se rouvroit de temps à autre. La plupart des guerriers huguenots, compagnons d'armes de Henri dans sa jeunesse, étoient écartés de la cour; les anciens ligueurs s'en étoient aussi retirés, à la réserve du prince de Joinville, fils du duc de Guise, qui sembloit prendre à tâche de séduire l'une après l'autre la comtesse de Moret, mademoiselle des Essarts, et toutes les maîtresses de Henri. Le tiers parti avoit été frappé dans Biron, déshonoré dans Montmorency, qui faisoit marchandise de la vertu de sa fille, aliéné dans d'Épernon, qui, suspect au roi et le haïssant, se maintenoit cependant à la cour, et s'attachoit à la reine. Au dehors, les Anglais, les Hollandais, les Vénitiens, les Suisses, tous les alliés du roi, s'étoient refroidis pour lui, en reconnoissant qu'il avoit toujours voulu se servir d'eux plutôt que les servir. Le roi d'Espagne, l'empereur et son frère Mathias, roi de Hongrie, voyoient avec effroi que dans leur état d'épuisement et de misère ils alloient être attaqués par un monarque décidé à repousser toutes leurs avances et à les humilier. L'argent, les armes, les soldats, leur manquoient, quoiqu'ils eussent encore de grands capitaines. Ces souverains, comme leurs ministres, étoient légers, inconséquens, incapables ou pusillanimes; mais toute l'église catholique croyoit son sort lié à celui de la maison d'Autriche. Le pape reprochoit ouvertement à Henri de vouloir mettre de nouveau l'Europe en feu pour une querelle toute protestante; les jésuites enfin voyoient toujours en lui le vieux relaps, leur ennemi secret, et ils inspiroient ce sentiment et cette croyance à tous les fanatiques parmi le peuple, qui ne voyoient que par leurs yeux.

Le jeudi 13 mai, la reine fut sacrée et couronnée solennellement à Saint-Denis, par le cardinal de Joyeuse, avec autant de pompe qu'on en eût jamais déployé pour aucune reine: le peuple l'applaudit avec transport, et l'on observa « son doux et grave déportement, et son « visage merveilleusement joyeux, gai et con« tent. » Les curieux remarquèrent que l'évangile du jour étoit le chap. x de Saint-Marc, v. 2 : « Alors il vint des Pharisiens qui, pour « l'éprouver, lui demandèrent : Est-il permis à « un homme de répudier sa femme ? » et que les prêtres n'avoient point osé courir la chance des applications, qu'on n'auroit pas manqué d'en faire, en sorte qu'ils l'avoient supprimé. (1)

Le lendemain, vendredi 14 mai 1610, Henri IV, après son dîner, s'achemina pour rendre visite à Sully, qui étoit toujours malade à l'Arsenal. Il étoit au fond d'un carrosse dont tous les panneaux étoient ouverts ; à côté de lui il avoit le duc d'Épernon, vis-à-vis le marquis de Mirebeau et Liancourt, son premier écuyer ; les maréchaux de Lavardin et de Roquelaure étoient à la portière de droite ; le duc de Montbazon et le marquis de La Force à la portière de gauche. Le cortége du roi fut arrêté par l'embarras de deux charrettes à l'entrée de la rue de la Ferronnerie, qui étoit alors fort étroite. Les pages et valets de pied quittèrent la voiture et entrèrent dans les charniers, pour la rejoindre au bout de la rue; il n'en resta que deux, dont l'un s'étoit baissé pour rajuster sa chaussure. Dans ce moment un homme de trente-deux ans, d'une physionomie sinistre, de grande taille et de forte corpulence, portant la barbe rouge et les cheveux noirs, les yeux gros et fort enfoncés dans la tête, les narines très ouvertes, François Ravaillac, maître d'école à Angoulême, qui, depuis le Louvre, suivoit le carrosse, le manteau pen-

1610.

(1) Journ. de l'Estoile. T. IV, p. 424. — P. Matthieu, Description du sacre, p. 18-43, Arch. cur. T. XV. — Fontenay-Mareuil. T. I, p. 44.

dant sur l'épaule gauche, le couteau en main, son chapeau dessus pour le couvrir, mit un pied sur une borne et l'autre sur un des rayons de la roue; il frappa en même temps d'un coup de couteau le roi, qui s'écria : *Je suis blessé,* et par un mouvement naturel leva le bras gauche ; l'assassin lui porta aussitôt un second coup, qui lui perça le cœur. Les seigneurs s'élancèrent hors du carrosse pour saisir le meurtrier ; il fut arrêté et conduit à l'hôtel de Retz. Cependant un trouble affreux régnoit autour de la voiture. Dans ce moment d'effroi, le duc d'Épernon couvrit le roi de son manteau, et s'écria qu'il étoit seulement blessé; il demanda du vin, et pendant qu'on s'empressoit pour en aller chercher, la voiture fut fermée et ramenée au Louvre. (1)

(1) Les détails les plus circonstanciés se trouvent dans P. Matthieu, Hist. de la mort de Henri IV, Archives cur. T. XV, p. 63-73. Voyez encore note à Sully. T. VIII, p. 374. — Bassompierre, Mém. T. XIX, p. 435. — Fontenay-Mareuil. T. I, p. 46. — Suite à De Thou. T. X, L. III, p. 287. — Journal de l'Estoile. T. IV, p. 449.

CHAPITRE XI.

Régence de Marie de Médicis au nom de Louis XIII; elle conserve les vieux ministres de Henri IV. — Courtisans de la reine. — Opposition des princes du sang; des huguenots. — Projet d'un double mariage avec la maison d'Espagne. — Les princes se préparent à la guerre civile. — Traité de Sainte-Menehould. — Majorité du roi. — 1610-1614.

JAMAIS souverain ne fut enlevé au gouvernement de ses États dans un moment plus critique que celui où périt Henri IV. Ce monarque, qui dirigeoit et la politique, et l'administration, et la guerre, par sa volonté toute puissante; qui savoit choisir des ministres habiles et s'éclairer de leurs lumières, mais qui se réservoit à lui seul la conception de ses projets, et qui subordonnoit l'action de chacun à sa haute pensée, étoit frappé au moment même où il alloit commencer l'exécution d'un plan médité depuis des années. Son trésor étoit plein,

1610.

ses arsenaux regorgeoient de la plus formidable artillerie; ses armées, en Champagne, en Dauphiné, en Béarn, n'attendoient qu'un signal pour franchir les frontières, et s'unir aux alliés qui avoient promis de les seconder. Le 19 mai, il devoit partir pour se mettre à la tête de ses troupes, et commencer une guerre générale; et c'est le 14 qu'il tomba sous le couteau d'un assassin.

Aussitôt un grand seigneur, qu'il avoit à côté de lui dans sa voiture, le duc d'Epernon, pour qui Henri n'avoit cependant ni amitié ni confiance, se saisit de l'autorité; il annonça au peuple que le roi n'étoit que blessé; il fit fermer la voiture, et il ramena au Louvre le corps du monarque assassiné. (1)

Dans ce premier moment, d'Epernon n'avoit fait qu'exercer la supériorité que donnent sur des hommes troublés la présence d'esprit et la force de volonté à un homme résolu. Mais l'autorité du monarque, qui passoit instantanément entre ses mains, il la retint, il l'exerça comme sienne; il plaça partout, en qualité de colonel-général de l'infanterie, des postes, pour maintenir la capitale dans l'ordre et dans la crainte; et ce

---

(1) Rigaud, suite à De Thou. T. X, L. III, p. 288. — Journal de l'Estoile. T. IV, p. 426. — P. Matthieu, Hist. de la mort de Henri IV, Arch. cur. T. XV, p. 69.

pouvoir, dévolu à l'ancien mignon de Henri III, étoit à lui seul une révolution. D'Épernon, alors âgé de cinquante-six ans, ne s'étoit jamais franchement soumis à Henri IV; il avoit refusé de le reconnoître le jour où ses partisans le proclamoient roi de France; et en se retirant, il lui avoit débauché une partie de son armée. De son côté, Henri IV lui avoit ôté le gouvernement de Provence, il lui avoit repris la citadelle de Metz, il projetoit de lui ôter sa charge de colonel-général de l'infanterie; il le regardoit comme le représentant de la politique qui lui étoit opposée, de la politique d'Espagne, et il n'avoit eu garde de l'associer à aucun des projets dont il alloit commencer l'exécution.

Au moment où la voiture rentra dans la cour du Louvre, et où la nouvelle de l'assassinat s'y répandit, le chancelier de Sillery, le président Jeannin, et le secrétaire d'Etat Villeroy, qui tenoient conseil dans une chambre du palais, accoururent auprès de la reine. Celle-ci, en les voyant, s'écria : « Hélas! le roi est mort. » Sillery lui répondit aussitôt : « Vous vous trom-
« pez, madame, en France le roi ne meurt
« pas. » Le roi, c'étoit à ses yeux, désormais, Louis XIII, enfant de huit ans et demi, né le 27 septembre 1601, et qui, ne pouvant recueil-

lir lui-même la puissance suprême, devoit la transmettre à sa mère, si celle-ci se montroit prête à s'en saisir (1). La reine, qui n'avoit jamais aimé son mari, retrouva bien vite sa présence d'esprit. Ceux qui l'entouroient sentoient que personne, comme elle, ne pouvoit, au premier moment, prétendre à une autorité qui ne seroit pas disputée; qu'en la proclamant régente on conserveroit, non le système du monarque qui venoit de périr, mais son ministère et sa cour. Les ministres déclaroient savoir que l'intention de Henri IV étoit de nommer la reine régente, au cas où il viendroit à mourir; ils rappeloient que dans les derniers temps il l'avoit souvent appelée en plaisantant madame la régente. Bassompierre, Bellegarde et le duc de Guise, qui, les premiers des courtisans, étoient accourus auprès d'elle, lui protestoient de leur fidélité à son service. Sur l'invitation de Villeroy, Bellegarde se chargea de protéger le nouveau roi et la reine au Louvre; Bassompierre et Guise en sortirent pour se mettre à la tête des chevau-légers, que commandoit le premier, et de tous les gentilshommes qu'ils pourroient rassembler, afin de réprimer

---

(1) Mém. de Richelieu. T. XXI, L. I, p. 36. — Bazin, Hist. de Louis XIII. T. I, L. I, c. 1, p. 18. — Capefigue. Richelieu. T. I, c. 3, p. 48.

tout mouvement séditieux, de faire reconnoître l'autorité de la reine, et de seconder le duc d'Epernon, qui alors même parcouroit la ville, qui avoit fait mettre en bataille le régiment des gardes, et qui s'étoit rendu maître de la place de Grève, du Pont-Neuf, et de tous les abords du Louvre, en même temps que le prévôt des marchands avoit fait fermer les portes de la ville. (1)

Le chancelier insista cependant sur la nécessité de donner une forme légale à cette assomption de pouvoir de la reine. Le parlement de Paris étoit dépositaire d'une autorité que la mort du roi n'anéantissoit pas; c'est à lui qu'il jugea convenable de s'adresser. Le palais de justice étoit envahi par les préparatifs pour l'entrée de la reine; mais le tribunal, qui auroit dû l'occuper, étoit alors assemblé pour la décision d'une cause civile, dans le couvent des Augustins. Sur la nouvelle de l'événement, le président de Harlay, tout malade qu'il étoit, et tous les autres conseillers au parlement, s'étoient empressés de s'y rendre. L'avocat général Servin, revenant du Louvre, où il avoit été s'informer des nouvelles, requit l'assemblée de

(1) Richelieu. T. XXI, L. I, p. 37. — Bassompierre, Mémoires. T. XIX, p. 436. — Mém. de Pontchartrain. T. XVI, p. 402.

pourvoir, sans désemparer, à la régence et au gouvernement du royaume : il falloit, dit-il, l'assurer, selon les lois, à la reine mère. Aucune loi, cependant, n'existoit sur ce sujet; l'usage n'étoit point constant; et si l'assemblée avoit eu le droit de faire un choix, encore y avoit-il lieu de délibérer sur sa convenance. Mais ceux qui pressoient une déclaration n'entendoient pas que l'assemblée pût hésiter. Bientôt le duc d'Epernon entra par une porte intérieure, en pourpoint, et son épée à la main. « Elle est « encore dans le fourreau, cette épée, » dit-il, si l'on doit en croire son secrétaire, « mais il « faudra qu'elle en sorte, si l'on n'accorde pas « à l'instant la régence à la reine mère. » On comprend que les registres du parlement ne contiennent pas de mention de cette menace. Peu après, le duc de Guise étoit entré par la même porte, et avoit demandé, quoique d'une manière plus civile, la même déclaration, qui ne tarda pas à être donnée. (1)

---

(1) Vie du duc d'Épernon, par Gérard, son secrétaire. L. VI. — Gillot, Relation à la suite de l'Estoile. T. V, p. 250. — Capefigue. T. I, p. 55. — Le Vassor, Histoire du règne de Louis XIII. L. I, p. 15. — Pontchartrain. T. XVI, p. 404.

En recourant pour la première fois à Le Vassor, je crois devoir protester contre le dédain avec lequel il a souvent été

Ce pouvoir royal déféré à une reine qu'on savoit avoir fait toujours mauvais ménage avec son

traité. On ne lui pardonne pas d'avoir dit des vérités que tous les autres savoient, mais qu'ils s'accordoient à taire. Son histoire, faite sur le même plan que celle de M. de Thou, et comprenant de même le mouvement des affaires dans toute l'Europe, lui est, à mon sens, fort supérieure en intérêt, parce qu'elle est toujours animée d'un sentiment honnête et vrai, d'un amour sincère pour la liberté politique et religieuse, et pour l'humanité. Le Vassor, réfugié pour cause de religion, sentoit contre Louis XIV une amertume que l'on conçoit aisément ; les retours fréquens sur le règne du fils à l'occasion du père sont cependant le défaut qui dépare le plus son livre ; il est sans doute aussi beaucoup trop disposé à adopter toutes les accusations répandues contre le cardinal de Richelieu par ses ennemis ; mais l'auteur ne demande point qu'on le croie sur parole : il rapporte textuellement ses autorités ; sous ce rapport, il vaut à lui seul une bibliothèque, car son érudition est bien plus étendue que celle d'aucun des historiens auxquels j'ai eu recours jusqu'ici. J'ai employé l'édition d'Amsterdam en 7 vol. in-4, 1757 : chaque volume contient de sept à huit cents pages.

La base de mon récit repose cependant sur la grande collection des mémoires pour servir à l'histoire de France, de M. Petitot ; plusieurs des plus importans, tels que ceux du cardinal de Richelieu, en dix gros volumes, et ceux de Fontenay-Mareuil, n'étoient point connus jusqu'à nos jours. J'ai eu recours également à d'autres collections modernes ; je regrette de ne pouvoir pas en parler avec la même satisfaction. L'histoire judicieuse, impartiale, consciencieuse, de M. Bazin, m'a été d'un très grand secours : le plus souvent elle a été le fil qui m'a conduit au travers du labyrinthe d'événemens si variés que je devois traverser ; mais comme il ne cite jamais ses aumari ; cette autorité que s'attribuoit le parlement sur des choses qui, évidemment, n'étoient point de sa compétence ; cette influence violente exercée sur la magistrature par le duc d'Epernon, par le duc de Guise, grands seigneurs sans doute, mais qui ne représentoient ni le roi ni le peuple ; qui n'avoient aucun titre pour se saisir de l'autorité souveraine ; qui, au contraire, avoient toujours été regardés par le feu roi avec défiance ou jalousie, toutes ces circonstances étoient presque aussi étranges que l'assassinat dont elles étoient la conséquence ; chacun étoit frappé de terreur, de regrets ; mais le soupçon se mêloit aussi à ces sentimens, et l'on ne pouvoit s'empêcher de se demander si ceux qui recueilloient les fruits du crime n'en avoient point été les auteurs. (1)

Ce soupçon fut en effet la première pensée du duc de Sully ; il explique toute sa conduite. Nous avons vu que ses mémoires en mettent l'expression dans la bouche du roi lui-même,

---

torités, il contraint ceux qui écrivent après lui à refaire tout le travail qu'il a fait lui-même. Ce sont, au contraire, les citations, non les systèmes ou les sentimens de M. Capefigue, dont j'ai tiré un assez grand parti ; il fait connoître, en effet, beaucoup de documens précieux que seul il a vus, tout comme beaucoup d'autres que seul il pouvoit se soucier de lire.

(1) Le Vassor. L. I, p. 16.

trois jours avant sa mort. Sully se défioit de la reine elle-même et de tous les Italiens qui l'entouroient. Il vivoit dans un temps où personne ne sembloit hésiter à se résoudre à la mort de tout homme qui faisoit obstacle à sa politique, et nous en verrons bientôt des exemples frappans. Marie de Médicis, petite-fille de Cosme, qui avoit fondé son pouvoir souverain dans une république par une suite de crimes, avoit vu ses parens les plus proches moissonnés par le fer et le poison. Son oncle, le grand-duc Ferdinand, qu'on regardoit comme le meilleur de sa race, avoit fait prendre à son frère et son souverain, ainsi qu'à sa belle-sœur, Bianca Capello, dans un festin de réconciliation, le poison qui, peut-être, lui étoit destiné par ce frère à lui-même. C'étoient les moyens nouveaux de gouvernement que les Espagnols avoient introduits en Italie. Ils n'y voyoient qu'un développement du droit de guerre et du droit de justice criminelle qu'ils attribuoient à leurs rois. Philippe II n'éprouvoit ni honte ni remords pour avoir suscité des assassins contre le prince d'Orange, contre Elisabeth, contre le roi de Navarre. Aussi la censure d'Espagne approuva-t-elle, en 1602, le livre du jésuite Mariana, *De rege et regis institutione*, où la doctrine du tyrannicide étoit justifiée : c'étoit au profit de l'autorité royale d'Espagne que cette doctrine étoit entendue. (1)

C'étoit l'Espagne qui étoit menacée par les projets de Henri IV, l'Espagne qui n'avoit fait aucuns préparatifs de défense. C'étoit l'Espagne qui étoit délivrée d'un grand danger par l'assassinat de Henri IV ; mais tous les ennemis de Henri, à l'intérieur, se rattachoient à la faction espagnole, et le soupçon pouvoit planer sur eux tous. Henri IV n'avoit cessé de reprocher à Marie qu'elle étoit tout Espagnole, qu'elle témoignoit sa prédilection à l'ambassadeur d'Espagne, qu'elle formoit avec lui des projets pour le mariage de ses enfans, contraires à l'intention formellement exprimée de son époux, et Marie, irritée contre un époux infidèle, croyoit avoir à redouter de sa part un divorce déshonorant. Les Italiens qui l'entouroient avoient tous des relations secrètes avec l'Espagne ; le duc d'Epernon, qui venoit de donner la régence à Marie, étoit le représentant de la politique espagnole ; à lui se rattachoient tous les vieux ligueurs, tous les ardens catholiques, qui maudissoient une guerre entreprise contre le catholicisme, avec l'aide des protestans de Hollande et d'Alle-

---

(1) Voyez-en l'extrait dans Bayle, art. Mariana, note G. et dans Le Vassor. L. I, p. 21.

magne, pour faire triompher des intérêts protestans ; enfin d'Epernon savoit que, comme sa charge étoit odieuse au roi, sa personne ne lui étoit pas agréable ; qu'il parloit souvent de lui avec irritation et avec mépris (1). Il n'y avoit pas jusqu'à la marquise de Verneuil, l'ancienne maîtresse de Henri IV, qui n'eût été convaincue de correspondances criminelles avec l'Espagne ; pour un complot espagnol, son père et son frère étoient toujours captifs.

Sully, réunissant dans son esprit toutes ces circonstances, ne douta point que l'assassinat du roi ne fût le commencement d'une révolution dont il seroit la victime, avec tout le parti anti-espagnol et tous les huguenots. Il se hâta, tout souffrant qu'il étoit, de monter à cheval pour se rendre au Louvre : ses serviteurs, ses amis, se joignant à lui, il se trouva, avant la fin de sa course, à la tête de trois cents chevaux. Mais à chaque pas il recevoit de nouveaux avis. « Monsieur, où allez-vous ? lui disoit l'un ; aussi « bien, c'en est fait. Je l'ai vu mort ; et si vous « entrez dans le Louvre, vous n'en réchapperez « pas, non plus que lui. » « Pensez à vous, lui « disoit l'autre, car ce coup si étrange aura de « terribles suites. » Plus loin, Vitry, capitaine

---

(1) Mém. de Richelieu. T. XXI, L. I, p. 34.

des gardes, lui dit : « Mais, monsieur, où allez-
« vous avec tant de gens? L'on ne vous laissera
« pas approcher du Louvre, ni entrer dedans,
« qu'avec deux ou trois; et comme cela, je ne
« vous le conseille pas, et pour cause..... J'ai
« vu des personnes qui, apparemment, ont bien
« perdu, mais lesquels, en effet, ne sauroient
« cacher qu'ils n'ont point la tristesse au cœur
« qu'ils y devroient avoir (1). » Plus loin, Sully
eut avis qu'un exempt des gardes et quelques
archers étoient venus aux premières portes de
la Bastille; que l'on en avoit envoyé d'autres
au Temple, où étoient les poudres, et chez les
trésoriers de l'épargne arrêter tous les deniers.
En même temps, un gentilhomme s'approcha
de lui, le priant, de la part de la reine, de venir
promptement au Louvre, mais d'amener peu
de gens avec lui (2). Plus loin encore, il rencontra Bassompierre, qui, avec ses chevau-légers et les gentilshommes qu'il venoit de rassembler, parcouroit la ville pour faire reconnoître
l'autorité de la reine. Sully l'adjura de faire serment de consacrer son sang et sa vie à défendre
le fils du roi qu'ils venoient de perdre. — C'est
nous, répondit Bassompierre, qui faisons faire ce
serment aux autres, et nous n'avons pas besoin

(1) Sully, Économ. roy. T. VIII, c. 20, p. 374-378.
(2) *Ib.* p. 380.

qu'on nous y exhorte. Il semble que ces mots firent juger à Sully qu'un nouveau gouvernement étoit déjà tout organisé, qu'il vouloit s'emparer des armes et de l'argent, que son devoir à lui étoit de les garder pour ne les remettre qu'à bonnes enseignes. Il tourna bride immédiatement pour se renfermer dans la Bastille; mais en même temps il fit enlever chez les boulangers tout le pain qui se trouva cuit, pour se mettre en état de soutenir au moins quelques jours de siége; et il envoya un courrier au duc de Rohan, son gendre, à l'armée de Champagne, pour l'inviter à se rapprocher de Paris avec les six mille Suisses dont il étoit colonel-général.

Dans une crise politique, quelques heures suffisent pour avancer les affaires. Déjà le fait étoit devenu le droit, la reine mère prenoit le titre de régente; les ministres Sillery, Villeroy, Jeannin, Pontchartrain, l'entouroient et recevoient ses ordres; presque tous les princes, cardinaux, gouverneurs des provinces et des villes de France, avoient été attirés à Paris par le sacre de la reine: ils accoururent tous au Louvre et sanctionnèrent ainsi par leur présence le nouveau gouvernement. Le connétable de Montmorency, les maréchaux de Fervaques, de Lavardin, de Brissac, de Bois-Dauphin, entraînèrent l'armée (1). Le prince de Condé, premier des princes du sang, dont les droits égaloient ceux de la reine, étoit en exil; le comte de Soissons, son oncle, s'étoit éloigné de la cour; le prince de Conti, frère de celui-ci, étoit sourd, bègue, au point de passer pour muet, et presque imbécile; cependant sa femme, la belle et spirituelle princesse de Conti, sœur du duc de Guise, savoit le faire agir de manière à servir l'ambition de son frère (2). La ville n'avoit pas remué, l'obéissance étoit universelle; les maréchaux de France, les gouverneurs, après avoir salué la reine, étoient dépêchés en toute hâte dans les provinces, pour donner avis aux commandans, aux cours souveraines et aux corps de ville, de l'établissement de la régence (3). Mais en même temps, la reine, pour les attacher à son service, répandoit déjà des faveurs à pleines mains ; elle accordoit des survivances à tous ceux qui, ayant des charges ou des gouvernemens, avoient aussi des enfans ou des héritiers en âge de les posséder (4). Son règne avoit commencé, et Sully étoit déjà accusé ou d'une étrange timidité, ou de malveillance, ou pres-

(1) Mém. de Pontchartrain. T. XVI, p. 402.
(2) Mém. de Fontenay-Mareuil. T. I, p. 119.
(3) Pontchartrain, p. 403.
(4) Fontenay-Mar. p. 106.

que de révolte, pour avoir tardé à l'assurer de son obéissance. (1)

Dès le lendemain, Sully jugea lui-même qu'il étoit temps de se soumettre; le connétable et le duc d'Épernon lui avoient fait porter de bonnes paroles ; le duc de Guise avoit avec lui des liens de parenté ; la reine l'avoit invité de nouveau à se rendre au Louvre avec peu de suite; il n'y conduisit en effet qu'une vingtaine de gentilshommes; beaucoup de pleurs furent versés entre lui et Marie : celle-ci, en lui faisant embrasser le petit roi, lui dit : « Mon fils, c'est M. de « Sully; il vous le faut bien aimer, car c'est un « des meilleurs et des plus utiles serviteurs du « roi votre père, et le prier qu'il continue à vous « servir de même (2). » L'adhésion du duc de Sully complétoit le ministère ; elle mettoit sous la main de la reine le trésor, l'arsenal, les prisonniers d'état et la Bastille, citadelle de la capitale; il n'y avoit plus d'opposition nulle part, et il convenoit de donner à la régence un commencement solennel, en faisant tenir au nouveau roi un lit de justice. Ce jour-là même, en effet, le 15 mai, la reine conduisit son fils au parlement, dans la grande salle des Augustins. Le sourd-muet, prince de Conti, et un enfant de cinq ans, le comte d'Enghien, fils du comte de

---

(1) Richelieu. T. XXI, L. I, p. 37.
(2) Sully, Économ. roy. T. VIII, c. 20, p. 382.

Soissons, y représentoient les princes du sang; quatre cardinaux, cinq ducs et pairs de France, parmi lesquels étoit Sully; quatre pairs ecclésiastiques et les grands officiers de la couronne entouroient la reine et l'enfant-roi sur l'estrade qui leur étoit destinée. Le premier président, six présidens et cent vingt-quatre conseillers dans leurs robes rouges, complétoient l'assemblée ; au nom de celle-ci, après quelques discours d'apparat, et quelques conférences à voix basse du chancelier avec les présidens et conseillers de la cour, le chancelier prononça l'arrêt suivant : « Le roi séant en son lit de justice dé-« clare la reine sa mère régente en France, pour « avoir soin de l'éducation et nourriture de sa « personne, et l'administration des affaires pen-« dant son bas âge. » (1)

La crainte et l'étonnement avoient facilité une révolution si rapide et si inattendue; le gouvernement sembloit établi; les mêmes ministres qui formoient le conseil de Henri IV demeuroient à la tête des affaires, et pour suppléer à la volonté du maître qui ne les dirigeoit plus, on assuroit que la reine consultoit en secret et à des heures indues un conseil privé où elle admettoit

(1) Relation de Jacques Gillot, conseiller au parlement après l'Estoile. T. V, p. 256. — Journ. de l'Estoile. T. V, p. 3. — Pontchartrain. T. XVI, p. 406. — Bazin. T. I, p. 27. — Capefigue. T. I, p. 61. — Le Vassor. T. I, p. 16.

Concini et sa femme, le nonce du pape, l'ambassadeur d'Espagne, le chancelier, le duc d'Épernon, Villeroy, le commandeur de Sillery, frère du chancelier, le président Jeannin, Arnault, attaché aux finances ; Dolé, le père Cotton, confesseur du roi, et Duret, médecin de la reine. C'étoit entre eux que se mûrissoient les résolutions qu'on portoit ensuite au conseil de régence (1). A ce dernier, étoient admis, en quelque sorte de droit, les princes du sang, les ministres, les cardinaux français, les grands officiers de la couronne, et presque tous les grands seigneurs ; mais plus le nombre des conseillers étoit grand, plus l'influence de chacun étoit petite, plus le corps lui-même demeuroit impuissant.

Dès le 17 mai, le comte de Soissons, qui n'avoit pas voulu assister au sacre de la reine pour une dispute d'étiquette, revint de sa maison de campagne de Montigny, et fit son entrée à Paris à la tête de trois cents gentilshommes. Il étoit quatrième fils du premier Condé et âgé alors de quarante-quatre ans ; son frère Conti, encore qu'il fût très jaloux de son cadet, pouvoit à peine être considéré comme un personnage politique. Soissons, par son âge et son expérience, pouvoit être regardé comme le chef de

---

(1) Sully, Econom. roy. T. VIII, p. 415.

la maison royale : on ne lui avoit réservé aucune place dans le gouvernement, tandis qu'il prétendoit qu'à lui devoit être déférée la charge de lieutenant-général du royaume. La loi ni l'usage n'avoient rien décidé entre les prétentions opposées des reines mères et des princes du sang ; à chaque minorité on avoit vu renaître leur rivalité : le plus souvent peut-être, les reines mères avoient prévalu, tandis que le sentiment national avoit penché de préférence vers les princes du sang, en qui l'on voyoit des Français, des chefs de la noblesse, opposés à une étrangère. Si le comte de Soissons avoit brillé par des talens, des vertus, s'il avoit été entouré de considération, l'opinion publique se seroit déclarée pour lui, de préférence à une reine qui n'avoit obtenu ni la confiance de son époux ni celle de la nation. Mais il n'avoit encore marqué que par des intrigues peu honorables durant les guerres civiles, et par une extrême cupidité depuis la paix. Son humeur froide et fastueuse, qui l'avoit brouillé avec le prince de Conti son frère, écartoit tous les grands qui auroient pu s'attacher à lui (1). Dans ce moment où le gouvernement se reconstituoit, il manifesta de nouveau cette avidité qui l'avoit plus d'une fois brouillé avec Sully. Il laissa entendre

---

(1) Sully, Econom. roy. T. VIII, c. 21, p. 393.

qu'avec de l'argent et des places on pourroit l'engager à reconnoître la régente. Marie et ses amis, qui se voyoient tout à coup maîtres de tout le trésor de la Bastille, jugeoient que le moyen le plus facile de se faire des partisans, c'étoit de répandre les grâces à pleines mains. Le gouvernement de Normandie, apanage du dauphin, étoit retourné à la couronne; la reine le donna au comte de Soissons, avec deux cent mille écus comptant et une pension de cinquante mille écus; et à ce prix il se contenta de demeurer en dehors de l'administration des affaires. (1)

On ne se seroit jamais figuré que le pouvoir pût passer des mains d'un roi belliqueux, entier dans ses opinions, actif, prompt, économe, rempli de vastes projets, à une femme qui repoussoit ce qu'il avoit désiré, qui détestoit ce qu'il avoit aimé, sans qu'il en résultât aucune secousse. Mais si Marie de Médicis ou ses conseillers intimes avoient des affections, des projets contraires à la politique de Henri IV, toutes ces pensées étoient alors subordonnées à la pensée unique de s'affermir dans le pouvoir; aussi rien n'étoit changé dans le ministère, dans l'administration, et la machine du gouvernement sembloit suivre toujours l'impulsion reçue de la main puissante du grand monarque. Celui-

---

(1) Richelieu. T. XXI, L. I, p. 62. — Le Vassor. L. I, p. 18. — Bazin. T. I, p. 29.

ci étoit aimé, il étoit regretté ; toutefois, la France sembloit se réjouir de ce que les chances d'une guerre générale étoient éloignées. Le souvenir des dernières calamités étoit encore trop vif pour que les projets de Henri ne causassent pas une inquiétude générale.

Tous les esprits se reportoient avec étonnement comme avec effroi vers l'auteur du grand forfait qui avoit changé la face du royaume. Ravaillac, le meurtrier, n'avoit point cherché à fuir ou à se cacher ; personne ne lui avoit vu frapper le coup, et il auroit pu se perdre dans la foule si le couteau sanglant qu'il tenoit toujours à la main ne l'avoit signalé. Les amis du duc d'Épernon assurent que ce fut ce duc qui empêcha que Ravaillac ne fût tué à l'heure même (1). Les archers du roi le conduisirent dans l'hôtel de Retz, où, pendant deux jours, il fut gardé avec peu de soin, en sorte que plusieurs personnes purent lui parler ; le 16 mai seulement, par ordre du parlement, il fut conduit à la Conciergerie et soumis à des interrogatoires réguliers. Cet homme avoit reçu quelqu'éducation ; il faisoit des vers ; il avoit été praticien, solliciteur de procès et maître d'école ; mais ses réponses montroient que sa tête

(1) P. Matthieu, Hist. de la mort de Henri IV, p. 69. — Le Vassor. L. I, p. 14, d'après Gérard, secrétaire du duc d'Épernon.

avoit été entièrement troublée par un ardent fanatisme. Il croyoit avoir agi d'après l'inspiration immédiate de la Divinité ; en apprenant que Henri étoit prêt à faire la guerre aux puissances catholiques, il crut, dit-il, qu'il vouloit attaquer notre saint-père le pape, ce qui, à ses yeux, étoit faire la guerre à Dieu lui-même : il résolut de sacrifier sa vie pour venger Dieu et sauver l'Eglise. Il partit d'Angoulême, sa ville natale, à la fin de l'année 1609, avec l'intention de parler au roi, de l'avertir de son devoir, de le sommer de faire rentrer les réformés dans l'Eglise romaine. Il raconta ses efforts toujours repoussés pour arriver jusqu'au roi ; ses incertitudes, son retour dans sa patrie, ses visions de chaque nuit, qui, vers l'époque des fêtes de Pâques, l'avoient déterminé à se mettre de nouveau en route, et toutes les circonstances de son voyage et des aberrations de son esprit ; protestant toujours qu'il avoit formé son projet seul, qu'il n'en avoit fait confidence à personne, même dans la confession, et qu'il n'avoit point de complices (1). Après l'arrêt rendu il fut appliqué à la question des brodequins ; *ce qui s'y passa est sous le secret de la cour,* dit le procès-verbal ; mais ensuite son supplice fut public, et ce supplice, où les bourreaux déployèrent leur

---

(1) Procès de Ravaillac, tiré des registres du parlement, Archives cur. T. XV, p. 113-135.

art exécrable (le 27 mai), se prolongea pendant des heures avec d'atroces douleurs : dans toute sa durée le greffier, les docteurs, le confesseur, qui l'assistoient, lui entendirent répéter à plusieurs reprises : « Il n'y a que moi qui l'aie fait. » (1)

Malgré ces déclarations d'un mourant, dont les plaies étoient arrosées d'huile bouillante et de plomb fondu, et qui fut ensuite tiré à quatre chevaux; malgré l'ardeur avec laquelle il pressa Filesac, son confesseur, de lui accorder l'absolution sous condition qu'elle ne lui profitât point s'il avoit menti à ses juges; malgré cet air de vérité qu'on retrouve encore aujourd'hui dans le récit de ses visions et dans le tableau qu'il fait de son cerveau malade, tous les serviteurs du feu roi, les huguenots, les mécontens dans les guerres civiles, persistèrent à croire que Ravaillac avoit été poussé au crime qu'il avoit commis par une main qui étoit demeurée cachée dans l'ombre. On prétendit qu'une partie de son interrogatoire avoit été écrite à dessein par le greffier d'une manière absolument illisible ; on prétendit que lorsque le Palais-de-Justice fut brûlé quelques années plus tard, ce fut à dessein de détruire des preuves écrites qui s'y conservoient encore. On somma à plusieurs

(1) Procès de Ravaillac, tiré des registres du parlement, Archives cur. T. XV, p. 137. — Journal de l'Estoile. T. V, p. 21.

reprises le gouvernement de recommencer la poursuite des complices du régicide; mais ceux qu'on avoit en vue étoient trop haut placés pour qu'on pût espérer de trouver un tribunal impartial qui prononceroit sur eux la vérité ; ce tribunal, désigné par un parti victorieux, auroit été également suspect, soit qu'il voulût condamner ou absoudre. Après la mort de Ravaillac, un capitaine, Pierre du Jardin, prétendit que des agens du vice-roi espagnol avoient voulu le suborner à Naples, dès l'année 1608, pour l'engager à tuer Henri IV, de concert avec Ravaillac. Il fut arrêté et retenu prisonnier à la Conciergerie (1). Une demoiselle d'Escoman, qui avoit été attachée à la marquise de Verneuil, prétendit aussi avoir vu Ravaillac chez elle; il se disoit alors employé par le duc d'Epernon, gouverneur d'Angoulême ; elle découvrit ses coupables projets, elle en donna avis au P. Cotton, et elle fut condamnée à finir ses jours entre quatre murailles (2). L'une et l'autre révélation paroissent mériter peu de créance ; mais il semble aussi que le gouvernement montra plus d'empressement à étouffer la lumière qu'à la rechercher ; et de toutes les circonstances de ce

---

(1) Manifeste de P. du Jardin, sieur de la Garde, Arch. cur. T. XV, p. 145.

(2) Manifeste de la demoiselle d'Escoman, Archives cur. T. XV, p. 165.

crime, il ne résulte qu'une chose, c'est que jamais assassinat ne survint plus à propos pour servir ceux qui avoient tout à craindre de la vie de Henri IV, et qui furent tout puissans après sa mort.

Marie de Médicis, au moment où elle devint dépositaire du pouvoir suprême, étoit âgée de trente-sept ans; on la croyoit opiniâtre et hautaine; elle s'étoit aussi montrée fort ardente catholique, et elle avoit réuni autour d'elle tout le parti de l'ancienne Ligue, tous ceux dont les affections étoient espagnoles. Mais elle parut sentir qu'il ne lui convenoit point, au commencement de son règne, de se mettre à la tête d'un parti. Elle annonça qu'elle vouloit suivre en tout l'exemple du feu roi; elle consacra le matin aux affaires; elle ordonna que le chancelier, Sully, Villeroy et Jeannin, avec les quatre secrétaires d'Etat, viendroient tous les jours à onze heures lui rendre compte de ce qui se passoit, en présence des princes du sang : toutes les personnes de condition pouvoient entrer à ce conseil, souvent même on faisoit approcher ceux qui avoient intérêt en ce qui se disoit, afin de les entendre aussi. Avant le conseil, tout comme après son dîner, jusqu'à trois heures, la reine donnoit audience aux particuliers connus, sans qu'il y eût aucune difficulté à l'approcher; puis elle se retiroit dans son cabinet. Au bout d'une

heure elle rentroit au grand cabinet, où il se trouvoit toujours beaucoup de monde : tous les hommes de qualité, toutes les dames, qu'elles eussent le tabouret ou non, y alloient également ; mais entre sept et huit heures on donnoit le bon soir, et il se tenoit une autre cour plus particulière, où ne se trouvoient que les personnes de son intimité, la princesse de Conti, sa mère, la duchesse de Guise; la maréchale la Chastre, le duc de Guise et ses trois frères, Bellegarde, Créqui, Grammont, La Rochefoucault, Bassompierre, Saint-Luc, de Termes, Schomberg, Rambouillet, d'Ornano et Richelieu (ce dernier étoit le frère aîné de celui qui fut cardinal), « tous gens fort considérables pour l'esprit et la
« condition, et qui, pendant la vie du roi, avoient
« accoutumé d'y aller, et cela duroit jusques sur
« les dix heures ; après quoi elle se retiroit pour
« un peu de temps dans son petit cabinet, et puis
« alloit souper. Après que la reine avoit soupé,
« tous ses principaux officiers, qui s'y trouvoient
« ordinairement, se retiroient, et la signora Con-
« cini, qui ne la voyoit guère qu'à son lever,
« quand elle s'enfermoit l'après-dînée, et quand
« elle se retiroit le soir, arrivoit, et demeuroit
« assez souvent une ou deux heures avec elle.
« Ce n'étoit pas pour lui parler d'affaires d'État,
« car tant que la régence dura, ni son mari, ni
« elle, ne s'en mêlèrent presque point, mais

« seulement de leurs intérêts et de ceux de leurs « amis... Quant au signor Concini, il ne parloit à « la reine ni même ne la voyoit qu'aux heures « publiques, où elle admettoit aussi tous les au- « tres de sa maison. » (1)

La signora Concini, Éléonora Galigaï, étoit adroite, souple, insinuante ; dans sa petite taille, avec son visage pâle et maigre, et son état presque continuel de maladie, elle cachoit une âme énergique et une profonde intelligence; toute puissante sur l'esprit de sa maîtresse, qu'elle amusoit, qu'elle mettoit au fait de toutes les médisances des cours, et dont elle connoissoit tous les secrets, elle croyoit prudent de cacher son influence, et elle réussissoit en effet à s'éclipser complétement dans l'ombre ; elle ne se laissoit voir que voilée, pour se préserver, disoit-elle, du mauvais œil ; car les Italiens, sous le joug nouveau qui les accabloit, avoient adopté les superstitions de la France ; ils croyoient, eux aussi, au pouvoir du mauvais regard, des charmes, des images de cire ; on avoit appelé leurs savans dans les cours comme astronomes, et on en avoit fait des astrologues; leurs chimistes étoient devenus des empoisonneurs et bientôt des sorciers; une classe nombreuse d'intrigans sortoit d'Italie pour exploiter la crédulité des peuples plus ignorans qu'eux, et depuis cin-

(1) Mémoires de Fontenay-Mareuil. T. I, p. 111.

quante ans le peuple italien s'étoit accoutumé à se laisser duper par ses propres artifices. Léonora, dans ses distractions, rouloit sans cesse entre ses doigts de petites boulettes de cire ; on en retrouva des coffres pleins, qu'on produisit contre elle comme preuves de sa sorcellerie (1).

Son mari était moins circonspect : il ne logea jamais dans le Louvre, mais il couchoit au bout du jardin, dans un petit logis de la capitainerie du Louvre; là il y avoit un petit pont, pour entrer dans le jardin, qu'on appeloit vulgairement le pont d'Amour (2). Concini étoit grand, bien fait, habile aux exercices du corps : ses grands yeux noirs étoient très vifs ; il étoit courageux, libéral et magnifique; ses reparties étoient promptes et plaisantes dans son baragouin demi-italien, car il n'avoit jamais appris tolérablement le français; ses discours fort libres : c'étoit le ton que les reines italiennes toléroient à la cour de France. Marie de Médicis savoit ce que son mari et le public avoient pensé de cette relation : elle affectoit donc de tenir Concini à distance d'elle, mais Concini au contraire vouloit que tout le monde connût sa haute faveur. Dans les premiers jours du nouveau règne, Sully envoya le jeune Arnaud, un de ses secrétaires, visiter Concini, lui faire des offres de service,

(1) Tallemant des Réaux, Historiettes. T. I, p. 118.
(2) *Ibid.*, p. 116.

et l'assurer qu'il offriroit à la reine « des avis et
« expédiens pour l'enrichir, sans foule ni oppres-
« sion du peuple, et sans susciter haine ni
« envie »; mais Concini se montra blessé de ce
que Sully ne venoit pas en personne, l'assurant
qu'il n'y avoit qu'un autre seigneur et lui qui
ne fussent pas encore venus, et ajoutant : « Si
« M. de Sully désire quelque chose, il aura plus
« de besoin de notre assistance que nous de celle
« qu'il nous offre (1). » « Comme l'autorité de
« la reine augmenta, dit Richelieu, son inso-
« lence crut à même mesure, et il voulut que
« tout le monde eût opinion que le gouverne-
« ment universel du royaume dépendoit de sa
« volonté. Elle l'en reprenoit souvent et de pa-
« roles et de visage, le rabrouant, et lui faisant
« mauvaise chère devant un chacun. » (2)

Le ministère de Henri IV, que la reine continuoit, étoit composé d'hommes avancés en âge.
Le président Jeannin avoit déjà soixante-dix
ans, Villeroy soixante-huit, Sillery soixante-
six; Sully seul n'en avoit pas plus de cinquante.
Henri IV avoit su tirer un grand parti des talens des uns et des autres; mais depuis que sa
prompte intelligence et sa forte volonté ne les
faisoient plus concourir aux desseins mûris par
lui seul, leurs défauts devenoient plus évidens,

(1) Sully, Économ. royales. T. VIII, p. 406.
(2) Mém. de Richelieu. T. XXI, L. VIII, p. 396.

leurs qualités perdoient leur efficace. Le chancelier, timide, irrésolu, avoit de plus la réputation d'être accessible à la corruption. Villeroy, qui, depuis quarante-trois ans, étoit secrétaire d'État, étoit souple et adroit, mais toujours dévoué aux intérêts de l'Espagne ; Jeannin, plus austère et plus ferme, avoit besoin de recevoir l'impulsion du monarque, et n'étoit pas en état de la donner ; Sully, que les autres ministres détestoient, mais qu'ils avoient retenu en place pour le charger de tout l'odieux des refus, et pour que le trésor ne fût pas trop vite épuisé par la cupidité des courtisans, étoit brusque, hautain, cassant, très occupé d'augmenter sa propre fortune, et très mal vu de tous les partis. Tant que Henri IV les avoit mis à l'œuvre, la France avoit obéi avec promptitude aux volontés royales ; depuis qu'il ne les inspiroit plus, on rencontroit la résistance partout, l'autorité du pouvoir suprême nulle part.

Toutes les anciennes et puissantes familles féodales avoient disparu, et quoiqu'on soit accoutumé à entendre dire le contraire, la féodalité avoit disparu avec elles. Il existoit bien dans les provinces des pouvoirs indépendans, des pouvoirs que Henri IV lui-même ne réussissoit pas à courber, et qui résistoient plus ouvertement encore à la régente ; mais ces pouvoirs étoient de délégation royale et non féodale.

C'étoient des gouverneurs nommés par le roi, qui n'avoient avec la province qui leur étoit soumise aucun lien héréditaire ou de famille; qui pour la plupart y avoient été introduits par une nomination récente; qui ne les tenoient point à foi et hommage selon l'ancien code de la féodalité; qui ne s'y maintenoient point à l'aide de leurs vassaux; qui n'appeloient jamais la chevalerie de ces gouvernemens à faire pour eux le service de leurs fiefs; qui n'avoient réellement jamais donné de fiefs, et qui ne conservoient pas plus que nous ne le faisons aujourd'hui toute cette ancienne organisation héréditaire d'une armée territoriale.

Cependant les provinces données par le roi aux gouverneurs leur obéissoient quelquefois contre le roi lui-même. Cette constitution du pouvoir des grands au dix-septième siècle est le fait de cette époque qui nous cause le plus d'étonnement et qui est le plus difficile à comprendre. Pour s'en rendre raison, il faut commencer par se souvenir que la carrière des armes et le courage appartenoient presque exclusivement à la noblesse. Depuis des siècles les rois et les gentilshommes avoient désarmé rigoureusement les campagnes, et le paysan ne songeoit pas même qu'il pût opposer quelque résistance à l'oppression; les milices des villes s'étoient montrées avec plus d'éclat dans les guerres civiles, mais elles y avoient consumé leur énergie, et elles n'avoient conservé une organisation un peu puissante que dans les villes huguenotes; aussi on continuoit alors même à croire que la France ne produisoit point de bonne infanterie, et Henri IV, pour la guerre qu'il méditoit, comptoit sur les Suisses et les landsknechts. Ainsi le grand nombre, le tiersétat, se trouvoit dans un état de foiblesse, de crainte et d'obéissance, vis-à-vis du petit, ou de la noblesse. Mais les gentilshommes qui suivoient uniquement et exclusivement la profession des armes ne trouvoient point une condition qui les satisfît dans les armées royales. Enrôlés pour une seule campagne, congédiés dès que la saison des combats avoit fini, il n'y avoit rien de stable dans leur existence; tous les cadets, tous ceux qui étoient sans fortune, ne pouvoient pas attendre dans l'oisiveté et le dénûment que le roi les appelât aux armées : la carrière habituelle du gentilhomme fut donc de se donner à un grand seigneur, qui l'entretenoit et lui payoit des appointemens; de lui vouer sa bravoure et son épée, de s'engager sur son honneur à le servir envers et contre tous, à le défendre au besoin contre la loi et la force publique. Cette obligation étoit mutuelle, il est vrai; le prince ne permettoit point que son gentilhomme fût poursuivi pour dettes; si le serviteur commettoit un crime, le maître le déroboit à la justice, il l'assistoit, il lui donnoit un refuge ; si l'occasion se présentoit au premier d'enlever une héritière pour faire un riche mariage, le second le favorisoit ; il le protégeoit dans toutes ses querelles : au sein de l'anarchie universelle, cet appui des grands valoit mieux que celui des lois : le gentilhomme pauvre vouloit tenir à quelqu'un, briller avec quelqu'un, se battre pour quelqu'un. Concini, qui, dans sa nouvelle grandeur, trouva des centaines de gentilshommes empressés à se donner à lui et à courir toutes les chances de son ambition, les appeloit, mais avec une expression déshonnête, des badauds à 1,000 francs la pièce. (1)

Ainsi les grands seigneurs avoient une armée, et cette armée leur suffisoit pour tenir assujettie une province, parce que depuis l'abaissement de la féodalité les châteaux de la petite noblesse étoient hors d'état de faire résistance : il n'y avoit presque que les places royales qui eussent une artillerie suffisante et qui pussent soutenir un siége. Mais on étoit encore à l'origine de la science des fortifications, les murailles se défendoient en quelque sorte elles-mêmes ; quelques

---

(1) Tallemant des Réaux. T. I, p. 115. Cette expression déshonnête que Concini avoit sans cesse à la bouche s'est attachée à son nom, et s'y trouve unie, jusque dans les graves discours des magistrats.

canonniers dans une citadelle, non seulement la maintenoient contre la ville populeuse qu'elle commandoit, mais encore faisoient trembler cette ville qu'ils foudroyoient de leurs remparts, et à laquelle ils faisoient sentir qu'il valoit mieux se soumettre à toutes les volontés du prince que d'être ruiné en même temps par la garnison de la forteresse et par les troupes royales qui l'attaqueroient. La foiblesse de ces garnisons peut à peine se concevoir aujourd'hui. Il y avoit peu de places dans le voisinage de Paris égales en importance à celle de Laon, qui commandoit les communications de la Champagne, la Picardie et l'Ile-de-France : sa garnison n'étoit cependant que de trente hommes. (1)

Au moment de la mort de Henri IV, le duc de Mayenne, son ancien rival, étoit gouverneur de l'Ile-de-France, et il y assuroit son pouvoir par la possession des trois places de Soissons, Noyon et Pierrefonds, dont la garnison se composoit d'hommes tout à lui. Le duc de Nevers étoit gouverneur de Champagne, et il tenoit les forteresses de Mézières et de Sainte-Menehould. Cependant pour tempérer son pouvoir Henri IV avoit nommé le marquis de la Vieuville lieutenant-général en Champagne. C'étoit une institution nouvelle que celle des lieutenans-

---

(1) Mém. du maréchal d'Estrées, qui en étoit gouverneur. T. XVI, p. 289.

généraux ; elle étoit née de la défiance que les gouverneurs inspiroient à la royauté ; mais souvent le lieutenant-général devenoit un potentat tout aussi redoutable que le gouverneur. Ainsi le vieux Lesdiguières n'étoit que lieutenant-général du Dauphiné, où il s'étoit affermi comme chef de parti, à la tête des huguenots, et où il se comportoit presqu'en souverain, tandis que le titre du gouvernement avoit été donné au comte de Soissons. Nous avons vu que le même comte venoit de recevoir celui de Normandie, Fervaques en étoit lieutenant-général; Vendôme avoit le gouvernement de Bretagne, Saint-Paul celui de Picardie, qu'il gardoit en dépôt pour son neveu le jeune duc de Longueville; Sully celui de Poitou, Guise celui de Provence, le connétable de Montmorency celui de Languedoc, Bellegarde celui de Bourgogne ; Condé, qui avoit été nommé gouverneur de Guienne, y étoit remplacé par le lieutenant-général Roquelaure; La Force étoit gouverneur du Béarn, qu'on regardoit toujours comme étranger à la France ; Epernon de l'Angoumois, la Saintonge et le Limousin, auquel il joignoit le gouvernement des Trois-Évêchés. Henri IV, qui se défioit de d'Épernon, avoit ôté à ses créatures la citadelle de Metz et y avoit mis un commandant de sa main. Le premier effet de la reconnoissance de la reine envers le duc d'Épernon fut de lui rendre cette forteresse (1). Bientôt elle y ajouta la survivance des gouvernemens de Saintonge, Angoumois et Limousin, pour son fils aîné, le comte de Candale, et celle des Trois-Évêchés, avec la charge de colonel de l'infanterie, pour le second, le marquis de La Valette (2). A ces gouverneurs généraux il falloit joindre un certain nombre de grands seigneurs qui avoient le gouvernement particulier d'une ou deux forteresses : c'étoient eux qui formoient la nouvelle aristocratie de la France; quiconque avoit pour refuge une place forte, dont le commandant et la garnison lui étoient absolument dévoués, quiconque en même temps étoit assez riche pour entretenir une troupe de gentilshommes qui s'étoient vendus à lui, corps et âmes, pouvoit se mettre au-dessus des lois, et dans l'occasion faire la guerre au souverain.

Parmi ces grands seigneurs, l'orgueil établissoit quelques distinctions qui n'étoient pas toujours en rapport exact avec la puissance. Chacun reconnoissoit que le premier rang appartenoit aux princes du sang; mais il n'en restoit que trois : Condé, le plus jeune, et le chef de la branche aînée; Conti et Soissons, ses deux oncles : le premier étoit toujours absent; on plaçoit ensuite les

---

(1) Richelieu. L. I, p. 66. — D'Estrées. XVI, p. 209. — Fontenay-Mar., p. 125. — Bazin. T. I, p. 77.

(2) Fontenay-Mareuil. T. I, p. 107.

princes étrangers : ceux-ci, comme issus d'une famille souveraine, prétendoient avoir le pas sur toute la noblesse française. Les Guise, issus de la maison de Lorraine, étoient les plus puissans : leurs diverses branches portoient les titres de ducs de Mayenne, d'Aiguillon, d'Aumale, d'Elbœuf, de Mercœur, alors éteinte, et de Chevreuse (duché érigé en 1612 pour le prince de Joinville). De la maison de Savoie étoient sortis les ducs de Nemours; de celle des Gonzaga de Mantoue, les ducs de Nevers et de Rethel ; de la maison de Navarre étoient sortis par les femmes les ducs de Rohan et de Soubise ; Turenne enfin étoit souverain lui-même comme duc de Bouillon. Puis venoient les bâtards légitimés de la maison de France, les ducs le Longueville et comtes de Saint-Paul, descendus du grand Dunois; le comte d'Auvergne, toujours prisonnier, fils de Charles IX; le duc et le grand-prieur de Vendôme, fils de Henri IV et de Gabrielle; le duc de Verneuil et le comte de Moret, fils de deux autres maîtresses, mais encore enfans. Après tous ceux-là venoient ceux que le favoritisme avoit élevés, tels que les ducs d'Épernon et de Joyeuse, et à côté d'eux venoit se placer Concino Concini, qui, puisant à souhait dans les coffres de la reine, venoit d'acheter pour 330,000 livres le marquisat d'Ancre, en Picardie, dont il prit le titre; pour 120,000 livres, payées au marquis de Créqui, la lieutenance-générale de Péronne, Roye et Montdidier; pour 200,000 livres, enfin, remboursées au duc de Bouillon, l'office de premier gentilhomme de la chambre. (1)

La reine étoit empressée d'accorder quelque grâce au duc de Guise, auquel elle devoit en partie sa grandeur; elle consentit donc qu'il épousât madame de Montpensier, union que Henri IV n'auroit jamais permise : cette princesse étoit jeune, belle, vertueuse, riche, comme héritière des grands biens de la maison de Joyeuse, et de plus, veuve d'un prince du sang, et sa fille unique étoit accordée au second frère du roi; en sorte que la reine renonçoit ainsi à une partie de la fortune sur laquelle avoit compté Henri IV. Il falloit encore pour ce mariage obtenir le consentement du duc d'Épernon, frère de la mère de madame de Montpensier; celui du cardinal de Joyeuse, chef de sa maison; celui enfin de la marquise de Verneuil, à qui le duc de Guise avoit donné une promesse de mariage. Les recommandations de la reine levèrent toutes les difficultés, et à cette occasion elle se réconcilia avec la marquise de Verneuil : elle parut prendre grand plaisir à sa conversation, et elle l'admit à sa cour,

---

(1) Fontenay-Mareuil. T. I, p. 134. — Richelieu. T. XXI, L. II, p. 116. — Bazin. T. I, p. 99.

toutes les fois que cette ancienne rivale voulut y venir. (1)

Dès le 15 mai, le cœur de Henri IV, enfermé dans une boîte d'argent, avoit été remis aux jésuites, qui le transportèrent à leur couvent de la Flèche; les funérailles ne furent célébrées que six semaines plus tard. Les corps de Henri III et de Henri IV furent déposés, l'un le 19 juin, l'autre le 29 juin, dans les tombeaux de Saint-Denis. « On avoit dit au dernier, depuis qu'il « fut venu à la couronne, que peu de jours après « que le corps de Henri III seroit porté en « terre, le sien y seroit mis aussi, » et Henri, qui n'étoit pas inaccessible aux craintes superstitieuses, avoit laissé le corps de son prédécesseur en dépôt à Compiègne. (2)

Tout paroissoit tranquille dans cette première année de la régence; la reine Marie étoit déterminée à ne rien innover, à continuer en quelque sorte le pouvoir de Henri IV, tel qu'elle l'avoit reçu. Pour gagner l'affection du peuple, elle fit surseoir, par sa déclaration du 22 juillet, « qua-« torze commissions extraordinaires dont il n'eût « pas reçu peu de foule ; elle en révoqua cin-« quante-huit, toutes vérifiées au parlement, « et elle diminua d'un quart le prix du sel » (3).

(1) Fontenay-Mareuil, p. 131. — Richelieu. L. I, p. 79.
(2) Richelieu. L. I, p. 74. — Bazin. T. I, p. 83.
(3) Richelieu. L. I, p. 75.

Dès le 22 mai, elle avoit donné une déclaration qui confirmoit l'édit de Nantes en tous ses points et articles. Le souvenir des guerres civiles avoit laissé un tel sentiment de terreur, la paix dont on avoit joui dans les dernières années avoit si bien démontré qu'il n'y avoit ni honte ni douleur dans une tolérance réciproque, que le premier cri, dans les deux communions, dans les chaires des deux églises, après la mort de Henri, avoit été pour le maintien de la concorde : « Qu'on ne parle plus de huguenots ni de papis-« tes, répétoit-on ; que tous ne soient que bons « Français (1). Le duc de Bouillon, que les protestans regardoient alors comme leur chef, fut invité par la reine à revenir de Sédan, pour l'aider de ses conseils ; elle écrivit elle-même à Duplessis-Mornay à Saumur, et elle lui fit écrire par son fils, avec affection et confiance.

Parmi les affaires commencées que les ministres conseillèrent à la reine de continuer, étoit le secours promis aux princes de Brandebourg et de Neubourg pour la succession de Juliers. Ils lui représentèrent qu'elle ne pouvoit renoncer aux engagemens pris par le feu roi sans rompre en quelque sorte toutes ses alliances protestantes, et sans donner à l'Espagne, sur la

(1) Journal de l'Estoile. T. V, p. 10 et p. 19. — Discours de Duplessis à l'assemblée de la ville de Saumur, le 19 mai, Mémoires de Duplessis-Morn. T. XI, p. 31.

France, un avantage dont la reine pourroit se repentir. Il n'y avoit plus moyen de songer à la grande attaque contre la maison d'Autriche qu'avoit méditée Henri IV. Mais ce n'étoit pas un motif pour ne point fournir aux princes de l'union de Halle le secours qui leur avoit été promis. L'armée de Champagne fut en conséquence réduite à huit mille hommes d'infanterie, Français ou Suisses; quinze cents chevaux et quelque artillerie. Le duc de Bouillon espéroit en avoir le commandement, mais il fut repoussé comme huguenot (1). La reine, qui avoit à cœur de tranquilliser les catholiques, lui préféra le vieux Claude de la Châtre, qui avoit été fait maréchal par la Ligue. D'autre part, le duc de Rohan, huguenot zélé et gendre du duc de Sully, commanda les bandes suisses et conduisit toute l'expédition. L'armée s'achemina au mois de juillet, par la Lorraine et le pays de Sarrebruck, évitant ainsi le pays soumis aux archiducs et toute dispute sur le passage; elle arriva par cette route jusque devant Juliers, sans rencontrer d'empêchement. Le prince Maurice avoit déjà depuis un mois commencé le siége de la forteresse; elle capitula le 1er septembre; toutes les troupes furent alors licenciées : les princes de Brandebourg et de Neubourg se trouvèrent en posses-

---

(1) Mém. d'Estrées. T. XVI, p. 192.

sion de tout l'héritage, et la question de droit fut renvoyée à l'arbitrage des tribunaux de l'empire, qui tardèrent encore de longues années avant de la décider. (1)

Mais le retour du prince de Condé pouvoit troubler la tranquillité dont la régente sembloit jouir. Ce prince, né le 1ᵉʳ septembre 1588, six mois après la mort de son père, et que Henri IV avoit dit quelquefois être son fils, pouvoit à plusieurs titres devenir pour Marie de Médicis un rival dangereux. A plusieurs reprises on lui avoit proposé déjà de contester la légitimité du divorce de Henri IV et de son second mariage, de nier que les enfans de Marie eussent aucun droit au trône, et de prétendre en conséquence que, comme premier prince du sang, il en étoit l'héritier immédiat. Lorsque la nouvelle de l'assassinat de Henri IV arriva à Milan, où il étoit alors, le comte de Fuentes, gouverneur de Lombardie, « alla lui rendre visite,
« et employa toute la force de son esprit et tous
« les artifices dont il fut capable pour piquer
« son ambition, et lui ouvrir un chemin facile
« à la royauté, par les secours puissans qu'il
« lui promit de la part du roi d'Espagne, son
« maître. En même temps l'ambassadeur d'Es-

(1) Richelieu. L. I, p. 72. — Rohan. T. XVIII, p. 87. — Sully. T. VIII, p. 396, 419. — Fontenay-Mar., p. 114, 121. — Bazin. T. I, p. 79.

« pagne qui étoit à Rome fut chargé de péné-
« trer les sentimens du pape Paul V sur cette
« proposition (1). » Condé repoussa ces ouvertures, et au bout de peu de jours partit pour Bruxelles, où il avoit laissé la princesse. Les mêmes sollicitations furent renouvelées par les Espagnols à Bruxelles; elles furent secondées par le cardinal Bentivoglio, alors nonce du pape auprès des archiducs (2). La cour d'Espagne n'avoit aucun motif pour préférer Condé à Louis XIII encore enfant, ou à sa mère, qui avoit montré tant de prédilection pour les Espagnols; mais tout ce qui pouvoit susciter une guerre civile en France, tout ce qui pouvoit affaiblir ce royaume, étoit accueilli avec empressement par ce gouvernement envieux et jaloux. Si Condé ne vouloit pas le servir dans sa rivalité, il pouvoit du moins prétendre à la régence du royaume, comme premier prince du sang; il étoit aussi le premier intéressé à sa prospérité; il pouvoit partager la défiance des Français contre une administration étrangère, et retirer le pouvoir des mains d'une reine que plusieurs avoient accusée de n'être pas innocente du meurtre de son époux. Condé reçut bientôt à Bruxelles les offres de service

(1) Mar. d'Estrées. T. XVI, p. 189.
(2) *Ibid.*, p. 194.

de plusieurs des grands seigneurs du royaume, et de ceux qui disposoient des places et des gouvernemens. Sully, averti qu'il se trouvoit fort à court d'argent, prit sur lui de lui faire toucher, sans demander le consentement de la reine, demi-année de sa pension (1). Le père et l'aïeul de Condé avoient combattu avec ardeur à la tête des huguenots, et avoient toujours manifesté le plus grand zèle pour la réforme. Henri IV prit sur lui d'enlever ce jeune prince à sa famille pour le faire élever dans la religion catholique; mais les protestans lui conservoient une affection héréditaire, et étoient disposés à croire qu'il les aimoit toujours en secret.

Le prince de Condé cependant partit de Bruxelles pour rentrer en France, sans avoir voulu voir sa femme, offensé contre elle de ce qu'elle avoit présenté requête au pape, *à fin de démariage*. Il avoit écrit à la reine avec respect, et en avoit reçu la promesse d'un bon accueil ; comme il avançoit, la noblesse accouroit de toute part au-devant de lui; les ducs de Bouillon et de Sully vinrent le rencontrer à Senlis, encore que la reine eût dit au dernier qu'il lui feroit plaisir de s'abstenir de ce voyage : le duc d'Epernon, qui déjà commençoit à offenser la reine par sa hauteur et ses

---

(1) Sully, Écon. roy. T. VIII, c. 22, p. 408.

prétentions, et tous les princes de Lorraine s'y trouvèrent aussi : la suite du prince, quand il fit son entrée à Paris, le 16 juillet, avec tous ces seigneurs, formoit un corps de quinze cents gentilshommes ; en même temps, le comte de Soissons, fort jaloux de son neveu, avoit rassemblé dans son hôtel tous ceux qui lui étoient dévoués, et les tenoit prêts à monter à cheval. La rencontre de Condé et de la reine fut toute gracieuse : il plia le genou devant elle; il la suivit dans son cabinet pour avoir avec elle un court entretien ; il y retourna encore le soir, et l'on disoit dans Paris qu'il ne respiroit que le service de leurs majestés, et qu'il avoit protesté ne jamais tenir parti que celui du roi et de la reine (1). Cependant il craignait toujours qu'on ne voulût se saisir de sa personne, et pendant trois nuits il fut sur ses gardes, en état de sortir de Paris au premier bruit qu'il entendroit (2). Mais la reine ne songeoit qu'à le réconcilier avec son gouvernement à force d'argent, comme elle avoit fait pour le comte de Soissons. Dès le lendemain, elle lui donna l'hôtel de Gondy, avec trente mille écus pour le meubler ; le comté de Clermont et une pension de deux cent mille livres. En même temps, elle

---

(1) Journal de l'Estoile. T. V, p. 88.
(2) Richelieu. L. I, p. 76. — Sully, Économ. roy. T. VIII, p 410.

donna cent mille écus au duc de Guise pour payer ses dettes. Les coffres de Henri IV étoient si bien remplis qu'il sembloit facile à la reine de satisfaire toutes les ambitions par ses largesses; mais elle donnoit par là même la mesure de sa foiblesse ; elle annonçoit à tous que la meilleure politique étoit de se faire craindre, puisque c'étoit le plus sûr moyen de se faire acheter.

Le prince avoit bientôt reconnu qu'il ne devoit pas songer à disputer la régence à la reine, appuyée qu'elle étoit par le vote du parlement, et par le désir universel de repos. Cependant le moment étoit venu d'arrêter un système pour la politique extérieure de la France. On ne pouvoit hésiter à reconnoître qu'il ne falloit plus songer à la guerre que Henri avoit voulu entreprendre pour humilier la maison d'Autriche; mais, tout en maintenant la paix, il falloit choisir entre deux partis, celui de s'unir étroitement à l'Espagne, et de garantir l'un par l'autre les deux foibles gouvernemens de la régente et de Philippe III. C'étoit la conduite la plus conforme aux affections de Marie de Médicis, des Florentins, ses confidens intimes, du duc d'Epernon, du cardinal de Joyeuse, et des vieux ministres Villeroy, Jeannin et Sillery. Le comte de Soissons l'approuvoit aussi par jalousie de son neveu le prince de

Condé. L'autre parti consistoit à maintenir la France dans la position que Henri IV lui avoit faite, comme occupant l'un des deux bassins de la balance où se pesoient les destinées de l'Europe, comme réunissant en une seule ligue, et soumettant à une action commune tous ceux qui repoussoient la monarchie universelle qu'avoient voulu fonder Charles-Quint et ses successeurs. Cette ligne de conduite étoit surtout chère aux huguenots, qui savoient tout ce qu'ils avoient à redouter du parti contraire; elle étoit chère encore à tous ceux qui avoient à cœur les libertés politiques et les progrès de l'esprit humain. Ces considérations n'avoient, il est vrai, d'influence que sur des esprits élevés; mais la grande masse du peuple français s'y rattachoit par ses habitudes et ses antipathies; il y avoit tout près de cent ans que la lutte avoit commencé entre François Ier et Charles-Quint. Dès lors, les deux dynasties et les deux nations s'étoient aigries par des outrages mutuels. La rivalité de la France et de l'Espagne étoit plus sentie encore qu'elle n'étoit raisonnée, et les Français accusoient les partisans des Espagnols d'être vendus à leurs ennemis naturels. Henri IV, pendant les douze années de paix qui avoient suivi le traité de Vervins, avoit réussi à rattacher à l'alliance de la France les Hollandais, les Vénitiens, les Suisses, tous les protestans d'Allemagne, le duc de Savoie, et d'autres petits princes, qui voyoient en lui le protecteur ou de leur indépendance, ou des progrès civils et religieux de l'humanité : il s'annonçoit comme veillant sur les deux branches de la maison d'Autriche, avec une défiance quelque peu jalouse; mais la paix lui suffisoit pour maintenir cet équilibre, et la guerre où il étoit sur le point de s'engager pouvoit gâter cette position. Le prince de Condé et le duc de Sully sembloient s'attacher par instinct plutôt que par raisonnement à cette ligne de conduite, qui réuniroit en une association compacte les membres épars d'une moitié de la république européenne. Le duc de Bouillon et le duc de Rohan, les plus fortes têtes du parti huguenot, comprenoient mieux encore ce système d'indépendance : les quatre fils du Balafré, le duc de Guise, le prince de Joinville, l'archevêque de Reims et le chevalier de Guise, s'y rattachèrent par suite d'une querelle avec le comte de Soissons, qui les fit entrer dans les rangs où l'on devoit le moins s'attendre à les trouver, parmi les amis des huguenots. (1)

L'arrivée des ambassadeurs, qui, de toute part, venoient offrir des complimens de condoléance à la reine sur la mort de son époux,

---

(1) Sully, Écon. roy. T. VIII, p. 413. — Fontenay-Mar., p. 133.

mit, pour la première fois, en opposition ces deux systèmes de politique : d'une part, le duc de Feria venoit, au nom du roi d'Espagne, offrir toutes les forces de son maître contre ceux qui voudroient troubler la régence de la reine, et il proposoit en même temps le double mariage du fils aîné de Philippe III avec la fille aînée de Henri IV, et de Louis XIII avec la fille aînée de Philippe III. D'autre part, Chabod de Jacob, ambassadeur du duc de Savoie, rappeloit qu'Élisabeth de France avoit été promise par Henri IV au prince de Piémont, et que c'étoit le prix de l'alliance contractée entre les deux couronnes. Heureusement cette alliance étoit tout au plus soupçonnée par l'Espagne, et le duc de Savoie, que l'inconstance de la France mettoit dans une situation fort critique, put éviter de se brouiller avec les Espagnols. (1)

Toutefois, aucune décision ne fut prise pour lors sur le double mariage d'Espagne. Les dissentimens dans le conseil sur ces deux alliances n'éclatèrent point au dehors; tout paroissoit tranquille ; les deux religions continuoient à vivre en paix, et la reine, qui aimoit les fêtes, crut le moment convenable pour faire sacrer Louis XIII. Elle le conduisit à Reims, où elle fit avec lui son entrée solennelle le 14 octobre.

(1) Richelieu. L. I, p. 80. — Sully, Écon. roy. T. VIII, p. 398. — Guichenon, Hist. de Savoie. T. II, p. 368.

L'archevêque, qui étoit un prince de la maison de Guise, étoit trop jeune pour officier dans la cérémonie; il fut remplacé par le cardinal de Joyeuse. Les princes de Condé et de Conti, le comte de Soissons, le duc de Nevers, le duc d'Epernon et le duc d'Elbeuf, représentèrent, le 17 octobre, jour du sacre, les pairs laïques de Hugues-Capet. Et comme dans le serment du roi se trouvoit la phrase : « Je pro-« mets de faire tout mon possible, en bonne foi, « pour chasser de ma juridiction et terres de « ma sujétion tous hérétiques dénoncés par « l'Église, » la reine avoit donné la veille une déclaration, pour tranquilliser les huguenots, en confirmant l'édit de Nantes. (1)

Les ducs de Bouillon et de Sully ne s'étoient pas rendus au sacre à cause de leur religion; ni le duc de Guise, à cause d'une dispute de préséance avec le duc de Nevers. Cela n'empêcha point que la cour ne revînt de Reims partagée en factions pour des questions d'étiquette entre ces grands seigneurs jaloux les uns des autres. Une foule de gentilshommes toujours armés les suivoient ; ils étoient impatiens de témoigner leur zèle et leur bravoure en mettant l'épée à la main. Aussi, chaque cérémonie publique sembloit sur le point de faire éclater une guerre civile. Aux funérailles du roi, il y avoit eu lutte

(1) Le Vassor. L. I, p. 56. — Bazin. T. I, p. 119.

de vive force entre l'évêque de Paris et la cour du parlement, puis abondance de coups de poing entre la cour des aides et la cour des comptes (1). Au mariage du duc de Guise, les carrosses du prince de Conti et du comte de Soissons s'étant rencontrés, et ayant voulu se passer l'un l'autre, les gentilshommes de leur suite avoient mis l'épée à la main; et quoique Soissons, dès qu'il eut reconnu son frère, lui eût envoyé faire des excuses, elles furent si mal reçues que le lendemain toute la cour prit les armes : avec Conti se rangèrent tous les Guise et tous les zélés protestans, Bouillon, Rohan, Sully et Châtillon; avec Soissons, d'Epernon, Montmorency et beaucoup d'autres. Il fallut de longues négociations pour que la reine pût les réconcilier et éviter l'effusion du sang (2). Quelques jours plus tard, le duc d'Epernon prétendit entrer en carrosse au Louvre, prérogative qui étoit alors réservée aux seuls enfans de France et au premier prince du sang; et comme le capitaine de la porte le refusa, par le commandement exprès de la reine, il lui fit donner des coups de bâton (3). A Reims, il y eut dispute de préséance entre le cardinal de Joyeuse, qui prétendoit que

---

(1) Journal de l'Estoile. T. V, p. 60.
(2) Pontchartrain. T. XVI, p. 433. — Fontenay-Mar., p. 132.
(3) Fontenay-Mareuil, p. 128.

les cardinaux ne cédoient le pas qu'aux seuls souverains, et le prince de Condé, qui, comme premier prince du sang, vouloit passer avant tous les autres. Il y eut également dispute entre le marquis d'Ancre, premier gentilhomme de la chambre, et le duc de Bellegarde, grand-écuyer : la cour se divisa de nouveau entre eux ; d'Epernon se déclara avec arrogance et aigreur contre le nouveau favori, comme s'il oublioit l'origine de sa propre grandeur; le comte de Soissons ne montroit pas moins d'irritation contre lui, l'accusant d'avoir décidé la reine à permettre le mariage du duc de Guise avec madame de Montpensier, et demandant comme compensation que Concini fît réussir le mariage de son fils le duc d'Enghien avec la fille de cette dame, déjà promise au second fils de la reine (1). La querelle entre Concini et Bellegarde alla si loin que le premier fit appeler le second à un combat, où chacun auroit été secondé par un parti nombreux de noblesse. La reine fut obligée de leur donner les arrêts à tous deux. Elle étoit fort troublée de cette discorde universelle, de cet empressement de chacun à en appeler aux armes, de cet anéantissement de l'autorité royale, que personne ne respectoit plus.

(1) Fontenay-Mar., p 135. — Maréch. d'Estrées. T. XVI, p. 201. — Richelieu. L. I, p. 82. — Sully, Économ. roy. T. VIII, p. 423.

Une querelle parmi ses ministres vint ajouter encore au désordre universel. Villeroy, qui voyoit le déficit s'accroître dans les finances, avoit persuadé à la reine de rappeler auprès d'elle Sully à son retour de Reims, et de le confirmer dans sa charge, en lui représentant que tout le monde étoit déjà tout accoutumé à ses refus, et que sa rudesse étoit la meilleure sauvegarde du trésor, mais un des premiers à éprouver cette rudesse fut Villeroy lui-même. Alincourt, son fils, avoit acheté le gouvernement de Lyon du duc de Vendôme; il vouloit y introduire une garnison de trois cents Suisses, et en assurer le paiement sur la recette générale du Lyonnais ; Sully refusa, déclarant que les habitans pouvoient bien continuer à garder leur ville comme ils avoient toujours fait, et le chancelier Sillery ayant appuyé la demande de Villeroy, Sully leur répondit en plein conseil qu'ils s'entendoient ensemble pour la ruine des affaires du roi (1). La colère de Sully n'étoit pas sans motif : ce trésor qu'il avoit accumulé pour son maître, qu'il regardoit comme suffisant à lui assurer la domination de l'Europe, et pour lequel il s'étoit montré sourd aux plaintes et à la misère du peuple, il le voyoit au pillage : on lui présentoit souvent des ordonnances de comptant, pour

---

(1) Richelieu. L. I, p. 84. — Sully, Économ. roy. T. VIII, p. 466, 472.

soustraire les dépenses à toute espèce de contrôle : la première qu'il eut à acquitter fut pour une somme de neuf cent mille francs, que la reine vouloit faire passer comme déboursée par le feu roi, tandis que Sully savoit fort bien qu'il n'avoit rien ordonné de semblable (1). De même le chancelier, au lieu de briser, selon la règle, le sceau de Henri IV à sa mort, le conserva cinq ans, pour antidater des chartes qu'il vouloit soustraire à tout contrôle. Soissons demandoit les capitaineries des châteaux de Rouen et de Caen, et l'impôt sur les toiles, qu'il avoit déjà demandé à Henri IV ; Guise, la suppression de divers impôts que le fisc percevoit en Provence ; Nevers, la propriété des gabelles du Rethelois ; Bouillon, la propriété de toutes les aides, tailles et gabelles dans son comté de Turenne ; et tous ceux-là, joints avec Condé, Mayenne, Aiguillon, Joinville, d'Épernon, Concini, et tous les officiers de la couronne, demandoient l'augmentation de leurs pensions et des gratifications de comptant pour payer leurs dettes (2). Sully refusoit tout le monde et se fâchoit contre tous ; à leur tour, tous se réunirent pour presser la reine de le renvoyer. Le marquis de Cœuvres, frère de Gabrielle d'Estrées, qui avoit une inimitié personnelle contre lui, se chargea de faire

1610.

(1) Sully, Économ. roy. T. VIII, p. 426-431.
(2) Sully, Écon. roy. T. VIII, p 462.

1610. du renvoi du duc de Sully la condition de la réconciliation des partis ; il commença par le duc de Bouillon, qui de son côté travailloit à remettre bien ensemble Condé et le comte de Soissons. Bientôt les deux princes du sang et la plupart des grands furent d'accord pour renvoyer le gardien trop hargneux du trésor. Les Guise et Bellegarde soutenoient encore son parti, mais pour cette raison même Concini lui donna le dernier coup de pied, et la reine lui demanda,

1611. le 26 janvier 1611, de se démettre de ses emplois de surintendant des finances et de capitaine de la Bastille. Les grandes charges étoient cependant considérées comme une sorte de propriété, aussi se crut-elle obligée de lui offrir en compensation de sa démission un don de trois cent mille livres. Elle se réserva pour elle-même le gouvernement de la Bastille, où il y avoit encore cinq millions en or, et elle confia les finances au président Jeannin, assisté par de Thou, et le marquis de Châteauneuf. (1)

Le marquis d'Ancre avoit usé de son influence sur la reine pour lui faire renvoyer Sully ; il n'avoit guère moins d'humeur contre ceux qu'il nommoit les vieux barbons de ministres ; mais, homme de plaisir comme il étoit, pas-

---

(1) D'Estrées. T. XVI, p. 218. — Pontchartrain. T. XVI, p. 444. — Fontenay-Mar. T. I, p. 134. — Richelieu. L. II, p. 90-95. — Bazin. T. I, p. 129. — Le Vassor. L. II, p. 51.

sant ses journées à jouer aux dés (1), il n'avoit aucunement la pensée de s'élever à leur place, ou de s'occuper des affaires; il n'influoit sur elles que par ses ressentimens ; il avoit été blessé par le duc d'Épernon, et il mettoit tous ses soins à le perdre dans l'esprit de la reine, et à augmenter sa mésintelligence, ainsi que celle du cardinal de Joyeuse, avec le comte de Soissons. Le cardinal, impatienté, partit pour Rome, comme la cour se retiroit pour le carême à Fontainebleau; le duc d'Épernon annonça son départ pour Angoulême, le duc de Bouillon pour Sédan, le prince de Condé pour la Guienne, gouvernement dont il vouloit aller prendre possession : cela donna occasion à la reine de se séparer de d'Épernon de meilleure grâce; elle lui dit qu'elle se recommandoit à lui pour veiller sur le prince de Condé, dont le séjour dans une province éloignée, et au milieu des protestans, lui donnoit quelque inquiétude. (2)

La reine avoit au fond beaucoup d'aversion pour les réformés, mais elle s'efforçoit de ne point la faire paroître, son plus grand désir étant de conserver le royaume en paix et d'éviter toute lutte qui compromettroit une autorité à peine suffisante pour se maintenir au mi-

(1) Fontenay-Mar., p. 365.
(2) Mar. d'Estrées. T. XVI, p. 221. — Pontchartrain, T. XVI, p. 442 et 452.

lieu des querelles des grands seigneurs. Dès les premiers jours du printemps, elle fut avertie que les huguenots concevoient beaucoup d'inquiétude pour Genève, leur ville sainte. Le duc de Savoie n'avoit point congédié les troupes qu'il avoit rassemblées pour seconder les projets de Henri IV, mais il leur avoit fait passer les Alpes, pour ôter tout soupçon aux Espagnols dans le Milanais, et il les rassembloit près de Chambéry. Ce prince, qu'on avoit vu plus d'une fois animé par un esprit fanatique de superstition, avoit toujours désiré de réunir à ses états la ville de Genève, parce qu'elle lui auroit assuré le passage du Rhône, une barrière contre les Suisses, et une entrée en France. Déjà, en 1609, il avoit pris à son service deux aventuriers français, du Terrail et Bastide, qui lui avoient promis de le rendre maître de cette ville, en pleine paix, en pétardant une porte pour y introduire les troupes piémontaises; mais les magistrats de la république étoient sur leurs gardes; ils firent enlever les deux aventuriers, qui étoient à Yverdun, et les envoyèrent au supplice. Une nouvelle tentative se préparoit en 1611, mais à force ouverte; des troupes nombreuses étoient déjà rassemblées en Savoie; on assuroit que d'autres arrivoient de Flandre et de Lombardie; les réformés de France prirent l'alarme; les églises du midi se cotisèrent pour envoyer des secours à

Genève; un grand nombre de gentilshommes du Dauphiné, du Vivarais et du Bas-Languedoc, y accoururent pour défendre leurs co-religionnaires. La reine ne vouloit permettre ni que le duc de Savoie s'emparât de cette place importante, ni que ses sujets s'engageassent sans son aveu dans une guerre de religion. Elle donna donc ordre à tous les gouverneurs des places frontières de Savoie de se rendre à leur poste, et à Lesdiguières, de se tenir prêt pour secourir les Genevois au besoin ; puis elle envoya de Barrault, et ensuite la Varenne, au duc de Savoie, lui déclarer qu'elle regarderoit toute attaque de sa part contre Genève ou le pays de Vaud comme une infraction de la paix. Le dernier ne quitta point la Savoie qu'il n'eût vu licencier les troupes. (1)

En même temps que la reine avoit confirmé, la veille du sacre, les garanties de l'édit de Nantes en faveur des réformés, elle leur avoit permis de convoquer à Châtelleraut, pour la fin de mai de cette année, leur assemblée triennale. Le but de ces assemblées, garanties par l'édit de Nantes, étoit de désigner en nombre triple des candidats à la députation auprès du

---

(1) Pontchartrain. T. XVI, p. 446-452. — Richelieu. L. II, p. 100. — Bazin. T. I, p. 137. — Le Vassor. L. II, p. 68. — Lettres des syndics et consuls de Genève à Duplessis-Mornay. T. XI, p. 167, 173, 181, 189.

roi : sur cette liste, le roi choisissoit deux réformés, qui, au nom de tout le corps de la religion, devoient suivre la cour pour y représenter leur église, faire entendre ses plaintes et en poursuivre le redressement. En même temps, l'assemblée générale devoit munir ces députés de cahiers où se trouveroient développés les griefs dont ils devoient solliciter la correction. Ainsi les huguenots se trouvoient avoir un gouvernement représentatif, dont leurs concitoyens catholiques étoient privés; mais les vexations auxquelles ils étoient sans cesse exposés, de la part de rivaux infiniment supérieurs en nombre et en puissance, leur donnoient un besoin extrême d'une telle garantie; seulement on trouvoit dans leur organisation le même manque de précision et de clarté qui vicioit tout le reste du droit public de la France. Le roi n'admettoit aucun partage du pouvoir royal; il ne reconnoissoit pas plus dans l'assemblée des églises que dans celles des états-généraux, ou dans celles des parlemens, le droit de limiter son pouvoir. Il les autorisoit à faire entendre leurs plaintes, leurs remontrances, et il exigeoit que dès qu'elles étoient formulées ils se séparassent. Toutes les assemblées, au contraire, prétendoient avoir le droit, non seulement d'exprimer leurs doléances, mais d'en poursuivre le redressement; et les églises en particulier désiroient que leurs députés demeurassent réunis jusqu'à ce que leurs cahiers fussent répondus.

Les huguenots, qui, cinquante ans auparavant, composoient la majorité et de la noblesse des campagnes, et de la bourgeoisie des villes, avoient été, dans plusieurs provinces, entièrement extirpés par la guerre et les persécutions; leur nombre étoit réduit au-dessous du quart de ce qu'il étoit autrefois; ils ne comptoient plus que cinq cents églises, distribuées entre quinze provinces : celles-ci avoient commencé par se rassembler dans leurs synodes pour nommer trente gentilshommes, vingt pasteurs et seize députés du tiers-état, qui, avec les quatre députés de La Rochelle, formoient les soixante-dix membres dont se composoit légalement l'assemblée. Mais dans cette première convocation du règne de Louis XIII, les réformés avoient désiré voir siéger au milieu d'eux les grands seigneurs attachés à leur parti. Duplessis proposa donc que les synodes provinciaux écrivissent des lettres aux personnes de qualité que leurs charges en cour empêcheroient d'être nommées députés de leurs provinces, pour les requérir de se rendre à l'assemblée pour le bien des églises, attendu la conjoncture du temps et l'importance des affaires. « Ces lettres, dit-il, « pourront être écrites à M. de Bouillon, M. de « la Trémouille, MM. de Rohan et de Soubise;

« je me sentirai obligé d'en recevoir une aussi, « et y obéirai volontiers. Vous jugerez de M. de « Sully et autres..... ces gens ne pensent à nous « que quand ils n'en peuvent plus ; et cependant « ils auront tout fait et y voudront régner (1). »
Sully, qui étoit alors dans son gouvernement de Poitou, fut en effet invité, aussi bien que les marquis de la Force, de Châtillon et de Servières ; quant à Lesdiguières, il y envoya quelqu'un à sa place.

Cependant, les rôles avoient changé : sous Henri IV, Sully ne songeoit qu'à être le représentant de l'autorité royale ; Bouillon, le plus qualifié entre les protestans, s'étoit montré tout dévoué à la cause de la religion ; mais l'ambition et l'esprit d'intrigue l'emportoient dans Bouillon sur le zèle pour la réforme. Il vouloit entrer au conseil plus intime de la reine, et pour y parvenir il désiroit donner à la cour la plus haute idée de la puissance des réformés ; en même temps, il vouloit paroître leur chef et se faire nommer président de leur assemblée ; alors il auroit pris le rôle de leur modérateur, afin de les faire entrer dans les vues de la cour. D'autre part, Sully, aigri par sa disgrâce, se mettoit à la tête de l'opposition la plus violente. Il faisoit ainsi partager, jusqu'à un certain point, à ses associés la haine que la cour avoit contre lui.

(1) Lettre de Duplessis à M. Rivet. T. XI, p. 153.

Bouillon fit agréer ses projets aux ministres de la régente, qui, toujours foibles et effrayés de tout, lui donnèrent à cette occasion trois ou quatre cent mille livres pour le favoriser dans ses intrigues. (1)

1611.

Les réformés ne tardèrent pas à deviner quelle ligne nouvelle Bouillon se proposoit de suivre. Il avoit fait changer le lieu de l'assemblée par jalousie de Sully, et pour qu'elle ne fût pas dans son gouvernement; il l'avoit fait transférer de Châtellerault à Saumur : c'étoit le gouvernement de Duplessis-Mornay. Henri IV le lui avoit donné le jour où il s'étoit réconcilié avec Henri III, et jamais dès lors il n'avoit plus rien fait pour ce vieux serviteur, le plus habile, le plus zélé et le plus vertueux de ceux auxquels il devoit sa grandeur. Malgré la jalousie de Henri IV, Duplessis étoit demeuré dévoué à l'autorité royale : il s'attachoit à calmer les ressentimens et les défiances des réformés, à contenir leur présomption, à obtenir d'eux de la déférence pour la reine ; mais en même temps il disoit aussi que lorsque le prince étoit mineur il falloit qu'ils se rendissent majeurs (2). Bouillon avoit recherché la présidence de l'assemblée, ce fut Duplessis qui fut élu. En comprenant les

(1) D'Estrées. T. XVI, p. 223. — Pontchartrain. *Ib.*, p. 54. — Richelieu. L. II, p. 103. — Bazin. T. I, p. 148.
(2) Richelieu. L. II, p. 106.

seigneurs qui y avoient été invités et leurs adhérens, la réunion se composoit de cent soixante membres, sur lesquels Bouillon ne put pas obtenir plus de dix suffrages. Son ressentiment en fut très vif; il portoit surtout sur le duc de Sully, qui, de tout temps, avoit été en rivalité avec lui. Sully avoit annoncé que c'étoit en haine de sa religion qu'on lui avoit ôté la surintendance des finances et le commandement de la Bastille ; il donnoit à entendre qu'on ne tarderoit pas à le dépouiller encore du gouvernement du Poitou et de la charge de grand-maître de l'artillerie. Bouillon s'efforçoit de persuader aux réformés qu'ils ne devoient point faire cause commune avec un homme qui s'étoit suscité tant d'ennemis, et que l'autorité royale avoit peut-être de justes motifs de poursuivre; il essaya même d'engager le duc de Rohan, gendre de Sully, à adopter cette politique timide. Il s'adressoit mal : Henri de Rohan, alors âgé de trente-deux ans, développoit pour la première fois dans cette assemblée son noble caractère et ses rares talens. Au milieu d'une cour corrompue, il avoit conservé toute l'austérité de ses mœurs; le luxe n'avoit aucun attrait pour lui ; ses vêtemens étoient simples, sa nourriture sobre, l'eau étoit sa seule boisson ; presque tout son temps étoit consacré à l'étude : il se délassoit d'un travail par un autre ; son goût très prononcé pour l'histoire et pour la géographie l'avoit déterminé à connoître par lui-même les divers Etats de l'Europe : il avoit déjà visité l'Allemagne, l'Italie, la Hollande et l'Angleterre; et la relation de son voyage, qu'il adressa à sa mère, montre avec quel soin il avoit étudié l'esprit des peuples, leurs forces et leurs ressources. (1)

Le duc de Rohan fit sentir à l'assemblée de Saumur que l'administration de Sully, exempte de corruption et de malversation, étoit une des gloires de la réforme qu'il ne falloit point abandonner aux attaques de ceux qui avoient desservi l'État; que son rang lui donnoit le droit de ne pouvoir être jugé que par la cour des pairs; que si on en usoit autrement tous ses amis et toutes les églises devoient s'intéresser en sa défense. L'assemblée résolut donc d'exhorter le duc de Sully à ne point traiter de ses charges contre une récompense en argent, et surtout à ne point se défaire de la charge de grand-maître de l'artillerie, lui promettant de l'assister par toutes les voies dues et légitimes (2). La division cependant, entre les ducs de Bouillon et de Sully, pouvoit avoir de funestes conséquences pour la cause de la réforme. Duplessis-Mornay s'atta-

---

(1) Notice sur Henri, duc de Rohan. Collection, 2ᵉ série. T. XVIII, p. 9.

(2) Mém. du duc de Rohan. T. XVI, p. 96.

cha à les réconcilier ; il les amena enfin à s'embrasser, mais les expressions de Bouillon étoient peu conciliantes. « Oublions le passé, dit-il, je « veux être votre ami et votre serviteur; si on « vous attaque jamais pour la religion dans « Sully, j'y ferai conduire d'aussi bon cœur le « canon de Sédan pour vous défendre que vous « avez préparé celui de l'arsenal pour me perdre « à Sédan. » (1)

Le cahier des doléances des huguenots contenoit cinquante-sept articles : la plupart avoient pour objet des droits violés, des injustices dont ils demandoient le redressement ; d'autres étoient des extensions de priviléges, mais qui cependant sembloient fondées en équité : ainsi, ils demandoient que lorsque l'exercice de la religion avoit été établi suivant l'édit dans l'étendue d'un fief par le seigneur haut justicier, cet exercice ne fût pas interdit ensuite quand le seigneur changeoit de religion, ou quand son fief passoit aux mains d'un catholique ; ils demandoient qu'on ne les obligeât point à se donner eux-mêmes la qualification de religion *prétendue* réformée, encore que ce fût celle sous laquelle leurs adversaires les désignoient ; ils demandoient pour dix ans encore le maintien des places de sûreté qui leur étoient accordées, et le paie-

(1) Le Vassor. L. II, p. 73. — Bazin. T. I, p. 155.

ment de leurs garnisons; ils demandoient enfin pour leurs écoles, leurs académies de Saumur et de Montauban, et leurs ministres, les mêmes immunités qui étoient accordées aux établissemens du culte catholique. (1)

Ces demandes furent envoyées à la cour le 27 juin; après quoi les commissaires du roi, MM. de Boissise et de Bullion, pressèrent l'assemblée de nommer les candidats parmi lesquels la reine choisiroit deux députés généraux, et de se dissoudre. L'assemblée répondoit que parmi ses demandes se trouvoit celle d'élire directement ses députés, comme l'édit de Nantes l'y autorisoit, et non point des candidats seulement; qu'elle demandoit que les assemblées se tinssent tous les deux et non tous les trois ans; qu'elle demandoit enfin le redressement d'injustices nombreuses que les églises avoient éprouvées dans les diverses provinces, et que si elle se séparoit sans obtenir ni réponse ni redressement, toutes ces demandes seroient bientôt oubliées, en sorte que le retour des députés dans leurs provinces ne feroit qu'y répandre le mécontentement. La cour insista, les députés s'obstinèrent; Bouillon, et Lesdiguières, par son député, pressoient l'assemblée de se soumettre aux volontés de la reine ; le duc de Rohan, avec son frère Soubise,

(1) Le cahier dans Duplessis-Mornay. T. XI, p. 251.

se mettoient à la tête de ceux qui s'opposoient à toute concession : c'est ainsi que la division entra dans le parti huguenot, ce qui l'affoiblit toujours davantage. Enfin l'assemblée nomma ses commissaires, sur l'assurance qu'on lui donna que la réponse à ses cahiers lui accorderoit presque toutes ses demandes, et qu'elle seroit publiée aussitôt après sa dissolution, qui eut lieu le 15 septembre. (1)

L'assemblée des protestans étoit une vraie affaire nationale; elle accoutumoit les Français à réclamer leurs droits, à s'appuyer sur des formes représentatives, à agir de concert dans les parties les plus éloignées du royaume. Richelieu, alors évêque de Luçon, et âgé de vingt-sept ans, qui dans ses mémoires développe déjà son futur caractère presqu'autant que la marche des événemens, en jugeoit bien ainsi. Il regardoit comme funeste tout partage de l'autorité royale : aussi reproche-t-il au gouvernement de la reine de n'avoir pas châtié le ministre Chamier, qui avoit dit au chancelier, en demandant l'autorisation de tenir l'assemblée de la religion, que si on ne leur accordoit la permission qu'ils demandoient, ils sauroient bien la prendre, « ce

---

(1) Mém. de Rohan. T. XVIII, p. 98-104. — OEuvres de Duplessis-Mornay. T. X, p. 246-295. — Richelieu. L. II, p. 106. — Bazin. T. I, p. 167. — Le Vassor. L. II, p. 78. — Fontenay-Mar., p. 147.

« que le chancelier souffrit avec autant de bas-
« sesse que ce mauvais Français le dit avec une
« impudence insupportable. » Il loue cependant
Bullion, commissaire du roi, qui sut « profiter
« des envies et jalousies qui étoient entre les hu-
« guenots, unis seulement au dessein de mal
« faire, pour porter les plus mauvais aux inté-
« rêts publics, par les leurs particuliers. Ainsi,
« de plusieurs demandes que faisoit l'assemblée,
« préjudiciables à l'Église et à l'Etat, ils n'en ob-
« tinrent aucune de considération, outre ce
« dont ils jouissoient du temps du feu roi. » (1)

Mais la reine étoit trop occupée des petites intrigues de cour pour donner beaucoup d'attention à ce qui se passoit dans des provinces éloignées. Le départ du cardinal de Joyeuse, de Condé et d'Epernon, lui laissoit plus de liberté de se livrer à son goût pour le marquis d'Ancre, et de lui accorder des établissemens toujours plus considérables; la mort de M. de Créqui, lieutenant de la ville et de la citadelle d'Amiens, lui permit de donner au favori ces places importantes; et Concini, tout en s'élevant lui-même, cherchoit à s'assurer de plus hautes protections; il faisoit sa cour assidûment au comte de Soissons, et lui promettoit de faire réussir, par son crédit sur la reine, un mariage que ce prince désiroit ardem-

---

(1) Richelieu. L. II, p. 110.

ment, celui de son fils avec la riche héritière de Montpensier, déjà promise par Henri IV à son second fils le duc d'Orléans : mais la santé de ce jeune prince dépérissoit, et il mourut le 17 novembre à l'âge de quatre ans et demi (1). Concini en même temps se faisoit fort de faire obtenir au duc de Bouillon le gouvernement du Poitou, qui seroit ôté au duc de Sully. Il sembloit alors si puissant que le comte de Soissons consentit à prendre un engagement qui sembloit alors bien contraire à l'orgueil de la maison de France, il promit sa fille en mariage au fils de Concini. Le marquis de Cœuvres, qui avoit été chargé de cette négociation, en rendit compte à la reine, et celle-ci lui dit qu'elle agréoit fort qu'à sa considération le comte voulût s'allier avec ses créatures ; aussi elle lui donna charge de l'en remercier de sa part (2). Mais bientôt Marie de Médicis sentit à quel point elle se compromettoit par une faveur si extravagante. Ses ministres en même temps lui représentèrent que le marquis d'Ancre par son arrogance se mettoit au-dessus de toutes les lois ; qu'il venoit de renvoyer les deux officiers qui commandoient sous lui dans la citadelle d'Amiens, en leur payant, il est vrai, largement la valeur de leurs offices, et

(1) Fontenay-Mar., p. 158. — Pontchartrain. T. XVI, p. 464.
(2) D'Estrées. T. XVI, p. 222, 229.

qu'il les avoit remplacés par des créatures à lui; que comme il ne se trouvoit pas assez d'argent pour les satisfaire immédiatement, il s'étoit fait donner douze mille francs par le receveur général, comme s'il disposoit en maître des deniers royaux. La reine, fort irritée, déclara non seulement qu'elle ne permettroit pas que son favori mariât son fils avec la fille d'un prince du sang, mais qu'elle ne vouloit pas même que son nom parût dans cette affaire, en sorte qu'il falloit qu'il se dégageât comme il pourroit; et Concini fit dire gauchement à Soissons que sa femme s'opposoit à ce mariage : ainsi, le prince du sang eut le double affront d'abord d'avoir vendu sa fille à un favori, et ensuite de voir ce parvenu rejeter l'alliance qui devoit si fort le flatter. (1)

Les querelles se multiplioient cependant entre les grands seigneurs, et la reine étoit toujours plus embarrassée à les apaiser. Le duc de Retz et le comte de Brissac prétendoient l'un et l'autre avoir droit de préséance aux États de Bretagne, et la noblesse de Bretagne, de Normandie, de Poitou, de Saintonge, faisoit de grandes assemblées, où l'on prenoit l'engagement de soutenir par les armes l'un ou l'autre de ces seigneurs; Marie de Médicis craignoit à toute heure de

---

(1) Mém. du maréch. d'Estrées. T. XVI, p. 230. — Richelieu. L. II, p. 116. — Pontchartrain. T. XVI, p. 456.

voir tous les gentilshommes de ces provinces monter à cheval et commencer une guerre civile pour cette querelle d'étiquette. Elle donna l'ordre aux deux seigneurs de se rendre sans suite à la cour, tandis que les Etats s'assembleroient sans eux, et que le parlement de Bordeaux décideroit de leurs prétentions. De toute part on annonçoit des combats, tels que celui d'Aumont et de Chateauroux, où, pour une querelle privée, dix ou douze combattans de part et d'autre mettoient l'épée à la main (1). Pour les réprimer, la reine confirma l'édit de Henri IV contre les duels (2); elle livra même quelques délinquans obscurs à la sévérité des tribunaux, mais les seigneurs savoient que les lois n'étoient pas faites pour eux et n'en tenoient aucun compte. Au commencement d'octobre, la mort du duc de Mayenne, auquel succéda son fils, connu jusqu'alors sous le nom de duc d'Aiguillon, ajouta à la foiblesse du gouvernement : ce vieux chef de la ligue, depuis qu'il s'étoit réconcilié avec Henri IV, avoit voulu sincèrement le retour de l'ordre, et il avoit contribué à tenir dans le respect tous les jeunes princes de la maison de Guise (3). Ceux-ci haïssoient le comte de Soissons depuis qu'ils avoient

---

(1) Pontchartrain, p. 462.
(2) Isambert, Lois franç. T. XVI, p. 21.
(3) Pontchartrain, p. 462.

embrassé contre lui la querelle de son frère, le prince de Conti : ils étoient irrités de la liaison du comte avec le marquis d'Ancre, et comme le marquis de Cœuvres avoit été l'entremetteur de cette liaison, ils résolurent de se défaire de lui. Le chevalier de Guise rencontrant le marquis de Cœuvres à la sortie du Louvre, à midi, fit arrêter son carrosse, et le convia de descendre; le marquis n'avoit aucune défiance, il n'avoit aucune querelle avec la maison de Guise; la veille, il avoit eu le duc à souper chez lui, et il s'étoit entretenu familièrement avec le chevalier dans le cabinet de la reine; il se hâta donc de mettre pied à terre, quand le chevalier, s'élançant sur lui avec cinq ou six laquais l'épée à la main, lui dit qu'il falloit mourir. Le marquis de Cœuvres eut le bonheur de trouver près de lui la porte d'un notaire entr'ouverte; il s'y réfugia et échappa ainsi à ses assassins. (1)

La reine s'étoit laissé entraîner par ses ministres à réprimer l'ambition de son favori, et à donner à cette occasion une double mortification au comte de Soissons, mais, revenant bientôt à son premier goût, c'étoit contre ce comte qu'elle en conservoit de l'humeur. Lorsqu'il vint à Fontainebleau prendre congé d'elle pour aller présider les Etats de Normandie, elle lui

---

(1) Richelieu. L. II, p. 118. — D'Estrées. T. XVI, p. 238.

fit éprouver mille petits dégoûts; elle lui refusa le gouvernement de Vernon, qu'il demandoit; elle parut enfin d'autant plus irritée contre lui qu'il avoit fait plus de sacrifices pour s'attacher à elle. Le marquis de Cœuvres entra d'autant plus vivement dans les ressentimens de Soissons qu'il avoit été plus près d'être victime de la part qu'il avoit prise à ses affaires. Il lui fit sentir qu'il convenoit aux princes du sang d'être réunis pour contre-balancer l'influence que paroissoient acquérir les Guise, d'accord avec les ministres; et comme le prince de Condé revenoit de Guienne, Cœuvres ménagea une entrevue entre eux à Beaumont, où les deux princes se réconcilièrent pleinement; ils se promirent de ne recevoir aucune grâce ou satisfaction de la cour que conjointement et de concert; si l'un des deux étoit contraint de se retirer par quelque mauvais traitement, l'autre promettoit de partir en même temps pour ne revenir qu'ensemble. (1)

L'union des princes du sang, qui jusqu'alors avaient vécu en inimitié ouverte l'un avec l'autre, causoit à la reine une juste défiance, d'autant plus qu'elle savoit qu'ils parloient avec une extrême aigreur de ses vieux ministres, et que le comte de Soissons en particulier ne

---

(1) D'Estrées. T. XVI, p. 242. — Richelieu. L. II, p. 120.

menaçoit de rien moins que de faire mourir le chancelier sous le bâton. Sans force par elle-même, elle croyoit avoir besoin d'un appui: elle rechercha celui des grands, elle redoubla de prévenance envers la maison de Guise, surtout à l'occasion de la visite que lui fit la fille de sa sœur, Marguerite de Gonzague, mariée au chef de leur famille, le duc de Lorraine (1). Elle fit très bon accueil au duc d'Epernon, qui revint d'Angoulême, au duc de Vendôme, au duc de Bellegarde; elle appela même à la cour Lesdiguières, le vieux chef des huguenots du Dauphiné, auquel elle donna l'espérance qu'elle feroit enfin vérifier les lettres de duché-pairie que lui avoit accordées Henri IV. (2)

Mais aux yeux des ministres, cette union hostile des princes étoit un motif de plus pour conclure le double mariage d'Espagne, qui leur paroissoit donner au gouvernement de la reine une garantie de la part de la puissance qu'on avoit le plus habituellement regardée comme ennemie. La négociation fut communiquée au conseil le 26 janvier 1612 : selon Pontchartrain elle obtint alors l'assentiment des princes et grands officiers de la couronne. Cependant, lorsqu'il fallut la publier, le 25 mars, M. le prince, dit Richelieu, et le comte de Soissons, quoi-

---

(1) Fontenay-Mar., p. 155.
(2) D'Estrées, p. 244.

qu'ils eussent opiné à ces mariages, se retirèrent et ne voulurent pas y assister (1). Deux traités furent toutefois signés à Fontainebleau, le 30 avril 1612, par Villeroy, au nom de Louis XIII, et par don Inigo de Cardenas, au nom de Philippe III : par l'un, il étoit convenu que le roi de France épouseroit l'infante Anne d'Autriche, et que Philippe, prince d'Espagne, épouseroit madame Elisabeth de France, sœur du roi ; par l'autre, les « deux monarques se promettoient « qu'ils se secourroient mutuellement contre « ceux qui entreprendroient quelque chose « contre eux et leurs États, de même que contre « ceux qui se révolteroient contre leur auto- « rité ; qu'ils s'enverroient dans ce cas, à leurs « dépens, pendant six mois, un corps de six « mille hommes de pied et de douze cents hom- « mes de cavalerie; qu'ils n'assisteroient aucun « de ceux qui seroient criminels de lèse-majesté « à l'égard de l'un des deux rois ; que même « ils les remettroient entre les mains des ambas- « sadeurs du roi qui les réclameroit. » (2)

Cette alliance causa, comme elle devoit le faire, la plus vive alarme à tout le parti protestant. La cour de France la nia comme une ac-

(1) Richelieu. L. III, p. 133. — Pontchartrain. T. XVII, p. 1.
(2) Flassan, 4ᵉ période. T. II, L. III, p. 315. — Traités de paix. T. III, p. 96 et 99.

cusation calomnieuse, dans sa correspondance avec la Hollande, jusqu'au moment où il n'y eut plus moyen de la cacher (1). Le roi Jacques d'Angleterre étoit trop timide pour exercer au dehors quelque influence; d'ailleurs, il recherchoit lui-même l'alliance de l'Espagne; les princes protestans d'Allemagne, au contraire, se regardèrent comme sacrifiés par la France; et les huguenots, déjà fort alarmés d'une alliance intime du gouvernement avec leurs persécuteurs les plus acharnés, le furent davantage encore quand ils apprirent les menées auxquelles Bouillon donnoit son assentiment pour enlever au duc de Rohan la place de Saint-Jean-d'Angely, dont il étoit gouverneur. Déjà Rohan s'étoit montré dans l'assemblée de Saumur le plus hardi et le plus habile entre les défenseurs de l'organisation protestante. Il avoit ensuite réussi à faire nommer dans douze provinces des députés qui arrivèrent en cour au commencement de l'année, pour répéter leurs doléances sur les vexations qu'ils éprouvoient et en obtenir le redressement.

Bouillon croyoit cette fois qu'il alloit être appelé au ministère; il avoit consenti à se rendre en ambassade en Angleterre, pour tranquilliser Jacques I*er*, supposé qu'il se plaignît de l'alliance d'Espagne, et il annonçoit à la reine que si

———

(1) Lettre d'Ærsens, amb. des Prov.-Unies, à Duplessis, du 3 mars 1612. T. XI, p. 408.

on enlevoit à Rohan sa forte place de Saint-Jean, qui lui servoit de refuge, on n'auroit plus à redouter son obstination. Mais Rohan eut quelque avertissement du complot formé contre lui: il écarta le lieutenant du roi et le capitaine, qui avoient promis de le trahir; il fit élire un nouveau maire malgré les ordres de la régente, et il mit sa place forte en sûreté (1). L'audace réussit au duc de Rohan: non seulement il fit approuver sa désobéissance et la nomination du nouveau maire de Saint-Jean, il obtint encore pour les protestans le redressement de la plupart des injustices dont ils se plaignoient.

Le gouvernement de la reine se trouvoit en effet alors plus foible qu'il n'eût jamais été; elle donnoit toute sa confiance à ses trois vieux ministres, mais ceux-ci se voyoient successivement abandonnés par toute la cour. Condé étoit parti pour Vallery le 8 mars, Soissons pour Dreux le 24, sous prétexte de n'être point présens à la publication des mariages d'Espagne; et en effet ils ne signèrent point non plus les deux traités du 30 avril; mais ils laissoient entrevoir qu'en leur faisant quelque grâce on apaiseroit leur bouderie; ils désiroient chacun être les maîtres, dans leur gouvernement, de quelque place très forte, et qu'ils pussent garder avec peu de monde.

(1) Mém. de Rohan. T. XVIII, p. 104-114. — Pontchartrain. T. XVII, p. 3.

Soissons demandoit Quillebeuf dans la Haute-Normandie, Condé le château Trompette à Bordeaux. Le marquis d'Ancre, qui accusoit les ministres d'avoir fait manquer le grand mariage de son fils, ne leur avoit point pardonné, et quoiqu'il parût demeurer uni avec eux, il travailloit secrètement à leur ruine. Pour leur enlever l'appui des grands seigneurs, il engageoit la reine à traiter avec une froideur extrême les ducs d'Épernon et de Guise, à exiler le duc de Vendôme de la cour, sans lui permettre de tenir les États de Bretagne; à refuser au maréchal Lesdiguières le duché-pairie qui lui avoit été promis, à tromper les espérances de Bouillon, qui, au retour de son ambassade, avoit cru être appelé au ministère; à entrer enfin dans toute l'animosité de Concini contre Bellegarde. Ce dernier en conçut tant de ressentiment qu'il eut recours à la magie pour se rétablir ou se venger : un prétendu sorcier lui promit de ramener sur lui les affections de la reine à l'aide d'un miroir enchanté. (1)

Tous ceux que la reine avoit mécontentés se réunissoient secrètement aux princes, et c'étoit le marquis de Cœuvres, depuis maréchal d'Estrées, qui conduisoit entre eux toutes les négociations. Concini et sa femme, qui avoient découvert le

---

(1) Mar. d'Estrées. T. XVI, p. 248-258. — Richelieu L. III, p. 143.

recours que Bellegarde et un riche financier nommé Moysset avoient eu contre eux à des arts jugés infernaux, comptoient bien les perdre par ce moyen et s'emparer de toute la fortune de l'un, de toutes les charges de l'autre; mais ils furent rebutés par le chancelier, qui refusoit de sceller les commissions pour les poursuivre, et par le parlement, qui ne croyoit point à la magie, ou qui ne vouloit pas s'attaquer à si forte partie. Après avoir entrepris cette affaire, ils intervinrent donc auprès de la reine pour la supplier de l'assoupir, et ils firent en sorte que le procès fût ôté du greffe et brûlé (1). Cependant ils comptoient du moins que le comte de Soissons les vengeroit du vieux chancelier; le marquis de Cœuvres rencontra chez le duc de Bouillon le prince de Condé, le marquis d'Ancre, Beaumont et Dolé. « M. de Bouillon dit au
« marquis d'Ancre et à M. le prince qu'il ne dou-
« toit point que Cœuvres ne sût l'entreprise à
« laquelle le comte de Soissons s'étoit engagé
« avec eux devant son départ, et par consé-
« quent qu'il n'y avoit point de difficulté de lui
« en parler. Ensuite il lui raconta tout ce qui
« avoit été concerté contre le chancelier. Le
« marquis de Cœuvres fit paroître de la surprise,
« comme d'une chose dont il n'avoit point ouï

---

(1) Richelieu. L. III, p. 145.

« parler.... S'adressant à M. le prince, il lui dit
« que quand les offenses qu'ils prétendoient
« avoir reçues du chancelier seroient beaucoup
« plus grandes qu'elles ne paroissoient, que si
« quelqu'un d'entre eux avoit à l'entreprendre,
« il seroit plus à propos qu'un prince de son âge,
« et du rang qu'il tenoit par-dessus le comte de
« Soissons, s'en chargeât, que non pas lui....
« qu'il seroit bien plus aisé de faire connoître à
« la reine les manquemens du chancelier et de
« la disposer à lui demander les sceaux et le
« chasser que de traiter si indignement le chef
« de la justice, et que ces violences infaillible-
« ment en attireroient d'autres sur eux.... Après
« plusieurs autres raisons, qui seroient longues à
« déduire, ils revinrent tous à son opinion. » (1)

Les princes étoient cependant revenus à la cour; ils avoient voulu jouir des fêtes brillantes qu'on y avoit données à l'occasion du double mariage; ils y venoient aussi presser le règlement de leurs intérêts privés : le comte de Soissons insistoit pour la possession de Quillebeuf, que la reine lui faisoit espérer, et qu'elle croyoit cependant fort imprudent de lui remettre. Cette place appartenoit au vieux maréchal de Fervaques. Soissons, à qui on avoit représenté qu'il seroit indigne de lui de tuer le vieux chancelier,

(1) Mar. d'Estrées. T. XVI, p. 258. — Richelieu. L. III, p. 140.

rencontra le vieux guerrier Fervaques à cheval avec grand nombre de ses amis, comme lui-même s'en alloit au Louvre en carrosse. « Il en
« fut ému, et en conçut tant de colère, qu'il
« eut dessein, s'il le rencontroit encore, de lui
« faire quelque déplaisir. Toutefois, pour en
« éviter l'occasion, craignant que l'emporte-
« ment et l'éclat ne fissent du préjudice à ses
« affaires, il se disposa d'aller à Blandy pour quel-
« ques jours..... Il y tomba malade d'une fièvre
« pourprée qui l'emporta le onzième jour (1), »
10 novembre 1612.

Le comte de Soissons laissoit un fils âgé de huit ans, auquel la reine confirma le gouvernement du Dauphiné, tandis qu'elle prit pour elle-même celui de Normandie. La mort du comte la délivroit de l'inquiétude immédiate que lui causoient ses prétentions sur Quillebeuf, mais elle ne fortifioit point son gouvernement. Le prince de Condé, resté seul, n'en étoit que plus puissant ; presque tous les grands s'étoient réunis à lui ; et tandis que le duc d'Aiguillon, devenu duc de Mayenne, étoit envoyé en Espagne pour faire d'une manière solennelle la demande de la princesse qui devoit épouser Louis XIII, Condé exprimoit hautement combien ce mariage lui déplaisoit, combien les Français, accoutumés à

(1) Mém. du maréchal d'Estrées, p. 260. — Fontenay-Mar., p. 196. — Richelieu. L. III, p. 144.

regarder les Espagnols comme leurs constans ennemis, se soumettoient à contre-cœur à former avec eux une étroite alliance. Le prince de Condé crut même convenable de témoigner de la bienveillance aux huguenots, non qu'il conservât aucune prédilection pour leur religion, dans laquelle il étoit né, mais parce qu'il regardoit leur parti comme le plus puissamment organisé dans le royaume. En effet, ses assemblées générales, ses synodes et ses assemblées de cercles lui donnoient l'habitude d'agir de concert, et faisoient illusion sur sa force réelle. Il y avoit au fond, chez la reine, les princes, les ministres, et toute la grande masse de la population, beaucoup de mauvais vouloir contre les huguenots, beaucoup de désir de les écraser quand le moment seroit favorable, mais aussi une grande crainte de recommencer une lutte qui avoit causé tant de calamités : on se souvenoit des quarante ans de guerre qu'ils avoient soutenue, et de la ruine presque universelle qui en avoit été la conséquence, tandis qu'on ne faisoit point le compte des centaines de milliers de familles qu'ils avoient perdues par la guerre, les massacres populaires, les supplices, la ruine, l'émigration et l'apostasie. Les assemblées générales et celles des cercles, celles de la bourgeoisie à La Rochelle, à Montauban, à Nîmes, partageoient cette illusion sur la force de leur parti :

les hommes en se réunissant s'encouragent et s'excitent les uns les autres, et les voix nombreuses d'une assemblée leur paroissent une puissance. Les vieux chefs du parti étoient plus clairvoyans, mais ils cherchoient à profiter d'une opinion qui leur étoit favorable. Lesdiguières, alors âgé de soixante-neuf ans, avoit de fort mauvaises mœurs, et fort peu de zèle; Bouillon, à cinquante-sept ans, quoique plus attaché à son église, mettoit la politique avant la religion; Sully, qui n'avoit que cinquante-deux ans, ne s'étoit presque souvenu qu'il étoit protestant que depuis qu'il étoit en disgrâce : tous trois furent invités par le synode de Privas, le 16 août 1612, à signer un acte d'union avec toutes les églises, par lequel ils s'engageoient « à donner « au bien commun des réformés leurs intérêts « particuliers, à oublier toutes injures passées, « à se départir de tous ressentimens, aigreurs et « animosités...., à s'employer enfin de tout leur « pouvoir à ce que l'autorité des synodes ne soit « plus infirmée, ni leur discipline enfreinte. » Le duc de Rohan, qui étoit le principal promoteur de cet acte d'union, le signa le premier avec Soubise son frère, La Force, Duplessis, et il le fit signer ensuite aux gouverneurs des places de sûreté, et aux autres personnes considérables. (1)

(1) Mém. de Rohan. T. XVIII, p. 110. — Pontchartrain. T. XVII, p. 18. — Richelieu. L. III, p. 147.

Rohan, avec l'ardeur de la jeunesse et l'ambition d'être le premier dans son parti, proposoit toujours les mesures les plus énergiques ; il croyoit à la force des huguenots ; il ne redoudoit pas la guerre, et il se sentoit appelé à marcher sur les traces de Coligni. Duplessis-Mornay connoissoit mieux la détresse à laquelle les huguenots avoient été réduits dans les dernières années des guerres civiles. Né le 5 novembre 1549, il avoit vu, et leur grandeur, et leur déclin ; il s'attachoit donc à modérer Rohan et Soubise ; il recommandoit les voies conciliatrices et la soumission en tout ce qui ne compromettoit pas la conscience ; il joignoit à ces conseils de prudence un attachement sincère à la personne du roi, fils de Henri IV. Mais si, comme homme d'État, il n'avoit aucune ambition personnelle, il étoit très âpre comme théologien, très imprudent dans ses écrits ; et alors même il venoit de compromettre toute l'église réformée par une histoire injurieuse de la papauté, qu'il avoit publiée sous le titre du *Mystère d'iniquité*. La régente eut le bon esprit d'en laisser la réfutation à la Sorbonne, sans le faire poursuivre criminellement. (1)

Toutes ces affaires, et politiques, et religieuses, étoient subordonnées à des intrigues de

(1) Œuvres de Duplessis. T. XI, p. 300 *et passim*. — Richelieu. L. II, p. 108

cour. Le pouvoir du marquis d'Ancre et de sa femme sur la reine alloit toujours croissant; le baron de Luz, lieutenant du roi, en Bourgogne, le même qui avoit été fort avant dans la confidence de Biron, et auquel Henri avoit fait grâce, s'étoit attaché aux Concini; il négocioit entre eux et Condé, Bouillon et les autres mécontens; il représentoit souvent au marquis d'Ancre qu'une faveur de cour étoit une chose fugitive, qu'en France il n'y avoit de durable que la possession des grands gouvernemens, que c'étoit là ce qui avoit sauvé le duc d'Epernon, qui n'auroit point résisté aux orages auxquels il avoit été en butte s'il n'avoit pas été maître de Metz et d'Angoulême. Le baron de Luz étoit ennemi du grand-écuyer Bellegarde, qui avoit succédé à Biron dans le gouvernement de la Bourgogne, mais qui ne l'avoit eu qu'en dépôt jusqu'à la majorité du roi. Luz sentoit bien que la Bourgogne étoit un trop grand gouvernement pour que Concini, avec toute sa faveur, pût y prétendre; aussi il proposoit seulement d'appeler Bellegarde à Paris sous quelque prétexte, de lui ôter la Bourgogne, de la donner au duc de Mayenne, qui prendroit les engagemens les plus solennels de protéger les Concini, à la vie et à la mort, et cependant d'acheter pour Concini le gouvernement d'Amiens de M. de Traigny, qui étoit disposé à le vendre.

Cette trame contre Bellegarde se lioit au projet d'humilier les ducs de Guise et d'Epernon, amis du gouverneur de Bourgogne, auxquels Concini ne pardonnoit pas le crédit qu'ils avoient acquis en faisant déclarer la reine régente. Eux et les vieux ministres devoient être renvoyés en même temps, et déjà la reine leur retiroit sa confiance. (1)

Mais les vieux ministres donnèrent avis de ce qui se tramoit au duc de Bellegarde, qui, déjà arrivé jusqu'à Sens, se hâta de retourner sur ses pas; le duc d'Epernon, qui venoit d'arriver à Paris, après une grave maladie ; le duc de Guise et leurs amis, se réunirent pour convenir de ce qu'il y avoit à faire : le plus simple leur parut être de tuer le baron de Luz, qu'ils voyoient être à la tête de cette intrigue. Aussitôt le chevalier de Guise, le plus jeune des quatre frères, s'en chargea. Il convint de prendre pour prétexte la part que le baron de Luz avoit eue au meurtre de son père, aux états de Blois, car Luz s'étoit dit-on vanté d'avoir eu connoissance du projet de Henri III. Le chevalier de Guise étoit né posthume, peu de mois après cet événement. Le baron de Luz étoit un vieillard. Comme il sortoit d'auprès de la reine, le 5 janvier 1613, pour aller dîner, le chevalier de Guise, accom-

---

(1) Fontenay-Mareuil. T. I, p. 199.

pagné de deux de ses amis, le rencontra dans la rue Saint-Honoré, à cheval sur un petit bidet, lui cria de mettre l'épée à la main, et, avant que le baron eût achevé de tirer du fourreau sa petite épée de cour, il lui perça le cœur de la sienne. (1)

Lorsqu'on vint rapporter à la reine que son vieux serviteur avoit été tué d'une manière si lâche, elle en éprouva le plus vif ressentiment; jamais on ne lui avoit vu répandre tant de larmes. Sur le conseil de Dolé, elle voulut d'abord faire tuer par les Suisses les ducs de Guise et d'Epernon, quand ils entreroient dans la salle des gardes; puis, y ayant renoncé, elle donna ordre au chancelier de poursuivre le chevalier de Guise en justice : les lenteurs et la timidité du chancelier lui firent perdre huit jours avant d'exécuter cet ordre (2). Les Guise cependant ne s'étonnoient point : ils disoient qu'on pouvoit bien pardonner cette rencontre à leur frère, comme on en avoit pardonné tant d'autres à des gens qui ne les valoient pas. Leur mère, qui d'ailleurs étoit fort complaisante de la reine, en vint avec elle à ce sujet aux grosses paroles : tous

---

(1) Fontenay-Mareuil. T. I, p. 204. — Maréchal d'Estrées. T. XVI, p. 262. — Richelieu. L. IV, p. 152. — Pontchartrain. T. XVII, p. 19. — Bassompierre. T. XX, 2ᵉ partie, p. 1.

(2) Richelieu. L. IV, p. 153.

leurs amis s'étoient rassemblés chez eux pour leur offrir leur épée : celui d'entre eux qui avoit montré le plus de hardiesse, le comte de la Rochefoucault, eut à cette occasion ordre de s'éloigner de la cour ; le marquis d'Ancre et Condé prenoient à tâche d'exciter toujours plus le courroux de la reine : le premier craignoit l'exemple d'un tel meurtre pour lui-même, le second comptoit profiter du dépit de Marie de Médicis pour l'engager à se jeter tout-à-fait entre ses bras.
« Le soir même de l'assassinat, la reine ayant
« secrètement fait venir le prince de Condé, le
« duc de Bouillon, le marquis d'Ancre et Dolé,
« on arrêta que M. le prince iroit vers le chan-
« celier lui demander les sceaux, et lui déclarer
« que la volonté du roi étoit qu'il se retirât chez
« lui ; et qu'en même temps Sa Majesté iroit
« dîner chez Zamet, et de là, prenant occasion
« de passer devant la Bastille, pour entrer dans
« l'arsenal, elle laisseroit prisonnier M. d'Éper-
« non, qui n'étoit de retour à la cour que depuis
« dix ou douze jours, après être revenu de sa
« grande maladie. » (1)

Mais le prince de Condé perdit par son avidité un succès qu'il tenoit presque dans la main. Il crut le moment favorable pour se faire donner le château Trompette, et le gouvernement de

---

(1) Mar. d'Estrées. T. XVI, p. 263.

Bordeaux, qu'il désiroit ardemment. Il en pressa la reine avec les instances les plus indiscrètes, et le marquis d'Ancre se joignit à lui. La reine, impatientée, prit conseil de ses vieux ministres, qui lui répondirent qu'en le faisant, elle anéantissoit l'autorité royale sur la Guienne. Marie de Médicis, violente, impétueuse, pleura de dépit de l'audace de Condé, comme elle avoit pleuré de celle du chevalier de Guise, et résolut à l'instant de se retourner vers ceux qui l'avoient offensée il y avoit huit jours, pour se venger de ceux qui l'offensoient le jour même : elle appela dans son cabinet Bassompierre. « Il « faut que tu tâches, lui dit-elle, de me ramener « M. de Guise. » Elle venoit d'apprendre que celui-ci s'étoit donné au prince de Condé ; que le marquis d'Ancre les avoit réconciliés, et que tous également désormais se réunissoient contre les vieux ministres. « Offre-lui cent mille écus « comptant, que je lui ferai donner. — Madame, « lui répondis-je, je vous y veux fidèlement et « utilement servir ; offrez-lui encore la lieute- « nance générale de Provence pour son frère « le chevalier ; offrez à sa sœur la réserve de « l'abbaye de Saint-Germain, et l'assurez du re- « tour de la Rochefoucault. — Eh bien ! pourvu « que tu le retires de cette cabale, et qu'il me « soit assuré, je te donne carte blanche. » — Je lui « dis qu'elle me garnissoit si bien en allant que

« je m'assurois que je ne retournerois point vers
« elle sans avoir fait emplette. Je lui parlai en-
« suite de rappeler M. d'Epernon. Elle me dit :
« Je le souhaiterois avec passion, mais c'est un
« homme que j'ai offensé, et il ne pardonne ja-
« mais. » Je lui répartis : « Non pas, madame, à
« ses ennemis, mais oui bien à ses maîtres (2). »

Bassompierre avoit bien jugé d'Epernon. Après l'avoir fait prévenir par la reine Marguerite et par d'autres, il le vit et fut chargé par lui d'assurer la reine de son très humble et fidèle service, sans intérêt, parti, ni capitulation. Les Guise ne furent pas si désintéressés : ce fut par la princesse de Conti que Bassompierre commença. Elle étoit, dit-il, la plus habile, secrète et capable princesse qu'il eût connue, et qui savoit le mieux sa cour : elle saisit l'offre de l'abbaye de Saint-Germain; son frère accepta de même les cent mille écus, le retour de la Rochefoucault et la cessation de toute poursuite contre le chevalier de Guise. Cependant, il demanda que le tout fût tenu secret quelque temps pour qu'il pût rompre plus honnêtement avec le prince de Condé, avec lequel il étoit engagé. (2)

Sur ces entrefaites, le fils du baron de Luz, voyant que les lois se taisoient et que les tribu-

(1) Bassompierre. T. XX, p. 9.
(2) Bassompierre. T. XX, p. 10-21.

naux abandonnoient la vengeance de son père, fit appeler le chevalier de Guise en duel avec un second seulement ; et son cartel est un curieux monument du respect qu'on avoit alors pour les princes. « Monseigneur, lui disoit-il, nul ne « peut être plus fidèle témoin du juste sujet de « ma douleur que vous : c'est pourquoi, mon- « seigneur, je vous supplie très humblement de « pardonner à mon ressentiment. Je vous con- « vie par ce billet de me faire tant d'honneur « que je me puisse voir l'épée à la main avec « vous, pour tirer raison de la mort de mon « père. L'estime que je fais de votre courage « me fait espérer que vous ne mettrez en avant « votre qualité pour éviter ce à quoi votre hon- « neur vous oblige (1). Le jeune baron de Luz, un des plus braves seigneurs de la cour, fut tué par le chevalier comme l'avoit été son père, et la reine, qui, huit jours auparavant, vouloit faire poursuivre le chevalier de Guise, l'envoya visiter après ce second duel et savoir comment il se portoit de ses blessures ; en même temps elle lui donna la lieutenance de roi en Provence, et elle donna à des recommandés de Bellegarde les deux lieutenances de roi laissées vacantes par les deux barons de Luz. (2)

(1) Mercure français. T. III, p. 32. — Fontenay-Mar., p. 208.
(2) Bassompierre. T. XX, p. 25. — Maréch. d'Estrées.

La reine avoit ainsi complétement changé de parti; Condé, Bouillon, et tous ceux qui s'étoient rattachés à eux, après s'être crus quelques jours entièrement maîtres du gouvernement, se voyoient déchus de toutes leurs espérances; les trois vieux ministres étoient seuls consultés, et non seulement le marquis d'Ancre, mais même sa femme, étoient tellement déchus de leur faveur, que Léonora fut plusieurs jours sans oser se présenter dans la chambre de la reine (1). Son mari, qui avoit toujours été imprudent en propos, et dont la vanité étoit flattée de se trouver associé avec de grands seigneurs, accusoit la reine d'ingratitude et de légèreté pour s'être séparée de M. le prince et des ducs de Mayenne, de Nevers, de Longueville et de Bouillon, ses amis. Il auroit achevé de se perdre si ces princes, pour marquer leur mécontentement, ne s'étoient déterminés à se retirer tous de la cour, et ne lui avoient ainsi rendu la liberté de travailler à faire sa paix. (2)

De leur côté, les ministres désiroient cette paix; ils connoissoient assez la reine pour redouter de l'engager contre ses affections, et ils craignoient qu'elle ne les punît un jour de l'avoir

T. XVI, p. 264. — Pontchartrain. T. XVII, p. 23. — Fontenay-Mar., p. 209. — Richelieu. L. IV, p. 154-156.
(1) Richelieu. L. IV, p. 157.
(2) D'Estrées. T. XVI, p. 265.

TOME XXII. 18

éloignée de son favori. Le marquis de Cœuvres, chargé de ce soin par Villeroy, fit à Concini les premières avances; il lui demandoit son amitié pour les trois ministres, et en gage de cette réconciliation, le petit-fils de Villeroy auroit épousé la fille du marquis d'Ancre. Celui-ci fit d'abord quelques difficultés; il ne vouloit pas, disoit-il, abandonner les princes ses amis. La négociation traîna presque tout l'été; mais sur ces entrefaites les affaires de la succession de Mantoue et les prétentions du duc de Savoie ayant causé quelqu'alarme au conseil, on jugea convenable d'avoir l'avis des princes et de tous les grands; le marquis d'Ancre, qui étoit demeuré en correspondance avec eux, se chargea de les rappeler. La reine désiroit rendre ses bonnes grâces à Condé, Bouillon et tout leur parti; elle désiroit plus encore se dégager d'avec Épernon et Guise, dont l'alliance lui présentoit toujours des souvenirs pénibles. Elle vouloit leur cacher soigneusement son retour vers leurs anciens adversaires: dans ce but, le marquis d'Ancre s'en alla à Amiens, dont elle lui avoit donné le gouvernement. Il fut invité à revenir au mois de septembre pour signer, en présence de la reine, à Fontainebleau, le contrat de mariage de sa fille avec le fils de Villeroy; et Marie, dans sa joie de le rappeler à la faveur, profita, comme s'il eût remporté une grande victoire, de la mort du maréchal de Fervaques pour nommer cet étranger, qui n'avoit jamais fait la guerre, maréchal de France. (1)

Les mouvemens de guerre en Italie, qui avoient causé de l'inquiétude à la régente et à son conseil, avoient leur origine dans le duché de Mantoue. Vincent Ier de Gonzague, duc de Mantoue, qui avoit épousé la sœur aînée de Marie de Médicis, étoit mort le 18 février 1612, victime de son amour immodéré pour les plaisirs, et des débauches dans lesquelles les petits princes d'Italie oublioient la perte de leur indépendance. Il laissoit trois fils, adonnés comme lui à tous les excès, et qui ne tardèrent pas à y succomber : l'aîné, François, avoit épousé Marguerite, fille de Charles-Emmanuel, duc de Savoie ; il mourut à son tour le 22 décembre de la même année, ne laissant qu'une fille en bas âge nommée Marie, qui avoit des prétentions à une moitié de l'héritage, savoir le Montferrat, car c'étoit un fief féminin (2). Le duc de Savoie, empressé de les faire valoir, et comptant bien que le Montferrat, une fois réuni à ses Etats, n'en seroit plus séparé, redemandoit sa

(1) Maréchal d'Estrées. T. XVI, p. 268-273. — Bassompierre. T. XX, p. 39. — Richelieu. L. IV, p. 165, 176. — Pontchartrain. T. XVII, p. 32. — Fontenay-Mar., p. 231.

(2) Muratori, *Annali d'Italia*, 1612. T. XV, p. 153. — Guichenon, Hist. de Savoie. T. II, p. 369. — Fontenay-Mar., p. 211. — Botta, *Storia d'Italia*. T. IV, L. XVI, p. 67.

fille et sa petite-fille ; d'autre part, on proposoit de faire épouser à Ferdinand, second des Gonzagues, qui étoit cardinal, et qui devenoit duc de Mantoue, la veuve de son frère, et à cette condition la Savoie abandonnoit ses droits. Le pape Paul V ne faisoit pas de difficulté pour la double dispense ; ce fut le cardinal-duc qui ne sut jamais se décider, qui promit et qui manqua de parole, qui déclara ne vouloir point rendre sa belle-sœur et sa nièce, après avoir offert de les mettre sous la garde ou du duc de Modène, ou du marquis de la Hinojosa, gouverneur du Milanais. Le nouveau duc étoit aussi vicieux et aussi peu propre aux affaires que son père ou son frère; Charles-Emmanuel, au contraire, étoit le plus ambitieux et le plus intrigant des princes de l'Italie. Il se crut ou feignit de se croire joué; le 22 avril 1613 il attaqua inopinément le Montferrat; il se rendit maître en peu de jours de Trino, d'Alba et de quelques autres places; et il auroit bientôt achevé la conquête de cette province si le duc de Nevers, chef de la branche cadette des Gonzagues, qui, à cette époque, se trouvoit à Gênes, ne s'étoit jeté dans Casal avec quelques gentilshommes français et n'avoit vigoureusement défendu cette place. (1)

(1) Muratori, *Annali d'It.* 1613, p. 157. — Guichenon. T. II, p. 370. — Fontenay-Mar., p. 214. — Richelieu. L. IV, p. 171. — Pontchartrain, p. 27.

La France n'avoit, après tout, qu'un intérêt fort médiocre à assurer l'intégrité de la succession des Gonzagues, feudataires de l'empereur, ou à la réunion du Monferrat à la Savoie ; l'extinction, il est vrai, de la ligne italienne des Gonzagues, survenue en 1627, et l'accession de la branche de Nevers, pouvoient étendre l'influence française en Italie, mais on avoit alors peu d'occasions de prévoir un tel événement. Seulement, les cours de Madrid et de Fontainebleau parurent sentir en même temps que, malgré le traité d'alliance et de double mariage qu'elles venoient de conclure, elles étoient toujours rivales l'une de l'autre ; que les Français devoient se défier des Espagnols, que les Espagnols ne devoient laisser aux Français aucune occasion de se mêler aux affaires d'Italie. On connoissoit l'amitié du marquis de la Hinojosa pour le duc de Savoie ; on en concluoit qu'il avoit l'ordre de le seconder ; le conseil de la reine Marie donna immédiatement au maréchal de Lesdiguières l'ordre de rassembler des troupes et d'entrer en Piémont, pour réprimer l'ambition du Savoyard. Mais la maison d'Autriche avoit de son côté pris l'alarme ; Mathias, qui avoit succédé le 13 juin 1612, sur le trône impérial, à son frère Rodolphe, mort le 30 janvier précédent, somma le duc de Savoie de rendre les terres dont il s'était emparé dans le Montferrat. Philippe III ordonna au marquis de la Hinojosa d'étouffer cette guerre avant que les Français pussent entrer en Italie, et celui-ci, s'avançant avec une forte armée, contraignit le duc de Savoie à promettre, le 18 juin, qu'il rendroit aux Impériaux et aux Espagnols les places qu'il avoit conquises, et qu'il traiteroit de ses droits par des négociations à l'amiable. Ces négociations se prolongèrent, et parurent à plusieurs reprises sur le point de rallumer la guerre (1).

Le duc de Savoie avoit alors un grand intérêt à connoître les dispositions de la cour de France ; un prêtre dauphinois, nommé Maignat, qui avoit quelque accès chez le marquis d'Ancre et chez Dolé, se chargea de l'en instruire ; un de ses paquets fut surpris à la poste, et Bassompierre raconte plaisamment la terreur de Concini, ses exclamations moitié françaises, moitié italiennes, son projet de s'enfuir à Amiens, qu'il abandonna pour se jeter aux pieds de la reine : c'étoit aux fêtes de la Pentecôte, et de là date réellement sa réconciliation. Les commissaires au procès de Maignat retranchèrent de ses interrogatoires tout ce qui regardoit le marquis et la marquise d'Ancre, Dolé et le marquis de Cormire ; l'un d'eux, Mangot, entra à cette occasion

(1) Muratori, *Annali d'Italia*, p. 158. — Guichenon. T. II, p. 375. — Fontenay-Mar. p. 217. — Richelieu. L. IV, p. 180. — Pontchartrain. T. XVII, p. 33. — Mar. d'Estrées, p. 274.

dans la faveur du marquis d'Ancre, qui l'éleva plus tard à la place de chancelier : mais le malheureux Maignat fut roué vif le jeudi suivant 31 mai (1). Cette altération d'un procès criminel, pour ne compromettre point un favori, ne laisse pas de faire faire des réflexions sur l'interrogatoire de Ravaillac, et sur les inductions qu'on croit devoir tirer de son silence.

Le terme de la minorité du roi approchoit cependant ; les lois le déclaroient majeur le premier jour de sa quatorzième année, et quoiqu'à cette époque il ne dût pas avoir plus de capacité pour se conduire qu'auparavant, toute opposition à ce que ceux qui le dirigeroient déclareroient être sa volonté seroit punie comme rébellion. Ainsi, le prince de Condé, qui croyoit déjà avoir beaucoup moins de part au gouvernement qu'il n'avoit droit d'en avoir, approchoit du moment où cette petite part lui seroit encore ôtée. Il s'étoit montré fort avide d'argent, et la reine avoit à plusieurs reprises fait taire son ambition par des présens considérables, mais les trésors du feu roi étoient presque épuisés ; le luxe s'étoit accru outre mesure ; tous les grands, en faisant plus de dépense, avoient augmenté aussi leurs prétentions, et des présens qui sous Henri IV auroient été célébrés pour leur magni-

---

(1) Bassompierre. T. XX, p. 30-37. — Richelieu. L. IV p. 170. — D'Estrées. T. XVI, p. 270.

ficence, leur paroissoient à présent trop mesquins pour être dignes d'eux (1). Par ses profusions, Marie de Médicis avoit réussi à arriver presque au terme de sa régence sans guerres civiles; mais en même temps elle avoit laissé dépérir entre ses mains le pouvoir de l'État. C'étoit sa foiblesse qui avoit créé l'audace de tous ces grands qui se croyoient maîtres dans leurs provinces; en vain auroit-elle voulu commander, elle n'étoit plus obéie : combattue entre ses entraînemens et ses terreurs, elle avoit par ses irrésolutions mécontenté tout le monde également. Elle étoit demeurée attachée à ses trois vieux ministres, mais ceux-ci avoient cessé d'être d'accord; madame de Puisieux, petite-fille de Villeroy, mariée au fils de Sillery, mourut au mois de novembre; des discussions d'intérêt furent alors suscitées entre les deux ministres; bientôt elles dégénérèrent en une opposition complète. Le marquis d'Ancre, de son côté, commençoit à trouver au-dessous de lui le mariage de sa fille avec un petit-fils de Villeroy; il travailloit de nouveau à dégoûter la reine de ses trois ministres; il lui avoit aussi fait mécontenter encore une fois le duc d'Épernon, qui s'étoit retiré à Metz; il étoit toujours jaloux du duc de Guise: ainsi, il avoit, sans le vouloir, isolé complète-

(1) Richelieu. L. V, p. 183.

ment la royauté de tous ses appuis, et quand le mécontentement du prince de Condé et de sa nombreuse faction éclata, il fut effrayé, et sa femme plus encore que lui ; alors tous deux recommandèrent les ménagemens, la conciliation, ou, pour mieux dire encore, la soumission. (1)

En même temps, un sentiment de mépris pour le gouvernement avoit gagné toute la nation ; les livres séditieux se multiplioient et couroient de mains en mains, encore que leur répression fût souvent fort sévère : ainsi, un faiseur d'almanachs fut envoyé aux galères pour avoir prédit que la guerre éclateroit en 1614. Et cependant des bruits bien autrement injurieux s'accréditoient. La reine elle-même dit au conseil « que
« quelques-uns faisoient courir le bruit en Bre-
« tagne qu'elle vouloit faire empoisonner le roi
« pour avoir continuellement et à toujours la
« régence ; que c'étoit chose horrible que de lui
« imputer pareille calomnie, jurant qu'elle éli-
« roit plutôt la mort que la continuation d'une si
« pesante charge ; elle dit de plus qu'elle savoit
« tous les mauvais bruits qu'on faisoit courir
« contre elle-même, contre sa réputation, et que
« ce n'étoit la première fois qu'on avoit dit que

---

(1) Fontenay-Mareuil. T. I, p. 226.

« le marquis d'Ancre la *servoit* (1), et que, quand « les factieux n'en peuvent plus, il publient divers discours, et contre sa personne, et contre « le gouvernement de l'État. »

Ce fut au commencement de l'année 1614 qu'on vit le gouvernement tomber en quelque sorte en dissolution. Au mois de janvier, au milieu des fêtes frivoles de la cour, les princes, sans qu'il leur eût été fait aucune offense nouvelle, prirent tous en même temps la résolution de s'éloigner. Monsieur le prince se rendit à Châteauroux, Mayenne à Soissons, et Nevers en son gouvernement de Champagne. Bouillon, qui étoit l'âme de toutes les intrigues et le directeur secret de Condé, n'alla le rejoindre que plus tard, et partit en annonçant à la reine qu'il alloit tenter de le ramener à son devoir. Le duc de Longueville partit aussi pour son gouvernement de Picardie, que son oncle le comte de Saint-Paul lui avoit cédé à sa majorité et dont il n'avoit pas plus tôt pris possession, qu'il étoit entré en différend avec le maréchal d'Ancre, gouverneur d'Amiens. Le duc de Vendôme avoit formé le projet de se retirer aussi en Bretagne. La reine en étant avertie, le fit arrêter le 11 février; huit jours

---

(1) Expression italienne, d'où est venu *cavalier servente*. Richelieu. L V, p. 185 et 188. — Ponchartrain. T. XVII, p. 35.

après, il trouva moyen de s'échapper, et il fut joint en Bretagne par le duc de Retz. (1)

Au moment de cette levée de boucliers, Villeroy et Jeannin pressèrent la reine d'agir avec vigueur, d'attaquer immédiatement les princes qui n'étoient point en état de faire résistance, et de les forcer ou à se soumettre ou à sortir du royaume. Ils nommoient en même temps le duc de Guise comme propre à être mis à la tête de l'armée ; le chancelier, toujours timide, toujours irrésolu, assuroit qu'une négociation dissiperoit cette bouderie comme les précédentes, et il fit envoyer le duc de Ventadour à Condé, son beau-frère, pour savoir quel motif il donnoit à sa retraite, en même temps qu'il fit rappeler le duc d'Épernon de Metz en lui faisant donner pour son fils, le comte de Candale, une des charges de premier gentilhomme de la chambre, à laquelle il prétendoit avoir des droits. Le maréchal d'Ancre secondoit le chancelier parce qu'il étoit jaloux du duc de Guise, auquel on vouloit donner le commandement de l'armée, et Léonora Galigaï, sa femme, employoit toute son influence dans le même sens, parce qu'elle étoit effrayée, qu'elle s'apercevoit de la haine populaire qui s'allumoit contre elle et son mari, et que toute

---

(1) Richelieu. L. V, p. 184. — Rohan. T. XVIII, p. 115. — Fontenay-Mar., p. 228.

explosion lui paroissoit devoir leur être funeste. (1)

Sur ces entrefaites, le duc de Nevers força avec du canon le marquis de la Vieuville à lui livrer la citadelle de Mézières. Le prince de Condé y accourut, aussi bien que les ducs de Longueville, de Mayenne et de Luxembourg. La prise de cette place importante livroit aux princes, déjà maîtres de La Fère et de Laon, tout le pays qui s'étend de Soissons jusqu'à Sédan, et aucun obstacle ne les empêchoit plus de tirer des landsknechts d'Allemagne (2). Dès son arrivée à Mézières, le 19 ou 20 février, le prince de Condé adressa à la reine une longue lettre en forme de manifeste pour expliquer son mécontentement et demander la réforme des abus qui l'avoient déterminé à se retirer de la cour. Ces abus, exposés en termes vagues et déclamatoires, ne pouvoient ni se prouver ni se réfuter, tant il étoit difficile de les saisir. Les gouvernemens, disoit-il, étoient confiés à des personnes incapables, l'autorité des parlemens étoit empêchée, les ecclésiastiques divisés par de vaines disputes, les emplois donnés par faveur et par argent, les réformés excités à la révolte par des inquiétudes et des divisions, les dons immenses prodigués à des personnes indignes, l'Église

(1) Richelieu. L. V, p. 189. — D'Estrées. T. XVI, p. 175.
(2) Fontenay-Mar., p. 232.

exclue des ambassades, la noblesse appauvrie et ruinée, bannie des offices de judicature et de finance, faute d'argent, privée de la paie des gendarmes et esclave de ses créanciers ; le peuple enfin surchargé par des commissions extraordinaires, « et tout tombe sur les pauvres pour « les gages des riches. » Il finissoit par supplier. la reine de convoquer des états-généraux libres et sûrs, dans trois mois au plus tard, et de suspendre l'exécution des mariages conclus avec l'Espagne, jusqu'à l'assemblée de ces états-généraux. « On veut persuader à votre majesté de « s'armer, disoit-il, mais considérez que nous « procédons par très humbles supplications, et « quelles malédictions la France donnera à ceux « qui mettront les premiers les armes à la « main. »(1)

La reine, à son tour, crut devoir s'appuyer sur l'opinion publique ; elle répondit par une lettre qu'elle fit imprimer et répandre partout, dans laquelle elle relevoit article par article les reproches du prince et les réfutoit : elle rappeloit que jamais les édits en faveur des huguenots n'avoient été mieux observés ; et que si elle avoit promis une de ses filles en mariage au fils catholique du roi d'Espagne, elle étoit en traité pour marier l'autre au fils protestant du roi d'Angle-

---

(1) Mercure français. T. III, p. 224. — Bazin. T. I, p. 246. — Fontenay-Mar., p. 236. — Richelieu. L. V, p. 191.

terre; que M. de Bouillon le savoit bien, puisque c'étoit lui qui avoit été chargé de la négociation. En même temps, M. de Thou, qu'elle savoit être agréable à M. le prince, lui étoit envoyé pour traiter avec lui; le temps s'écouloit en allées et en venues, et six mille Suisses, dont elle avoit ordonné la levée, étoient déjà arrivés. De nouveau, Villeroy et Jeannin la pressoient d'agir avec vigueur, et l'assuroient qu'en marchant contre les mécontens on les auroit bientôt dissipés. Mais la crainte d'accorder trop de pouvoir au duc de Guise l'arrêta encore une fois; les négociations continuèrent, et elles furent enfin terminées par le traité de Sainte-Menehould, du 15 mai 1614. Par ce traité, la reine consentit à peu près à tout ce qui lui étoit demandé. Elle promit que les états-généraux seroient assemblés le 25 août à Sens, dans la forme accoutumée, et qu'ils y pourroient faire avec liberté toutes les propositions et remontrances qu'ils jugeroient convenables, afin qu'avec l'avis des princes du sang et des grands du royaume, on pût réformer les désordres qui s'étoient introduits dans l'Etat; que les mariages d'Espagne ne se feroient qu'après en avoir eu l'avis des Etats et des plus grands du royaume; que la citadelle de Mézières seroit démantelée et la ville laissée au duc de Nevers, le fort de Blavet démoli (alors même Vendôme travailloit à en relever les fortifications), le château d'Amboise donné à M. le prince jusqu'à la tenue des Etats, M. de Vendôme remis dans son gouvernement de Bretagne, cent cinquante mille écus donnés à Condé pour être départis entre ceux qui l'avoient suivi, 300,000 livres à Mayenne, 100,000 livres de pension à Longueville, et la survivance du gouvernement de Champagne accordée au fils aîné du duc de Nevers. A ces conditions, toutes les troupes nouvellement levées devoient être licenciées des deux parts, douze jours après la signature du traité. (1)

« En cette paix, dit Richelieu, les ennemis
« du roi ayant obtenu pardon, sans réparer leur
« faute, et reçu des bienfaits, sinon à cause, au
« moins à l'occasion du mal qu'ils avoient fait,
« et de peur qu'ils en fissent davantage, tant
« s'en faut qu'ils perdissent la mauvaise volonté
« qu'ils avoient au service du roi, qu'ils s'y af-
« fermirent davantage par l'impunité avec la-
« quelle ils voyoient qu'ils la pouvoient exé-
« cuter. »

L'argent promis avoit été livré, le château d'Amboise remis entre les mains de Condé, mais ni ce prince ni ses associés ne revenoient

---

(1) Mercure français. T. III, p. 297. — Fontenay-Mar., p. 244. — Richelieu. L. V, p. 196. — D'Estrées, p. 277. — Pontchartrain, p. 41. — Bassompierre, p. 50. — Rohan, p. 118. — Bazin. T. I, p. 252.

à la cour, et les ducs de Vendôme et de Retz, prétendant qu'on n'avoit pas eu assez d'égards à leurs intérêts, non seulement demeuroient armés en Bretagne, mais y commettoient plusieurs actes d'hostilité. Bientôt l'élection du maire de Poitiers, que Condé vouloit faire tomber sur une de ses créatures, tandis qu'au contraire les habitans se déclarèrent contre tous ses partisans, et les chassèrent de la ville, puis le forcèrent lui-même de se retirer de devant leurs portes avec menaces, lui firent recommencer les hostilités autour de cette ville. La reine avoit accompli tout ce à quoi elle s'étoit engagée par le traité de Sainte-Menehould; mais, voyant qu'elle n'avoit ainsi rien gagné sur les princes, elle se détermina enfin à céder aux instances de Villeroy, et à essayer ce que la vigueur pouvoit faire, puisque les concessions ne désarmoient pas ses ennemis. Concini et sa femme essayèrent en vain de l'arrêter, de lui faire partager les terreurs qui assiégeoient sans cesse l'esprit de la pauvre Léonore. Ils furent si bien rebutés qu'ils n'osèrent pas l'accompagner quand elle partit pour ce voyage. (1)

Ce fut le 5 juillet que la reine se mit en route avec le jeune roi, pour marcher du côté des

(1) Richelieu. L. V, p. 199. — Fontenay-Mareuil, p. 248. — D'Estrées, p. 280. — Bassompierre, p. 51. — Rohan, p. 118. — Pontchartrain, p. 42.

mécontens, avec une suite militaire assez nombreuse pour leur inspirer de la crainte. Outre le régiment des gardes, elle conduisoit trois mille Suisses et environ cinq cents chevaux. « On « avoit fait courir le bruit, dans les provinces, « que le roi étoit fort valétudinaire et d'une « complexion délicate; qu'il avoit toujours be-« soin de remèdes; que c'étoit à cause de cela « même qu'il ne pouvoit s'éloigner de Paris, et « que, suivant toutes les apparences, il ne vi-« vroit pas long-temps... Aussi, lorsque les peu-« ples virent le roi traverser les villes à cheval « et en pleine santé, ils en eurent une joie inex-« primable, et reprirent confiance dans le gou-« vernement (1). » L'assurance des princes diminua dans la même proportion; Condé quitta le voisinage de Poitiers pour retourner à Châteauroux, et le gouverneur de la place d'Amboise, qu'il s'étoit fait livrer, en envoya les clefs à la reine à son approche; les habitans de Poitiers reçurent le roi et la reine sa mère avec enthousiasme, comme leurs libérateurs. Rochefort, créature du prince, à qui il avoit fait donner la charge de lieutenant du roi en Poitou, fut obligé de la résigner en faveur du comte de La Rochefoucault, qui étoit attaché au duc de Guise. Le duc de Vendôme s'étoit retiré en Basse-Bretagne; cependant il obtempéra enfin aux repré-

(1) Pontchartrain, p. 49.

sentations du marquis de Cœuvres, frère de sa mère, qui lui fut envoyé à plusieurs reprises, pour le ramener à son devoir. Tout cédoit dans les provinces à l'autorité royale. Châtellerault, Loudun, Saumur, villes de sûreté des protestans, non seulement avoient ouvert leurs portes au roi et à la reine, mais avoient renvoyé leurs garnisons, pour montrer qu'elles s'en remettoient entièrement en la foi royale. Sully, gouverneur de la province, se tint à l'écart ; mais le duc de Rohan, son gendre, vint à Poitiers faire sa cour au roi ; ensuite il se rendit à Nantes, où le jeune Louis XIII présida les Etats de Bretagne. Le duc de Vendôme s'y étoit enfin rendu ; mais sa présence n'empêcha point les Etats de porter leurs plaintes sur les effroyables vexations commises par ses troupes. « Ils supplièrent sa ma-
« jesté de ne point comprendre, dans l'abolition
« de leurs crimes qu'on donnoit aux rebelles
« ceux qui avoient fait racheter les femmes
« aux maris, les filles et les enfans aux pères et
« mères, les champs ensemencés aux proprié-
« taires, et ceux qui, pour extorquer de l'argent,
« avoient donné la gêne ordinaire et extraordi-
« naire, et pendu ou autrement fait mourir les
« hommes, ou les avoient rançonnés, pour ne
« pas brûler les maisons, ou mettre le feu à
« leurs titres et renseignemens. » (1)

(1) Richelieu. L. V, p. 207. — Pontchartrain, p. 51. —

Le succès de ces mesures de vigueur avoit été complet, le Poitou et la Bretagne étoient pacifiés, les princes avoient senti leur foiblesse. La reine ramena son fils à Paris, le 16 septembre ; le prince de Condé y arriva treize jours après ; les autres seigneurs y revinrent aussi pour la plupart, afin de s'y trouver au moment où le roi déclareroit sa majorité. Quelques uns des grands seigneurs avoient été frappés par la mort dans l'intervalle. Le connétable de Montmorency, connu durant les guerres religieuses sous le nom de maréchal Damville, étoit mort au commencement du printemps, à sa maison de campagne près de Pézénas ; son fils, le nouveau duc de Montmorency, lui succéda dans le gouvernement du Languedoc ; le chevalier de Guise mourut peu après en Provence, tué par l'éclat d'un canon. « Il étoit, « dit Richelieu, prince généreux, et qui don- « noit beaucoup à espérer de lui ; mais le duc « de Guise, qui en faisoit son épée, le nourris- « soit au sang, et lui avoit fait entreprendre « deux mauvaises actions, l'une contre le mar- « quis de Cœuvres, l'autre contre le baron de « Luz, la dernière desquelles il exécuta à son « malheur. » Le dernier enfin fut le prince de Conti, qui mourut à Paris, le 13 août, sans

Fontenay-Mareuil, p. 252. — Duc de Rohan, 119. — Bassompierre, p. 51. — Maréch. d'Estrées, p. 281.

enfans. « Il étoit prince courageux, et qui s'é-
« toit trouvé auprès de Henri-le-Grand, à la
« bataille d'Ivry et en plusieurs autres occa-
« sions, où il avoit très bien fait. Mais il étoit
« si bègue qu'il étoit quasi muet, et n'avoit pas
« plus de sens que de parole. » (1)

L'époque légale de la majorité de Louis XIII
étoit enfin arrivée, et avec elle devoit cesser la
régence de Marie de Médicis. Né le 27 septembre 1601, il venoit d'accomplir sa treizième
année ; en conséquence il présenta au conseil,
le 1er octobre, la déclaration qu'il se proposoit
de faire enregistrer le lendemain au parlement ;
par elle il promettoit de « veiller à l'observa-
« tion des bonnes et saintes lois publiées par
« ses prédécesseurs ; d'en faire de nouvelles sur
« les avis qu'on lui donneroit dans l'assemblée
« prochaine des États-généraux du royaume ;
« il confirmoit l'édit de Nantes dans tous ses
« articles pour le garder inviolablement ; il re-
« nouveloit les ordonnances de son père et de ses
« prédécesseurs contre les duels, les juremens
« et les blasphêmes. » Puis le 20 octobre, il se
rendit au parlement pour y tenir son lit de justice.
Il étoit accompagné par le prince de Condé
et le comte de Soissons, par les ducs de Guise,
d'Elbeuf, d'Epernon, de Ventadour et de Mont-

---

(1) Richelieu. Liv. V, p. 194, 202 et 208.

bazon, les maréchaux de la Châtre, de Lavardin, de Bois-Dauphin et d'Ancre, et le marquis de Rosny, grand-maître de l'artillerie; enfin par les cardinaux de Sourdis, du Perron, de la Rochefoucault et de Bonzi, auxquels les pairs ecclésiastiques furent forcés de céder leurs places, en sorte qu'ils ne parurent pas à la cérémonie. La reine, qui étoit à la main droite du roi, une place vide entre deux, dit « qu'elle remercioit Dieu « d'avoir pu élever le roi jusqu'à sa majorité et « maintenir la paix dans le royaume; qu'elle « lui en remettoit le gouvernement, conviant « tout le monde à lui rendre obéissance. Le « roi l'ayant ensuite remerciée et priée de con-« tinuer en l'administration de ses affaires, le « chancelier, le premier président et l'avocat « du roi parlèrent ; puis M. le chancelier ayant « recueilli les voix, la déclaration fut vérifiée, » après quoi chacun fit semblant de croire que l'enfant de treize ans et quelques jours étoit devenu l'arbitre du royaume. (1)

(1) Mémoires de Fontenay-Mareuil, p. 256. — Richelieu. L. V, p. 208. — Pontchartrain, p. 59. — D'Estrées, p. 282. — Bassompierre, p. 32. — Bazin, Histoire de Louis XIII. T. I, p. 262. — Le Vassor. L. V, p. 279.

CHAPITRE XII.

États-généraux de Paris. — Retraite des princes. — Guerre civile pendant laquelle la cour se rend à Bordeaux pour le double mariage. — Paix de Loudun. — Arrestation de Condé. — Nouvelle guerre civile. — Massacre du maréchal d'Ancre. — 1614-1617.

1614. L'ENFANT qui sortoit à treize ans de sa minorité, et qui commençoit à être reconnu comme souverain absolu de la France, sous le nom de Louis XIII, étoit bien loin encore de pouvoir diriger réellement le gouvernement du royaume. Son corps étoit assez bien conformé, et on auroit eu lieu d'espérer pour lui, d'après son apparence, une santé vigoureuse. Toutefois il fut toujours sujet à des maladies fréquentes et dangereuses. Son caractère se montra de bonne heure opiniâtre, irritable, dépourvu d'affection et de sensibilité; mais sans savoir aimer, il se laissa toujours gouverner par foiblesse et par habitude. Son père et ensuite sa mère l'avoient souvent châtié, sans le faire fléchir; au contraire, il en conservoit contre eux un profond ressentiment. Son esprit étoit lent, et repoussoit toute espèce d'études. Marie de Médicis n'avoit mis au reste aucun empressement à le former ; aussi on l'accusoit de vouloir le retenir par la futilité de ses goûts, dans une longue enfance (1). Il avoit d'abord montré beaucoup de prédilection pour son frère naturel, Alexandre, chevalier de Vendôme, de trois ans plus âgé que lui. Marie de Médicis, redoutant l'influence que ce jeune homme pourroit prendre sur le roi, se hâta de le faire partir pour Malte, afin d'y faire ses caravanes.

La précaution étoit inutile. Il y avoit dans Louis XIII une telle paresse d'esprit, qu'il ne pouvoit s'empêcher d'être dominé. Si son frère naturel étoit écarté, un autre ne pouvoit manquer de prendre sa place. On avoit remarqué dès l'an 1611 sa passion pour les oiseaux de proie ; il vouloit toujours avoir dans son cabinet des émérillons, des pies-grièches et d'autres petits oiseaux de chasse : on jugea qu'il s'attacheroit bientôt à celui qui lui enseigneroit à les former pour la chasse. M. de Souvré, son gouverneur, lui présenta pour cet office Charles d'Albert de Luynes, justement parce qu'il lui croyoit trop peu d'esprit pour être dangereux. Cet homme avoit déjà passé trente ans ; très habile à dresser les oiseaux, il sembloit n'être pas propre à autre chose. C'étoit le petit-fils d'un

---

(1) Extraits des mss. de Béthune, dans Capefigue. T. I, ch. 3, p. 38.

chanoine de Marseille, dont la maîtresse se disoit de la maison des Alberti de Florence; en conséquence il passoit pour gentilhomme, d'autant que son père avoit été placé dans l'armée et étoit parvenu au rang de capitaine. Ce père n'avoit, pour toute fortune, laissé à ses enfans qu'une petite métairie, qui leur rendoit à peine 1,200 livres; les trois frères, réduits à se faire soldats, avoient pris de leur champ, de leur vigne et d'une petite île de sable attenante, les trois noms de Luynes, de Brante et de Cadenet. Mais c'étoient de fort beaux hommes; Luynes étoit singulièrement adroit dans tous les détails de la fauconnerie; le roi montra bientôt un goût très vif pour lui; afin de satisfaire l'enfant royal, on créa pour son favori la charge de *maître* de la *volerie du cabinet;* et le maréchal d'Ancre vit avec plaisir les progrès auprès de Louis XIII, de cet homme insignifiant, qu'il croyoit ne pouvoir jamais devenir redoutable. En effet, le jeune roi, tout occupé de ses goûts futiles, étoit loin alors de songer à partager avec sa mère le gouvernement de l'État. (1)

Mais tandis que la royauté n'existoit encore que de nom dans le monarque, on alloit voir comparoître en scène les représentans du pouvoir national de la France, les États-généraux.

---

(1) Mém. de Fontenay-Mareuil, p. 138. — Mém. de Richelieu. T. XXI, L. V, p. 211. — Bazin. T. I, p. 326.

Dès le 9 juin, en conséquence du traité de Sainte-Menehould, ils avoient été convoqués pour le 10 septembre dans la ville de Sens. Le voyage de la cour en Poitou et à Nantes, et le désir d'attendre la majorité du roi, les firent ensuite ajourner à Paris pour le 14 octobre. Les princes s'étoient donné beaucoup de mouvement pour y faire nommer des députés qui leur fussent favorables, mais ils étoient sans doute peu contens de leur succès, car Condé fit dire sous main à la reine que si elle le désiroit, il renonceroit à ce qu'ils fussent assemblés. Elle ne voulut point prendre sur elle de contremander la grande réunion des représentans de la France, bien sûre que ceux qui y donnoient leur consentement lui en feroient ensuite un reproche. (1)

Les États-Généraux de 1614 sont les derniers de l'ancienne monarchie : ce sont ceux d'après lesquels on comptoit de régler ceux de 1789 qui la renversèrent; leur histoire semble donc au premier abord mériter la plus haute attention; et en effet, des collections, effrayantes par leur volume, de tous les documens relatifs à cette assemblée, encombrent nos tables (2). L'intérêt diminue cependant à mesure qu'on les étudie.

---

(1) Richelieu. L. V, p. 209.

(2) Deux collections sur les États-Généraux faites en 1789, l'une par le libraire Buisson, l'autre par Barrois, consacrent sept gros volumes aux États de 1614.

1614. Ces États étoient assemblés dans des circonstances qui paroissoient favorables au développement du pouvoir national. La France étoit en paix; les finances, quoique honteusement dilapidées, depuis la retraite du duc de Sully, par une administration timide et prodigue, ne causoient cependant encore aucun embarras. Les fonds en réserve, amassés par Henri IV pour la guerre à laquelle il se préparoit, avoient suffi pour faire face à toutes les prodigalités de ces quatre années, et le trésor n'étoit point encore obéré. Pendant ces mêmes années la reine avoit laissé anéantir entre ses mains le pouvoir royal, elle avoit montré qu'elle n'avoit ni vigueur ni capacité. Le roi de treize ans n'avoit pas encore de volonté; le premier des princes du sang, Condé, n'avoit que vingt-six ans, et quoi qu'il eût prétendu se faire le défenseur des intérêts du public, il avoit paru bien plus occupé de ses affaires personnelles que de celles de la France, et l'avidité d'argent l'emportoit encore en lui sur l'ambition. Le ministère se composoit presque uniquement de trois vieillards timides et mal d'accord entre eux : les grands seigneurs, sans cesse en opposition les uns avec les autres, avoient bien pu ébranler l'autorité d'une reine foible et capricieuse, mais leurs menaces et leurs bravades ne sembloient pas pouvoir prévaloir contre la volonté nationale.

Toutefois il fallut bientôt reconnoître que cette volonté nationale, dont on cherchoit l'expression dans les États-généraux, ne s'y trouvoit point. Le clergé y avoit envoyé cent quarante députés, la noblesse cent trente-deux, le tiers-état cent quatre-vingt-douze. Il ne semble point qu'on eût prescrit avec précision à chaque bailliage combien de députés il devoit élire; le plus souvent un bailliage n'en élisoit qu'un seul par ordre; quelques uns ne firent aucune élection. Les pays d'États se trouvèrent proportionnellement beaucoup plus mal représentés que tous les autres. Leurs députés étoient nommés par les États provinciaux. Le Dauphiné envoya seulement deux membres pour le clergé, quatre pour la noblesse, cinq pour le tiers-état; la Provence, deux pour le clergé, huit pour la noblesse et six pour le tiers-état, tandis que la Bourgogne envoyoit treize députés du clergé, neuf de la noblesse, et dix-sept du tiers, et que les provinces plus petites en envoyoient proportionnellement bien davantage. Dans la liste des membres du clergé on remarque presque tous les grands dignitaires de l'Église; cinq cardinaux, sept archevêques, quarante-sept évêques et deux chefs d'ordre y étoient compris; dans la noblesse, au contraire, on ne trouve presque aucun des grands seigneurs; dans le tiers-état, enfin, presque tous les membres prennent le titre de noble homme ou de conseiller du roi; presque tous aussi sont des officiers ou de justice ou de finances. (1)

Le clergé choisit pour son président le cardinal de Joyeuse; la noblesse, le baron de Senecey de Bourgogne; le tiers-état, Robert Miron, prévôt des marchands de Paris. Les trois ordres auxquels on avoit d'abord assigné trois édifices éloignés l'un de l'autre, préférèrent s'assembler dans trois salles du couvent des Augustins, afin de pouvoir communiquer plus facilement l'un avec l'autre. Ils y tinrent leur première séance préparatoire le 14 octobre; le 26, ils se rendirent tous en procession à Notre-Dame, et le 27, le roi fit l'ouverture solennelle des Etats, dans la grande salle de l'hôtel de Bourbon. (2)

Un arrêt du conseil d'Etat du 15 novembre régla que la délibération se feroit non point par tête ou par bailliage, mais par gouvernemens; il fixa l'ordre des douze provinces ou gouvernemens principaux, et il rangea les petites provinces du centre et de l'ouest de la France sous les deux gouvernemens de Lyon et d'Orléans. « Les chambres de leur côté, pour dresser un

---

(1) Barrois, Recueil de pièces originales et authent. T. V. Listes des députés, nos 73, 74, 75, 80 pages.

(2) Relation des États-Gén. Archiv. cur. 2ᵉ série. T. I, p. 7 à 19. — Les procès-verbaux de la procession et de l'ouverture. Recueil. T. V, p. 85.

« cahier général de toutes les plaintes des bail-
« liages et sénéchaussées, par délibération com-
« mune, arrêtèrent d'élire en chaque chambre
« un président de gouvernement, chez lequel
« les députés porteroient les cahiers de leurs
« bailliages, afin de les y conférer tous ensem-
« ble, et n'en faire que douze cahiers, lesquels
« ils rapporteroient, puis après chacun en leur
« chambre, pour en compiler le cahier géné-
« ral » (1). Ainsi c'étoit la voix même de la France et non de ses députés qu'on se proposoit de faire entendre. Ceux-ci n'avoient point encore compris la mission d'une assemblée délibérante ; ils croyoient devoir se borner au rôle de rapporteurs.

Il est vrai qu'ils laissèrent percer, dès leurs premières réunions, beaucoup de petites vanités, beaucoup de jalousies, qui les rendoient peu propres au rôle de législateurs. Il y avoit eu de vives disputes de préséance entre les membres du clergé, de rang entre les provinces, de cérémonial entre les chambres, qui sembloient ne devoir laisser aucune place aux affaires de la nation. Le tiers-état avoit été humilié à plusieurs reprises par les prétentions des

(1) Relation des États-Gén. de 1614, p. 23, 25. — L'arrêt au Recueil. T. V, §. 93, p. 141. — Procès-verbal du clergé. T. VI, p. 18. Au Recueil. — Procès-verbal de la noblesse. T. VII, p. 61. *Ib.* — Procès-verbal du tiers-état. *Ib.* T. VIII, p. 22.

deux autres chambres; l'esprit du dix-septième siècle sembloit avoir réveillé toutes les vanités, et avoir donné en toute chose la préférence à la forme sur le fond : on ne voyoit percer nulle part de vue générale, d'idée organisatrice, et les États de Jean ou ceux de Charles VIII représentoient bien mieux la France que ceux de Louis XIII.

Chacun des ordres arrivoit avec un vœu particulier, qu'il s'efforçoit de faire prévaloir, et sur lequel il désiroit attirer l'attention royale, de préférence au reste des cahiers généraux. La noblesse s'élevoit surtout contre l'hérédité, ou la transmission par vente des charges et offices; et contre la *paulette*, ou le droit annuel payé volontairement par ceux qui vouloient assurer à leurs héritiers la disposition de leurs offices : elle s'écrioit qu'il falloit décerner les emplois au mérite et à la vertu, tandis qu'en réalité elle désiroit de laisser à la couronne la plus grande latitude dans leur distribution. Par la vénalité, presque tous les emplois passoient aux familles riches de la bourgeoisie, ambitieuses d'acquérir avec leur argent un commencement de noblesse, et une exemption des tailles. Mais si le roi avoit distribué ses faveurs gratuitement, il n'auroit jamais songé à les étendre au delà du cercle de la noblesse. A cette époque même, où la reine en pouvoit tirer beaucoup d'argent, elle les donnoit souvent à ses courtisans, pour qu'ils les vendissent à leur profit. Bassompierre raconte en 1613 comment la reine lui donna la charge du procureur général de Rouen qui venoit de mourir, afin qu'elle lui servît à acquitter ses dettes (1). A cette demande intéressée, la noblesse en joignoit une autre qui ne l'étoit pas moins. C'étoit « la révocation et cassation de « certaines nouvelles commissions, portant une « recherche sur les ecclésiastiques et nobles, à « ce qu'ils eussent à montrer l'état et quittances « du sel qu'ils avoient pris depuis deux années ; « ce qui seroit en effet les rendre taillables. » (2)

Le clergé avoit le même intérêt que la noblesse, et il se montra empressé à demander au roi la surséance de la paulette, et la révocation des recherches sur le sel ; mais ces deux ordres auroient voulu que le tiers-état se joignît à eux. Or, la plupart des députés de cet ordre avoient des offices vénaux, et quant à l'exemption de la gabelle que réclamoient les deux premiers ordres, elle l'auroit fait retomber d'un double poids sur le troisième. Cependant le tiers-état n'osa pas s'opposer directement au vœu des deux premiers ordres ; il promit de l'appuyer au contraire, mais il y joignit deux autres demandes, pour lesquelles il sollicita en retour leur appui ; l'une

(1) Mém. de Bassompierre. T. XX, p. 40.
(2) Relation des États-Génér. p. 26. — Procès-verbal du tiers-état, p. 32. — de la noblesse, p. 64. — du clergé, p. 90.

étoit une réduction du quart sur la taille, dont le pauvre peuple ne pouvoit plus supporter le fardeau; l'autre pour combler le déficit que la réduction de la paulette et de la taille laisseroit dans les finances du roi, de surseoir au paiement de toutes les pensions et gratifications dont les ministres avoient donné l'état. (1)

La noblesse se récria vivement contre la demande de suppression des pensions, qui lui paroissoit une attaque directe contre ses membres; le clergé convint que les demandes du tiers-état étoient raisonnables; mais il ajouta qu'en les unissant à celles des deux premiers ordres, on risquoit de faire que toute attention fût refusée aux unes comme aux autres. Ne pouvant s'accorder, le clergé et la noblesse adressèrent seuls, le 17 novembre, une demande au roi pour la surséance du droit annuel et la révocation de la recherche du sel. Le tiers-état de son côté demanda seulement la surséance des tailles et des pensions. On donna aux uns comme aux autres de bonnes paroles. Un financier, nommé Beaufort, proposa le projet d'une compagnie, qui, moyennant l'attribution pendant douze ans des six millions de gages payés à tous les serviteurs du gouvernement, s'engageoit à racheter tous les offices vénaux moyennant l'économie qu'elle

---

(1) Relation des États-Gén. p. 26.

feroit sur le nombre des employés, et à les rendre au bout de ce terme tous affranchis au gouvernement. Mais bientôt les intérêts particuliers s'armèrent contre ce projet; ni les compagnies souveraines, ni les corps de magistrats, ni les grands officiers de finances, ni moins encore les gouverneurs militaires et les titulaires des grandes charges, ne vouloient se soumettre au remboursement et à la suppression de leurs offices. « La considération de ceux qui tenoient lesdites « charges étoit si grande, que malaisément on « pourroit passer par-dessus. » (1) De nouveaux projets furent présentés, qui ménageoient davantage les hommes puissans, qui appesantissoient la main sur les foibles. Des conférences multipliées furent tenues entre les trois ordres : beaucoup d'aigreur se manifesta entre la noblesse et le tiers-état; il fut impossible d'arriver à aucune conclusion pratique; seulement le clergé et la noblesse mirent en tête de leurs cahiers quatre articles généraux « contre le nombre ef- « fréné d'officiers et la vénalité des charges et « offices, et contre l'abus et foule intolérable « qui en résultent pour les sujets. » (2)

(1) Mémoire du financier Beaufort au procès-verbal de la noblesse, p. 186.

(2) Relation des États-Génér. p. 27-40. — Procès-verbal du clergé, p. 115 et suiv. — de la noblesse, p. 77 et suiv. — du tiers, p. 47 et suiv.

TOME XXII. 20

Le clergé, de son côté, avoit sa demande de prédilection, qu'il vouloit non seulement mettre à la tête de son cahier général, mais aussi au nombre des articles principaux, extraits des cahiers généraux, que l'on présenteroit au roi du consentement des trois ordres : c'étoit « que « le concile de Trente fût reçu et publié dans le « royaume, et les constitutions d'icelui gardées « et observées, sans préjudice toutefois des « droits de sa majesté, libertés de l'Église galli- « cane, privilèges et exemptions des chapitres, « monastères et communautés. » Le concile de Trente étant reconnu comme universel et œcuménique, on ne comprend guère comment l'Église gallicane, qui mettoit les conciles au-dessus des papes, qui voyoit en eux les arbitres suprêmes de la foi et de la discipline, pouvoit hésiter à recevoir celui-ci, ou même faire des réserves contre ses décisions ; mais ce qui tenoit surtout à cœur au clergé, c'étoit de donner plus de solennité à la condamnation des doctrines des réformés, comme hérétiques, et de rendre par là obligatoire pour le roi le serment de son sacre, de les exterminer. C'étoit justement pour le même motif que la noblesse et le tiers-état repoussoient une publication qui pouvoit troubler le royaume. A cette cause légitime de répugnance, la troisième chambre, composée presque uniquement de magistrats, joignoit la jalousie de la magistrature contre le sacerdoce et sa haine du jésuitisme. La noblesse, après avoir manifesté d'abord assez de répugnance, finit par se joindre au clergé pour demander la publication du concile de Trente; mais le tiers-état persista jusqu'à la fin à s'y refuser. (1)

1614.

Cette opposition constante entre les ordres, cet attachement de chacun à ses intérêts pécuniaires, avoient mis beaucoup de froideur entre eux. Le tiers-état étoit offensé de ce que la noblesse n'avoit point voulu s'intéresser à la réduction des tailles, qu'il disoit être horriblement oppressives, de ce que, par la suppression de la paulette, elle ne craignoit point de ruiner tous les députés tenant à la magistrature, en même temps qu'elle faisoit tant de bruit pour un peu de sel dont on la forçoit à payer la gabelle. Savaron, président de Clermont, chef de la députation envoyée au roi par le tiers-état, le 15 novembre, pour demander un allégement sur les tailles, s'étoit exprimé avec assez de sévérité sur l'avidité de la noblesse, « dont le
« roi avoit été obligé d'acheter à prix d'argent
« la fidélité, tandis que ces dépenses excessives
« avoient réduit le peuple à paître et brouter

---

(1) Relation des États-Gén. p. 41-52. — Procès-verb. du clergé, p. 93, séance du 7 novembre. — de la noblesse, séance du 20 févr., p. 289. — du tiers-état, 18 février, p. 195, et 20 févr. p. 198.

« l'herbe comme des bêtes (1). » Le clergé s'interposa pour apaiser le ressentiment de la noblesse, et il obtint que le tiers enverroit une députation de douze de ses membres pour donner satisfaction aux gentilshommes offensés; mais le discours du lieutenant civil qui présidoit cette députation, excita un nouvel orage. Après avoir déclaré « que la compagnie du tiers-état
« avoit beaucoup de regret de leur mécontente-
« ment; qu'elle n'avoit jamais eu intention de
« les offenser; qu'ils reconnoissoient leur ordre
« pour supérieur à celui du tiers-état (2), il ajouta : « La France est notre commune mère, qui
« nous a tous allaités de sa mamelle. Messieurs
« de l'Église ont eu la bénédiction de Jacob et Re-
« becca, et emporté le droit d'aînesse; vous en
« êtes, messieurs, les puînés et nous en sommes
« les cadets : traitez-nous comme vos frères
« cadets et comme étant de la maison, et nous
« vous honorerons et aimerons. Souventefois
« les cadets ont relevé l'honneur des maisons
« que les aînés avoient ruinées et dissipées.
« Nous sommes parvenus, par la grâce de Dieu,
« aux charges et dignités, et portons le carac-
« tère de juges; et comme vous donnez la paix
« à la France, nous la donnons aux familles qui

---

(1) Procès-verbal de la noblesse, Recueil des États-Gén. T. VII, p. 85.

(2) Procès-verbal du tiers-état. 24 nov. p. 62. T. VIII.

« ont entre elles quelque division..... Sur quoi
« M. de Senecey, président de l'assemblée, ré-
« pondit *dignement et judicieusement* (dit le pro-
« cès-verbal) que la compagnie s'étoit portée vo-
« lontairement à oublier le déplaisir reçu à cause
« des discours tenus par le président Savaron,
« pour ne pouvoir conserver de l'aigreur que con-
« tre ceux de qui elle se peut satisfaire par les ar-
« mes généreuses; et croiroit avoir commis une
« action trop honteuse à sa réputation et celle de
« ses prédécesseurs, si la grande et dispropor-
« tionnée différence qui est entre l'ordre du
« tiers-état et celui de la noblesse l'avoit pu
« rendre offensée. Que les paroles dudit sieur
« Savaron n'avoient pu si ce n'est donner du
« regret, de quoi il s'étoit dispensé des respec-
« tueux devoirs dus par son ordre à celui de la
« noblesse, non comme étant les cadets, cette
« qualité présupposant même sang et même
« vertu; mais comme relevant, et devant tenir
« à grande vanité et bonne fortune d'être sou-
« mis, après Dieu et le roi, à l'honneur que
« leur apporte celui qu'ils doivent à la dite no-
« blesse. (1) »

Après une réponse aussi offensante, il semble que la noblesse n'étoit pas en reste avec le tiers-état; ce fut cependant elle qui, le 26 novembre,

---

(1) Procès-verbal de la noblesse, p. 95, 96.

envoya son président au Louvre, avec une députation, pour porter plainte au roi de ce que *des hommagers et justiciables des deux premiers ordres, des bourgeois, marchands, artisans et quelques officiers*, les avoient tellement rabaissés, que de se prétendre avec eux dans la plus étroite société qui soit parmi les hommes, qui est la fraternité (1). Le clergé à son tour se montra fortement irrité; il déclara ne pas vouloir porter plainte, mais plutôt députer vers le roi pour lui rapporter comme l'affaire s'étoit passée, et servir en cela aux nobles de bons témoins (2). Le tiers-état cependant, malgré l'invitation de la reine, du prince de Condé et du chancelier, ne voulut pas envoyer une nouvelle députation à la noblesse, ou donner de nouvelles explications sur une offense qu'il n'avoit eu aucune intention de donner, et tous les ordres s'accordèrent, au bout de peu de temps, à laisser tomber cette querelle dans l'oubli. (3)

Cependant les états-généraux sembloient songer à peine à ce qui, aux yeux du prince de Condé, avoit été le but principal de leur convocation; le double mariage entre les maisons de France et d'Espagne, qu'on prétendoit devoir changer toutes les alliances de la première. Ce sujet fut

(1) Procès-verbal de la noblesse, p. 101.
(2) Procès-verbal du clergé. T. VI, p. 160.
(3) Procès-verbal du tiers-état. T. VIII, p. 67.

introduit, il est vrai, dans l'assemblée du clergé le 12 décembre, par le cardinal de Sourdis qui la présidoit ce jour-là, mais comme une affaire de forme : il demanda qu'après les articles sur la religion et l'honneur de Dieu, il en fût introduit un au cahier pour remercier le roi de ce qu'après « la déclaration de sa majorité, il lui auroit plû « remettre le gouvernement de son royaume en- « tre les mains de la reine ; le suppliant très hum- « blement de continuer,.... comme aussi de con- « duire le plus promptement qu'il sera possible « le traité des alliances de cette couronne avec « celle d'Espagne, en parachevant les mariages « du roi et de madame, avec le prince et l'in- « fante d'Espagne. » Il ne paroît pas que ce vote ait été précédé d'aucune discussion (1). Dans la chambre du tiers on résolut d'approuver la reine sur ce qu'elle avoit fait à cet égard, en évitant soigneusement de lui rien prescrire sur ce qu'elle avoit désormais à faire (2).

La reine avoit promis à plusieurs reprises aux États qu'elle ne les congédieroit point sans avoir répondu à leurs cahiers, et elle les exhortoit à y travailler avec persévérance ; mais la nature même de ce travail rendoit impossible que la réponse fût ou prompte ou satisfaisante : chaque jour, dans chaque chambre, on continuoit la

(1) Procès-verbal du clergé. T. VI, p. 220.
(2) Procès-verbal du tiers. T. VIII, p. 89.

lecture du cahier d'une province; on y trouvoit tour à tour des vues à peine ébauchées de réformes générales, des réclamations sur les priviléges violés des provinces ou des villes, des demandes de réduction ou d'impôts ou de taxes locales, des propositions pour rectifier, ou la perception des contributions, ou les lois civiles, criminelles et de procédure, ou les priviléges des gens de guerre; et toutes les fois qu'un article ou n'étoit pas par lui-même trop absurde, ou n'étoit pas en contradiction trop frappante avec un autre article déjà adopté, on l'inscrivoit dans le cahier général, sous l'une des divisions par ordre de matières qu'on avoit établies; savoir, les lois fondamentales, l'église, les hôpitaux, l'université, la noblesse, la justice, les finances, les suppressions et révocations, et enfin la police et marchandise. C'est la classification adoptée par le tiers-état dans son cahier; les deux autres ordres s'en éloignoient peu (1). Beaucoup d'informations utiles et quelques vues sages étoient certainement contenues dans chacun de ces cahiers; mais les rédacteurs avoient si peu considéré l'ensemble du royaume, de ses besoins et de sa législation, que plusieurs années n'auroient pas suffi au conseil d'État, pour juger toutes les réformes proposées.

(1) Le cahier du tiers-état, dans la collection des États-Généraux de Buisson, t. XVII, remplit 275 pages.

Au reste, les députés pouvoient déjà reconnoître, par les réponses qu'ils avoient reçues à leurs plus instantes prières, qu'ils n'avoient pas à espérer beaucoup de soulagement. Les ministres ayant appelé à une conférence, le 4 décembre, des députés des trois ordres, leur avoient annoncé que quant à la surséance du droit annuel et des pensions, sa majesté y avoit pourvu et y pourvoiroit définitivement par la réponse des cahiers ; que quant aux commissions vexatoires dont se plaignoit le tiers-état, elle désiroit en être éclaircie plus amplement ; que quant à la surséance du quart des tailles enfin, on ne pouvoit quant à présent y toucher, attendu la nécessité des affaires publiques. Ainsi la seule grâce obtenue étoit précisément celle que le tiers-état repoussoit, l'abolition du droit annuel, qui garantissoit la propriété des charges que la plupart des députés avoient achetées. (1)

Mais à cette époque même une proposition faite par la noblesse, obtint promptement l'assentiment des trois ordres, et les détourna quelque temps de poursuites plus honorables. Le 1ᵉʳ décembre 1614, la noblesse proposa « d'envoyer
« vers le roi pour lui faire très humbles suppli-
« cations de vouloir accorder dès à présent
« l'établissement d'une chambre pour la recher-
« che des financiers, partisans, et toutes autres

(1) Procès-verbal du tiers-état. T. VIII, p. 72.

« sortes de personnes malversantes, ou ayant
« malversé au fait des finances (1). » Leur richesse paroissoit un indice suffisant pour les présumer coupables; quiconque avoit servi l'État de son activité ou de son crédit, dans le maniement des finances, devoit être mis en cause ; mais ce n'étoit point assez, il devoit de plus être soustrait à ses juges naturels et pressuré par des rigueurs extraordinaires pour lui arracher de l'argent. Le clergé, dès qu'il eut connoissance de la proposition de la noblesse, déclara « qu'il
« la jugeoit en soi fort bonne, très juste et dési-
« rable, » quoique l'expérience lui fît craindre, que pour le présent on en pût espérer peu de fruit (2). Mais la noblesse ayant communiqué également sa proposition au tiers-état, et celui-ci ayant appris « que le moyen de la dite recherche
« devoit être la révocation de l'abolition géné-
« rale accordée en 1607 par le feu roi aux finan-
« ciers, d'où il pourroit bien revenir douze mil-
« lions de livres aux coffres du roi, les frais de
« la chambre payés, » l'appât d'une si grosse somme triompha de toute opposition (3). Les trois ordres demeurèrent d'accord de demander au roi « qu'il lui plaise établir la dite chambre
« qui soit composée d'aucuns députés des trois

---

(1) Procès-verbal de la noblesse. T. VII, p. 104.
(2) Procès-verbal du clergé. T. VI, p. 183.
(3) Procès-verbal du tiers. T. VIII, p. 7·

« ordres, nommés par le roi sur une liste baillée
« par les chambres.... que la dite chambre ne
« pourra être révoquée ; que sa juridiction du-
« rera jusqu'à ce que les procédures seront faites
« et parfaites ; qu'on n'entrera en aucune com-
« position avec les dits financiers, qu'on ne leur
« accordera aucune abolition, grâce, ni pardon,
« ni donnera autre moyen ni secours, pour di-
« vertir le cours de la justice en la dite chambre,
« et que les deniers qui en proviendront seront
« employés au remboursement des offices sur-
« numéraires, ou au rachat du domaine. » (1)

On éprouve un sentiment de douleur et de dégoût en voyant les représentans de tous les ordres de la France, réunis, par l'appât du gain ou par la haine, à la poursuite d'une classe de serviteurs du public, dont la nation ne peut se passer. Les états-généraux présument les financiers coupables, par cela seul qu'ils les voient riches ; en conséquence, ils leur refusent toutes les garanties que la société doit à tous les citoyens, et que leur mission spéciale auroit dû être de maintenir. L'établissement de ce tribunal d'exception fut poursuivi avec acharnement par les trois ordres. L'érection d'une chambre de justice fut accordée par les ministres, le 20 décembre, sous condition cependant

---

(1) Procès-verbal du clergé, p. 198.

que les juges seroient tirés des compagnies souveraines du royaume, « pour tenir la parole « donnée par le feu roi, qu'advenant nouvelles « recherches, elles ne pourroient être faites que « par les juges ordinaires. » Mais les ordres ne furent point satisfaits. Ils supplièrent le roi « de « joindre aux officiers qui seront pris dans les « cours souveraines, sur la liste qui en sera donnée « par les états-généraux, pareil nombre de cette « compagnie (les députés de la noblesse), afin « qu'on ne crût point qu'il nous avoit jugés in- « capables d'une telle commission. » (1)

Une autre proposition faite à la même époque éveilla plus de passions encore dans les trois chambres, et les mit de nouveau ouvertement en opposition les unes avec les autres. L'université de Paris présenta requête pour avoir rang et séance aux Etats, comme elle avoit eu en ceux tenus à Paris du temps de Charles V ; on l'invita seulement à dresser son cahier de plaintes, et à le remettre à l'assemblée du clergé. En tête de ce cahier, le recteur de l'université inséra un article *pour réprouver la pernicieuse doctrine que quelques uns cherchoient à répandre, que le roi pouvoit être dépossédé par une autorité quelconque, et ses sujets absous ou dispensés de l'obéissance qu'ils lui doivent* (2). C'é-

---

(1) Procès-verbal de la noblesse. T. VII, p. 155.
(2) Relation des États-Généraux, p. 58.

toient les jésuites qu'on représentoit comme les propagateurs de cette doctrine; on les accusoit de vouloir soumettre tous les rois au siége de Rome, et l'université, qui ressentoit depuis long-temps une extrême jalousie contre cet ordre, qui regardoit les colléges des jésuites comme des rivaux redoutables, ardens à lui enlever et le crédit et les profits de l'enseignement, étoit charmée de leur susciter cette querelle; mais les députés du tiers-état saisirent, avec plus d'ardeur encore, cette occasion de condamner la société fondée par Saint-Ignace. Presque tous attachés à la magistrature, et élevés dans les doctrines du parlement de Paris, ils prétendoient l'emporter sur tous les Français, par leur dévouement à l'autorité royale; ils s'étoient constitués les gardiens des libertés de l'église gallicane contre les usurpations de Rome; ils se souvenoient des arrêts sévères rendus contre les jésuites par le parlement de Paris, et ils voyoient en eux, en quelque sorte, des ennemis personnels. Le tiers-état vouloit mettre en tête de ses cahiers, quelques articles qui devoient être reçus comme lois fondamentales, et le premier, emprunté presque textuellement au cahier de l'université, portoit : « Que « comme le roi est reconnu souverain en son « Etat, ne tenant sa couronne que de Dieu seul, « il n'y a puissance en terre, quelle qu'elle

« soit, spirituelle ou temporelle, qui ait aucun
« droit sur son royaume, pour en priver les
« personnes sacrées de nos rois, ni dispenser ou
« absoudre leurs sujets de la fidélité qu'ils lui
« doivent, pour quelque cause ou prétexte que
« ce soit. » Ils vouloient que cette déclaration
« fût jurée et signée par tous les députés des
« Etats, et dorénavant par tous les bénéficiers et
« officiers du royaume ; que tous précepteurs,
« régens, docteurs et prédicateurs fussent tenus
« de l'enseigner ; que tous livres qui enseigne-
« ront une opinion contraire soient tenus pour
« séditieux et damnables, ceux qui les auront
« écrits, pour ennemis jurés de la couronne,
« ceux qui y adhéreront, pour criminels de
« lèse-majesté au premier chef. » (1)

Le projet de cette loi fondamentale ne fut pas plutôt connu qu'il excita les défiances et du clergé et de la cour. Les jésuites avoient alors beaucoup d'influence parmi les premiers dignitaires de l'Église, et quant aux grands personnages qui entouroient la reine, on peut supposer que quelques-uns voyoient dans une déclaration si solennelle faite au nom de la France, une accusation indirecte contre eux, relativement à l'assassinat du feu roi, un soupçon élevé que les poursuites n'en avoient pas été faites

---

(1) Procès-verbal du tiers-état. T. VIII, p. 86.

avec l'intention de découvrir les vrais coupables

Aussi, quoiqu'il s'en fallût de beaucoup que la noblesse, le clergé et la cour voulussent soumettre l'autorité et la personne des rois au jugement du pape, qu'ils fussent plus loin encore de reconnaître aux peuples le droit de secouer leur joug, que la pensée ne s'en présentât pas même à eux, ils s'accordèrent à refuser la déclaration que le tiers-état demandoit. Le clergé commença par faire demander au tiers-état de ne rien traiter sur le fait de l'Eglise sans le lui communiquer ; et comme on lui répondoit qu'on n'avoit garde de toucher à la doctrine, mais seulement à la discipline, le cardinal de Sourdis insista sur ce que l'une dépendoit de l'autre, et que le jugement en appartenoit à leur ordre ; bientôt après, le clergé fit demander communication de ce premier article arrêté comme loi fondamentale. Enfin le 2 janvier 1615, le cardinal du Perron, accompagné de trente ou quarante ecclésiastiques et de presqu'autant de gentilshommes et de députés de la noblesse, vint prendre place à côté du président, pour adresser au tiers-état un discours qui dura près de trois heures, sur la proposition que cet ordre avoit faite. Du Perron, tout dévoué aux jésuites, passoit pour le plus adroit et le plus éloquent entre les membres du clergé ; mais l'éloquence de ce siècle, toujours gâtée par un étalage d'érudition étrangère au sujet, n'étoit nullement persuasive; plus les orateurs s'étoient préparés, plus ils divaguoient et devenoient, au moins à nos yeux, ridicules; du Perron, à ces défauts de son siècle, joignoit une recherche dans le choix des mots qu'il employoit, une répétition de synonymes, et une obstination à se reprendre lui-même, jusqu'à ce qu'il eût trouvé le mot propre, qui fatiguèrent fort l'assemblée. (1)

Quoique du Perron entremêlât son discours de beaucoup de flatteries pour les députés du tiers-état, et en particulier pour les juges qui faisoient partie de l'assemblée, il donna à entendre que les premiers auteurs de l'article devoient être des calvinistes; que son adoption feroit tomber l'Église gallicane dans le même abîme où l'église d'Angleterre avoit été précipitée, qu'il souffriroit lui-même plutôt le martyre que de s'y soumettre. Il rappela les dépositions fréquentes de souverains prononcées par le saint-siége, entr'autres durant la croisade des Albigeois; il déclara que quoique des opinions

---

(1) Procès-verbal du tiers-état. T. VIII, p. 111. Les discours de du Perron à la noblesse, le 31 décembre, et au tiers-état, le 2 janvier, sont rapportés presque en entier, Collection de Buisson, des États-Généraux. T. XVI, p. 91-110, et 111-145.

opposées sur cette question pussent être soutenues sans nuire à la foi, lorsqu'une autorité séculière prononçoit qu'une de ces opinions étoit impie, elle se précipitoit elle-même dans le schisme ; il dit qu'il falloit laisser à l'Église le soin de protéger la vie des rois, en vouant leurs assassins aux peines éternelles, car si Jacques Clément, Chatel et Ravaillac avoient su qu'ils couroient à leur damnation, ils auroient été arrêtés par cette crainte plus que par celle du supplice. Il promit que l'Église y pourvoiroit en renouvelant l'anathème contenu au décret 15 du concile de Constance, et il conclut en suppliant le tiers-état de retrancher de son cahier l'article dangereux qu'il avoit proposé. L'agitation fut grande à la suite de ce discours, que presque tous les députés des trois chambres étoient venus entendre. Les magistrats remarquoient que le décret du concile, que le clergé proposoit de substituer à une loi de l'État, prononçoit seulement la condamnation de ceux qui attentent à la vie des princes et tyrans, *non expectata sententia vel mandato judicis cujuscumque*, en sorte que, selon l'interprétation du jésuite Suarès, il est permis d'exécuter par l'assassinat la sentence prononcée contre un tyran par un tribunal ecclésiastique. Le parlement venoit de rendre un arrêt conforme à la doctrine du tiers-état ; l'université au contraire paroissoit vouloir repousser la responsabilité d'une proposition qui avoit été mise en avant par son recteur ; les ordres étoient sur le point de se brouiller tout à fait, lorsque le conseil d'État rendit un arrêt le 6 janvier, par lequel le roi évoquoit à sa propre personne tous ces différends, « et surséoit à l'exécution de tous arrêts et délibé-« rations sur ce intervenues, faisant expresses dé-« fenses aux États de s'en occuper davantage. »(1)

Le tiers-état, qui avoit demandé avec tant d'instances la diminution de la taille, apprit avec douleur, par les plaintes de plusieurs députés, qu'elle venoit de subir une augmentation, les droits des receveurs, qui auparavant se prenoient sur les deniers du roi, ayant été rejetés sur le peuple. La chambre en prit occasion de faire d'itératives remontrances sur le fardeau qui accabloit le pauvre. Les ministres crurent lui imposer silence, en envoyant au président de chaque chambre un compte sommaire de l'administration des finances, par lequel il apparoissoit qu'il y avoit déjà un déficit. Mais en même temps le ministère déclaroit que c'étoit là le secret de l'État, que le roi n'étoit nullement obligé à faire

(1) Procès-verbal du tiers-état. T. VIII, p. 125. — de la noblesse, p. 162-178. — du clergé, p. 260-322. — Relation des États-Gén. p. 66, 95-169.

connoître au peuple ses embarras ou ses ressources, et qu'en conséquence le mémoire qu'il communiquoit ne devoit point être inséré aux registres ou procès-verbal. La noblesse et le clergé se contentèrent de cette communication sommaire, mais le tiers-état ne voulut point permettre la lecture du mémoire, s'il ne lui étoit pas permis de le conserver et le discuter (1). La fermeté du tiers-état finit toutefois par succomber; le président Jeannin, avec trois conseillers des finances, se rendit à la chambre pour lui représenter « qu'elle ne devoit faire que des demandes justes et possibles, que dans ce but elle devoit recevoir l'état de la direction des finances pendant la régence, le faire lire en l'assemblée, et, pour l'examen et vérification, commettre quelques membres en petit nombre, qui en feroient rapport; ajoutant que, depuis le décès du roi, les finances avoient été aussi innocemment maniées que jamais, et que l'on ne céleroit rien aux commissaires de leur vraie dépendance. »(2)

Le 16 janvier, le maréchal de Brissac fut encore envoyé à la chambre du tiers, pour l'engager à nommer des commissaires pour prendre connoissance de l'état des finances, puisqu'une assemblée aussi nombreuse ne pourroit jamais

---

(1) Procès-verbal du tiers-état. T. VIII, p. 92.
(2) Procès-verbal du tiers-état. T. VIII, p. 102.

entrer profitablement dans le détail des comptes. (1)

Ce détail des comptes, qui ne devoit point être inscrit aux registres des États, ou déposé en lieu où il pût être consulté de nouveau, nous a été cependant conservé. Il est probablement l'ouvrage du président Jeannin, et il commence avec assez de méthode, par des notions générales sur la distinction entre les recettes ordinaires et extraordinaires, sur la division de la France, sous le rapport des finances, en vingt et une généralités, avec le nombre d'élections et de paroisses comprises dans chacune. Mais lorsqu'il arrive ensuite au détail des recettes et des dépenses, il devient toujours plus obscur et plus confus, et, selon toute apparence, les commissaires de l'assemblée ne comprirent jamais bien le compte qui leur étoit mis sommairement sous les yeux (2). En résultat, Jeannin estimoit que la somme totale qui se levoit annuellement sur la France montoit à 36,926,638 livres, mais qu'il s'en dépensoit plus de la moitié dans les provinces, pour les frais, et le paiement des charges,

(1) Procès-verbal du tiers-état. T. VIII, p. 140.
(2) Traité du revenu et dépense des finances de France. Buisson, des États-Généraux. T. XVII, p. 184-227. — Une partie seulement de ce traité, sans les chiffres, est insérée aux œuvres du présid. Jeannin. T. XVI, p. 21-31.

en sorte que la recette ordinaire qui entroit à l'épargne, se composant surtout des tailles, montoit à.................. 7,280,425 liv.
et l'extraordinaire provenant des fermes et impositions, à. 9,009,773

TOTAL........ 16,290,198 liv.

La dépense annuelle montoit,
suivant lui, à............. 19,636,335 liv.
laissant ainsi un déficit considérable qu'il falloit songer à couvrir.

Mais un examen plus attentif du compte présenté par le président Jeannin explique pourquoi il mettoit tant d'importance à ne pas en faire le dépôt et le soumettre à la critique; il avoit voulu tromper les députés de la nation, et comme plusieurs des faits qu'il avançoit sont faux, le soupçon pèse également sur tout le reste. Ainsi nous avons vu que Sully annonçoit à son maître que les fonds en réserve qu'il tenoit tout prêts pour commencer la guerre dépassoient 40 millions, savoir, environ 17 millions en espèces, puis les billets des trésoriers, et autres parties échues qu'il pouvoit regarder comme argent comptant. Jeannin prétend que le dépôt de la Bastille ne montoit qu'à 5 millions, dont il reconnoissoit avoir dépensé la moitié, sans compter un emprunt de 600,000 fr. qu'il falloit rembourser. Évidemment lorsque Henri IV se croyoit, avec son trésor, en état de dicter des lois à l'Europe, ce trésor n'étoit pas réduit à une somme si chétive. Jeannin annonçoit une diminution de deux millions sur le produit des gabelles, en raison de la réduction faite sur le prix du sel, tandis qu'il étoit notoire que le bail avoit été renouvelé au même prix; il confessoit que les pensions s'étoient accrues sous son ministère jusqu'à 5,650,000 livres, mais il prétendoit qu'elles montoient déjà à trois millions sous Henri IV, tandis qu'elles ne dépassoient pas deux millions. Enfin, il prétendoit que les dépenses annuelles s'étoient augmentées de 9,117,324 livres, que les recettes avoient diminué de huit millions, et l'exagération même de ces deux calculs le convainquoit de mauvaise foi; car, s'il avoit dit vrai, la France auroit depuis long-temps fait banqueroute. (1)

Ce que la chambre du tiers-état avoit prévu arriva donc. « On ne vouloit pas laisser à
« la compagnie l'examen libre, laquelle se fût
« informée à ceux qui avoient l'intelligence des
« affaires ; mais étant réduite à députer pour
« conférer avec ceux que le roi aviseroit, l'es-
« pérance ou la crainte des députés, ou l'igno-
« rance, ou défaut d'expérience, les amèneroit

---

(1) Extrait des recherches sur les finances, par M. de Forbonnais. États-Gén. T. XVII, p. 175.

« toujours à ce que les gens du roi aviseroient ; « en sorte que par une conférence inutile, et inégale autorité et expérience, on se donneroit « le tort aux demandes que l'on estimera « justes (1). » En effet, les députés ne furent nullement convaincus; au contraire, ils ne doutèrent point qu'on ne les trompât; mais on leur avoit fermé la bouche; ils ne purent plus demander de dégrèvement, et d'autre part le ministère n'insista point pour qu'ils comblassent le déficit, en sorte que les États ne firent absolument rien pour les finances.

Sous les autres rapports, on voyoit également qu'on n'avoit rien à attendre de leur assemblée. Le tiers-état avoit encore voulu mettre au nombre des lois fondamentales de la monarchie, la déclaration que toute levée d'hommes et de deniers pour la guerre, toute ligue ou association, sans congé du roi, seroient qualifiées crime de lèse-majesté au premier chef; et celle que les états-généraux seroient désormais assemblés de dix ans en dix ans; mais la suppression du premier article de ces prétendues lois fondamentales entraîna l'abandon des autres. (2)

Pendant que les États travailloient à la rédaction de leurs cahiers, des scènes de violence se passoient à la cour, qui faisoient sentir aux dé-

---

(1) Procès-verbal du tiers-état, p. 141.
(2) Procès-verbal du tiers-état, p. 88.

putés à quel point l'autorité royale étoit déchue, et avec quelle audace les grands seigneurs se mettoient au-dessus des lois. Le duc d'Épernon, le plus hautain d'entre eux, apprenant qu'un soldat aux gardes avoit été mis en prison à l'Abbaye pour un duel où il avoit tué son adversaire, prétendit que le jugement en appartenoit à lui seul, comme colonel général de l'infanterie, et lorsqu'il vit qu'on ne vouloit pas lui rendre le prisonnier, il prit une des compagnies qui montoient la garde au Louvre, fit briser les portes de la prison, et enleva le soldat. Le bailli de Saint-Germain en porta plainte au parlement, mais le duc s'y rendit avec une troupe de gentilshommes, narguant les conseillers à mesure qu'ils passoient, et déchirant les robes avec leurs éperons. Un tel mépris de la justice causoit une indignation extrême; le roi, le parlement, les états-généraux avoient été bravés en même temps, mais la reine croyoit dans ce moment avoir besoin des ducs de Guise et d'Épernon, pour les opposer à M. le prince et à son parti. Elle envoya dire au parlement de surseoir à la poursuite de cette affaire; le soldat fut remis dans la prison de l'Abbaye, et le duc d'Épernon, venant prendre séance au parlement, au lieu de s'excuser, assura seulement cette compagnie de sa protection et de sa bienveillance. (1)

(1) Mém. de Richelieu. L. V, p. 216.

Deux mois plus tard, au commencement de février, M. de Bonneval, député de la noblesse du haut Limousin, donna, en plein jour et proche du lieu des séances des États, des coups de bâton à M. Chenailles, lieutenant d'Uzerche, et député du tiers-état du bas Limousin. Celui-ci en porta plainte à sa chambre, qui y vit non point seulement une querelle personnelle, mais un affront fait à son ordre, à la justice et aux états-généraux. En vain la noblesse prétendit que les querelles survenues dans les Etats ne pouvoient être jugées que par les États, en vain le clergé offrit sa médiation, le tiers-état en corps, avec son président en tête, se rendit au Louvre pour demander justice à Sa Majesté : il obtint que la cause fût déférée au parlement, qui, partageant le ressentiment de toute la magistrature outragée dans un de ses membres, condamna le gentilhomme, par contumace, à avoir la tête tranchée. (1)

Cinq jours après, de nouveaux coups de bâton furent donnés en public; cette fois, c'étoit Rochefort, gentilhomme du prince de Condé, qui les donnoit à Marcillac, gentilhomme de la reine, sous prétexte que celui-ci avoit médit de M. le prince. La reine indignée accepta d'abord

---

(1) Richelieu. L. VI, p. 255. — Procès-verbal du tiers-état, p. 169. — de la noblesse, p. 324. — du clergé, p. 434. — Relation des États-Gén. Arch. cur. p. 87.

les offres de Saint-Géran, qui se chargeoit de bâtonner à son tour Rochefort; le conseiller Bullion la fit cependant renoncer à cette violence, et l'engagea à faire déférer par le procureur-général cet outrage au parlement. A son tour Condé prit en plein conseil la défense de son gentilhomme; il dit que Rochefort n'avoit rien fait que par son commandement, qu'il l'avouoit, et qu'il trouvoit bien étrange qu'on le voulût soumettre aux mêmes lois que les autres. Il présenta ensuite requête au parlement, dans laquelle il disoit que Marcillac avoit été son domestique, qu'il lui avoit fait des desservices, et que, pour ce, il avoit commandé au premier des siens, qui le rencontreroit, de le bâtonner. Cependant les trois chambres députèrent à la reine pour l'assurer qu'elles soutiendroient son autorité; le parlement étoit résolu à ne point souffrir qu'un prince pût se mettre aussi ouvertement au-dessus des lois; Condé fut averti qu'en avouant Rochefort, il lui nuiroit, et il retira sa requête; il fit évader le prévenu, il fit quelques excuses à la reine, et il obtint, pour son gentilhomme, des lettres d'abolition qui furent entérinées au parlement. Marcillac comptoit vider sa querelle par un duel, mais Condé défendit à Rochefort d'accepter ni billet ni message de son adversaire. (1)

(1) Relation des États-Généraux, p. 91. — Mém. de Riche-

Ces querelles n'étoient point les seules qui troublassent la tranquillité publique ; le rassemblement de tant de noblesse avoit multiplié les duels ; cependant ceux qui combattoient ainsi étoient exposés à des peines d'une excessive sévérité : la mort et la confiscation des biens les menaçoient toujours ; les grands, il est vrai, obtenoient aisément des lettres d'abolition, les petits cherchoient à se dérober au supplice par la fuite, et y réussissoient le plus souvent, tant la police étoit mal servie ; plusieurs délinquans cependant étoient livrés aux bourreaux. Le clergé et le tiers-état demandèrent contre les duellistes des peines plus sévères encore ; ils demandèrent surtout que les amendes et confiscations fussent attribuées aux hôpitaux, afin de les intéresser à cette poursuite ; la chambre de la noblesse fit une foible tentative pour obtenir une loi propre à cet ordre seulement, « afin que « les gentilshommes pussent éviter les peines « qu'ils encouroient de la justice, en conservant « l'honneur, qu'ils doivent avoir plus cher que « la vie. » Mais, tandis que la nécessité de se battre n'avoit jamais été imposée d'une manière plus absolue par l'opinion publique, personne n'osoit avouer que ce dont on ne peut pas s'abs-

lieu. L. VI, p. 234. — Procès-verbal de la noblesse. T. VII, p. 242. — du tiers-état. T. VIII, p. 178.

tenir sans infamie, ne doit pas être puni (1).

Cependant la confection des cahiers avançoit; la reine témoignoit beaucoup d'impatience de les recevoir, afin de renvoyer les députés. Enfin, ils furent arrêtés et signés, le 21 février 1615, et ils furent présentés au roi le 23, dans une séance royale. Les députés eux-mêmes commençoient à s décourager sur ce travail qui les avoit occupés quatre mois; ils sentoient qu'il ne s'y trouvoit aucun ensemble, que non seulement les trois ordres n'étoient pas d'accord dans leurs demandes, mais que les réformes, qu'un même ordre avoit demandées, s'excluoient souvent les unes les autres. Le clergé et la noblesse s'étoient fort occupés d'avance de la manière dont on les jugeroit, de ceux que la reine députeroit à cet effet, et ils avoient insisté pour être présens, par leurs commissaires, à cet examen. Le tiers-état avoit refusé de se joindre à cette demande. Dans la séance royale du 23 février, chaque ordre chargea un de ses membres de prononcer un discours, et celui qui parla au nom du clergé fut Armand Jean Duplessis Richelieu, alors âgé de 29 ans, et, depuis 1609, évêque de Luçon. Déjà il s'étoit distingué dans l'assemblée de son ordre, comme un des plus

---

(1) Procès-verbal de la noblesse, p. 103. — du clergé, p. 370.

habiles et des mieux disans (1). Son discours signale un pas immense qui se faisoit dans l'art de la parole appliqué aux affaires; à peine peut-on y reconnoître un léger sacrifice fait à la manie du siècle, l'étalage d'érudition. Il est précis, nerveux, il marche droit à son but, résumant les plaintes que la France, mais surtout son clergé, avoient à faire de l'administration, donnant ainsi, en quelque sorte, le résumé du cahier qu'il présentoit; il recourt, pour chaque réforme, à un principe de sage politique, mais il l'expose brièvement, sans pédanterie, en tirant aussitôt une conclusion incontestable, avec une logique victorieuse. En homme d'église, il réclame pour le clergé une plus grande part dans le pouvoir; il s'élève avec amertume contre ce qu'il regarde comme une profanation, l'occupation des lieux saints par les protestans, ou comme une impiété, la suspension du culte catholique en Béarn; mais dans tout ce discours cependant, l'homme d'état domine sur l'homme d'église, et l'on y reconnoît déjà la main puissante qui devoit rendre si redoutable un sceptre emprunté.

La reine avoit accordé « que les États de-« meureroient, et ne se sépareroient pas de cette « ville avant que les réponses des cahiers fussent

---

(1) Mém. de Richelieu. T. XXI, L. VI, p. 239. — Le discours, au T. XI, p. 201.

« au préalable rendues (1). » Mais en même temps, elle leur avoit interdit de se réunir dans les salles des Augustins; et tandis que le clergé et la noblesse continuoient à se rencontrer dans les salons des chefs de leur ordre, les membres du tiers-état n'avoient aucun local qui pût les recevoir. « Dès le grand matin, » dit le député du tiers qui nous a laissé une relation de cette assemblée, « toutes les tapisseries et les bancs
« furent ôtés de la chambre où nous avions ac-
« coutumé de faire nos assemblées et délibéra-
« tions; et tenoit-on la porte fermée, tant on
« craignoit l'assemblée de tout le corps; et à
« dire vrai, ceux qui se sentoient coupables de
« tant d'exactions et larcins, et d'une dissipation
« si prodigieuse des finances du royaume,
« avoient bien sujet de craindre une nouvelle
« assemblée, en laquelle, peut-être, Dieu et le
« propre intérêt de notre mère commune, de
« notre douce patrie, et de l'innocence de notre
« roi, eût suscité quelqu'un qui eût réveillé les
« autres du profond sommeil qui nous avoit te-
« nus comme assoupis pendant quatre mois. » (2)

En effet, c'étoit le tiers-état qui devoit être sacrifié : la noblesse demandoit que les frais de ses députations lui fussent remboursés par la gabelle du sel, les faisant ainsi supporter à l'or-

(1) Relation des États-Gén. p. 197.
(2) États-Généraux, coll. de Buisson. T. XVII, p. 118.

dre même contre lequel elle avoit le plus souvent lutté ; on supprimoit le droit annuel, confisquant en quelque sorte, au profit de la couronne, les offices que l'on avoit vendus aux magistrats; mais comme le trésor y auroit perdu 1,400,000 livres, on proposoit de les retrouver par une nouvelle imposition de 30 sols par minot de sel. Le 24 mars, les députés des trois ordres furent mandés au Louvre ; le chancelier leur déclara que les articles de leurs cahiers étoient trop nombreux, trop divers et trop importans pour qu'on pût encore y répondre ; que cependant le roi leur accordoit la suppression de la vénalité, une chambre de justice pour la recherche des financiers, et le retranchement des pensions, le tout avec tel ordre et forme que les États en seroient contens. Sur cette assurance, les députés se séparèrent et retournèrent dans leurs provinces, humiliés de s'être tant agités pour n'avoir fait absolument rien. Les représentations contenues dans leurs cahiers suggérèrent peut-être pour l'avenir quelques réformes utiles, mais on ne peut point considérer ce qu'en fit plus tard le législateur comme étant leur ouvrage ; et quant aux trois promesses qui leur étoient faites en les congédiant, elles ne tardèrent pas à être oubliées : le droit annuel et la vénalité des offices furent rétablis, après une interruption de sept semaines seulement ; on ne parla bientôt plus de la chambre de justice contre les financiers, et les pensions furent prodiguées avec plus d'abandon que devant. La France, cependant, éprouva un découragement profond en reconnoissant combien peu elle avoit à attendre de ses représentans, et le dégoût que laissèrent les États de 1614 fut cause en partie de ce que, pendant cent soixante et quinze ans, on n'en assembla point d'autres. (1)

Au moment où les états-généraux furent dissous, sans avoir rien accompli, le parlement essaya s'il ne pourroit pas se mettre à leur place et se proclamer le défenseur des intérêts publics. La part qu'on lui en avoit volontairement attribuée au commencement du nouveau règne, en s'adressant à lui pour proclamer la régence, sembloit lui donner le droit de continuer ; il se sentoit d'ailleurs uni d'intérêt et d'opinions avec les députés du tiers-état, presque tous tirés des rangs de la magistrature. Le premier article de leur cahier qu'on les avoit forcés de supprimer, étoit l'expression de toute la politique parlementaire en opposition à la cour de Rome; la suppression de la paulette, ou du droit annuel,

---

(1) États-Généraux, coll. de Buisson. T. XVII, p. 139-61. — Relation des États-Génér. Arch. cur. p. 219-225. — Bazin. T. I, p. 319. — Procès-verbal du clergé, coll. de Barrois. T. VI, p. 349. — de la noblesse. T. VII, p. 306. — du tiers-état. T. VIII, p. 312. — Mém. de Richelieu. L. VI, p. 240.

en enlevant aux conseillers du parlement la faculté de laisser leurs charges par héritage, ébranloit ou anéantissoit même leurs fortunes. A la fin de ce même mois de mars, où les états-généraux avoient été congédiés, époque marquée aussi par la mort de Marguerite de Valois, la femme divorcée de Henri IV (1), le parlement, toutes les chambres assemblées, rendit le 28 mars un arrêt, pour inviter, sous le bon plaisir du roi, les princes, ducs, pairs et officiers de la couronne, à se trouver « en ladite cour, pour, avec « le chancelier, aviser sur les propositions qui « seroient faites pour le service du roi, le soula- « gement de ses sujets et le bien de son État. » Le parlement étoit blessé de ce que le roi avoit répondu aux cahiers des États, sans ouïr ce qu'il avoit à remontrer, nonobstant la promesse qu'il lui avoit faite quelque temps auparavant (2), et le prince de Condé, qui n'avoit point trouvé dans les États l'appui qu'il y avoit cherché, se proposoit d'unir son mécontentement à celui de la magistrature; il lui avoit montré de la prévenance, il parloit bien et avec élégance, et il avoit du crédit parmi les gens de robe. Le chancelier, d'autre part, reconnoissoit bien que cette brigue nouvelle étoit dirigée contre le ministère. Il fit

---

(1) Le 27 mars 1615, à l'âge de soixante-deux ans. Bazin T. I, p. 351. — Richelieu. L. VI, p. 241.

(2) Richelieu. L. VI, p. 245.

casser par le conseil-d'État l'arrêt du parlement du 28 mars, et demanda qu'il fût biffé de ses registres, comme attentatoire à l'autorité royale, puisque c'étoit au roi seul qu'appartenoit le droit de convoquer les princes au parlement ; il fit interdire au prince de Condé de s'y rendre. Mais il n'étoit pas facile à l'autorité royale de lutter avec les corps judiciaires. Ils ne reculoient point, ils ne s'effrayoient point des paroles les plus évères, mais ils répondoient par des protestations de dévouement et d'obéissance, auxquelles ils accouploient de nouvelles remontrances, et ils se retrouvoient avec opiniâtreté au point d'où l'on croyoit les avoir repoussés. (1)

Lorsque Condé avoit vu s'échauffer la querelle entre le ministère et le parlement, il s'étoit retiré à Creil, dans son comté de Clermont. Le château de cette petite ville étoit assez fort pour qu'il pût s'y défendre d'une surprise; et il y fixoit son séjour loin de la cour, pour ne pas être appelé à se prononcer plus tôt qu'il ne lui convenoit. Les ducs de Longueville, de Mayenne et de Bouillon, à son exemple, se retirèrent dans leurs gouvernemens ; le duc de Nevers seul, parmi les mécontens, étoit demeuré à la cour comme l'agent de tout le parti. Ce fut par lui que la reine chercha à rappeler les autres. Le moment lui parois-

(1) Richelieu. L. VI , p. 250. — Bazin. T. I, p. 339. — Le Vassor. T. I, p. 399-405. — Fontenay-Mareuil, p. 270 280.

soit venu d'accomplir le double mariage qu'elle avoit négocié dès le commencement de son règne, de conduire la princesse de France jusqu'aux frontières, et d'y prendre celle d'Espagne. Marie de Médicis, impatiente de s'appuyer sur cette cour étrangère, impatiente de terminer une négociation souvent traversée par les mécontens, vouloit engager le prince de Condé, le chef en quelque sorte de la famille royale, à être du voyage, et à sanctionner par sa présence le mariage du roi. Mais plus la reine paroissoit sentir le besoin d'être appuyée par le prince, plus celui-ci s'obstinoit à se tenir en arrière; il appela auprès de lui, à Coucy-le-Château, dans le Soissonnais, les ducs de Longueville, de Mayenne et de Bouillon. De concert avec eux il refusa les propositions de la cour que lui portoit le duc de Nevers, puis celles que vint lui faire le ministre secrétaire d'État Villeroy. Il chercha à se mettre en correspondance avec l'assemblée triennale des réformés, dont la reine avoit permis la convocation à Grenoble pour le 15 juillet, et à laquelle il se flattoit de faire partager ses ressentimens. Enfin il répondit une dernière fois, le 27 juillet, à Villeroy et à Pontchartrain, envoyés auprès de lui, que la précipitation même du voyage auquel on l'invitoit étoit à ses yeux la preuve des mauvais conseils auxquels la cour étoit livrée : il récapitula tous les reproches qu'il avoit précédemment faits à l'administration, et pour la première fois il désigna par leurs noms ceux qu'il accusoit comme les auteurs des désordres : c'étoient le maréchal d'Ancre, le chancelier et son frère le commandeur de Sillery, avec les conseillers d'État Bullion et Louis Dolé. (1)

Le prince de Condé n'avoit cependant aucun sujet de ressentiment contre le maréchal d'Ancre; il savoit, au contraire, que celui-ci, s'accordant à cette occasion avec Villeroy et Jeannin, avoit fait ce qu'il avoit pu pour qu'on lui donnât satisfaction. C'étoient les deux Sillery, au contraire, mais surtout c'étoit la reine, qui avoient cru leur honneur engagé avec l'Espagne à ce qu'on ne retardât pas davantage. Les époux Concini n'avoient qu'une pensée, éviter la guerre qui dissiperoit en peu de temps les finances de la reine et leur ôteroit le moyen d'y puiser; mais ils commençoient à se trouver en butte à un ressentiment universel; le peuple ne pouvoit pardonner au maréchal d'Ancre ni sa richesse, ni son accent et ses manières étrangères, ni son insolence, ni le temps qu'il passoit au jeu, et Condé vouloit fortifier son parti au moyen de

(1) Mém. de Pontchartrain. T. XVII, p. 88. — Richelieu. L. VI, p. 255. — D'Estrées. T. XVI, p. 286. — Fontenay-Mar. p. 287. — Rohan. T. XVIII, p. 126. — Bazin. T. I, p. 348. — Le Vassor. T. I, p. 431.

cette aversion populaire. Il vouloit aussi profiter de la rivalité et de la haine qui avoient éclaté entre le maréchal et le duc de Longueville; le dernier étoit gouverneur de Picardie, mais il n'y possédoit d'autre lieu fortifié que Corbie; tandis que Concini étoit maître d'Amiens et de presque toutes les places fortes de ce gouvernement. La province étoit divisée en deux partis : M. de Longueville avoit dans le sien tout le peuple et le commun de la noblesse, et le maréchal d'Ancre les gouverneurs des places et les prétendans aux faveurs de la cour. Le premier essaya d'engager les bourgeois d'Amiens à surprendre la citadelle; il fut déjoué par la fermeté du lieutenant de Concini, et obligé de sortir de la ville avec confusion (1). Il en gardoit un ressentiment si vif, que Condé fit dire au maréchal d'Ancre qu'il eût bien désiré ne point le comprendre dans son manifeste; qu'il avoit fait ce qu'il avoit pu pour l'empêcher, mais que M. de Longueville avoit refusé de le signer si on ne l'abandonnoit à son ressentiment comme les autres. (2)

Le manifeste auquel Condé faisoit allusion avoit été publié le 9 août. Il s'y plaignoit de ce que « les états Étant clos et leurs cahiers « présentés, on n'a pas répondu à tous leurs ar- « ticles, et qu'on n'observe rien de ce qui a été

(1) Mém. de Fontenay-Mareuil, p. 282.
(2) Mém. d'Estrées, p. 288.

« accordé en aucuns. On a rejeté la proposition
« du tiers-état, si nécessaire pour la sûreté de
« la vie de nos rois. On a fait rayer des cahiers
« l'article qui porte la recherche du parricide
« détestable commis en la personne du feu roi;
« on lui a envoyé défendre (au prince de Condé)
« d'assister aux États pour y proposer ce qu'il
« jugeroit nécessaire pour le service du roi; on
« s'est moqué des remontrances du parlement;
« on a entrepris contre sa vie (de Condé) et celle
« des autres princes; on reçoit toutes sortes
« d'avis dont l'argent entre en la bourse du ma-
« réchal d'Ancre, qui, depuis la mort du feu
« roi, a tiré six millions de livres. Il n'y a accès
« aux charges que par lui, il ordonne de toutes
« choses à sa discrétion; il a, durant les États,
« voulu faire assassiner Ruberpré; il a depuis
« peu fait tuer Prouville, sergent major d'A-
« miens (1); ceux de la religion P. R. se plai-
« gnent qu'on avance ces mariages, afin de les
« exterminer pendant le bas âge du roi; qu'on
« voit courir des livres qui attribuent les mal-
« heurs de la France à la liberté de conscience
« que l'on y a accordée, et à la protection que
« l'on y a prise de Genève et de Sedan; que le
« clergé assemblé à Paris à la face du roi a so-
« lennellement juré l'observation du concile de

(1) C'étoient deux officiers de la garnison d'Amiens dont le maréchal se défioit.

« Trente, sans la permission de sa majesté : ce
« qui fait qu'il la supplie de vouloir différer son
« départ jusqu'à ce que ses peuples aient reçu le
« soulagement qu'ils espèrent de l'assemblée des
« États ; de faire cependant vérifier son contrat
« de mariage au parlement, ainsi que par les
« termes d'icelui elle y est obligée, et déclarer
« qu'aucuns étrangers ne seront admis aux
« charges du royaume, ni même aux offices do-
« mestiques de la reine future. Enfin, qu'il pro-
« teste que si on continue à lui refuser tous les
« moyens propres et convenables à la réforma-
« tion des désordres, il sera contraint d'en venir
« aux extrémités par la violence du mal. » (1)

Ce manifeste équivaloit aux yeux de la reine à une déclaration de guerre ; cependant elle ne voulut point suspendre ses projets de voyage : elle fixa son départ avec celui du roi et de la cour au 17 août, et elle ordonna que mille chevaux de ses vieilles troupes, avec son régiment des gardes de trois mille hommes de pied, l'accompagneroient. Une armée plus forte devoit tenir tête au prince et aux mécontens ; elle la composa de huit mille hommes de pied français, deux mille Suisses et douze cents chevaux. Elle en avait d'abord promis le commandement au maréchal d'Ancre, mais soit l'humeur qu'il ma-

(1) Cette analyse est de la plume habile de Richelieu. L. VI, p. 261.

nifestoit alors, soit la haine du peuple de Paris contre lui, qui éclatoit chaque jour davantage, la firent changer d'avis. Elle donna le commandement de cette armée au maréchal de Boisdauphin, qui, comme le plus ancien des maréchaux, excitoit moins de jalousie, mais qui aussi étoit le moins capable de tirer parti des forces qu'on lui confioit. (1)

La guerre, en effet, fut conduite avec une extrême foiblesse; la reine s'étoit obstinée à partir le 17 août, malgré les instances qu'on lui faisoit de retarder d'une quinzaine de jours, et de faire auparavant un tour à Laon et Saint-Quentin, pour nettoyer ce pays de tous les partisans des princes. Le jour du départ elle fit enlever par un enseigne des gardes le président au parlement le Jay, dont elle se défioit, et elle le fit conduire à sa suite dans une voiture fermée jusqu'à Amboise. Elle comptoit ainsi intimider le parlement : en effet, celui-ci rendit, le 18 septembre, mais à une très faible majorité, un arrêt qui condamnoit le prince de Condé, qui lui faisoit défendre de continuer ses assemblées et ses mouvemens de troupes, et qui le menaçoit de le poursuivre avec tous les siens comme criminels de lèse-majesté, s'ils ne se soumettoient pas avant qu'un mois fût écoulé, et ne revenoient pas auprès du roi pour lui rendre tous

(1) Mém. d'Estrées, p. 292. — De Pontchartrain, p. 96.

les services auxquels ils étoient obligés. Le
prince avoit pu avec peine rassembler ses troupes ; leur nombre ne montoit pas au tiers de celui que le maréchal de Boisdauphin pouvoit lui opposer, mais celui-ci se tenoit timidement auprès de Paris, et laissoit prendre à Condé les positions les plus avantageuses. En même temps le prince avoit réussi, du moins en partie, à entraîner les réformés dans son parti. Ceux-ci voyoient la reine uniquement gouvernée par les ducs d'Épernon et de Guise, qu'on représentoit alors ouvertement comme les meurtriers du feu roi ; l'alliance avec l'Espagne et la publication du concile de Trente, si ardemment sollicitée par le clergé, leur paroissoient devoir être le signal d'une persécution nouvelle ; les trois ducs protestans, Sully, Rohan et Soubise, avoient éprouvé à la cour des refus, dont ils se tenoient offensés, pour une survivance qu'ils avoient demandée, et l'assemblée de Grenoble, où dominoient des ministres enthousiastes et des jeunes gens impétueux, en l'absence de tous les grands seigneurs du parti, avoit envoyé à la reine des remontrances, qui n'étoient presque que la contre-partie du manifeste de Condé. (1)

---

(1) Mém. de Richelieu. L. VI, p. 267. — De Rohan. T. XVIII, p. 127. — D'Estrées. T. XVI, p. 293. — De Pontchartrain. T. XVII, p. 97. — De Fontenay-Mar. p. 291. — Bazin. T. I, p. 365. — Le Vassor. T. I, p. 433.

Cette imprudence causa une vive douleur et une profonde inquiétude aux anciens chefs du parti, et surtout au sage Duplessis-Mornay.

Le maréchal d'Ancre boudoit et s'étoit retiré en Picardie; « la maréchale, dont l'esprit
« mélancolique étoit tout abattu de courage pour
« la résolution du voyage que la reine avoit prise
« contre son gré, et la mauvaise chère qu'il lui
« sembloit qu'elle lui faisoit, et pour l'indis-
« position perpétuelle en laquelle les personnes
« de son humeur pensent être, étoit résolue
« de demeurer à Paris; mais le sieur de Ville-
« roy et le président Jeannin lui remontrèrent
« qu'elle donnoit elle-même le dernier coup à
« sa ruine, si elle n'accompagnoit la reine en
« ce voyage; elle suivit donc sa majesté. » La cour arriva le 20 août à Orléans, et le 30 à Tours, où les députés de l'assemblée de Grenoble lui présentèrent leurs demandes; la reine fit rendre par Louis XIII, le 17 septembre, à Poitiers, une déclaration contre le prince de Condé et ses adhérens comme criminels de lèse-majesté. Elle étoit arrivée le 4 septembre à Poitiers et n'en put repartir que le 27, Madame, la fiancée du roi d'Espagne, y ayant eu la petite-vérole. « Et
« sa majesté y fut malade elle-même d'une dé-
« fluxion sur un bras et d'une gratelle univer-
« selle. Cette maladie fut cause de la santé de
« la maréchale; car par ce moyen étant obligée

« d'être tout le jour en la chambre de la reine,
« elle y entra insensiblement en sa familiarité
« première. Un médecin juif qu'elle avoit, et
« en qui la reine n'avoit pas peu de créance,
« la servit à ces fins, lui persuadant que le com-
« mandeur de Sillery l'avoit ensorcelée. Elle
« n'étoit aussi pas peu aidée des instructions
« que lui donnoient M. de Villeroy et le pré-
« sident Jeannin, desquelles s'étant bien trouvée,
« elle disposa par après la reine à prendre plus
« de créance en eux. » (1)

Le prince de Condé profitoit cependant de ce que la cour s'éloignoit chaque jour davantage. Il avoit rassemblé dans le Soissonnais, la Picardie et le Réthelois, tous ceux à qui il avoit pu faire partager ou son mécontentement ou son ambition, et il réussit enfin à avoir sous ses ordres quatre mille hommes de pied et quinze cents chevaux. Le duc de Bouillon s'étoit chargé de la direction de son armée et de celle de ses finances : le point important étoit d'entrer dans les villes pour y saisir les recettes royales ; mais les portes de Beauvais, de Roye, de Montdidier, de Noyon, lui furent fermées ; il fallut revenir à Soissons dont le prince étoit maître, sans avoir rien accompli d'important. D'autre part, Bassompierre, Fontenay-Mareuil, le marquis de

---

(1) Mém. de Richelieu. L. VI, p. 268, 272.

Cœuvres, qui se trouvoient au milieu des opérations militaires, accusent le maréchal de Boisdauphin, qui commandoit l'armée royale, de n'avoir su profiter d'aucun de ses avantages, et d'avoir plus fatigué ses soldats que s'il les avoit menés au feu. (1)

La reine et ses enfans étoient arrivés cependant le 1er octobre à Angoulême, où le comte de Saint-Paul, qu'elle s'attendoit à voir dans le parti de son neveu le duc de Longueville, vint l'assurer de sa fidélité et mettre à ses ordres ses deux places fortes de Fronsac et de Caumont. Le duc de Candale, au contraire, fils aîné du duc d'Épernon, sortit d'Angoulême, fit profession de la religion réformée et alla joindre le duc de Rohan. Les courtisans assurent qu'il étoit gagné par madame de Rohan, fille de Sully, une des plus belles dames de ce temps-là. Il avoit été offensé de ce que son second frère lui avoit été préféré par M. d'Épernon dans la survivance de ses principales charges (2). Rohan, de son côté, assure qu'on le trompa lui-même pour le faire entrer dans le parti du prince; que ceux à qui il se fioit le plus lui firent de faux rapports sur la réception faite aux députés de sa religion; qu'il crut la perte des siens résolue par la reine,

---

(1) Fontenay-Mareuil, p. 290, 294, 298. — Bassompierre. T. XX, p. 57-95. — Cœuvres. T. XVI, p. 295.

(2) Fontenay-Mar. p. 314.

en même temps que Condé étaloit à ses yeux des forces qu'il n'avoit point réellement. Des députés de la noblesse protestante en Guienne étoient venus lui apporter sa nomination pour être leur général, promettant de faire six mille hommes de pied et cinquante chevaux; tandis qu'au premier rendez-vous il ne trouva que six cents hommes de pied et cinquante chevaux, et qu'il n'y eut jamais plus de deux mille hommes ensemble (1). Le parti de la religion s'ébranloit par légèreté, par inquiétude, sans aucun motif de plainte que l'ambition de quelques jeunes chefs, de Rohan surtout, qui vouloit marcher sur les traces de Coligni et de d'Andelot; tandis que le petit-fils du premier, le comte de Châtillon, s'efforçoit de calmer l'agitation des huguenots en Languedoc.

Condé, profitant de ce que le roi s'éloignoit pour marcher vers le Midi, partit de Soissons au commencement d'octobre pour le Poitou : il y fut joint par les ducs de la Trémouille et de Soubise; le duc de Sully lui avoit ouvert ses places. Rohan passa en Guienne, où il trouva le parti qui l'avoit appelé fort découragé par la soumission du comte de Saint-Paul. Cependant la Force, Boesse Pardaillan, Châteauneuf, Favas, Panissault, et autres seigneurs réformés,

---

(1) Mém. de Rohan. T. XVIII, p. 128.

s'étoient joints à lui. Il réussit à soulever Montauban, Nîmes, les Cévennes, et à faire déclarer pour la guerre l'assemblée des députés de la religion, qui, de son propre mouvement, s'étoit transportée de Grenoble à Nîmes. Rohan, dans cette première campagne, déploya toutes les plus brillantes qualités d'un général et d'un chef de parti. Sa levée de bouclier cependant fut l'événement le plus funeste pour la religion protestante en France. Le parti qu'on s'étoit plu à regarder comme en dehors des intrigues de cour, fut au contraire dès lors accusé d'être toujours prêt à seconder tous les ennemis de l'État, et sa ruine fut résolue; en même temps que l'opinion exagérée qu'on s'étoit faite de sa force fut remplacée par une opinion non moins fausse de sa foiblesse, une guerre imprudente l'avoit divisé, et à peine un quart des protestans de France consentit à recevoir les ordres du duc de Rohan. (1)

Pendant ce temps, le double mariage pour lequel le roi avoit entrepris son voyage s'accomplissoit. La cour s'étoit arrêtée à Bordeaux : c'est là que le duc de Guise, chargé de la procuration du prince d'Espagne, épousa, le 18 octobre, madame Élisabeth de France, alors âgée de treize ans et demi. Il partit ensuite

(1) Mém. de Rohan, p. 130.

avec elle et la duchesse de Nevers pour la conduire à la frontière. Le même jour, le duc d'Usséda, fils du duc de Lerme, muni de la procuration de Louis XIII, avoit épousé Anne-Marie d'Autriche à Burgos. Cette princesse, infante d'Espagne, étoit née le 22 septembre 1601, et par conséquent de six jours seulement plus âgée que le roi. L'échange des deux princesses se fit le 9 novembre dans un pavillon au milieu de la Bidassoa; et la jalousie des deux peuples, qui vouloient que tout fût égal entre les deux princesses, qu'elles partissent en même temps, qu'elles marchassent du même pas, qu'elles arrivassent au même instant, que tous les ornemens de leurs pavillons fussent semblables, se manifesta par mille circonstances futiles, qui attestoient cette importance donnée à l'étiquette, et cet orgueil offensant que les Espagnols avoient introduit dans la diplomatie. C'étoit avec quinze cents chevaux, quatre mille hommes de pied et quatre canons, que le duc de Guise avoit mené la future reine d'Espagne à la frontière, et qu'il en ramena la nouvelle reine de France (1). Celle-ci avoit signé, le 16 octobre,

---

(1) Mém. de Pontchartrain. T. XVII, p. 104-113. — De Fontenay-Mareuil, p. 315. — Capefigue. T. II, p. 113. — Bazin. T. I, p. 377. — Le Vassor. T. I, p. 481. — Richelieu. L. VI, p. 274. — Gonzalo de Cespedes, *Historia de D. Felippe IV*. L. I, cap. 2, f. 2.

dans le couvent de Burgos, une renonciation formelle, tout entière écrite de sa main, à tous les droits qu'elle auroit pu prétendre à la succession de son père ou de sa mère.

Le double mariage qui sembloit avoir été l'objet de toute la politique de la régente étoit accompli; cependant la reine sentoit bien que dans cette occasion même elle avoit donné de nouvelles preuves de la foiblesse de son gouvernement. Le premier prince du sang, avec presque tous les princes et les grands, étoit en armes contre elle; les réformés, auxquels elle avoit donné coup sur coup des déclarations par lesquelles elle s'obligeoit à observer l'édit de Nantes, étoient soulevés; nulle part ses troupes n'avoient opposé aux révoltés une résistance efficace; six cents reîtres étoient venus d'Allemagne, au travers de la Champagne, jusqu'en Berry, pour joindre le prince de Condé, sans que les lieutenans royaux trouvassent moyen de les arrêter; et quand, le 17 décembre, elle se remit en route de Bordeaux avec le roi et la jeune reine, escortés par une petite armée, il lui fallut cinq semaines pour arriver jusqu'à Tours seulement, à cause des longues stations qu'ils faisoient dans les villes. Durant cette marche les troupes souffrirent cruellement du froid, des maladies, du manque de vivres et de fourrages; beaucoup de soldats y succombèrent; et ce qui devoit être une arrivée triomphale, eut toutes les apparences d'une déroute. (1)

Le conseil de la reine étoit divisé; c'étoit le chancelier Brulart de Sillery, vieillard de soixante-douze ans, avide d'argent, mais benin, pacifique et même timide, qui, de concert avec son frère le commandeur, premier écuyer et chevalier d'honneur de la reine, avoit déterminé Marie de Médicis à partir pour Bordeaux, à l'époque qu'elle avoit annoncé d'avance, sans vouloir écouter le prince de Condé, ni lui faire aucune concession : Jeannin et Villeroy avoient fait ce qu'ils avoient pu pour l'arrêter, vivement secondés par le maréchal d'Ancre et sa femme, qui craignoient toutes les commotions et qui regardoient la paix comme le seul moyen d'accroître encore leurs richesses. Eleonora Concini avoit pendant quelques semaines paru disgraciée avec les deux vieux ministres; mais durant le séjour de Poitiers, et la maladie de la reine, elle étoit rentrée en grâce, et en avoit profité pour nuire aux deux Sillery. Chaque jour voyoit éclore à Paris de nouveaux pamphlets d'une dégoûtante grossièreté; la reine n'y étoit pas seulement attaquée dans ses mœurs, son voyage sous la protection des ducs d'Épernon et de Guise, et l'union intime qu'elle alloit

(1) Fontenay-Mareuil, p. 320-328. — Pontchartrain, p. 116-128. — Bazin. T. I, p. 378-398.

contracter avec les Espagnols, étoient représentés comme autant d'avances qu'elle faisoit à ceux qu'on accusoit d'avoir fait assassiner son mari. Elle n'avoit pu se trouver long-temps associée avec le hautain duc d'Épernon, sans être fatiguée de son humeur; mais surtout elle soupiroit avec toute sa cour après les plaisirs de Paris; il lui sembloit être emprisonnée dans ces villes de province, où elle ne se voyoit entourée que des jurats de Bordeaux et d'autres bourgeois magistrats; enfin l'argent lui manquoit, et il n'y avoit ni sûreté à en faire venir de Paris, ni possibilité d'en emprunter en province. Elle ressentoit donc beaucoup d'humeur contre ceux dont elle avoit suivi les conseils, et beaucoup d'empressement à se confier à leurs adversaires. (1)

Sur ces entrefaites, le premier jour de l'année 1616, le baron de Thianges présenta à la reine une lettre du prince de Condé, qui supplioit sa majesté de donner la paix à ses sujets. Les mariages d'Espagne étoient accomplis; il n'y avoit donc plus moyen d'atteindre le but que le prince s'étoit proposé par sa prise d'armes. Un changement dans les conseils paroissoit se préparer, et Condé, qui comptoit sur son talent pour la parole et sur son intelligence des finances,

---

(1) Mém. de Pontchartrain. T. XVII, p. 128. — Fontenay-Mar. p. 524. — Richelieu. L. VI, p. 279.

se flattoit d'y reprendre pacifiquement la place qu'il croyoit lui être due; les ducs de Mayenne et de Bouillon partageoient alors ses vues pacifiques. Les ducs de Longueville, de Sully, de Rohan et de Vendôme ne vouloient au contraire entendre parler de paix en aucune façon (1). Le duc de Nevers et l'ambassadeur d'Angleterre s'offrirent les premiers pour ouvrir des négociations avec le prince de Condé ; Villeroy et le maréchal de Brissac se rendirent ensuite auprès de lui, et signèrent le 20 janvier une trêve, pendant laquelle ils convinrent que des conférences pour la paix seroient ouvertes à Loudun. La cour s'arrêta à Tours pour demeurer rapprochée de ces conférences ; par le même motif l'assemblée des réformés de Nîmes obtint du roi permission de se transférer à la Rochelle, et comme prémices des concessions que la cour étoit disposée à faire, le commandeur de Sillery, frère du chancelier, reçut le 14 janvier, à Poitiers, l'ordre de se retirer. (2)

Les conférences s'ouvrirent à Loudun le 13 février ; le roi y étoit représenté par le maréchal de Brissac, et MM. de Villeroy, de Thou, de

---

(1) Richelieu. L. VII, p. 283.
(2) Mém. de Richelieu. L. VII, p. 285. — Du maréchal d'Estrées, p. 300. — De Fontenay-Mar. p. 325. — De Pontchartrain, p. 130. — Du duc de Rohan, p. 131. — Bazin. T. I, p. 597. — Le Vassor. T. I, p. 491.

Vic et de Pontchartrain ; le prince de Condé s'y rendit de son côté avec les principaux chefs de son parti, les ducs de Mayenne, de Longueville, de Bouillon, de Sully, de Rohan, et de Soubise. Bientôt plusieurs autres, qui n'avoient pas pris les armes dès le commencement, saisirent l'occasion d'une négociation entamée avec les princes, pour les joindre et demander que l'armistice fût aussi étendu jusqu'à eux. Rien n'attestoit davantage la foiblesse de la cour que cet empressement des grands à se ranger parmi les rebelles, non pour combattre de concert, mais pour partager avec eux les bénéfices du traité. Telle fut la conduite d'abord du duc de Vendôme, gouverneur de Bretagne, qui tout récemment encore avoit donné à la reine des assurances de sa fidélité ; auprès de lui se rangèrent le duc de Candale, le duc de Piney-Luxembourg, et enfin la comtesse douairière de Soissons, qui quitta la reine à Tours pour se rendre avec son fils à Loudun. Bientôt la duchesse douairière de Longueville et la princesse douairière de Condé se rendirent aussi au congrès (1). Le duc de Nevers y continuoit son rôle de médiateur. Le duc de la Trémouille et les quatre députés de l'assemblée de Nîmes arrivèrent un peu plus tard que les autres.

(1) Conférence de Loudun, à la suite des Mémoires de Pontchartrain. T. XVII, p. 315.

Les princes commencèrent par présenter quatre articles qu'ils mettoient en avant les premiers, comme ceux auxquels ils attachoient le plus d'importance. Ils demandoient qu'on fît de nouvelles recherches sur la mort du feu roi, pour arriver à en découvrir les véritables auteurs; qu'on réintégrât au cahier-général des États le premier article du tiers-état, touchant la souveraineté du roi; qu'on révoquât la publication faite par le clergé du Concile de Trente; enfin qu'on fît jouir ceux de la religion P. R. du contenu des édits et déclarations donnés en leur faveur, et qu'on revît leurs derniers cahiers (1). Tandis que l'on examinoit ces premières demandes, quelques autres encore furent présentées, telles que la suppression de l'arrêt du conseil qui prononçoit un sursis à l'exécution de l'arrêt du parlement, sur cette même question des bornes entre l'autorité civile et religieuse. Mais à côté de ces questions qui sembloient presque se perdre dans la théorie, il y en avoit d'autres toutes personnelles, et c'étoient celles-là qui tenoient surtout à cœur aux princes. Longueville vouloit être maître dans son gouvernement de Picardie, dont le maréchal d'Ancre possédoit les forteresses, et il rejetoit tous les arrangemens proposés. Tous

(1) Pontchartrain, Conférence de Loudun, p. 340.

1616. les autres vouloient la disgrâce de leurs adversaires et des gratifications pour eux-mêmes, tous demandoient que le trésor royal payât leurs troupes avant de les congédier. (1)

Quelques-unes des difficultés personnelles s'éclaircissoient cependant déjà d'elles-mêmes. Les princes avoient montré beaucoup d'animosité contre le duc d'Épernon ; il s'éloigna volontairement, mais ce fut seulement après un accident qui faillit être fatal à toute la cour. Le 29 janvier, le plancher de la salle où la reine donnoit audience à Tours s'enfonça sous le poids de la foule. La reine, le chancelier et Jeannin demeurèrent suspendus sur une poutre qui ne céda pas avec les autres ; le duc de Guise s'accrocha à une fenêtre, mais vingt-huit personnes furent précipitées avec les débris dans l'étage inférieur, notamment le duc d'Épernon, Villeroy, le jeune Soissons et Bassompierre. Le premier, dès qu'il fut assez bien remis pour supporter le voyage, se fit transporter à Angoulême (2) ; peu de jours après, le conseiller Bullion reçut ordre de s'éloigner, et Louis Dolé mourut de maladie : tous deux étoient employés dans l'administration des finan-

---

(1) Confér. de Loudun, Pontchartrain, p. 363. — Richelieu. L. VII, p. 287. — Bazin. T. I, p. 406. — Le Vassor. T. I, p. 499.

(2) Bassompierre. T. XX, p. 97. — Fontenay-Mar. p. 329.

ces, et le renvoi de tous deux avoit été demandé par les princes. Il ne restoit plus de tous ceux qu'ils avoient dénoncés que le chancelier, dont le crédit étoit comme anéanti, et le maréchal d'Ancre, qui offroit de sacrifier pour la paix sa citadelle d'Amiens. Condé, Mayenne et Bouillon désiroient à présent sincèrement cette paix; mais les réformés se plaignoient que, dans l'examen de leurs cahiers, on rejetoit toutes celles de leurs demandes qui avoient quelque importance. « Le prince, dit le duc de Rohan, lassé de « guerre, veut la paix, ne pense plus aux af- « faires publiques, mais seulement demande « par écrit les intérêts des particuliers, et sur- « tout se résout à y trouver le sien. Il avoit « promis au duc de Vendôme de ne faire nul « accord sans qu'il eût eu le château de Nantes, « au duc de Longueville la citadelle d'Amiens, « aux réformés l'entretien des édits. Mais quand « le duc de Mayenne et le maréchal de Bouillon « eurent obtenu leurs intérêts, ils ne pensèrent « plus qu'à faire relâcher tous les autres des « leurs (1). » Les conférences avoient duré du milieu de février aux premiers jours de mai. Sur ces entrefaites, le prince de Condé tomba assez gravement malade, et la crainte de le voir mourir fit céder les plus obstinés. Le 3 mai

---

(1) Mém. du duc de Rohan, p. 132.

tous les princes et les commissaires du roi, assemblés autour de son lit, emplissoient sa chambre. L'ambassadeur d'Angleterre s'y présenta aussi; mais, quoiqu'il se fût mêlé avec zèle de la pacification, Villeroy déclara qu'il ne pouvoit souffrir que, dans cette occasion solennelle, le représentant d'un monarque étranger intervînt entre le roi et ses sujets. Cette contestation fut suivie d'une autre avec les députés de la Rochelle, qui demandoient la faculté de continuer leur assemblée. Condé, dont la tête étoit affoiblie par la fièvre, parut étourdi de ces disputes; il imposa silence à tout le monde; il demanda à Pontchartrain l'édit de pacification qui avoit été préparé, il le signa, déclarant que ceux qui l'aimoient, feroient comme lui; qu'aux autres on le leur feroit faire. Il fit une courte prière pour remercier Dieu d'avoir rendu la paix à la France, puis demanda qu'on le laissât seul. La comtesse de Soissons emmena tout le monde chez elle, et la dispute avec les députés de la Rochelle et les huguenots s'y renouvela; tous finirent cependant par signer le soir même; on chanta le Te Deum, et dès le lendemain on travailla au licenciement des troupes. (1)

---

(1) Pontchartrain, Conférence de Loudun, p. 406. — Mém. de Rohan, p. 134. — Fontenay-Mar. p. 332. — Richelieu.

Après tout, à la réserve des huguenots, les mécontens pouvoient être satisfaits de ce qu'ils avoient obtenu : chacun avoit son petit traité séparé, par lequel il se faisoit céder quelque gouvernement, quelque place forte ou quelque gratification pécuniaire ; la somme de ces dernières, à ce qu'assure Richelieu, montoit à plus de six millions. Condé annonça, comme preuve de sa modération, qu'il consentoit à échanger son grand gouvernement de Guienne contre le petit gouvernement de Berry; mais dans le premier il n'avoit aucune place forte, et il n'exerçoit réellement aucune autorité, tandis que dans le second on lui donnoit la tour de Bourges et le château de Chinon, outre 1,500,000 livres pour en faire ce qu'il lui plairoit. D'autre part, il avoit demandé à être le chef du conseil, et a signer tous les arrêts qui s'expédieroient. La reine, lorsqu'elle vit entrer Villeroy qui lui portoit cette demande, lui dit : « Vous me ve-
« nez porter le dernier plat pour mon dessert.
« M. le prince veut être régent, il veut avoir la
« plume, et M. de Longueville veut être absolu
« en Picardie, dont il veut chasser le maréchal
« d'Ancre ; que vous en semble ? dois-je encore
« passer cela pour le bien de la paix ou rejeter
« ces articles comme impertinens ? » La reine

L. VII, p. 288. — Bazin. T. I, p. 413. — Le Vassor. T. I, p. 509.

se défioit fort de Villeroy, qu'elle croyoit vendu au prince, et ennemi juré de Concini, et la demande qu'elle lui faisoit étoit un piége; c'étoit Barbin, alors intendant de sa maison, qui la lui avoit suggérée : il croyoit que par sa réponse Villeroy se perdroit ou avec elle ou avec les princes; mais Villeroy répondit avec franchise que, quant au maréchal d'Ancre, il valoit mieux assurer sa grandeur dans quelque autre province, que de le maintenir en Picardie, toujours en lutte avec M. de Longueville, et par conséquent toujours en danger. Que, quant à la demande du prince de Condé, elle étoit sans inconvénient, s'il ne rentroit pas à Paris, ou s'il s'y conduisoit en sujet fidèle; « mais s'il vient « à la cour, continua-t-il, pour tâcher d'empié- « ter sur votre autorité ou de la partager, vous « ne devez point craindre de mettre une plume « en la main d'un homme dont vous tiendrez le « bras. » Un éclair sembla briller, à ces mots, aux yeux de Barbin et de la reine. Barbin, homme fort retenu et respectueux, saisit le bras de la reine, *assez effrontément*, dit Bassompierre, seul présent à cette scène : « Voilà, ma- « dame, s'écria-t-il, le plus grand conseil, et du « plus grand personnage que vous sauriez trou- « ver; » et la reine dit aussitôt : « *Veramente*, « M. de Villeroy, vous m'avez donné un bon « conseil, et comme bon serviteur de l'État,

« du roi, et de moi; aussi my tiendrai-je, et je « vous en remercie. » (1)

Les prétentions du prince de Condé furent donc admises. Le maréchal d'Ancre, pour satisfaire le duc de Longueville, fut retiré de Picardie; le duc de Montbazon lui fut donné pour successeur dans la lieutenance de cette province, et le commandement de la citadelle d'Amiens, tandis que la haute Normandie et le château de Caen furent promis à Concini en compensation. Guillaume Duvair, premier président au parlement d'Aix, et âgé de soixante ans, fut nommé garde des sceaux, pour soulager le chancelier de fonctions trop pénibles, disoit-on, pour son âge. Mais la disgrâce de Sillery, dont Condé avoit demandé l'éloignement, dont la reine étoit fatiguée, et dont le peuple redoutoit la cupidité, ne causa de regrets à personne. La nouvelle de la paix excita une joie universelle; et lorsque le roi avec la jeune reine fit son entrée à Paris, le 16 mai, il y fut reçu avec les démonstrations d'une vive allégresse. (2)

Le roi n'avoit guère plus de quatorze ans;

---

(1) Mém. de Bassompierre. T. XX, p. 102-106. — Richelieu. L. VII, p. 288. — Fontenay-Mar. p. 333. — Maréchal d'Estrées, p. 302.

(2) Fontenay-Mareuil, p. 335. — Richelieu. L. VII, p. 291-294. — Pontchartrain, p. 141.

quoique majeur selon la loi, et quoique marié, son âge ne permettoit point qu'il exerçât ou les droits d'un roi ou ceux d'un époux. Occupé avec Luynes de ses oiseaux de proie, il sembloit n'avoir encore que des goûts enfantins, et la reine-mère paroissoit voir avec plaisir son éloignement pour toutes les études, pour toutes les occupations sérieuses. Marie de Médicis gouvernoit donc toujours, autant qu'elle étoit capable de gouverner; mais elle n'avoit aucune tenue; son inconstance avoit créé les factions rivales qui se croisoient à sa cour, et elle s'étoit déjà à plusieurs reprises brouillée et réconciliée avec les unes, puis avec les autres. Elle avoit cependant jusqu'alors abandonné le détail des affaires aux ministres que lui avoit laissés son mari. Mais ce vieux ministère, d'où elle avoit renvoyé le duc de Sully, dès la première année, et d'où elle venoit de renvoyer aussi le chancelier Sillery, ne comptoit plus que deux de ses anciens membres, Villeroy et Jeannin. Elle fut à peine de retour à Paris qu'elle résolut de se débarrasser aussi de ces deux hommes, dont l'ancienne expérience lui sembloit une gêne et une censure : elle ôta le contrôle général des finances au président Jeannin, pour le donner à Barbin, alors intendant de sa maison, homme de talent et d'adresse, qui avoit été avancé auprès d'elle par les époux Concini, et qui leur étoit absolument dévoué; de même elle choisit Claude Mangot, nommé récemment président au parlement de Bordeaux, celui qui avoit sauvé Concini d'un procès criminel, en altérant les dépositions de l'espion de Savoie, pour coadjuteur de Villeroy, qu'elle ne destitua pas, mais qu'elle vouloit engager à vendre sa charge. Puysieux, fils du chancelier, et secrétaire d'État aux affaires étrangères, fut aussi renvoyé; tous les secrétaires d'État s'attendoient à être destitués en même temps; « ceux qui, « auparavant s'entremettoient de la direction « des finances ne s'en mêloient plus, tellement « que toutes les affaires étoient en désordre et « confusion (1). » Cependant, parmi ceux qui furent alors appelés au pouvoir, il y en avoit un qui avoit plus de talens qu'aucun de ses prédécesseurs : c'étoit Armand Duplessis Richelieu, évêque de Luçon, ami intime de Barbin; la reine le fit alors seulement son premier aumônier; mais bientôt après elle le nomma conseiller d'État. Enfin, pour se donner en même temps un général qui, par reconnoissance, tout au moins, lui fût absolument dévoué, et qu'elle pût au besoin opposer au duc de Guise, dont elle commençoit à se lasser, elle fit sortir de la Bastille, le 26 juin, le comte d'Auvergne, fils

---

(1) Pontchartrain, p. 148, 152.

naturel de Charles IX, que Henri IV y avoit fait enfermer le 9 novembre 1604, sur l'accusation d'un complot avec l'Espagne, et qui, oublié du monde, et sans espoir, y avoit vu blanchir ses cheveux : pour rendre la grâce entière, Montmorency, son beau-frère, qui seul s'intéressoit à lui, engagea la reine à lui faire restituer par le duc de Nevers la charge de colonel de la cavalerie légère, dont il étoit honoré avant sa captivité. (1)

A la suite du traité de paix tous les princes étoient mécontens les uns des autres, tous se plaignoient, comme si leurs intérêts privés n'avoient point été assez ménagés. La plupart commencèrent par se rendre chacun dans son gouvernement pour se mettre en possession de ce qui leur avoit été promis. Condé s'arrêta en Berry, Longueville en Picardie, où il enleva au lieutenant du duc de Montbazon la citadelle d'Amiens; Rohan, après avoir obtenu de Sully qu'il lui résignât son gouvernement de Poitou, en vint demander l'investiture à la reine. « Il lui
« remontra que le mépris qu'elle avoit fait de
« lui l'avoit induit à témoigner qu'il n'étoit pas
« sans pouvoir; qu'il confessoit avoir obligé et
« servi une personne ingrate (Condé); qu'il

---

(1) Richelieu. L. VII, p. 295. — Pontchartrain, p. 150. — Fontenay-Mareuil, p. 337. — Mar. d'Estrées, p. 303. — Bazin. T. I, p. 426. — Le Vassor. T. I, p. 535.

« n'étoit pas sans ressentiment ; que si elle pou-
« voit oublier ce qu'il avoit fait contre elle, et
« le recevoir en ses bonnes grâces, il lui protes-
« toit de la servir fidèlement envers tous et
« contre tous, hors le parti des réformés ; » ce
qu'elle accepta (1). Bouillon et Mayenne étoient
revenus à la cour ; ils comptoient profiter du
remaniement du conseil qui se faisoit alors,
non seulement pour y entrer eux-mêmes, mais
pour limiter le nombre de ses membres et en
exclure ceux qui leur déplaisoient. Le maréchal
d'Ancre leur fit proposer d'unir leurs efforts afin
d'achever de ruiner les ducs d'Épernon et de
Bellegarde dans l'esprit de la reine, et de partager leurs dépouilles. Mais Bouillon ni Mayenne
n'avoient aucune envie de se charger de l'impo-
pularité croissante du favori de la reine en
s'unissant avec lui. On ne trouve point d'acte
du maréchal d'Ancre qui motive le grand dé-
chaînement auquel il étoit en butte ; c'étoient
seulement les richesses dont une reine de quarante-trois ans, mais belle encore, accabloit son
amant, qui causoient un dégoût et une indignation universelle. Au mois d'avril précédent,
pendant que la guerre duroit toujours, un sergent
de la garde bourgeoise, le cordonnier Picard,
qui commandoit à la porte de Bussy, avoit re-

---

(1) Mém. du duc de Rohan, p. 138.

fusé de laisser passer Concini s'il ne montroit un passeport, se plaisant à humilier ainsi, en vertu de sa consigne, un maréchal de France entouré de tout son équipage. Deux mois plus tard, Concini fit donner des coups de bâton à Picard par ses valets de pied; mais le peuple prit sa revanche, et les deux valets furent pendus à la porte du cordonnier. Picard devint dès lors le héros, le tribun du peuple, et en quelque sorte l'antagoniste du maréchal. (1)

Mayenne et Bouillon, qui voyoient éclater toujours plus la haine du peuple contre Concini, résolurent de l'exploiter; et loin de se joindre à lui contre d'Épernon et Bellegarde, ils donnèrent connoissance de ses projets au duc de Guise, qui étoit lié avec ces deux seigneurs, et ils l'attirèrent dans leur parti. Ils rallièrent à eux tous les ennemis de Concini, et déjà ils parloient entre eux de le tuer; c'étoit à leurs yeux le dénouement naturel des intrigues de cour et des querelles politiques, et ils ne songeoient pas même à s'en faire de scrupules. D'autre part, la reine étoit impatiente de voir revenir le prince de Condé à la cour pour contenir ses anciens associés, s'il se joignoit sincèrement à elle; pour les effrayer tous, en l'atteignant, selon le conseil de Villeroy, s'il continuoit à lui disputer le

---

(1) Mém. du maréch. de Bassompierre, p. 107. — Du mar. d'Estrées, p. 305. — Richelieu. L. VII, p. 306.

pouvoir. Elle lui dépêcha plusieurs personnes, l'une après l'autre, pour l'engager à se presser de revenir. Le dernier fut Richelieu, qui dissipa, non sans peine, les nuages de la défiance qu'on avoit élevés contre la reine dans son esprit, et que Mayenne et Bouillon entretenoient, dans l'intention de mener à conclusion, avant son retour, leur complot contre le maréchal d'Ancre. Richelieu avoit aussi été chargé par la maréchale d'Ancre de dire à Condé qu'elle emploieroit ce que son mari et elle auroient de pouvoir auprès de la reine pour le maintenir en l'honneur de ses bonnes grâces. Condé, de son côté, leur promit qu'il les défendroit contre la jalousie de leurs ennemis et la haine du peuple; puis deux mois et demi après que la paix avoit été signée, il rentra à Paris le 20 juillet 1616; il y fut reçu par la foule avec une espèce de triomphe. (1)

Le maréchal d'Ancre, pour laisser s'apaiser le ressentiment populaire, s'étoit retiré à sa maison de campagne de Lésigny, et c'est là que Mayenne et Bouillon avoient songé à le surprendre et à le tuer, après en avoir pétardé la porte. Il ne rentra à Paris que lorsqu'il sut que Condé y étoit de retour, et encore il demanda à Bassompierre de l'escorter : sa suite montoit à une centaine de chevaux lorsqu'il fit visite à

---

(1) Richelieu. L. VII, p. 5o3. — Mar. d'Estrées, p. 3o5. — Bassompierre, p. 107. — Pontchartrain, p. 152.

M. le prince. Il rencontra bien le cordonnier Picard sur son passage, qui sembloit exciter contre lui la populace, mais la foule ne fit aucun mouvement. Condé commençoit cependant à se repentir d'avoir pris des engagemens envers le maréchal d'Ancre et sa femme; il craignoit, en les protégeant, de perdre la faveur populaire, de se séparer de ses amis, de ne pouvoir continuer le rôle qu'il faisoit au conseil. Il y étoit assidu; il ne souffroit point qu'il s'y fît d'arrêt ou d'ordonnance sans qu'il la signât, qu'il s'y fît aucun paiement sans qu'il en eût connoissance; c'étoit au grand préjudice de l'autorité du roi, dit Pontchartrain (1), mais plutôt c'étoit seulement au préjudice de ceux qui se partageoient les libéralités de la reine.

Sur ces entrefaites, Jacques Ier, roi d'Angleterre, qui désiroit faire épouser à son fils une fille de France, envoya lord Hay, depuis comte de Carlisle, à Paris; un grand faste fut déployé dans cette ambassade; la cour mit aussi beaucoup de pompe à le recevoir : tous les seigneurs lui donnèrent des festins; et comme il dînoit, le 14 août, chez le prince de Condé, le maréchal d'Ancre, accompagné de trente gentilshommes, vint lui rendre visite. Concini, en entrant dans la salle du festin, s'y trouva entouré de tous ses ennemis; ceux-ci proposèrent de profiter de l'oc-

---

(1) Mém. de Pontchartrain, p. 153.

casion pour le tuer. Condé ne le voulut pas, et le maréchal se retira en faisant toujours bonne contenance; mais « le lendemain M. le prince « l'envoya quérir, et lui dit qu'il avoit eu beau- « coup de peine à contenir ces princes et sei- « gneurs le jour précédent; qu'ils le vouloient « attaquer, et qu'ils l'avoient tous menacé lui- « même de l'abandonner s'il ne quittoit sa pro- « tection; c'est pourquoi il lui déclaroit qu'il ne « pouvoit plus le maintenir, et qu'il lui conseil- « loit de se retirer en Normandie où il étoit lieu- « tenant-général, ce qui étant entendu par lui, il « s'en vint au Louvre prendre congé de la reine « mère, puis du roi, et partit le lendemain ma- « tin. » (1)

Presqu'au moment où le maréchal d'Ancre étoit obligé de sortir de Paris, le duc de Longue-ville, son plus ardent ennemi, lui enlevoit les trois villes qui lui étoient demeurées en Picardie, Péronne, Roye et Montdidier, dont le traité de Loudun lui avoit confirmé le gouvernement. C'étoit une violation patente de cette paix; Condé, Bouillon, Mayenne et Guise le sentirent, et ils exhortèrent publiquement Longueville à restituer sa conquête, mais en secret ils lui faisoient passer des secours pour la garder. Dans les troubles auxquels ils se préparoient,

---

(1) Mém. de Bassompierre, p. 109. — Mar. d'Estrées, p. 310. — Richelieu. L. VII, p. 323, 329.

1616. ils étoient bien aises que ces places, peu éloignées de Paris, fussent aux mains d'un de leurs associés (1). Le maréchal d'Ancre, doublement offensé du message que lui avoit fait faire le prince de Condé, et de cet acte d'hostilité dont il étoit victime, « fait remontrer à la reine que
« le prince la trompe, que le maréchal de Bouil-
« lon l'amuse, que tous les grands sont d'accord
« pour la dépouiller de son autorité, et que
« l'affaire est à tel point qu'il n'y a de plus sûr
« remède que de se saisir de leurs personnes;
« à quoi elle se résolut avec Mangot, l'évêque
« de Luçon, et Barbin, créatures du maré-
« chal. » (2) Barbin, qui avoit saisi si vivement le mot de Villeroy à la reine, n'en avoit jamais perdu la pensée; depuis il avoit dit au marquis de Cœuvres, au moment de l'arrivée de M. le prince, « qu'il ne pouvoit être venu avec
« des sentimens contraires au service du roi,
« parce qu'il n'y avoit pas de qualité ni de crédit
« assez grand pour assurer une personne, lors-
« qu'elle se trouve dans le Louvre, et la ga-
« rantir d'être soumise à sa majesté (3). » Alors il crut ou feignit de croire que Condé songeoit tout de bon à se mettre la couronne sur la

---

(1) Richelieu. L. VII, p. 316. — Bassompierre, p. 110. — Fontenay-Mar. p. 345. — Bazin. T. I, p. 439.

(2) Mém. de Rohan, p. 141.

(3) Mar. d'Estrées, p. 307.

tête, profitant de ce que la validité du mariage de Henri IV avec Marie de Médicis pouvoit être mise en question. Dans plus d'un festin on avoit entendu les compagnons de débauche du prince de Condé répéter à grands cris, en buvant, le mot *Barrabas*; ils prétendoient que ce n'étoit qu'un surnom, celui du larron juif, qu'ils donnoient à Barbin; un sens plus naturel, lorsqu'il s'agissoit du cri de guerre d'une faction, se présentoit : *barre à bas*; ils furent accusés de boire à la suppression de la barre oblique que porte la maison de Condé entre ses trois fleurs de lys, ou à la substitution des armes royales dans son écusson (1). Ni le duc de Sully qui étoit revenu à la cour, ni le duc de Guise ne vouloient seconder le prince dans des projets si audacieux; le premier demanda audience à la reine, et lui fit un long discours sur les mauvais desseins de ces princes, et sur le mal inévitable qu'il en prévoyoit pour le roi; comme il se retiroit, tandis qu'on le pressoit d'indiquer les remèdes, « il remit une jambe avec la moitié « de son corps dans le cabinet, disant ces pro- « pres paroles : Sire, et vous, madame, je sup- « plie vos majestés de penser à ce que je vous « viens de dire ; j'en décharge ma conscience. « Plût à Dieu que vous fussiez au milieu de

1616.

---

(1) Richelieu. L. VII, p. 333. — Bassompierre, p. 108. — Fontenay-Mareuil, p. 338-358.

« douze cents chevaux, je n'y vois autre re-
« mède; puis s'en alla. » (1)

La résolution à laquelle s'arrêtèrent les conseillers de la reine étoit plus hardie encore. On venoit d'éprouver les dangers et les difficultés de la guerre civile; mettre le roi à la tête de douze cents chevaux, c'étoit s'y replonger avec de plus mauvaises chances peut-être. D'autre part, avec quelque assurance que Villeroy et Barbin eussent annoncé qu'ils tenoient le bras de Condé une fois qu'il étoit entré au Louvre, on voyoit bien que tout le peuple de Paris étoit pour lui; il étoit secondé par la noblesse, par les princes, d'un mot il pouvoit faire sortir mille épées du fourreau. « Il partageoit l'auto-
« rité que la reine avoit aux affaires, et quasi
« l'en dépouilloit pour s'en revêtir. Le Louvre
« étoit une solitude, sa maison étoit le Louvre
« ancien; on ne pouvoit approcher de la porte
« pour la multitude du monde qui y abordoit.
« Tous ceux qui avoient des affaires s'adres-
« soient à lui; il n'entroit jamais au conseil que
« les mains pleines de requêtes et mémoires
« qu'on lui présentoit, et qu'il faisoit expédier
« à sa volonté (2). » Pour se faire obéir de son adversaire la reine avoit besoin de conspirer; c'est peut-être précisément ce qui la détermina :

(1) Richelieu. L. VII, p. 326.
(2) Richelieu. L. VII, p. 311.

foible, fausse et passionnée, s'il avoit fallu montrer de l'énergie à visage découvert, elle n'auroit pu la soutenir; mais dissimuler pour mieux frapper, c'étoit à cela qu'elle se sentoit propre.

Le point d'honneur du gentilhomme ne l'obligeoit pas à se soumettre à l'ordre du roi; au contraire, quelle que fût l'autorité qu'on prétendoit exercer sur lui, de quelque part que vînt l'attaque, il devoit se défendre, il devoit se faire tuer, plutôt que de permettre qu'on mît la main sur lui; aussi ce n'étoit qu'aux hommes les plus braves, les plus résolus, les plus prompts et les plus adroits, qu'on pouvoit confier l'arrestation d'un grand personnage, surtout d'un prince. On ne pouvoit pas même songer à arrêter Condé dans son hôtel; il y auroit engagé un combat, il y auroit soutenu un siége qui auroit soulevé la capitale. Ce fut au Louvre même qu'il parut nécessaire de lui dresser un guet-apens. Un seigneur de bonne maison, le marquis de Thémines, accepta cette commission. Il dit qu'il pouvoit répondre de ses deux fils et de sept ou huit gentilshommes; mais comme on jugea que ce n'étoit point assez, on appela encore un Italien, nommé del Bene, lieutenant de chevau-légers, qui en amena à peu près autant. Un faisceau de pertuisanes, pour armer ces vingt hommes, fut introduit dans les appartemens de la reine mère, dans un grand coffre qu'on annonça comme contenant des étoffes d'Italie. Les seigneurs de la cour les plus renommés pour leur galanterie, leur bonne mise et leur grande dépense, que l'on nommoit les dix-sept, et parmi lesquels on comptoit Bassompierre, Créqui, Saint-Géran et la Curée furent retenus auprès de la reine, et liés par un nouveau serment à lui obéir, sans qu'ils sussent encore ce qu'on vouloit demander d'eux; de l'argent et des pierreries furent empaquetés pour les emporter dans la fuite de la cour, si le coup ne réussissoit pas; MM. de Créqui et de Bassompierre, colonels des régimens des gardes française et suisse, eurent ordre de les mettre en bataille à la porte du Louvre dès que le prince seroit entré, et de l'arrêter s'il tentoit de ressortir, et la mesure leur paroissoit si hasardeuse qu'ils demandèrent pour leur garantie des lettres patentes scellées du grand sceau. Le roi, que sa mère avoit admis dans le complot, s'associoit avec joie à cette surprise, et promettoit de ne point manquer à la dissimulation qu'on lui avoit recommandée.

Il étoit dix heures du matin, le 1er septembre 1616, lorsque le prince de Condé entra au Louvre, et passa tout droit à la salle du conseil des finances, qui se tenoit au rez-de-chaussée. Après la levée du conseil, le prince monta, suivant son usage, chez la reine ; le roi, qui avoit distribué de sa main les pertuisanes aux hommes qu'avoit amenés Thémines, et qui les avait cachés dans le cabinet de la reine, alla au-devant du prince, l'entretint gaîment, lui proposa de l'emmener avec lui à la chasse, et, sur son refus, entra chez sa mère pour lui dire adieu. A l'instant même, Thémines, avec ses deux fils, sortit par un petit passage, s'approcha du prince et lui déclara qu'il avoit ordre de l'arrêter. Condé étoit seul dans ce moment ; il n'essaya pas de résister, il refusa pourtant d'abord de donner son épée ; puis il se laissa conduire dans la salle basse où l'attendoit del Bene ; à la vue de cet étranger il ne douta pas qu'on ne voulût le tuer. Del Bene le rassura en lui disant qu'il n'avoit avec lui que des gentilshommes; alors il se laissa enfermer de bonne grâce. (1)

La reine avoit eu l'intention de faire arrêter en même temps tous les princes de la cabale ; mais avec quelque soin que son secret eût été gardé, des circonstances minutieuses qui avoient été observées avoient déjà éveillé leurs soup-

(1) Richelieu. L. VII, p. 334-342. — Bassompierre, p. 116-122. — Fontenay-Mareuil, p. 350. — Rohan, p. 141. — D'Estrées, p. 311. — Pontchartrain, p. 159. — Bazin. T. I, p. 444. — Le Vassor. T. I, p. 541. — Mém. du comte de Brienne, 2ᵉ série. T. XXXV, p. 313.

çons. Le duc de Bouillon, saisi d'un mouvement subit de dévotion, étoit allé au sermon à Charenton, quoique ce ne fût point un jour consacré spécialement au culte, c'étoit un jeudi; le duc de Vendôme, comme il se rendoit au Louvre, fut averti que les portes en étoient fermées, et que les deux régimens des gardes étoient sur pied : il se sauva à La Fère; Mayenne, sur le même avis, rassembla quelques gentilshommes, sortit de Paris avec leur troupe en bon ordre, et se réunit avec Bouillon. Guise, que la reine n'avoit point voulu comprendre dans ces arrestations, après quelque hésitation, sortit aussi et se rendit à Soissons avec les autres. La princesse douairière de Condé s'élança à pied de sa maison, et s'en alla jusque sur le pont Notre-Dame, appelant aux armes, et criant que le maréchal d'Ancre avoit fait tuer le prince son fils; en même temps le cordonnier Picard excita quelque émotion dans son quartier; mais comme aucun gentilhomme ne se joignoit à ceux qu'il avoit soulevés, la foule furieuse alla piller l'hôtel désert du maréchal d'Ancre dans la rue de Tournon, puis la maison de son secrétaire Corbinelli, il n'y demeura que les murailles; on la laissa faire, tout ce jour-là et tout le lendemain, jugeant que c'étoit le vrai moyen de la distraire. La reine cependant distribuoit les récompenses : elle fit Thémines maréchal de France, lui donna comptant plus de cent mille écus, fit son fils aîné capitaine de ses gardes, et le second premier écuyer de Monsieur; elle nomma encore Montigny maréchal, Créqui duc et pair, elle promit le bâton à Praslin et à Saint-Géran, dès la première vacance, et, malgré tant de libéralité, ceux qui l'avoient servie n'étoient point encore contens. (1)

1616.

La fuite des princes qu'on avoit voulu arrêter rallumoit la guerre civile. La cour étoit comme déserte, la comtesse de Soissons en avoit fait partir son fils. La reine avoit aliéné ses anciens partisans, les ducs de Guise et d'Épernon; le premier, avec son frère le prince de Joinville, étoit allé joindre Mayenne à Soissons; le second étoit toujours dans son gouvernement d'Angoulême, et, sous un vain prétexte, il venoit de commencer des hostilités contre la ville de La Rochelle, seulement pour avoir une raison de demeurer armé. Le duc de Nevers enfin, qui étoit tout occupé d'un projet bizarre qu'il avoit formé sur l'empire turc, où il espéroit causer un soulèvement parmi les Grecs, en se disant héritier des Paléologues, s'arrêta lorsqu'il étoit déjà en chemin pour l'Allemagne, et déclara qu'il se joignoit au parti des princes. (2)

(1) Richelieu. L. VII, p. 335. — Bassompierre, p. 123. — Bazin. T. I, p. 449.

(2) Richelieu. L. VII, p. 314 et 356.

Dès le 2 septembre, la reine convoqua un conseil de guerre, et commanda au maréchal de Brissac d'y présider; il y fut résolu qu'on mettroit une armée sur pied, et qu'on lèveroit six mille Suisses. Comme ce conseil siégeoit de nouveau le 7 septembre, le comte d'Auvergne, de retour d'une mission qu'il avoit eue à Péronne, demanda à y assister, et il prit la place d'honneur pour y présider, tandis que le maréchal de Brissac se contenta de la seconde sans contestation; mais les chefs de guerre qui s'y trouvoient rassemblés jugèrent qu'ils ne devoient pas souffrir que le comte d'Auvergne les présidât, « n'ayant pas été remis en sa bonne fame « et renommée depuis sa condamnation. » Bassompierre appela le maréchal de Brissac pour lui faire part de son scrupule. « Il nous dit sur « cela qu'il n'y avoit pas pensé; mais que si « MM. de Saint-Géran et la Curée, Créqui et « Bassompierre lui vouloient promettre de l'as-« sister, car nous quatre avec nos troupes étions « les messieurs du Louvre, qu'il le tueroit s'il « venoit se mettre au-dessus de lui; ce que les « autres lui promirent, et moi à plus forte rai-« son étant son neveu et intéressé dans son hon-« neur. Mais M. de Praslin me dit ensuite : Ce « que M. le maréchal de Brissac a proposé de « faire est généreux, ce qu'il a désiré de vous « est convenable, et ce que vous lui avez tous

« quatre promis est digne de vous. Néanmoins
« il est de votre devoir de l'empêcher, et il
« faut que de bonne heure on avertisse la reine
« qu'elle prévienne cet inconvénient, en défen-
« dant au comte d'Auvergne de se trouver au
« conseil, ou en le rompant.... car nous ferions
« au roi et à la reine un grand outrage que nous
« pouvons éviter... et ce désordre pourroit à
« même temps être suivi de la délivrance de
« M. le prince prisonnier au Louvre..... En
« avertissant la reine nous préviendrons un mal
« qui en peut laisser à la France ; et nous appor-
« tera peu de gloire à l'avenir que l'on dise que
« M. le maréchal, assisté de tant de braves
« hommes, ait tué avantageusement un seul
« homme, et peut-être sans résistance, peut-être
« sans épée. » Les seigneurs se laissèrent persuader ; Bassompierre avertit la reine qui défendit qu'on tînt plus de conseil. (1)

Heureusement que les négociations réussissoient à Marie de Médicis mieux que les conseils de guerre. Le roi avoit tenu un lit de justice
le 6 septembre, pour expliquer au parlement
les motifs qui l'avoient porté à faire arrêter le
premier prince du sang. Il fit vérifier une longue déclaration dans laquelle on exposoit en
son nom quelle avoit été la conduite de son

---

(1) Mém. de Bassompierre, p. 125-128.

gouvernement, quels efforts il avoit faits pour maintenir la paix, de quelles grâces il avoit comblé ceux mêmes qui s'étoient révoltés contre lui. Cependant, dit-il, « on nous rapportoit « qu'aux festins qui se faisoient parmi ceux qui « suivoient notre dit cousin, c'étoit un terme « d'allégresse ordinaire que *barre à bas*, pour « désigner sa prétention à la couronne. »... « Nous l'avons donc fait arrêter et loger près de « nous, en notre château du Louvre, avec le « plus honorable et favorable traitement que « telle occasion pouvoit souffrir (1). » Il ajoutoit que par cette arrestation il n'avoit entendu en aucune façon contrevenir au traité de Loudun, ou priver ses sujets du bénéfice qu'ils en attendoient, et ceux mêmes qui reviendroient à lui dans la quinzaine seroient reçus en sa grâce; après quoi, ceux qui persévéreroient dans leurs fautes étoient déclarés criminels de lèse-majesté.

La reine avoit envoyé à Soissons, Chanvalon, Boissise et le marquis de Villars, beau-frère de Mayenne, pour traiter avec les princes. Bientôt ces envoyés purent reconnoître que les mécontens étoient peu d'accord entre eux, qu'ils étoient troublés, et que chacun sembloit prêt à abandonner les autres. Le duc de Guise et son frère, assurés que la reine n'avoit eu aucun

(1) Isambert, Anc. lois franç. T. XVI, p. 97.

dessein contre eux, regrettoient de s'être jetés de leur propre mouvement au milieu du danger. Bientôt le duc de Longueville traita, par l'entremise de Mangot, qui avoit été de son conseil, et rendit au roi Péronne; puis le duc de Guise et ses frères revinrent à la cour, sous prétexte de traiter pour leurs associés. Ceux-ci, en effet, obtinrent qu'on augmentât de quelques centaines d'hommes les garnisons qu'ils tenoient dans leurs places de guerre, et qu'on n'exigeât point qu'ils revinssent à la cour de cet hiver. Et à ces conditions le roi, par une déclaration du 16 octobre, reconnut qu'il les tenoit pour ses bons serviteurs. Le seul duc de Nevers sembloit s'obstiner dans sa rébellion, et faisoit des tentatives pour s'emparer des places de Champagne qui n'étoient pas comprises dans son gouvernement. (1)

Les déportemens du duc de Nevers furent l'occasion de la disgrâce de Duvair, le nouveau garde des sceaux, qui, apportant ses habitudes de légiste dans les affaires d'État, vouloit déférer au parlement les violences de Nevers contre le marquis de la Vieuville, gouverneur de Reims, pour avoir exécuté les ordres du roi. « Jamais, dit Richelieu, homme ne vint en cette « charge avec plus de réputation et ne s'en ac- « quitta avec moins d'estime. Il étoit rude en

---

(1) Richelieu. L. VII, p. 359. — Fontenay-Mareuil, p. 358.

« sa conversation, irrésolu aux moindres diffi-
« cultés, et sans sentiment des obligations re-
« çues. » Brienne, il est vrai, en porte un jugement tout contraire. Le roi lui ôta les sceaux le
30 novembre, et les donna à Mangot, tandis
qu'il donna la charge de secrétaire d'État de
Mangot à Richelieu, qui garda cependant son
évêché de Luçon, encore que le maréchal
d'Ancre voulût lui persuader d'y renoncer. Ce
maréchal étoit revenu à la cour dès que le trouble
et l'étonnement causés par l'arrestation de M. le
prince eurent cessé, et il commença à se mêler
des affaires plus ouvertement qu'il n'avoit fait
auparavant. « Sa femme, au contraire, étoit si
« abattue de l'effroi où elle s'étoit trouvée, et de
« son humeur mélancolique que cette crainte
« avoit irritée, qu'elle en étoit en quelque ma-
« nière hors de son bon sens, ne sortant plus de
« sa chambre et ne voulant voir personne,
« croyant que tous ceux qui la regardoient l'en-
« sorceloient. » (1)

En apparence le maréchal d'Ancre n'exerçoit
aucun ministère : il passoit ses journées à jouer
aux dés ; mais comme la reine étoit toujours
plus dominée par lui, rien de ce qu'il vouloit
fortement ne lui étoit jamais refusé. La nomina-

_____
(1) Richelieu. L. VII, p. 368. — Fontenay-Mar. p. 361. —
Mém. de Brienne, p. 321. — D'Estrées, p. 323. — Pontchartrain, p. 169.

tion de Richelieu étoit son ouvrage; elle causa d'abord quelque surprise, car il étoit sans exemple de voir un évêque dans la charge de secrétaire d'État; mais celui-ci ne remplit pas long-temps cet emploi sans faire sentir à tous qu'il étoit moins prêtre et plus homme d'État qu'aucun de ceux qui l'avoient précédé, et sans donner beaucoup de jalousie au maréchal d'Ancre. (1)

1616.

La haine populaire alloit sans cesse croissant contre ce maréchal et sa femme : on leur attribuoit toutes les profusions, tous les malheurs, tous les désordres. On prétendoit que la reine étoit ensorcelée par Léonora Galigaï; et cette femme, qui se croyoit sans cesse victime des maléfices d'autrui, étoit accusée d'employer contre la reine des opérations magiques; on donnoit même à entendre que les deux époux avoient quelque projet contre la vie du roi, parce qu'ils avoient exprimé la crainte qu'un évanouissement alarmant qu'il avoit eu en automne ne se représentât avec des symptômes plus dangereux encore au printemps (2). Mais au moment où il n'y avoit pas de crime dont on n'accusât Concini et sa femme, ils furent frappés ensemble d'une amère douleur. Leur fille, âgée de treize ans, celle pour laquelle ils avoient été sur le point

1617.

(1) Pontchartrain, p. 169, 180. — D'Estrées, p. 323.
(2) Richelieu. L. VII, p. 369.

TOME XXII. 25

de contracter les plus brillantes alliances, mourut le 2 janvier 1617. Bassompierre, qui alla les voir le jour même, raconte d'une manière touchante leur désolation. Concini lui dit qu'il regrettoit sa fille et la regretteroit tant qu'il vivroit; mais ce qui le faisoit succomber sous ce coup, c'est qu'il y voyoit un avertissement de la ruine prochaine de lui, de sa femme, de son fils et de sa maison. Il récapitula avec franchise sa misère quand il étoit parti de Florence accablé de dettes, ses progrès rapides, son immense opulence, puis les signes répétés qu'il recevoit depuis quelque temps du changement de la fortune à son égard. Il supplioit sa femme de quitter avec lui la France où l'opinion se déchaînoit contre lui, et de chercher un refuge en Italie; mais elle repoussoit toutes ses instances, déclarant qu'il y auroit lâcheté et ingratitude à eux à abandonner la reine après tous les biens qu'ils en avoient reçus. (1)

Le duc de Nevers s'étoit jeté de gaîté de cœur dans la rébellion de l'automne précédent; seul entre les princes, il n'avoit point voulu faire d'arrangement avec la reine, aussi les hostilités se continuoient en Champagne, et les autres princes se montroient prêts à les renouveler. La reine avoit jusqu'alors paru compter sur

(1) Bassompierre, p. 134.

l'alliance d'Espagne, puis n'en avoit fait aucun usage. Richelieu ne fut pas plus tôt entré au ministère, qu'il crut devoir se rapprocher des anciens amis de Henri IV, qu'il regardoit comme les alliés naturels de la France. Au moment où la guerre civile alloit se renouveler, il envoya en ambassade extraordinaire le baron de la Tour vers le roi de la Grande-Bretagne, qui l'aimoit très particulièrement, pour avoir été ambassadeur auprès de lui, lorsqu'il n'étoit que roi d'Écosse ; M. de la Noue en Hollande, où son nom et sa religion le rendoient agréable, et le comte de Schomberg en Allemagne, d'où il étoit originaire et où son père avoit été en plusieurs ambassades (1). Richelieu, qui avoit dressé lui-même avec beaucoup de soin l'instruction de Schomberg, a voulu la conserver dans ses Mémoires. « La fin de son voyage d'Allemagne, « dit-il, est de dissiper les factions qu'on y pour-« roit faire au préjudice de la France, et d'y « porter le nom du roi le plus avant que faire se « pourra. » Dans ce but, il recommande d'exposer les causes légitimes de l'arrestation de M. le prince, de faire connoître « que c'est pure « calomnie de dire que nous soyons tellement « Romains et Espagnols, que nous voulions em-« brasser les intérêts soit de Rome, soit d'Es-

---

(1) Richelieu. L. VIII, p. 381.

« pagne, au préjudice de nos anciennes alliances,
« au préjudice de nous-mêmes, c'est-à-dire ou
« de ceux qui font profession de la religion pré-
« tendue réformée en France, ou de ceux qui
« haïssent l'Espagne, et font particulièrement état
« de se dire bons Français. » L'instruction contient un résumé rapide de ce qu'avoit fait la reine pour maintenir la paix du royaume, de ce qu'avoit fait le prince pour la troubler ; elle rappelle les nombreux mariages qui de siècle en siècle avoient uni les familles royales de France et d'Espagne ; elle déclare « que nul catholique
« n'est si aveugle d'estimer, en matière d'État,
« un Espagnol meilleur qu'un Français hugue-
« not. » Elle veut que Schomberg prenne occasion d'offrir, quoique discrètement, d'assister les Allemands contre les pratiques que le roi d'Espagne fait pour faire tomber, avec le temps, les couronnes de Hongrie et de Bohême, celle du roi des Romains et l'impériale, sur la tête d'un de ses enfans. Enfin, Schomberg est chargé de repousser le reproche de profusion, en montrant que ce sont ceux qui blâment la reine, qui ont seuls profité de sa libéralité, puisque, pour maintenir la paix, elle a été contrainte d'ouvrir ses mains et donner largement à tout le monde. En effet, « M. le prince a reçu, en six ans,
« 3,660,000 livres; M. et madame la princesse de
« Conti, 1,400,000 livres; M. de Guise, près de

« 1,700,000 livres; M. de Nevers, 1,600,000 li-
« vres; M. de Longueville, 1,200,000 livres;
« MM. de Mayenne, père et fils, plus de
« 2,000,000 livres; M. de Vendôme, près de
« 600,000 livres; M. d'Épernon et ses enfans,
« près de 700,000 livres; M. de Bouillon, près
« d'un million. » (1)

Des écrits, répandus avec profusion parmi le peuple, fondoient sur ces mêmes motifs l'apologie du gouvernement. De leur côté, le duc de Bouillon et le duc de Mayenne publioient leur justification et leurs accusations contre la cour. Le 17 janvier, le parlement enregistra une déclaration contre le duc de Nevers, qui le dénonçoit comme criminel de lèse-majesté, s'il ne se rendoit sous quinze jours auprès du roi, pour se justifier. Les ducs de Bouillon, de Nevers, de Vendôme et de Mayenne répondirent le 31 janvier, par une remontrance signée en commun, où ils accusoient le maréchal d'Ancre et sa femme de tout le mal arrivé dans le royaume (2). Richelieu avoit bien préparé aussi les réponses que devoient faire les ambassadeurs au reproche d'avoir tant élevé un étranger; mais comme il n'avoit aucune bonne raison à donner, comme il ne pouvoit parler ni de son mérite supérieur, ni

---

(1) Richelieu, Pièces justificatives. T. XI, p. 224-243.
(2) Richelieu. T. XI, p. 244, et T. XXI, p. 387. — Bazin. T. I, p. 487. — Le Vassor. T. I, p. 594, 601.

des services qu'il avoit rendus, il se contentoit de dire « que l'histoire est pleine d'exemples d'é-
« trangers qui ont fait fortune hors de leur pays,
« et que celui dont on parle est tellement Fran-
« çais, qu'il ne fait part de sa fortune à aucun
« autre qu'à des Français. »

Toutes ces écritures se terminèrent par une déclaration du roi du 10 mars, moyennant laquelle il réunissoit à son domaine et confisquoit tous les biens des rebelles. En même temps, trois armées royales attaquoient les princes dans tous les lieux où ils avoient de la puissance ; le duc de Guise conduisoit la première contre le duc de Nevers, en Champagne ; Montigny, la seconde, contre la duchesse de Nevers, en Berri et en Nivernais; le comte d'Auvergne, la troisième, qui, après avoir nettoyé de rebelles le Perche et le Maine, vint attaquer dans Soissons le duc de Mayenne. (1)

Les huguenots, excités par la duchesse de Bouillon dans la Marche et le Bas-Limousin, paroissoient vouloir se joindre aux mécontens ; mais le duc de Rohan, le sage Duplessis Mornay et Lesdiguières exercèrent toute leur influence pour les en empêcher (2). Les trois armées royales eurent des succès ; elles prirent

(1) Richelieu. L. VIII, p. 387-395.
(2) *Voyez* trois discours politiques du duc de Rohan sur l'état des affaires à cette époque. T. XVIII, p. 161-182.

un grand nombre de petites places; elles forcèrent le duc de Nevers à évacuer presque toute la Champagne et à se retirer à Mézières; elles assiégèrent la duchesse dans Nevers, et le duc de Mayenne dans Soissons, et elles étoient sur le point de soumettre aussi ces trois villes, quand la nouvelle de la mort du maréchal d'Ancre, tué le 24 avril par le commandement du roi, fit partout poser les armes aux combattans. (1)

Le maréchal d'Ancre s'étoit depuis quelque temps aperçu que Charles d'Albert de Luynes, qu'il avoit laissé grandir dans la faveur royale, étoit devenu pour lui un rival dangereux. Le chef de la volerie avoit acheté la capitainerie du Louvre, qui lui donnoit un logis en cour. Il étoit sans cesse auprès du roi, et il avoit profité de la disposition défiante et jalouse du jeune monarque pour lui remplir l'âme de soupçons. Il lui représentoit le Louvre comme une prison où il étoit retenu par la reine et le maréchal d'Ancre, les précautions qu'on prenoit pour sa sûreté comme des injures et des marques de servitude, ses amusemens même comme une honteuse frivolité, où on le retenoit pour prolonger son enfance. Luynes avoit approché du roi, sous prétexte de soigner ses oiseaux, des

---

(1) Richelieu. L. VIII, p. 394, 395. — Bassompierre. p. 145. — Fontenay-Mar. p. 370.

gens tout-à-fait en sous-ordre, Tronçon et Marcillac, gentilshommes, mais absolument déshonorés (1), Déageant, commis de Barbin, qu'il avait séduit, un simple soldat, enfin, et un jardinier, qui tous profitoient des occasions qu'on leur ménageoit de parler au roi pour remplir son âme de soupçons. Déageant mit même sous les yeux du roi des lettres supposées de Barbin, pleines de projets contre sa personne. On s'efforçoit de lui faire croire que le maréchal d'Ancre vouloit se défaire de lui pour prolonger le gouvernement de sa mère, qui seroit régente du duc d'Anjou. Marie de Médicis veilloit d'autre part sur son fils avec une autorité grondeuse, contre laquelle le jeune roi se révoltoit souvent; et quoiqu'elle lui eût offert, à trois reprises différentes, de remettre le pouvoir entre ses mains, Luynes n'avoit pas eu de peine à convaincre Louis XIII que ce n'étoit qu'un jeu pour faire sentir à son fils combien elle lui étoit nécessaire.

D'ailleurs Louis XIII étoit entré six mois auparavant dans la conjuration de sa mère contre le prince de Condé; il avoit pris plaisir à ce mystère, à cette surprise, à cette grande révolution dont il avoit donné le signal; il ne fut point difficile de l'amener à donner les mains à

(1) L'un d'eux avoit vendu son maître, l'autre ses sœurs pour s'enrichir. Richelieu. L. VIII, p. 411.

une conjuration nouvelle pour surprendre le maréchal d'Ancre dans le Louvre, et l'y faire tuer en trahison. Louis XIII n'avoit encore que quinze ans et demi; ses idées sur la morale et la justice étoient fort peu développées; une seule pensée avoit été inculquée avec soin dans son esprit, c'est qu'il avoit un droit illimité sur les biens, la liberté, l'honneur et la vie de ses sujets. Luynes savoit que le baron de Vitry, capitaine des gardes en quartier au mois d'avril, étoit le seul de son rang qui eût inspiré de l'aversion au maréchal; qu'en effet Vitry ne le saluoit point, et s'en vantoit (1). Luynes le rechercha; il lui dit que le roi avoit grande confiance en lui, qu'il le croyoit capable de grandes entreprises, et qu'il lui fieroit sa vie. Après avoir porté au roi les protestations de Vitry, il tira de ce dernier un serment de cacher à tous ce qui lui seroit confié, et d'exécuter tout ce que sa majesté lui commanderoit. Une assignation lui fut enfin donnée pour recevoir cet ordre fatal, et Vitry fut fort étonné de ne rencontrer au rendez-vous que Tronçon, Marcillac, Déageant et un jardinier des Tuileries. On lui offroit cependant le bâton de maréchal de France, et il accepta. (2)

Le baron de Vitry fit venir son frère et son

(1) Richelieu. L. VIII, p. 416.
(2) Richelieu. L. VIII, p. 415.

beau-frère pour le seconder ; il fit choix d'un certain nombre de bons et notables gentilshommes, auxquels il proposa ce service volontaire, et qu'il plaça en différens postes dans la cour du Louvre. Le 24 avril, le roi s'étoit levé de bonne heure ; il avoit annoncé une partie de chasse, et il faisoit stationner au bout de la galerie un carrosse et des chevaux prêts pour pouvoir s'enfuir si le coup manquoit. Un des gardes du roi se trouvoit à la porte du Louvre chargé de veiller quand le maréchal sortiroit de chez lui, pour se rendre, ainsi qu'il avoit accoutumé, à la chambre de sa femme, et y attendre que la reine mère fût éveillée ; à dix heures, le garde vit venir Concini, et courut avertir Vitry. Celui-ci sortit de sa chambre, et prenant en passant tous ceux qui l'attendoient dans la cour, dont chacun tenoit un pistolet caché sous son manteau, il fit telle diligence, qu'il trouva le maréchal sur le pont dormant tenant au pont-levis du Louvre ; plus de trente gentilshommes à lui l'accompagnoient. « M. de « Vitry étoit si emporté qu'il seroit passé sans « le voir, si M. du Hallier, qui marchoit après « lui, ne lui eût dit : Mon frère, voilà M. le « maréchal. Sur quoi se tournant, et deman- « dant : Où est-il ? Guichaumont répondit et dit : « Tenez, le voilà ; et tirant son pistolet lui « donna le premier coup. Quelques autres tirè-

« rent aussi ; mais on a toujours cru que c'étoit
« Guichaumont qui l'avoit tué, étant tombé
« dès qu'il l'eut frappé (1). » Il étoit encore sur
ses genoux ; mais Vitry et ses gentilshommes
l'achevèrent à coups d'épée. Ces mêmes gentilshommes dépouillèrent aussitôt son corps de tout
ce qu'il portoit de précieux. Le roi averti, prenant sa grosse carabine et son épée, fit ouvrir
les fenêtres de la grande salle, et s'y montra en
criant : Grand mercy à vous, mes amis : maintenant je suis roi. En même temps il donna
ordre qu'on allât lui chercher les vieux conseillers de son père, et on lui répondit par des
cris de vive le roi. (2)

La reine mère ayant appris ce qui venoit de
se passer, se mit à gémir et à pleurer ; elle
s'emporta assez vilainement contre ses deux
serviteurs, qui l'entraînoient dans leur disgrâce.
« Ah ! madame, il n'y a que vous qui puissiez
« contenir la maréchale en lui annonçant cette
« affreuse nouvelle. — J'ai bien autre chose à
« faire à présent. Vous ne savez comment le
« dire ! Eh ! chantez-lui aux oreilles *l'Hanno*
« *ammazzato.* » Elle refusa durement de donner un asile chez elle à la maréchale d'Ancre.
Alors celle-ci se fit déshabiller, et se mit au lit

(1) Fontenay-Mareuil, p. 375. — Richelieu. L. VIII,
p. 416.
(2) Bazin. T. I, p. 502. — Pontchartrain, p. 221.

pour cacher sous son corps ses pierreries et celles de la couronne qu'elle avoit sous sa garde. Dans les premiers momens, Louis XIII étoit encore trop troublé pour soutenir les reproches de sa mère; mais Marie de Médicis ne sut point en profiter. Quand elle lui fit demander un entretien, il avoit pris sa résolution, et il refusa. Le baron de Vitry fit mettre des gardes à la porte de la reine pour qu'elle ne pût point sortir de son appartement. Les vieux ministres destitués et toute la foule des seigneurs étoient cependant accourus au Louvre, et se pressoient autour du roi, qui monta sur une table de billard pour recevoir leurs complimens. Richelieu osa aussi s'aventurer dans cette assemblée tumultueuse, et il fut reçu par le roi avec assez d'aigreur. Les sceaux furent repris par Luynes à Mangot, sans qu'on lui permît d'arriver jusques au roi. Barbin fut retenu prisonnier, et l'on saisit tous ses papiers. Les gentilshommes qui avoient participé à l'assassinat tirèrent la maréchale d'Ancre de son lit, et pillèrent l'argent et les bijoux qui étoient cachés dans sa paillasse. Ils se partagèrent ensuite les charges, les gouvernemens, les immeubles de son mari, comme s'ils étoient déjà confisqués. Le corps du maréchal fut enterré pendant la nuit sous les orgues de l'église Saint-Germain; mais la populace l'ayant découvert le lendemain, le déterra, le traîna par les rues, le déchira par lambeaux, le brûla, et en détruisit jusqu'à la moindre parcelle. (1)

(1) Bazin. T. I, p. 508. — Richelieu. L. VIII, p. 420-428. — Fontenay-Mar. p. 376-382. — Brienne, p. 327. — D'Estrées, p. 327. — Rohan, p. 144. — Histoire tragique du marq. d'Ancre et de sa femme. Archives curieuses, 2ᵉ série. T. II, p. 1. — Le Vassor. L. X, p. 634.

CHAPITRE XIII.

Louis XIII gouverné par Luynes. — Exil de la reine mère à Blois. — Assemblée des notables à Rouen. — Médiation de la France en Italie. — Commencemens de la guerre de trente ans. — Traités avec la reine mère à Angoulême, puis à Angers. — Guerre contre les protestans dans le Midi. — 1617-1621.

1617.
Le meurtre du maréchal d'Ancre laisse dans l'esprit une impression profonde de douleur et de honte. Ce qui donne à cet événement le caractère le plus odieux, ce n'est pas la participation du roi à un assassinat. Ce roi de quinze ans et demi, à qui on n'avoit jamais songé à enseigner les principes de la morale ou de la justice, étoit trop jeune et trop foible d'esprit pour qu'on puisse laisser peser sur lui la responsabilité du crime qu'on lui faisoit commettre : c'est l'empressement avec lequel la noblesse française se prête à un lâche guet-apens, et se dispute ensuite bassement les dépouilles de sa victime; c'est l'approbation donnée au meurtre par les vieux ministres de Henri IV, qui accourent au Louvre pour féliciter le roi; c'est le triomphe des princes, qui s'empressent de revenir à la

cour dès qu'elle est souillée par le sang de leur ennemi; c'est la féroce servilité du parlement, qui s'acharne sur la maréchale d'Ancre, et la condamne à un supplice atroce sans croire au crime dont il l'accuse; c'est le débordement d'injures des écrivains du temps contre la mémoire des deux Concini; c'est enfin la joie forcenée du peuple et le surnom de Juste décerné à Louis XIII pour avoir méconnu les lois de la justice; ce sont toutes ces circonstances qui associent d'une manière déplorable toute la nation à une vengeance que la victime avoit sans doute provoquée par sa cupidité et son mépris pour la décence publique, mais jamais par des actes de férocité ou de trahison qui dussent soulever l'indignation de tous.

La nouvelle du meurtre du maréchal d'Ancre fut connue des assiégés de Soissons avant de l'être des assiégeans. « Votre maître a été tué « par le nôtre, » crioient les gens du duc de Mayenne à ceux du comte d'Auvergne qui se préparoient pour l'assaut (1). Bientôt après un courrier du roi apporta au dernier l'ordre de suspendre les hostilités. Aussitôt les portes de la ville s'ouvrirent, les deux armées se festoyèrent; on fit échange d'embrassemens et de cour-

---

(1) Le Vassor, Hist. de Louis XIII. T. I, L. X, p. 652.

toisies, et leurs chefs se réunirent dans un banquet. Au milieu de ces réjouissances, un corps de trois ou quatre mille hommes, que le maréchal d'Ancre avoit fait lever à ses frais dans le pays de Liége, manifestoit seul sa douleur, et sa vive appréhension qu'on ne se réunît des deux armées pour le tailler en pièces; on se contenta de le licencier. A Nevers et à Mézières il y eut même rapprochement entre les partis qui venoient de combattre, et les clefs de ces trois villes furent envoyées au roi par les princes. Ils ne tardèrent pas long-temps à revenir eux-mêmes : le premier fut le duc de Longueville, qui arriva à Paris dès le lendemain, pressé qu'il étoit d'accomplir son mariage avec la sœur du comte de Soissons (1). Il fut suivi, le 4 mai, par les ducs de Vendôme, de Nevers et de Mayenne, qui s'empressèrent de venir saluer le roi. Le duc de Guise et le comte d'Auvergne, qui commandoient les armées royales, furent obligés au contraire de demeurer auprès d'elles pour les contenir jusqu'à ce qu'on leur envoyât de l'argent pour les licencier, et c'est ce qu'on ne se pressoit point de faire. Le comte de Bellegarde, qui, depuis quatre ans, n'avoit pas quitté son gouvernement de Bourgogne, et qui savoit qu'il

---

(1) Pontchartrain. T. XVII, p. 233.

étoit en butte à l'inimitié personnelle du maréchal d'Ancre, revint aussi à la cour pour rechercher sa part dans la faveur royale. (1)

Le roi rendit, à Vincennes, une déclaration enregistrée au parlement le 12 mai, pour pardonner les fautes que les princes, ducs, pairs et officiers de la couronne pouvoient avoir commises, en levant des gens de guerre, arrêtant les deniers publics, et imposant des corvées et contributions au peuple, « vu qu'ils avoient « été contraints de chercher leur sûreté dans « les armes, bien qu'illicites, le maréchal d'An-« cre se servant des forces du roi, contre son « intention, pour les opprimer (2). » Il déclaroit les tenir désormais pour ses bons et loyaux serviteurs. Toutefois il n'étoit point fait mention dans cet acte du prince de Condé; il demeuroit toujours prisonnier à la Bastille, d'où il fut bientôt transféré à Vincennes. Ses anciens associés ne paroissent pas s'être donné beaucoup de peine pour le tirer de sa captivité. Croyant que Luynes, ignorant comme il l'étoit de tout ce qui tenoit aux affaires publiques, hésiteroit à se charger seul du gouvernement,

---

(1) Bazin, Hist. de Louis XIII. T. II, p. 5. — Bassompierre, p. 145. — Pontchartrain, p. 225. — Fontenay-Mar. p. 384. — D'Estrées, p. 326.

(2) Anciennes lois françaises. T. XVI, p. 105. — Mém. de Richelieu. L. VIII, p. 442. — Bazin. T. II, p. 13.

ils comptoient y être appelés, et ils ne regrettoient pas de rencontrer ce rival de moins au pouvoir. La princesse de Condé s'employa au contraire avec beaucoup de zèle pour recouvrer la liberté de son mari, secondée par le duc de Montmorency, son frère, et par le comte d'Auvergne, son beau-frère; et n'ayant pu fléchir le roi, qui ne lui permit de revoir son mari qu'autant qu'elle s'enfermeroit avec lui, et ne ressortiroit que lorsqu'il recouvreroit sa liberté, elle consentit généreusement à le faire, quoique Condé ne lui eût point pardonné jusqu'alors ses coquetteries avec Henri IV, et poursuivît toujours son divorce. La réconciliation se fit sous les verroux de Vincennes, où elle eut deux enfans pendant sa captivité. (1)

Luynes et ses deux frères, Brantes et Cadenet, vouloient surtout soustraire le roi à l'influence de sa mère; ils s'étoient attachés à lui faire croire que le maréchal d'Ancre en vouloit à sa vie, et que Marie de Médicis étoit trop aveuglée par sa passion pour le sauver. Toutes les calomnies dont ils la chargeoient auroient pu être dissipées dans une conversation intime entre la mère et le fils, et ils avoient un grand intérêt à ne point la permettre; aussi la reine demeura-t-elle pendant quinze jours emprison-

(1) Mém. de Pontchartrain, p. 237.

née dans son appartement : la plupart des portes de communication furent murées, ses gardes désarmés; les grands, l'ambassadeur d'Espagne, ses serviteurs, les princesses même ses filles ne purent obtenir permission d'arriver jusqu'à elle. Vitry lui faisoit éprouver toute sa rudesse et son insolence; il envoya un officier fouiller dans sa chambre et son cabinet, jusque sous le lit et dans les coffres. « J'ai ordre de voir, « dit-il, s'il n'y a point ici quelque baril de « poudre pour faire sauter le roi qui couche au-« dessus de cet appartement (1). » Enfin elle prit le parti de demander au roi, par écrit, qu'il lui fût permis de se retirer dans quelque ville de son apanage. On lui assigna celle de Blois, ou bien elle la choisit elle-même, et on lui promit qu'elle jouiroit là de tous ses revenus et qu'elle auroit un commandement absolu dans la ville de sa résidence. Elle partit le 3 mai, veille du jour où les princes auxquels elle avoit fait la guerre devoient rentrer à Paris. Auparavant elle eut une entrevue avec son fils; mais tout ce qu'elle devoit dire, tout ce qu'il devoit répondre avoit été convenu à l'avance avec Richelieu, évêque de Luçon, qui agissoit pour elle, et qui devoit la suivre dans son exil. Luynes et ses deux frères veilloient sur le roi, mais Marie

---

(1) Le Vassor. L. X, p. 643.

avoit obtenu que Vitry ni son frère ne paroîtroient point chez elle. La reine surprit le roi par l'instante demande qu'elle lui fit de lui rendre Barbin, le contrôleur de sa maison et l'homme de tête en qui elle se fioit le plus; Louis ne répondit rien, et Barbin resta à la Bastille. La reine contint ses larmes et conserva sa fierté tant qu'elle fut en présence de ses ennemis. On lui rendit ses gardes, les princesses l'accompagnèrent jusqu'à la seconde porte, et Louis, entouré des trois frères, vit de son balcon défiler le cortége, après quoi il partit aussi pour Vincennes. (1)

Le départ de Marie lui sauvoit du moins le spectacle des nouvelles scènes d'horreur qui se préparoient. La première victime de Luynes fut cependant un des ennemis de la reine, un des membres du complot qui venoit de lui arracher le pouvoir. C'étoit un prêtre, un capucin défroqué, nommé Travail, qui avoit offert son bras pour tuer le maréchal d'Ancre, et qui étoit entré dans toutes les intrigues de Luynes, comptant pour récompense sur l'archevêché de Tours qui lui avoit été promis. Luynes, parvenu à son but, lui manqua de parole, et Travail dissimula pour en tirer une plus éclatante

(1) Bassompierre, p. 149. — Fontenay, p. 385. — Richelieu. L. VIII, p. 438. — Le Vassor. L. X, p. 655. — Relation aux Archives curieuses. T. II, p. 31.

vengeance. Continuant à se charger des commissions les plus hasardeuses de son patron, il étoit admis à lui en rendre compte dans des entretiens secrets ; mais tous ses préparatifs étoient faits pour le tuer dans une de ces entrevues, seulement il vouloit alors pouvoir compter sur l'appui de Marie de Médicis. Il chargea donc un des serviteurs les plus dévoués de la reine, Bressieux, son premier écuyer, de l'avertir de ce qu'il alloit faire. Bressieux en donna aussitôt avis à Luynes. Travail fut arrêté le 2 mai; on l'accusa d'avoir voulu assassiner non point Luynes, mais la reine mère; huit jours après il fut rompu sur la roue en place de Grève et son corps brûlé, les juges ajoutant que son procès seroit brûlé avec lui pour qu'il ne restât point de mémoire de cet attentat ; c'étoit bien plutôt pour que leur iniquité ne laissât point de preuves après elle. (1)

La sœur de lait, l'amie et la confidente de Marie de Médicis, fut bientôt après traduite devant ces juges, si empressés à servir le pouvoir. Luynes et ses frères vouloient la confiscation des biens des Concini ; ils vouloient s'assurer les dépouilles qu'ils avoient déjà enlevées, et se partager aussi les immeubles, les charges et les gouvernemens. Il falloit donc une con-

1617.

---

(1) Richelieu. L. VIII, p. 435-438. — Bazin. T. II, p. 9.

damnation. Trois présidens au parlement, et sept ou huit conseillers étoient venus, immédiatement après le meurtre, complimenter le roi sur son *heureuse délivrance*. Le roi leur demanda s'ils jugeoient qu'il fût nécessaire de faire le procès au corps du maréchal d'Ancre. Ils répondirent : « Le roi a fait mourir le ma-
« réchal d'Ancre, dont les crimes sont notoires;
« le seul aveu de sa majesté couvre tous les dé-
« fauts de formalité; faire maintenant le procès
« au corps du mort, ce seroit révoquer en
« doute la puissance du roi (1). » Si par cette lâche réponse ils crurent s'exempter d'une procédure odieuse et ridicule, ils furent trompés dans leur calcul. Luynes en conclut seulement qu'il falloit faire le procès à un être vivant, pour envelopper le mort dans sa condamnation.

La maréchale d'Ancre fut enfermée le 29 avril à la Bastille; son fils, enfant de douze ou treize ans, qu'on appeloit le comte de Pène, fut aussi arrêté en même temps, et on le retint tout un jour sans vêtemens, sans lit, sans nourriture. Le comte de Fieschi, écuyer de la reine régnante, et qui avoit été offensé par les Concini, conduisit ce pauvre enfant, en le couvrant de la mantille d'un de ses laquais, à cet autre enfant royal, et lui dit que personne ne l'égaloit

---

(1) Le Vassor. L. X, p. 639.

à la cour pour danser un branle; Anne d'Autriche lui donna quelques confitures, puis le fit danser; on l'enferma ensuite au château de Nantes (1). La maréchale avoit été dépouillée de tout ce qu'elle possédoit; ses domestiques lui firent parvenir cependant à la Bastille un petit paquet de hardes et deux cents écus; mais le 11 mai, quand elle fut transférée à la Conciergerie, on lui vola encore ces derniers effets. Une commission composée de deux présidens et de deux conseillers au parlement fut chargée de l'instruction de son procès : une déclaration du roi fut adressée au parlement le 14 mai, qui « avouoit le meurtre du maréchal d'Ancre, et « ordonnoit que nul ne pût être inquiété et re- « cherché pour cette action. » Suivant l'accusation, le maréchal et sa femme s'étoient rendus coupables de lèse-majesté divine et humaine : on en donnoit pour preuve la consultation et la fréquentation du médecin juif Montalto, que le grand-duc, auquel il étoit attaché, avoit donné à la reine sa fille ; les exorcismes faits sur Léonora dans l'église des Augustins par quelques prêtres qu'elle avoit fait venir d'Italie; l'application faite sur sa tête, au moment de ses grandes douleurs, d'un coq qu'on venoit de tuer, ce qui fut dénoncé comme un sacrifice fait aux dieux in-

(1) Le Vassor. L. X, p. 643. — Bazin. T. I, p. 505, et T. II, p. 15. — Pontchartrain, p. 223.

fernaux; la découverte en sa possession de la nativité astrologique de la reine, sa bienfaitrice, et de ses enfans; enfin, la grandeur, la puissance et la richesse d'elle et de son mari, et la mort du sergent Prouville d'Amiens, qu'on accusoit Concini d'avoir fait assassiner. La maréchale, interrogée dans sa prison, du 26 avril au 4 juin, puis dans la salle de la Tournelle, le 6 juillet, en présence de trois des chambres du parlement, répondit toujours avec beaucoup de calme et de raison sur les griefs d'impiété qui lui étoient personnels; quant aux fautes politiques, elle en repoussa la responsabilité, rappelant ce qui étoit connu de toute la cour, que depuis deux ans elle vivoit assez mal avec son mari pour avoir perdu toute influence sur lui. On a dit qu'un juge lui ayant demandé par quel sortilége elle conduisoit la reine, elle avoit répondu : Par nul autre que la supériorité des âmes fortes sur les âmes foibles; mais cette réponse paroît avoir été arrangée pour elle. (1)

Malgré l'acharnement des accusateurs et la manière insultante dont on procédoit aux interrogatoires, on ne pouvoit trouver dans ces accusations diverses matière pour une condamnation; il paroissoit assez démontré que la mal-

(1) Le Vassor. L. X, p. 667-675. — Bazin. T. II, p. 14-28. — Capefigue. T. II, p. 367-386. — Tallemant des Réaux. T. I, p. 118. — Archives curieuses, 2ᵉ série. T. II, p. 19, 20.

heureuse avoit grand'peur de la sorcellerie, loin de s'y associer elle-même. Luynes et ses frères, et deux personnes de grande qualité, dont l'une paroît être le duc de Bellegarde, sollicitoient les juges de prononcer une condamnation. Luynes donna sa parole à le Bret, procureur général, que s'il concluoit à la mort de l'accusée, le roi lui feroit grâce. Cinq juges s'abstinrent de voter, croyant ainsi mettre leur conscience à l'abri, quoique par là ils donnassent la majorité à ceux qui vouloient complaire au pouvoir; mais le rapporteur des Landes déclara que les imputations étoient si frivoles et les preuves si foibles, qu'il se sentiroit également coupable, soit qu'il conclût à la mort, ou qu'il s'abstînt de se prononcer en faveur de l'innocence. Le 8 juillet la sentence fut rendue : elle déclaroit le mari et la femme coupables de lèse-majesté divine et humaine; elle condamnoit la femme à avoir la tête tranchée, le corps et la tête brûlés, leur maison rasée, leurs biens réunis à la couronne, même ceux qu'ils avoient à Rome et à Florence, et leur fils déchu de noblesse, et incapable de tenir aucun office dans le royaume; la même incapacité fut étendue par cet arrêt à tout étranger, mesure législative insérée dans une sentence dont on prétendit trente ans plus tard faire l'application au cardinal Mazarin. Lorsque cet arrêt fut lu à la malheureuse Léonora, qui s'attendoit tout au plus à l'exil, elle s'écria : *Oimè poveretta !* puis elle prétendit qu'elle étoit grosse ; mais elle se rétracta dès qu'un de ses juges lui fit remarquer ce qu'elle avoit dit de sa brouillerie avec son mari. Dès lors elle ne montra plus que calme et que courage. Lorsque le même jour elle sortit de la Conciergerie pour monter sur la charrette fatale, et se rendre au lieu de l'exécution, elle remarqua l'immense multitude qui se pressoit sur le chemin, et dit doucement : « Que de peuple pour voir une pauvre affli- « gée ! » Les Parisiens, témoins de tant de résignation et de patience, en furent profondément touchés ; aussi la honte de ce jugement inique doit demeurer surtout au parlement, et aux écrivains qui multiplièrent dès lors contre Concini et sa femme leurs lâches et dégoûtantes injures. (1)

Le roi accorda à Luynes la confiscation de tout ce que les époux Concini possédoient en France et en Italie : toutefois le garde des sceaux du Vair refusa quelque temps de signer les lettres du roi, prétendant que les fiefs confisqués étoient réunis au domaine de la couronne, et par conséquent inaliénables. Pour le déter-

(1) Richelieu. L. VIII, p. 442-462, avec une digression sur la fortune et le caractère des deux époux. — Mém. de Fontenay, p. 589. — De Brienne, p. 328. — De Rohan, p. 148.

miner à céder, on lui donna le riche évêché de Lisieux. Le pape, à son tour, prétendit s'approprier la confiscation de quatre ou cinq cent mille francs, dans les emprunts publics romains, ou *Luoghi di monte*, que le maréchal y avoit déposés, et Louis XIII finit par en faire don à la fabrique de Saint-Pierre. Le grand-duc seul rendit au fils de ces malheureux, quand il fut relâché, ses biens de Toscane : il mourut plus tard de la peste, sans postérité. (1)

Le roi de seize ans, qui venoit d'exiler sa mère, et qui déclaroit vouloir se charger désormais d'exercer la souveraine puissance, retourna bientôt à ses occupations habituelles, enluminer des gravures, battre du tambour, sonner du cor ou faire de petits jets d'eau, avec des tuyaux de plume. « Un jour, dit Bassompierre, je le
« louois de ce qu'il étoit fort propre à tout ce
« qu'il vouloit entreprendre, et que n'ayant
« jamais été montré à battre du tambour, il y
« réussissoit mieux que les autres. Il me dit :
« Il faut que je me remette à jouer du cor de
« chasse, ce que je fais fort bien, et veux être
« tout un jour à sonner. Je lui dis : — Sire, je ne
« conseille pas à votre majesté d'en sonner trop
« souvent, car outre que cela fait venir les
« hargnes, il nuit encore grandement au pou-

---

(1) Fontenay, p. 390. — Le Vassor. L. X, p. 675.

« mon ; et même j'ai ouï dire que le feu roi
« Charles, à force de sonner du cor, se rompit
« une veine dans le poumon, qui lui causa la
« mort. — Vous vous trompez, me répliqua-
« t-il, le sonner du cor ne le fit pas mourir; mais
« c'est qu'il se mit mal avec la reine Catherine,
« sa mère, à Monceaux, et qu'il la quitta et
« s'en vint à Meaux. Mais si, par la persuasion
« du maréchal de Retz, qui le fit retourner à
« Monceaux, auprès de la reine sa mère, il
« n'y fût pas revenu, il ne fut pas mort si tôt....
« Cela me fit connoître que l'on lui donnoit beau-
« coup d'appréhension de la reine sa mère, de
« laquelle je me gardai bien à l'avenir de lui
« parler, même en discours communs. » (1)

Toutefois, dans la première année de son nouveau règne, Louis XIII ne rencontra nulle part des difficultés. La haine publique, qui s'acharnoit contre Concini et sa femme, leur attribuoit toutes les fautes, toutes les foiblesses, toutes les souffrances des dernières années. Le premier exercice de la puissance du roi avoit été la distribution des grâces et des récompenses : le baron de Vitry fut fait maréchal de France ; du Vair, Jeannin et Villeroy, rappelés au ministère, reprenoient la direction du pouvoir sous les ordres du nouveau favori, avec plus de

(1) Mém. de Bassompierre, p. 154.

déférence qu'ils n'en avoient jamais montré à l'ancien. La jeune reine Anne d'Autriche, qui n'avoit pas encore atteint seize ans, avoit déjà été séparée par Marie de Médicis de presque toutes ses dames espagnoles. A présent, Luynes cherchoit à éloigner aussi d'elle le duc de Monteleone, ambassadeur espagnol, qui jusqu'alors l'avoit vue tous les jours, et qui s'étoit flatté de la gouverner, à l'aide d'un confesseur espagnol; mais il la trouvoit fort étourdie, fort oublieuse, ne donnant aucune attention aux affaires, riant de tout comme une petite fille, et lui résistant néanmoins quelquefois avec opiniâtreté. Elle n'avoit acquis aucune influence sur son jeune époux, qui voyoit tout au plus en elle une compagne pour ses jeux, et qui ne sentoit dans son cœur aucune des passions de l'adolescence. (1)

Luynes, de même que Concini, désiroit éviter la guerre au dehors et les troubles à l'intérieur. Il ne vouloit point compliquer une position déjà difficile; il sentoit bien qu'il avoit besoin tout au moins d'acquérir de l'expérience : d'ailleurs comme sa grande affaire étoit d'amasser pour lui-même et ses frères des honneurs et des richesses, il lui importoit de ne pas dissiper les trésors de l'État pour le service public. Aussi

(1) Capefigue, d'après les lettres de l'ambassadeur. T. II, p. 290.

fit-il faire par le roi, le 27 mai, un bon accueil aux députés du synode des réformés de Vitré, pour les tranquilliser, et leur persuader que le roi étoit bien disposé pour eux. L'assemblée politique de La Rochelle, que le gouvernement n'avoit pas voulu reconnoître, prit cette occasion pour se dissoudre. (1) L'assemblée catholique du clergé de France étoit dans le même temps réunie à Paris, et dès le 2 juin elle renouvela les plaintes déjà portées aux états-généraux sur l'oppression des catholiques en Béarn. Quelques flatteurs avoient donné à Louis XIII le nom de *juste*, qui lui est demeuré, pour avoir *fait justice* du maréchal d'Ancre. L'évêque de Mâcon s'emparant de cette épithète, et la consacrant au nom du clergé, lui dit dans une remontrance qu'il lui adressa, « qu'il avoit commencé « son règne par une action de justice, qui lui « faisoit mériter le nom de *Juste*, » mais que la justice ne pouvoit subsister sans la piété, et qu'il devoit maintenant avoir pitié de la pauvre Eglise de Béarn. (2)

Cette principauté étoit navarraise et non française; elle se maintenoit indépendante, sous l'autorité de ses fors et coutumes. Jeanne d'Albret, dès l'an 1569, y avoit fait saisir les temples et les biens du clergé, et les avoit livrés au culte

(1) Bazin. T. II, p. 30. — Richelieu. L. VIII, p. 443.
(2) Richelieu. L. VIII, p. 443. — Le Vassor. L. XI, p. 694.

et aux pasteurs de l'Église réformée. Henri IV, lorsqu'il rentra dans l'Église catholique, voulut rétablir l'ancien culte dans sa principauté, et il y nomma deux évêques ; mais les ministres fanatiques déclaroient qu'ils ne pouvoient sans crime souffrir dans ce pays régénéré l'idolâtrie de la messe. Luynes céda aux remontrances adressées au roi au nom de l'Église catholique ; un arrêt du conseil du 25 juin ordonna de rétablir l'exercice de la religion catholique dans le Béarn, et donna main-levée des biens ecclésiastiques saisis par Jeanne d'Albret, assignant désormais le paiement des pasteurs et colléges réformés sur le revenu du domaine. Les États du Béarn résistèrent, ils députèrent au roi, ils demandèrent un sursis, et plusieurs années se passèrent encore avant que la contestation fût terminée. (1)

Les affaires étrangères acquéroient cependant une importance toujours croissante, et comme la France, à cette époque, intervint en Italie pour y rétablir la paix, nous devons nous efforcer de faire comprendre les mouvemens qui, depuis quelques années, menaçoient de bouleverser cette contrée. Charles-Emmanuel, duc de Savoie, né en 1562, et souverain dès l'an 1580, étoit le plus entreprenant des princes de

(1) Mercure français, ann. 1617. T. V, p. 70. — Cité aux anciennes lois franç. T. XVI, p. 105. — Bazin. T. II, p. 32.

l'Europe. Quoique brave guerrier et habile politique, il étoit trop ambitieux et trop inquiet pour le bonheur de ses sujets : sa tête féconde enfantoit chaque année quelque nouveau projet d'agrandissement; mais encore qu'il ne pût guère les accomplir qu'au préjudice de ses deux puissans voisins, les rois de France et d'Espagne, il avoit réussi à se lier d'une amitié assez intime avec les deux lieutenans qui les représentoient sur ses frontières, le maréchal de Lesdiguières en Dauphiné, et le marquis de la Hinojosa dans le duché de Milan. Il n'avoit point abandonné ses prétentions sur le Montferrat qu'il avoit voulu enlever au duc Ferdinand de Mantoue; il demeuroit armé, et les Espagnols, qui avoient arrêté ses entreprises, l'étoient aussi. La France, l'Autriche, les États d'Italie, dès l'an 1613, pressoient Hinojosa et le duc de congédier leurs soldats. Le duc consentoit à ce que les deux armées fussent dissoutes en même temps; Philippe III se récrioit qu'un roi d'Espagne ne pouvoit traiter sur un pied d'égalité avec un duc de Savoie, et que celui-ci devoit désarmer le premier. L'amitié d'Hinojosa, les secours fournis par Lesdiguières sans l'autorisation de son gouvernement, suspendirent quelque temps l'effet des résolutions plus vigoureuses de l'Espagne, encore qu'il y eût des combats journaliers entre les habitans du Piémont et ceux du Montferrat. Enfin Philippe III se lassa, et le duc de Lerme écrivit en Italie, en 1614, qu'il falloit que le duc de Savoie *obéît*. Cette parole hautaine révolta un prince fier et indépendant. Charles-Emmanuel protesta qu'il vouloit secouer, non pas pour lui-même seulement, mais pour toute l'Italie, le joug insupportable de l'Espagne. Il rompit avec Hinojosa, il rechercha l'alliance de Venise, il implora les secours de Lesdiguières, et il s'efforça de se lier aussi avec l'Angleterre et la Hollande. (1)

Mais c'étoit le moment où se concluoit le double mariage entre la France et l'Espagne; l'équilibre de l'Europe paroissoit abandonné par la première; les Hollandais ne vouloient pas troubler le repos que leur assuroit leur trêve de douze ans; le roi Jacques d'Angleterre avoit pour principe de sa politique de respecter les grandes couronnes et de n'aider jamais personne; les Vénitiens, quelque désireux qu'ils fussent de la liberté de l'Italie, jugeoient le moment trop mal choisi pour prendre les armes. D'ailleurs, ils étoient eux-mêmes engagés dans des hostilités avec Ferdinand d'Autriche, archi-

---

(1) Carlo Botta, *Storia d'Italia*. T. IV, Lib. XVII, p. 118-133. — Guichenon, Hist. gén. de Savoie. T. II, p. 379-384. — Muratori, *Annali d'Italia*. A. 1613, 1614. T. XV, p. 155-164. — Alessandro Zilioli, *Historie memorabili de nostri Tempi*. T. I, L. X, p. 256.

duc de Styrie, qui avoit donné asile dans ses États à une tribu d'Albanie, opprimée par les Turcs, qu'on nommoit les Uscoques, et qui leur permettoit de ruiner, par leurs pirateries, le commerce de Venise. La guerre cependant avoit commencé entre le duc de Savoie et Hinojosa. Le premier y déploya beaucoup d'habileté et de hardiesse; il eut l'avantage dans une suite de petits combats, mais il éprouva ensuite un échec, le 21 mai 1615, sur les collines d'Asti. Si les Espagnols avoient poursuivi cette victoire, on assure qu'ils auroient pu se rendre maîtres d'Asti, et même de Turin. Leurs retards donnèrent à Charles-Emmanuel le temps de se relever, et au roi de France, au pape et aux Vénitiens, celui d'intervenir. Par les soins du marquis de Rambouillet, ambassadeur de France, un armistice fut signé le 21 juin. Le duc de Savoie céda sur l'étiquette, et consentit à retirer le premier une partie de la garnison d'Asti; mais les Espagnols devoient désarmer à leur tour, et s'ils ne le faisoient pas, Lesdiguières étoit autorisé à secourir le duc de Savoie, sans attendre les ordres de son gouvernement. (1)

La réputation des Espagnols déclina en Italie, lorsqu'on vit qu'un petit prince avoit réussi à opposer une résistance efficace à une si grande

---

(1) Carlo Botta, p. 150, 152. — Muratori, *Annal.* p. 165. — Zilioli. L. X, p 265. — Guichenon, p. 386, 388.

monarchie. Le duc de Lerme le sentit, il retira de Milan Hinojosa, et il le remplaça par Don Pedro de Toledo. Ce jeune seigneur, qui croyoit que la grandeur se manifestoit par l'orgueil et par l'insolence, ne fut pas plus tôt arrivé en Italie, qu'il provoqua de toute manière le duc de Savoie. Il refusa d'exécuter le traité d'Asti, *parce qu'un aussi grand roi que celui d'Espagne ne pouvoit être lié par les traités, et ne reconnoissoit d'autres lois que celles de sa modération et de sa clémence.* Il renouvela donc la guerre dans l'automne de 1616. Il séduisit Henri, duc de Nemours, frère de celui qui s'étoit distingué dans le parti de la Ligue; dès lors Nemours vivoit en Savoie, dans son apanage du Genevois et du Faucigny; Toledo l'engagea à tenter de s'emparer de toute la Savoie, avec des secours qui lui furent envoyés de Franche-Comté. Cependant, Nemours fut prévenu, et repoussé devant Annecy et Rumilly. Lesdiguières fit passer au duc de Savoie des renforts commandés par Blacons et d'autres gentilshommes huguenots du Dauphiné, toujours empressés à combattre les Espagnols; et les Vénitiens lui envoyèrent un subside considérable pour lever des Suisses et des Valaisans. (1)

Le gouvernement d'Espagne se montroit tous les jours plus incapable et plus oppressif; le

(1) C. Botta, p. 159 — Muratori, p. 169 — Guichenon, p. 391.

commerce, l'industrie et l'agriculture étoient ruinés dans les pays soumis aux gouverneurs espagnols; il n'y avoit de sécurité devant la justice ni pour les biens, ni pour les personnes; la population décroissoit rapidement; mais les vieilles bandes espagnoles n'avoient rien perdu de leur valeur : dans les soldats, on trouvoit toujours une indomptable constance, vis-à-vis des privations comme des dangers, et une discipline rigoureuse, qui ne restreignoit, il est vrai, ni leur férocité ni leur cupidité; dans les chefs une connoissance et une pratique de l'art de la guerre, qui les rendoient tous propres au commandement. Aussi, lors même qu'une faveur de cour avoit nommé un général incapable, la science qui lui manquoit se retrouvoit dans tous ses officiers. Quoique le duc de Savoie fût un capitaine infiniment supérieur à Don Pedro de Toledo, il éprouva divers échecs, à la Villata sur la Sesia, le 14 septembre, puis à Lucedio; mais Charles-Emmanuel, inébranlable dans l'adversité, prompt, vigilant, habile à saisir tous ses avantages, se relevoit en peu de jours de sa mauvaise fortune. Don Pedro, au contraire, ignorant, irrésolu, lent dans tous ses mouvemens, laissoit échapper de ses mains tous les fruits de ses victoires. (1)

(1) C. Botta, p. 166. — Muratori, p. 169. — Guichenon, p. 592, 593. — A. Zilioli, p. 272.

Au printemps de 1617 Lesdiguières rentra de nouveau en Piémont, avec sept ou huit mille Français, pour secourir son ami le duc de Savoie. Il avoit déjà remporté de concert avec lui plusieurs avantages dans le Montferrat, lorsque la nouvelle de la mort du maréchal d'Ancre l'obligea à repasser en France, pour songer à ses propres intérêts. Don Pedro de Toledo profita de son absence pour attaquer Verceil; cette place, assiégée du 24 mai au 26 juillet, fit une vigoureuse défense; mais elle manquoit de poudre, et le duc ne put réussir à en introduire, en sorte qu'elle dut enfin succomber. Toutefois, au commencement d'août, le maréchal de Lesdiguières entra de nouveau en Piémont, avec huit mille Français. Le comte d'Auvergne, le duc de Rouannès, le comte de Candale, Schomberg et beaucoup de gentilshommes venoient à sa suite; ils attachoient tous un grand prix à faire la guerre sous deux chefs aussi renommés que Lesdiguières et Charles-Emmanuel. Ce renfort assura enfin le succès des négociations que le comte de Béthune au nom de la France, et le cardinal Ludovisi au nom du pape, poursuivoient depuis long-temps; des articles furent signés le 6 septembre à Paris, avec l'ambassadeur d'Espagne, pour servir de bases à la pacification, soit du duc de Savoie avec celui de Mantoue et de Montferrat (le roi d'Espagne ne voulant pas être nommé, parce qu'il regardoit comme au-dessous de sa dignité d'être en guerre avec un simple duc), soit de la république de Venise, avec l'archiduc Ferdinand. Le traité de Savoie fut ensuite signé à Pavie, le 9 octobre, et celui de Venise à Neustadt, le 1er février suivant. Le premier ne faisoit presque que renouveler le traité d'Asti. Le duc de Savoie devoit désarmer dans le courant du mois d'octobre, le gouverneur de Milan dans le courant de novembre : toutes les places conquises devoient être rendues de part et d'autre, et tous les prisonniers remis en liberté; ce qui ne fut point exécuté avant le milieu de juin de l'année suivante. Par le traité relatif à Venise, l'archiduc Ferdinand consentit à éloigner les Uscoques des bords de la mer, et à faire brûler les vaisseaux qu'ils destinoient à la piraterie; mais l'exécution de ce traité-là fut également suspendue quelque temps; car à cette époque même le marquis de Bedmar, ambassadeur d'Espagne à Venise, ourdissoit avec le duc d'Ossuna, vice-roi de Naples, une conjuration qui auroit entraîné la ruine de cette république, si elle n'avoit pas été découverte. (1)

Un triumvirat espagnol, composé de la Cueva, marquis de Bedmar à Venise, D. Pedro

---

(1) C. Botta, p. 174-180. — Muratori, p. 172-182. — Al. Zilioli, p. 275. — Guichenon, p. 396-400. — Flassan, Hist. de la Diplomatie. T. II, p. 522. — Richelieu. L. VIII, p. 484.

de Toledo à Milan, et le duc d'Ossuna à Naples, grandissoit par l'affaissement de la cour d'Espagne, et disposoit en maître de l'Italie. Ces trois hommes haïssoient dans Venise le seul État italien qui, par sa sagesse et sa richesse, pût mettre obstacle à leurs projets : Venise, n'ayant point de roi, leur paroissoit en dehors du droit des gens, surtout puisque Venise, l'alliée des protestans, avoit été sur le point d'adopter leur croyance. L'État vénitien, interposé entre la Lombardie espagnole et l'Allemagne autrichienne, les empêchoit de s'assister réciproquement. Le triumvirat voulut s'en emparer, et pour cela détruire la capitale et son gouvernement. Il proposoit de mettre le feu à l'arsenal et à d'autres édifices publics, et, tandis que le peuple troublé courroit à l'incendie, de faire sauter la salle où s'assembloit le grand conseil, et d'égorger ceux qui s'échapperoient de ses ruines, à l'aide de quatre ou cinq mille hommes en partie séduits parmi les soldats de la république, en partie débarqués de Naples. Les instrumens de cet horrible complot étoient presque tous Français, mais des Français aventuriers, bannis de leur pays, sans foi comme sans patrie, ne connoissant que l'argent et les plaisirs des sens, et ne répugnant à aucun crime. Le duc d'Ossuna en étoit toujours entouré, c'étoit à eux qu'il accordoit toute sa confiance. En paroissant se brouiller avec eux, il les fit passer successivement à Venise. Jacques-Pierre, fameux corsaire, y obtint un commandement dans la marine; Langlade, habile artificier, fut admis à l'arsenal; Bérard, placé à Crème dans la garnison, devoit soulever cette ville. Renaud de Nevers, introduit chez l'ambassadeur de France, étoit l'agent général du complot. Pendant plus d'une année le secret fut gardé; l'exécution étoit fixée au printemps de 1618, et la flotte de Naples portant des barques légères, construites pour pénétrer dans les canaux les moins profonds, approchoit déjà, lorsqu'elle fut assaillie, et en partie submergée par une tempête. Il fallut remettre l'attentat à l'automne, et ce délai sauva la république. Quelques Français repentans du crime auquel on les avoit engagés, Gabriel Montcassin, Balthasar Juvin, Antoine Jaffier, en donnèrent connoissance au conseil des Dix. Le 14 mai 1618 les chefs de la conjuration furent arrêtés; leurs révélations en découvrirent d'autres, et près de cinq cents personnes, aventuriers, soldats, mariniers, furent saisis par les inquisiteurs d'État, jugés selon l'horrible procédure du siècle, et pour la plupart exécutés de nuit. Mais le moment n'étoit pas venu pour la république d'oser faire la guerre à cette monarchie autrichienne qui l'entouroit de toutes parts. Le sénat recommanda le silence à ses ambassadeurs;

le crime des triumvirs ne fut point dénoncé à l'Europe, comme il auroit dû l'être. Bedmar fut rappelé de Venise, mais les deux autres persistèrent dans leurs haineux projets, et comme l'aristocratie de Venise a été abandonnée en même temps à la haine et aux calomnies des royalistes et des démocrates, on nia le complot, et on accusa les Vénitiens de l'avoir inventé pour se défaire d'aventuriers qui leur étoient à charge. (1)

La part qu'avoit eue le gouvernement du roi dans la pacification de l'Italie n'étoit sans doute pas très considérable; on conçoit toutefois qu'un ministère nouveau pouvoit en tirer vanité. Dans des lettres patentes du 4 octobre 1617, Luynes faisoit dire à Louis XIII, « que sitôt qu'il avoit
« plu à Dieu le délivrer des pernicieux desseins
« de ceux qui travailloient à étouffer son auto-
« rité sous les ruines de son État, il avoit d'a-
« bord apaisé les mouvemens soulevés parmi
« ses sujets, puis rendu la paix à ses voisins af-
« fligés, et qu'à présent il vouloit pourvoir aux
« maux et aux désordres qui lui avoient été
« signalés dans son royaume par les états-géné-
« raux, et qui cependant étoient demeurés

---

(1) Carlo Botta, *Storia d'Italia*. T. IV, L. XVIII, p. 181-223. — Daru, Hist. de Venise. T. IV, p. 358. — Nani, *Storia Veneta*. L. III, p. 156-159. — *Vittorio Siri memorie recondite*, Tome IV, p. 447.

« jusqu'à présent sans remède. » Dans ce but il convoquoit à Rouen, pour le 24 novembre prochain, les notables de son royaume. Il avoit choisi, pour former cette assemblée, onze membres du clergé, treize de la noblesse et vingt-cinq pris parmi les officiers des cours souveraines. (1)

L'assemblée des notables dura dix-huit jours seulement; elle s'occupa à extraire des cahiers des états-généraux les articles approuvés par les commissaires, et qu'elle jugeoit dignes de la sanction royale. Les premières demandes eurent pour objet d'assurer la franchise de tous impôts que réclamoient les deux premiers ordres. « Ce « seroit diminuer l'honneur dû à Dieu, disoient « les prélats, que de ravaler l'autorité de ses « ministres et leur retrancher leurs priviléges « et immunités, entre autres l'exemption de « l'impôt du sel. » Et les gentilshommes disoient: « Votre majesté est suppliée ne point permettre « que la noblesse soit flétrie d'aucunes imposi- « tions, que leurs pères et aïeuls n'ont jamais « connues (2). » Ces exemptions furent accordées. Les notables disoient encore, § 15 : « Tous « les ordres de votre royaume ont demandé la

---

(1) Anciennes lois françaises. T. XVI, p. 108. — Des États-Généraux, coll. de Buisson. T. XVIII, p. 1-139. — Bazin. T. II, p. 58.

(2) Des États-Généraux T. XVIII, p. 18, 19

« révocation du droit annuel au moyen duquel
« il se fait une ignominieuse marchandise et
« nomination d'officiers; et est votre noblesse
« privée d'entrer aux charges de la république,
« ne les pouvant acheter à un prix si déréglé,
« combien que vous et vos prédécesseurs lui
« aient promis de la préférer à tous autres. Ce
« droit annuel apporte un tel désordre que votre
« peuple est privé de justice, laquelle, au lieu
« de lui être gratuitement et sincèrement ad-
« ministrée, comme elle lui est due, est ven-
« due bien chèrement. » La réponse fut : « Sa
« majesté y a pourvu (1). » En effet, le droit
annuel fut aboli, mais le droit de prêt qui y
étoit joint fut conservé ; et comme en payant ce
prêt le titulaire gardoit le droit de résignation
en faveur de qui bon lui sembloit, la vénalité
des offices fut par le fait conservée.

Le ministère ne tarda pas à montrer combien
il étoit loin de sa pensée d'abolir l'hérédité des
offices. Il étendit cette prérogative aux procu-
reurs; et cette innovation qui limitoit leur
nombre fut approuvée, comme apportant un
obstacle à l'esprit de chicane ; mais aussitôt après
il attribua l'hérédité, en payant finance, à un
nombre infini d'offices sans gages et sans utilité,
tels que courtiers de vin, laines, cuirs et toutes
autres marchandises, auneurs, visiteurs de

---

(1) États-Génér. p. 52.

draps et de toiles, vendeurs de poisson frais, sec et salé, vendeurs de bétail à pied fourchu, mesureurs et porteurs de blé, jurés messagers des villes, jurés maçons et charpentiers, élèves de l'écritoire, contrôleurs des plâtres de Paris, contrôleurs aux portes de la ville, arpenteurs et mesureurs jurés des terres, bois, eaux et forêts. Ainsi chaque commerce, chaque industrie, étoient soumis ou à la tyrannie des petits officiers publics, qui se faisoient payer leur intervention dans tous les marchés, ou au monopole de maîtres jurés, qui avoient acheté le droit d'exercer seuls leur métier. C'est avec de pareilles ressources que se soutinrent les finances pendant les années 1618, 1619 et 1620, et que la substance du peuple fut épuisée au milieu d'une paix qui auroit dû lui permettre de créer de nouvelles richesses. (1)

L'assemblée produisit un mémoire de trente-six demandes, parmi lesquelles se trouvoient plusieurs des doléances qui avoient déjà été présentées par les états-généraux, plusieurs autres qui étoient propres aux États de Normandie ou à la ville de Rouen. Celles qui n'entraînoient pas de grands sacrifices ou d'autorité, ou d'argent, furent en général exaucées. Il y eut d'autre part vingt propositions soumises à l'assemblée

---

(1) Résumé de l'Assemblée de 1617, tiré des Recherches de M. de Forbonnais. — États-Génér. T. XVIII, p. 151, 153.

par le ministère, qui paroissoit être bien aise de s'appuyer de son autorité pour réformer certains abus qu'il n'osoit pas attaquer seul : tels étoient le nombre des personnages qui prétendoient avoir droit à entrer au conseil d'État ; l'ordre des matières qui leur étoient soumises ; la réduction de la maison du roi, celle du nombre des troupes, celle des pensions, qui montoient alors à six millions et qu'on auroit voulu réduire à trois ; l'abus des comptans, c'étoient des acquits donnés par le roi pour certaines sommes, qu'il déclaroit avoir reçues comptant pour son usage et dont l'emploi n'étoit pas même indiqué. L'assemblée demandoit qu'aucune gratification ne fût comprise dans les comptans, mais qu'au contraire tout donataire fût obligé de rappeler dans l'acquit d'une gratification tous les dons antérieurs qu'il avoit reçus du roi dans le cours des trois dernières années. D'après cette même initiative ministérielle, l'assemblée demandoit que toutes exemptions de tailles accordées aux officiers des élections, toutes lettres d'anoblissemens impétrées depuis trente ans pour finances payées, fussent révoquées ; que toute vente de charges dans la maison du roi, de gouvernemens, de places de guerre, fût non seulement prohibée, mais punie ; que le souverain seul eût le droit de faire des amas d'armes ; que, sans son expresse permission, on ne pût faire aucun armement ni par terre, ni par mer, ni communiquer avec les ambassadeurs étrangers; qu'enfin on n'éludât plus les ordonnances qui empêchoient divers membres d'une famille de se trouver réunis dans un même tribunal. Ces propositions, avec les réponses de l'assemblée, sont un monument des réformes que le gouvernement lui-même désiroit, mais qu'il n'eut point la force d'accomplir. (1)

Pendant la durée de l'assemblée de Rouen, le vieux ministre Villeroy tomba malade, et mourut le 30 décembre, à l'âge de soixante-quatorze ans. C'étoit un homme timide, souple, adroit, qui avoit peu d'études, qui n'aimoit pas les lettres, mais qui cachoit son ignorance sous une grande réserve; il ne parloit au conseil que par monosyllabes, et ce laconisme même l'y faisoit considérer comme un oracle. Au reste, personne ne l'égaloit en expérience; il étoit demeuré dans les affaires cinquante et un ans, et au milieu de la vénalité générale il avoit toujours conservé les mains nettes; en effet, il mourut avec le même bien qu'il avoit eu de ses pères, ne l'ayant accru que de deux mille livres de rente. (2)

(1) Cahier des Propositions présentées à l'Assemblée des Notables, avec l'avis sur chacune d'icelles. — États-Génér. T. XVIII, p. 53-113.

(2) Richelieu. L. VIII, p. 488.

Le nouveau favori Luynes étoit loin d'un tel désintéressement : il ne se contenta point de tout ce que la reine avoit prodigué aux Concini, et que le roi leur reprit pour le lui donner ; il fut fait duc et pair, avec siége au parlement. Il fut nommé lieutenant de Normandie ; mais il ne s'en contenta point, et commença à traiter pour quelqu'un des grands gouvernemens ; tandis que Concini ne s'étoit jamais élevé au-dessus de la lieutenance d'une grande province. Enfin il épousa, le 13 septembre, la fille du duc de Montbazon, d'une branche cadette de la maison de Rohan. Cette jeune personne, qui fut bientôt remarquable pour sa beauté et son esprit d'intrigue, et qui plus tard joua un rôle sous le nom de duchesse de Chevreuse, l'allioit aux plus grandes familles de la monarchie (1). Dans sa grandeur nouvelle il ressentoit toujours la même défiance de la reine mère ; tandis que le jeune roi, heureux comme un enfant échappé à la férule, se donnoit du bon temps à Saint-Germain, à Fontainebleau, à Villers-Cotterets, à Monceaux, à Dieppe, Luynes craignoit toujours que s'il s'approchoit de sa mère, la force du sang ne fît recouvrer à celle-ci l'influence qu'elle avoit perdue. Le favori détermina l'évê-

1617.

(1) Mém. de Brienne, p. 533. — De Rohan, p. 149. — Fontenay, p. 399. — Capefigue. T. III, p. 44. — Bazin. T. II, p. 43.

que de Luçon à quitter la reine, et à se retirer dans un prieuré qu'il avoit à Courçay, près de Mirabeau, où ce prélat composa un ouvrage de controverse (1). Luynes mit alors auprès de Marie M. de Boissy pour veiller sur ses actions ; il logea des compagnies de cavalerie aux villages voisins, et il envoya encore de temps en temps des espions gentilshommes jusque dans son château de Blois, pour l'observer, et lui rapporter tout ce qu'elle faisoit et disoit. (2)

Le duc de Bouillon s'étoit retiré à Sédan, et le duc de Rohan avoit passé en Savoie; mais les ducs de Sully et d'Épernon étoient revenus à la cour, et ce dernier y déployoit le même faste et la même insolence qui l'avoient signalé dès sa jeunesse. L'année 1618 commença par sa querelle avec le garde des sceaux du Vair. Irascible et hautain, il trouva mauvais que ce magistrat prît place dans toutes les cérémonies immédiatement après le chancelier Sillery, et par conséquent avant les ducs et pairs. Le jour même de Pâques, et dans l'église de Saint-Germain-l'Auxerrois, il le saisit rudement par le bras et le contraignit à se retirer. Le roi intervint et gourmanda sévèrement le duc : celui-ci n'étoit pas homme à s'excuser; il continua à fréquenter la cour, du mois de février au mois de mai,

---

(1) Richelieu, p. 467.
(2) Fontenay-Mareuil, p. 392.

toujours suivi d'une troupe nombreuse de gentilshommes prêts à prendre sa défense. Outre cette querelle d'étiquette, il étoit, il est vrai, mécontent encore de ce que l'influence de la France à la cour de Rome n'avoit pas été employée pour faire obtenir le chapeau de cardinal à l'archevêque de Toulouse, son troisième fils. Il partit enfin le 6 mai pour Metz, l'un de ses gouvernemens, et cette querelle si futile devoit amener plus tard une révolution à la cour.(1)

Dans le même temps Luynes obtenoit le gouvernement de l'Ile-de-France, par la démission du duc de Mayenne, qui eut en échange celui de Guienne, délaissé par le prince de Condé. Les dépêches plus secrètes des ambassadeurs d'Espagne, que M. Capefigue a explorées à Simancas, donnent une explication nouvelle de la faveur croissante de Luynes. Louis XIII avoit alors dix-sept ans; il étoit grand et robuste ; la reine étoit d'une rare beauté ; cependant on ne voyoit entre eux aucune trace d'affection conjugale; ils vivoient ensemble comme frère et sœur; les uns accusoient les dames espagnoles de la jeune reine de lui avoir inspiré de l'aversion pour son mari; d'autres disoient que Luynes éloignoit le roi de la reine pour le dominer plus entièrement; on avoit

---

(1) Bazin. T. II, p. 56. — Le Vassor. T. II, L. XIII, p. 7. — Bassompierre, p. 153. — Rohan, p. 153.

bien remarqué aussi l'influence de sa femme, cette charmante Marie de Montbazon, si séduisante, si intrigante, si coquette; mais la réserve de Louis XIII, peu sensible aux attraits des femmes, et fort scrupuleux dans ses rapports avec elles, avoit empêché qu'on voulût tenir compte des agaceries de cette jeune mariée, qui cherchoit à captiver son roi. Les dépêches du duc de Monteleone nous apprennent que la reine en ressentit une très vive jalousie, et qu'il attribuoit à cette cause une grave maladie dont elle fut atteinte. Luynes étoit trop ambitieux pour ne pas profiter du moyen qui lui étoit offert d'assurer son crédit. (1)

La cour ne sembloit occupée que de ces petites intrigues, des tentatives de Marie de Médicis pour se réconcilier avec son fils, et des lettres qu'elle lui écrivoit avec la plus grande soumission; tandis que celui-ci lui montroit si peu d'égards qu'il ne la consulta pas même sur le mariage de sa fille Christine avec le prince de Piémont, qui se négocioit à cette époque. En même temps le duc de Bouillon, d'une part, le duc d'Épernon, de l'autre, se rapprochoient d'elle, et formoient déjà des projets pour la remettre en liberté (2). Une seule affaire publique occupoit alors le ministère, c'étoit l'exécution

(1) Capefigue. T. III, p. 143-171.
(2) Richelieu. L. IX, p. 490.

de l'ordonnance rendue l'année précédente pour reprendre aux réformés les biens de l'Église dont ils s'étoient emparés dans le Béarn, et la résistance obstinée que ceux-ci opposoient aux volontés du roi ; or, dans cette affaire même, une jalousie de cour avoit eu plus d'influence que les remontrances du clergé. Le troisième fils du marquis de la Force, Montpouillan, avoit inspiré une vive affection au roi; celui-ci lui avoit promis qu'il feroit son père maréchal de France, et la Force arriva du Béarn, dont il étoit gouverneur, pour recevoir cette dignité. Mais Luynes, loin de vouloir agrandir un rival qu'il craignoit, saisit cette occasion pour le mortifier; il détourna Louis de donner le bâton de maréchal à un huguenot, et il fit rapporter l'affaire du Béarn en conseil, en présence de la Force lui-même, afin de faire voir à tout le monde combien le gouverneur de cette province avoit peu de crédit. La Force fut, en effet, vivement blessé de cette tentative du favori pour le discréditer en Béarn : il manda à tous ses amis de s'opposer à la restitution des biens dont leur Église étoit en possession; les États de Béarn furent assemblés extraordinairement, et députèrent à Paris pour faire au roi des remontrances (1). Retourné en Béarn, la

---

(1) Fontenay, p. 395.

Force s'employa avec zèle à empêcher l'exécution de l'édit; il s'assura d'abord des Béarnais, qui presque tous, tant la noblesse que la bourgeoisie et les paysans, professoient la réforme; il s'adressa ensuite aux Gascons protestans, qui s'assemblèrent à Castel-Jaloux, et qui embrassèrent avec chaleur la défense de leurs frères du Béarn, annonçant qu'il falloit y appeler tous ceux des autres provinces, et essayer de leur faire voir que c'étoit la cause de tout le parti. (1)

Ainsi, une guerre de religion sembloit sur le point de s'allumer dans le midi de la France, et à cette époque même commençoit en Allemagne cette effroyable lutte entre les deux Églises, qui désola si long-temps cette contrée, qui détruisit sa richesse et sa population, et qui changea en déserts plusieurs de ses plus riches provinces. La guerre de trente ans devoit désormais exercer sur tout le règne de Louis XIII une si grande influence, en se prolongeant encore après lui, qu'il est nécessaire de remonter un peu en arrière pour faire connoître ses causes et l'état du pays où elle éclatoit.

Il y avoit précisément cent ans que Luther avoit commencé la prédication de la réforme; il y en avoit soixante-six que la paix de Passau avoit obligé les deux Églises à une tolérance réciproque. Depuis cette époque, le protestan-

(1) Fontenay-M. p. 416. — Rohan, p. 156.

tisme avoit continué à se répandre dans tous les pays de langue allemande; adopté presque partout par la bourgeoisie, il s'étoit introduit dans la magistrature de la plupart des villes, et même dans les chapitres auxquels étoient déférées les élections des prélats souverains. Mais d'autre part la réforme s'étoit divisée entre les deux sectes des luthériens et des calvinistes, et les chefs spirituels de ces deux sectes avoient apporté à leurs controverses un degré d'intolérance et d'acrimonie qui leur avoit fait absolument oublier la communauté de leurs intérêts. En même temps les princes et les laïques protestans se laissoient séduire par l'aisance et l'amour du repos; la tiédeur religieuse les gagnoit, et ils étoient charmés de trouver un prétexte dans cette hostilité entre les deux sectes réformées pour se refuser à tout effort vigoureux l'une pour l'autre, à toute manifestation armée de leur résolution de maintenir en Allemagne la liberté de conscience. Les catholiques, d'autre part, étoient dirigés avec constance et habileté par les jésuites et par quelques princes séculiers que les jésuites avoient élevés, entre autres par le duc de Bavière; ils pouvoient aussi toujours compter sur l'appui des troupes espagnoles cantonnées aux Pays-Bas et en Lombardie. En sorte que tandis que la réforme se répandoit toujours plus dans la masse du peuple, le pouvoir politique passoit toujours plus aux catholiques.

Sous le règne du sage et tolérant Maximilien II, la religion protestante avoit fait des progrès rapides dans tous les États autrichiens; l'ordre équestre et les villes l'avoient presque universellement adoptée, en sorte que toutes les assemblées d'États penchoient ouvertement vers la réforme. Mais son fils Rodolphe II, qui avoit été élevé par les jésuites en Espagne, employa, durant un règne de trente-six ans (1576-1612), tout ce qu'il avoit d'adresse, d'obstination et quelquefois de perfidie, à combattre cette religion. Son plan consistoit à se conformer à la lettre du traité de paix religieuse, mais à interpréter en faveur des catholiques toute stipulation qui pouvoit offrir un sens douteux, et à révoquer toute concession tacite que ses sujets devoient à la crainte ou à la modération, ou au besoin d'argent de ses prédécesseurs. Ensuite, dès qu'un acte de désobéissance lui en fournissoit le prétexte, il le saisissoit pour frapper les protestans par la perte de quelqu'un de leurs priviléges. D'accord avec ce système, et sans se laisser décourager par quelques révoltes, il interdit le culte réformé à Vienne, puis dans le reste de l'Autriche; tandis que, dans l'Empire, il força la ville d'Aix-la-Chapelle à fermer le temple protestant qu'elle avoit établi depuis la paix : il fit déposer un évêque de Cologne qui avoit embrassé le protestantisme ; il assura l'évêché de Strasbourg au prétendant catholique, encore que plus de la moitié du chapitre eût nommé un protestant ; il mit au ban de l'Empire la ville libre et protestante de Donawerth, et il y fit interdire le culte luthérien. (1)

Rodolphe II agissoit d'après le même système en Bohême, en Hongrie et en Transylvanie. Il avoit fixé sa résidence dans le premier de ces trois royaumes ; et c'est là aussi que, se sentant plus puissant, il avoit plus fait éprouver sa malveillance au parti réformé. Mais dès cette époque, Rodolphe II, en suite du libertinage auquel il s'étoit livré dans sa jeunesse, étoit atteint d'une humeur noire ; il étoit troublé par les prédictions des astrologues qui lui annonçoient qu'un des siens le trahiroit, et il n'osoit ni se marier lui-même, ni permettre à ses frères de se marier. Se croyant partout entouré de conspirateurs et de traîtres, il s'étoit dérobé à tous les yeux dans son palais de Prague. Bientôt il ne voulut plus voir ses ministres, il abandonna tout soin du gouvernement, et sa négligence le rédui-

---

(1) *Geschichte des dreyssigjæhrigen Kriegs*, von Fried. Schiller. I. Th. p. 44, 51, 77. — F. Saalfeld, *Allgem. gesch. der neuesten Zeit-Einleitung.* T. I, p. 127-134. — Coxe, Hist. de la maison d'Autriche. T. III, p. 13.

sit presque au point de perdre la Transylvanie et la Hongrie. Ces États étoient attaqués par les Turcs, et en même temps le monarque autrichien, en violant leurs priviléges, contraignoit les magnats à se révolter les uns après les autres, et à appeler à leur aide les infidèles. Christophe, puis Sigismond, et enfin Gabriel Bathori, Michel, vayvode de Valachie, Moïse Tzekeli, et Étienne Botskai combattirent les uns après les autres pour les libertés civiles et religieuses de leur patrie, et s'ils avoient le malheur de faire la paix avec l'empereur, ils ne tardoient guère à succomber sous le poignard de ses assassins. (1)

Ce fut alors que Matthias, frère de Rodolphe, prince actif, ambitieux et peu scrupuleux en matière de religion, se mit à la tête des mécontens. Dans sa jeunesse, en 1577, il s'étoit offert pour chef aux Bataves soulevés contre l'Espagne. Plus tard, comme administrateur de l'Autriche et gouverneur de la Hongrie, il s'étoit signalé dans la guerre contre les Turcs, et il avoit gagné la confiance en même temps des protestans et des catholiques(2). Il conclut, le 23 juillet 1606, une paix avantageuse avec Botskai, par laquelle il garantissoit l'égalité des droits entre les catho-

---

(1) Coxe, Hist. de la maison d'Autriche. T. III, p. 42. — Schiller. T. I, p. 53. — Richelieu. L. IV, p. 181.

(2) Coxe, Hist. de la maison d'Autriche. T. III, p. 52. — Schiller. T. I, p. 56.

liques et les protestans de Hongrie, et une trêve
de vingt ans, plus désirable encore, avec les
Turcs. Mais la cour d'Espagne, qui veilloit avec
une défiance jalouse sur la conduite de Matthias,
saisit cette occasion pour exciter contre lui les
soupçons de Rodolphe, et pour engager cet
empereur à destiner son héritage, non plus à
son frère et son héritier naturel, mais à son
cousin Ferdinand, duc de Styrie, homme doué
d'énergie et de talens, mais élevé par les jésuites,
ardent ennemi de la réforme et résolu à la détruire, quoi qu'il pût lui en coûter. La première
manifestation de ce projet détermina Matthias
à recourir aux armes. Ses promesses de tolérance entraînèrent dans son parti tous les protestans de la Hongrie, de l'Autriche et de la
Moravie; il marcha sur Prague, et il força son
frère à lui céder la souveraineté de ces trois
États, et en même temps à le reconnoître pour
son successeur en Bohême. Rodolphe, dans le
moment du danger, avoit été contraint de présider lui-même la diète de Bohême, d'ouvrir
toutes les fenêtres de la longue galerie qu'il devoit traverser, pour que le peuple pût s'assurer
qu'il vivoit toujours, ce que l'on commençoit
à mettre en doute, et enfin de confirmer, le
12 juillet 1608, toutes les libertés politiques de
la Bohême, en renvoyant à la diète de l'année

1618.

suivante la décision des affaires religieuses. (1)

Matthias, parvenu au comble de ses vœux, croyoit n'être plus obligé de tenir ses promesses. Il voulut retirer à ses sujets et les libertés politiques et les libertés religieuses qu'il leur avoit accordées; mais les Hongrois le forcèrent à confirmer leurs priviléges, avant de lui accorder leur couronne; à leur exemple, les États de Moravie et d'Autriche lui arrachèrent aussi une capitulation qui rendoit aux protestans, dans ces provinces, toutes les libertés dont ils avoient joui pendant le règne de Maximilien II. Matthias auroit peut-être révélé plus ouvertement sa mauvaise foi, si son frère Rodolphe, par un redoublement d'imprudence, n'avoit pas attaqué de nouveau les libertés religieuses et dans les États héréditaires qui lui étoient demeurés et dans l'Empire. Alors les Bohémiens et les Silésiens entrèrent en correspondance avec Matthias, ils firent mine de se soumettre à lui, et ils contraignirent ainsi Rodolphe à signer leur charte (*majestœtsbrief*), à leur restituer la liberté de conscience, et à reconnoître pour protecteur de cette liberté Henri, comte de Thurn, qui avoit commandé leur armée. En même temps le prince d'Anhalt réclamoit avec hauteur et menaces

---

(1) Schiller, *Geschichte*. T. I, p. 63. — Coxe. T. III, p. 62.

les droits des protestans dans l'Empire. Rodolphe, à l'aide d'une bande d'aventuriers qu'il avoit appelée, réussit à se rendre maître d'une partie de la ville de Prague; mais cette tentative ne fit qu'ajouter à ses malheurs. Ses sujets, qui de toutes parts avoient pris les armes, le forcèrent à renoncer à la souveraineté de la Bohême, de la Silésie et de la Lusace, en faveur de Matthias, son frère, qui fut couronné le 23 mai 1611. Sa mort, survenue le 10 janvier 1612, le sauva d'une humiliation qui sembloit prochaine, celle d'être forcé d'abdiquer aussi la couronne de l'Empire en faveur du même Matthias. (1)

Ce ne fut qu'avec peine, et six mois après la mort de son frère, que Matthias réussit à se faire nommer empereur. Il étoit alors près d'atteindre soixante ans : il n'étoit point marié, aucun de ses frères n'avoit eu d'enfans. Le zèle pour le catholicisme, qu'il avoit peu écouté dans sa jeunesse, parut se réveiller en lui dans un âge plus avancé, en sorte qu'il résolut de transmettre sa succession à ce même archiduc Ferdinand de Styrie, que son frère avoit voulu lui préférer. Ferdinand, ardent élève des jésuites, venoit, dans un pèlerinage à Lorette, de faire

(1) Pfeffel, Hist. d'Allemagne. T. II, p. 243. — Coxe, Hist. de la maison d'Autriche. T. III, p. 68-99. — Schiller, *Geschichte*. T. I, p. 67-113. — Ancillon, Tableau des révolutions, etc. T. III, p. 52.

vœu, au pied de l'autel, qu'il ne prendroit aucun repos avant d'avoir extirpé l'hérésie de ses États. Il étoit âgé de trente-huit ans, lorsque le 19 juin 1616 il fut couronné comme roi de Bohême. Le 1ᵉʳ juillet 1618, il fut aussi couronné à Presbourg, comme roi de Hongrie et successeur de Matthias. La couronne de roi des Romains lui étoit également destinée par son vieux parent, entre les mains duquel il avoit promis de laisser l'autorité suprême dans ces divers États. Il n'attendit point cependant la mort de Matthias pour commencer son attaque contre l'hérésie. Dans ses États héréditaires, la Styrie, la Carinthie et la Carniole, encore que les deux tiers de ses sujets fussent protestans, il leur refusa toute liberté de conscience, il ne leur laissa que le choix entre l'exil et l'apostasie, et il dompta leurs soulèvemens; il démolit leurs temples, et il appela des paysans catholiques de la Valachie, pour leur distribuer les biens de la partie de ses sujets qu'il expulsoit (1). Il introduisit en Bohême, dans le conseil de régence, deux seigneurs, Martinitz et Slavata, qui avoient refusé de signer la paix de religion et la charte, ou *majestœtsbrief*, et qui s'étoient signalés par la persécution de leurs vassaux protestans. Bientôt ces deux seigneurs annon-

---

(1) Schiller, *Geschichte*. T. I, p. 126 et 148. — Coxe. T. III, p. 118-120.

cèrent qu'on ne rétabliroit la tranquillité que par des supplices et des confiscations, et par la révocation de l'édit que la force seule avoit fait rendre. (1)

L'ordre donné par Matthias de démolir deux temples protestans fit éclater le soulèvement de la Bohême. Le comte de Thurn, qui, comme originaire de Goritz, dans les États de Ferdinand, connoissoit mieux ses principes, et qui avoit été nommé un des défenseurs de la foi en Bohême, convoqua aussitôt une assemblée des cercles, et celle-ci déclara que cette démolition étoit une infraction de l'édit royal. La réponse de Matthias fut menaçante, mais Thurn qui vint la recevoir au conseil de régence, à la tête des délégués, accusa Martinitz et Slavata de l'avoir dictée. « Que ne suivons-nous, s'écria-t-il, l'ancienne coutume de Bohême, et que ne les jetons-nous sur-le-champ par les fenêtres! » Cet appel à la violence, adressé à des hommes passionnés, fut suivi d'une exécution immédiate. Martinitz, Slavata et le secrétaire du conseil Fabricius furent précipités dans le fossé, à quatre-vingts pieds de profondeur (23 mai 1618). Les Bohémiens déclarèrent tous que c'étoit là une coutume de leur pays, et s'étonnèrent seulement d'apprendre que ceux qu'ils avoient jetés

---

(1) Coxe. T. III, p. 122. — Schiller. T. I, p. 138.

dans le fossé en étoient ressortis sains et saufs. La vase dans laquelle ils étoient tombés avoit amorti le coup. (1)

Après un tel attentat, il n'y avoit plus lieu à l'hésitation, la guerre civile étoit commencée. Matthias essaya bien encore de négocier, mais Ferdinand, impatient de tirer l'épée, fit enlever de vive force et conduire dans une forteresse (20 juillet 1618) le cardinal Klesel, ministre de l'empereur, qui lui conseilloit la modération. (2)

Les Espagnols, sous les ordres du comte de Bucquoi et de Dampierre, seigneurs des Pays-Bas, étoient entrés en Bohême. Le comte de Thurn les battit; il appela à son aide un habile et hardi aventurier, le comte de Mansfeld, qui renouvela le système des condottieri d'Italie, ou celui de former une armée qui n'appartînt qu'à lui seul, de payer et d'enrichir ses troupes par le pillage des pays où il faisoit la guerre, et de se passer le plus souvent de demander rien au gouvernement. Cette cruelle pratique de nourrir la guerre par la guerre fut bientôt adoptée d'une et d'autre part; c'est elle qui attira les étrangers dans le sein de l'Allemagne, qui leur

---

(1) Schiller, *Gesch. des dreyssigjæhrigen Kriegs*. T. I, p. 134. — Coxe. T. III, p. 130. — Nani, *Hist. Veneta*. Lib. IV, p. 164.

(2) Coxe, p. 155. — Le Vassor. T. II, L. XII, p. 28

fit repousser si long-temps toute proposition de paix, et qui soumit ce malheureux pays aux plus effroyables calamités. Pendant ce temps, le gendre de Jacques Ier d'Angleterre, le jeune électeur palatin, Frédéric V, s'annonçoit comme voulant soutenir avec ardeur les Bohémiens. Il vouloit qu'on fît sortir la couronne impériale de la maison d'Autriche; c'étoit depuis long-temps le projet de la France, et la majorité des électeurs sembloit disposée à l'adopter, pourvu qu'on n'alarmât pas les catholiques en élevant au trône un protestant. Des propositions furent faites à Maximilien, duc de Bavière; mais ce prince habile étoit trop zélé catholique pour se séparer de l'Autriche. Une négociation fut ensuite ouverte avec Charles-Emmanuel, duc de Savoie, et il y étoit entré avec empressement, lorsque Matthias mourut, le 20 mars 1619. (1)

Le gouvernement français étoit attentif à cette guerre, encore qu'il fût loin d'en prévoir toutes les funestes conséquences, mais seulement parce que la lutte entre les deux religions étoit la grande affaire de tous les gouvernemens de l'Europe, et qu'à cette époque même le Béarn opposoit aux ordres du roi une résistance que l'on comparoit à celle de la Bohême. Les

---

(1) Coxe, Hist. de la maison d'Autriche. T. III, p. 141. — Nani, *Histor. Veneta*. L. IV, p. 162. — Guichenon. T. II, p. 401.

états-généraux de cette principauté s'étoient refusés à l'enregistrement de l'édit ; le gouverneur, la cour de justice, le peuple des villes, l'Académie et jusqu'à la garnison de Navarreins, avoient protesté contre les lettres de jussion du roi, et demandé qu'elles fussent déclarées non avenues. Il ne restoit plus que l'emploi de la force ; mais Luynes, qui avoit commencé cette querelle, étoit satisfait d'y avoir trouvé une occasion d'écarter son rival, et de le perdre dans l'esprit du roi ; il ne donnoit à une province si éloignée qu'une attention fort secondaire, tandis que sa grande affaire étoit de se tenir en garde contre ceux qui l'avoient aidé dans sa conspiration, et contre ceux qui en avoient été victimes : contre la reine mère, la jeune reine et tous leurs amis. (1)

L'enthousiasme qu'on avoit ressenti pour le jeune roi, quand il avoit paru reprendre le pouvoir, avoit eu le temps de se calmer ; la pitié pour la grandeur déchue de la reine prisonnière à Blois avoit pris sa place ; le peuple commençoit à s'en émouvoir. Les ducs de Rohan et de Montbazon travailloient de bonne foi à réconcilier la reine avec son fils ; le baron de Persan, beau-frère de Vitry, et son frère Bournonville, sous la garde desquels on avoit mis Barbin à la

---

(1) Bazin. T. II, p. 62. — Le Vassor. L. XII, p. 16.

Bastille, lui laissèrent les moyens de correspondre avec Marie de Médicis, mais Luynes interceptoit les lettres : il avoit exilé Richelieu avec son frère, à Avignon. Tout à coup une commission fut donnée au grand conseil, « pour « juger les auteurs des menées et factions ayant « pour but le retour de la reine mère, la déli- « vrance du prince de Condé et le renversement « de l'État. » Barbin, Persan, Bournonville et trois écrivains de pamphlets, étoient les accusés; deux de ceux-ci furent rompus et brûlés en place de Grève ; le troisième fut pendu, car les juges ne refusoient jamais au pouvoir des supplices atroces, quand les prévenus étoient des hommes obscurs. Bournonville fut aussi condamné à mort, mais non exécuté; Barbin n'échappa au supplice que par une seule voix; sa sentence portoit le bannissement, le roi l'aggrava en le condamnant à la prison perpétuelle; Persan fut seulement exilé de la cour. (1)

Les seigneurs mécontens songèrent alors à mettre à profit ce sentiment de compassion qu'ils voyoient se développer parmi le peuple ; Bouillon s'étoit retiré à Sédan, déclarant que la cour

---

(1) Richelieu. L. IX, p. 490-506. — Pontchartrain, p. 264. — Rohan, p. 144-152. — Bazin. T. II, p. 68. — Marie Durand, compositeur des ballets du roi, et les deux frères Siti, de Florence, qui furent suppliciés, avoient écrit une diatribe contre Luynes. Fontenay, p. 418.

étoit toujours la même auberge, qui n'avoit fait que changer de bouchon. Il entra volontiers dans les projets qu'on lui proposa pour délivrer la reine, mais il jugea que le duc d'Épernon seul pouvoit les exécuter. Un intrigant florentin, l'abbé Ruccellaï, se chargea, sans mission, de nouer la correspondance entre ces trois personnages; il se rendit à Blois, il obtint des lettres de créance de la reine, puis il visita tour à tour les deux ducs. Celui d'Epernon, qui étoit à Metz, avoit eu ordre d'y rester, pour veiller sur les mouvemens de l'Allemagne. Il fit demander au roi la permission de se rendre à Angoulême; puis il se mit en route, le 22 janvier 1619, sans attendre la réponse à sa demande. Il prit avec lui huit mille pistoles et ses pierreries; cinquante gentilshommes bien armés, quarante gardes et ses valets l'accompagnoient; il s'achemina ainsi de Metz vers l'Angoumois, ne pouvant pas faire plus de dix lieues par jour, à cause des mulets chargés de bagage, qui l'accompagnoient. A Confolens en Poitou, il rejoignit l'archevêque de Toulouse, son fils, qui l'attendoit avec une partie de la noblesse de ses gouvernemens. C'étoit à Loches, ville qui lui appartenoit, qu'Épernon vouloit recevoir la reine. Un gentilhomme, nommé le Plessis, se chargea de l'enlever de Blois. Marie n'admit à sa confidence que le comte de Brenne, son écuyer, avec trois domestiques. À minuit, le 22 février, la reine descendit par une échelle, de sa fenêtre, sur la plate-forme du château; alors le courage lui manqua pour se confier à une autre échelle qui atteignoit le bas du rempart ; il fallut la glisser comme un paquet enveloppé dans un manteau ; un carosse l'attendoit en dehors des murs, et au point du jour elle se trouva à Loches, auprès du duc d'Épernon, son libérateur. (1)

1619.

Luynes fut fort alarmé de l'évasion de la reine. Encore qu'il se fût efforcé de persuader à Louis XIII que ses jours mêmes étoient en danger s'il la laissoit revenir à lui, il redoutoit l'ascendant qu'elle prendroit sur lui dès qu'ils se trouveroient ensemble. La reine et d'Épernon avoient écrit au roi pour se justifier, mais en même temps ils lui demandoient d'apporter quelque remède au mauvais état des affaires : c'étoit demander qu'il changeât ou son ministère ou son favori. Luynes persuada à Louis XIII de feindre qu'il croyoit que sa mère avoit été enlevée par d'Épernon, que c'étoit malgré elle qu'elle avoit été conduite à Loches, puis à Angoulême. Des ordres furent donnés pour rassembler l'armée qui devoit la délivrer ; personne

(1) Le Vassor. T. II, L. XII, p. 34-41 ; et L. XIII, p. 67-73. — Bazin. T. II, p. 71-80. — Capefigue. T. III, p. 67-77. — Richelieu. T. XXI, L. IX, p. 490 ; L. X, p. 520. — Pontchartrain, p. 274. — Brienne, p. 335. — Rohan, p. 154. — Fontenay, p. 425-436.

ne pouvoit être dupe de cette fiction ; toutefois l'armée du roi grossissoit, tandis que Marie voyoit peu de seigneurs accourir à sa défense, « pource que, dit le duc de Rohan, beaucoup « de gens envioient la belle action du duc « d'Épernon, peu se vouloient ranger sous son « humeur altière, et tous croyoient bien que le « tout aboutiroit à une paix, et se fâchoient de « s'y embarquer, pour en avoir la haine du roi, « et laisser l'honneur de l'entreprise aux au- « tres (1). » Les troupes du roi enlevèrent à d'Épernon la ville d'Uzerche en Limousin; on saisit aussi Boulogne-sur-Mer, qui étoit un de ses gouvernemens ; mais Luynes ne poussa pas plus loin les hostilités ; il craignoit de se perdre auprès du roi, en l'animant davantage dans une guerre dénaturée. Il rappela donc d'Avignon l'évêque de Luçon, et le renvoya à la reine à Angoulême, pour négocier, ou peut-être pour semer de la division parmi ses partisans. En effet, peu après son arrivée, Ruccellaï, qui n'étoit point content des récompenses qu'il avoit reçues, et qui avoit offensé d'Épernon, quitta Marie, avec quelques-uns de ses plus fidèles serviteurs. Au même temps Henri de Richelieu, frère aîné de l'évêque de Luçon, fut tué en duel par le marquis de Thémines : la cour de la

---

(1) Rohan, p. 155.

reine mère, divisée et affoiblie, accepta alors les propositions de paix que lui portèrent le cardinal de la Rochefoucauld, le père de Bérulle, fondateur de l'Oratoire, et le comte de Béthune. (1)

1619.

Les conditions de la paix, signée le 30 avril à Angoulême, autorisoient la reine à disposer de sa maison à sa volonté, à aller où elle voudroit, à conserver ses revenus de toute nature, et la distribution des charges qui lui appartenoient : elle échangeoit son gouvernement de Normandie contre celui d'Anjou; elle recevoit six cent mille livres pour payer ses dettes, et le duc d'Épernon cinquante mille écus en échange de sa ville de Boulogne. Ce duc et tous ceux qui l'avoient assisté étoient déclarés n'avoir point démérité du roi; en conséquence, ils étoient conservés dans toutes leurs charges. Quatre mois s'écoulèrent après la signature de ce traité, avant que la reine vît son fils : ce fut à Tours qu'elle le rencontra; ils y passèrent ensemble douze jours, du 7 au 19 septembre; ils se donnèrent publiquement beaucoup de marques d'affection, que Luynes ne voyoit pas sans inquiétude, puis ils se séparèrent, le roi revenant

---

(1) Le Vassor. T. II, L. XIII, p. 74-88. — Bazin. T. II, p. 83. — Richelieu. L. X, p. 532-544.

à Paris, et sa mère allant à Angers, prendre possession de son nouveau gouvernement. (1)

Avant de rencontrer son fils, la reine mère avoit fait connoissance avec son nouveau gendre, Victor-Amédée, prince de Piémont, qui étoit arrivé à Paris, le 7 février, et qui peu de jours après fut marié au Louvre, à la princesse Christine, seconde fille de France, qui avoit à peine treize ans, tandis qu'il en avoit trente-deux. Victor-Amédée, avec son frère Thomas, alla voir la reine mère à Angoulême, immédiatement après la paix; il travailla avec adresse à calmer ses ressentimens; il fut de nouveau auprès d'elle tout le temps de son séjour à Tours, et il quitta la cour le 24 septembre pour retourner en Piémont. Son épouse ne fit son entrée à Turin que le 15 mars de l'année suivante (2). Ce mariage sembloit d'accord avec la politique générale de la France; il étoit destiné à resserrer ses liens avec les puissances du second ordre qui cherchoient à maintenir leur indépendance contre la maison d'Autriche; mais l'expérience

(1) Richelieu, Mém. L. X, p. 545-560, et 568-570. — Fontenay, p. 436-450. — Pontchartrain, p. 274-290. — Bassompierre, p. 158. — Le Vassor. L. XIII, p. 102-124. — Bazin. T. II, p. 85-89.

(2) Guichenon, Hist. de Savoie. T. III, p. 8. — Fontenay, p. 423.

avoit déjà montré, et devoit montrer encore combien peu les liens du sang sont une garantie de l'amitié entre les princes souverains.

A cette même époque la puissance que ses intérêts unissoient le plus étroitement à la France, la république des Provinces-Unies, étoit troublée par des querelles religieuses, qui avoient pris un caractère politique, et qui se signalèrent par un grand crime. Au moment de la réformation, Luther et plus encore Calvin, animés à combattre la doctrine du purgatoire et des indulgences, doctrine fondée sur le trésor des œuvres surérogatoires dont disposoit le successeur de saint Pierre, avoient nié jusqu'à l'efficacité des bonnes œuvres, et avoient fait dépendre le salut de la foi seulement et de la grâce. Cette doctrine, liée à celle de la prédestination, donnoit au calvinisme un caractère de rigorisme absolu. D'autre part elle blessoit directement tous les sentimens et de pureté morale, et de liberté d'examen, qui avoient secondé la réformation ; et plusieurs théologiens, parmi lesquels se distinguèrent en Hollande Arminius et ensuite Vorstius, avoient cherché à tempérer ces doctrines exclusives. Le grand pensionnaire de Hollande ou avocat-général, Barneveldt, dont la modération et la sagesse avoient tant contribué, pendant une administration de trente-deux ans, au salut de la république naissante, ainsi que le célèbre Hugo Grotius, penchoient vers l'arminianisme; mais parmi les théologiens, la haine est toujours d'autant plus ardente qu'elle repose sur des différences plus inintelligibles; la violence des ministres protestans contre des opinions qu'ils regardoient comme philosophiques, est aujourd'hui pour leurs successeurs un objet de scandale et de honte. Le synode de Dordrecht, qui fut comme le premier concile général des calvinistes, condamna les arminiens. Le comte Maurice de Nassau, qui étoit jaloux du crédit de Barneveldt, qui désiroit la guerre, et qui craignoit les vues pacifiques du vieux magistrat pour le moment où la trève d'Espagne expireroit, eut recours à la violence pour exclure les arminiens des conseils des trois provinces de Hollande, d'Utrecht et d'Overissel, où ils dominoient. Barneveldt fut jeté en prison le 24 août 1618, et malgré les instantes recommandations de la France, qui envoya Boissise comme ambassadeur extraordinaire, pour chercher à le sauver, il fut condamné à mort et exécuté le 13 mai 1619; Grotius et les autres accusés furent condamnés à la prison, et ensuite exilés. (1)

Le retour du roi à Paris, après son entrevue

---

(1) Richelieu. L. X, p. 561-567. — Le Vassor donne de très longs détails sur ce schisme. L. XI, p. 737-750; L. XII, p. 42-65; L. XIII, p. 89-102. — Fontenay-M. p. 421.

avec sa mère, fut signalé par des grâces nombreuses; mais ces grâces contribuoient toutes à augmenter le pouvoir de Luynes et de ses deux frères : le prince de Condé fut retiré le 20 octobre, avec la princesse, sa femme, de la prison où il avoit passé trois ans. Luynes, qui vouloit désormais s'appuyer sur lui, en l'opposant à la reine mère, alla le prendre à Vincennes, et le conduisit à Chantilly, où le roi le reçut avec beaucoup de marques d'affection, et donna en sa faveur une déclaration fort injurieuse pour sa mère et ceux qui, avec elle, avoient abusé de son nom et de son autorité, et qui « auroient porté toutes choses à une grande et déplorable confusion, si Dieu n'avoit donné au roi la force et le courage de les châtier (1). » Luynes avoit été fait duc et pair et s'étoit fait donner le gouvernement de Picardie; il céda au duc de Montbazon, son beau-père, celui de l'Ile-de-France; il procura au second de ses frères Brantes, l'héritière du duché de Piney-Luxembourg, dont celui-ci prit le titre, et à Cadenet, le troisième, il donna le titre de duc de Chaulnes; tous deux furent aussi faits maréchaux de France. Enfin, le 1er janvier 1620, le roi comprit ces trois nouveaux ducs dans une grande promotion de soixante-quatre chevaliers du Saint-Esprit.

(1) Anciennes lois franç. T. XVI, p. 133. — Le Vassor. L. XIV, p. 153. — Bazin. T. II, p. 94. — Fontenay, p. 453.

1620. Parmi ceux auxquels cette haute décoration étoit accordée, on remarquoit le duc de Guise, le comte d'Auvergne, devenu duc d'Angoulême, par la mort de Diane de Valois, fille naturelle de Henri II, qui avoit vécu jusqu'en 1619, Bassompierre, Ornano, Béthune, Schomberg, Vitry et du Hallier, son frère. Dans une promotion si nombreuse, faite sans consulter la reine mère, on remarquoit qu'il n'y avoit pas un seul de ses amis. (1)

En effet, le traité d'Angoulême et la réconciliation prétendue de Tours avoient laissé, dans le cœur de Marie de Médicis, un ressentiment qui alloit sans cesse en augmentant. L'évêque de Luçon, Richelieu, son principal conseiller, qu'on croit assez généralement avoir été son amant, ne désiroit point la porter à des résolutions violentes. Il sentoit bien qu'il ne pourroit arriver au pouvoir, pour lequel il se sentoit fait, qu'autant qu'il remettroit en bonne harmonie la mère avec le fils. Mais tous les mécontens commençoient à regarder Angers comme leur lieu de refuge, et des plaintes toujours plus amères, entremêlées de projets de résistance, se faisoient entendre tour à tour, dans tous les corps de la nation. L'assemblée triennale

(1) Bassompierre, p. 160. — Fontenay, p. 458. — Rohan, p. 159. — Brienne, p. 340. — Bazin. T. II, p. 96. — Le Vassor. L. XIV, p. 172.

des réformés, qui s'étoit réunie à Loudun le 25 septembre 1619, avoit signalé un grand nombre de violations de l'édit de pacification, dont l'une des plus criantes étoit de conserver comme protestans, dans les tribunaux mi-partis, les conseillers qui s'étoient faits catholiques, donnant ainsi aux réformés, au lieu de protecteurs, des ennemis acharnés. L'affaire du Béarn étoit aussi considérée, par le corps entier de la religion, comme menaçant son existence. La cour paroissoit s'obstiner à repousser ces plaintes; la reine mère, au contraire, reçut avec une grande joie les députés de l'assemblée qui venoient la complimenter, et elle les fit assurer de sa bonne volonté pour ceux de la religion, et de sa ferme résolution « de contribuer par tous ses moyens à l'entretenement des édits. » La discussion entre le roi et l'assemblée s'étoit replacée sur le même terrain où elle étoit en 1616. « Le roi, dit Duplessis-Mornay, ordonne de se « séparer et promet de faire; nous le supplions « de faire, prêts alors à nous séparer. D'une « part, on allègue l'autorité, de l'autre le peu « d'apparence de rien obtenir, si on ne subsiste. » Enfin, d'après les instances de Lesdiguières, que le roi venoit de faire duc, pour l'attacher à sa cause, et d'après les sages conseils de Duplessis-Mornay, l'assemblée se sépara le 26 mars, en recevant la promesse que trois de ses demandes seroient exaucées sur-le-champ, et les autres dans un délai de six mois. (1)

Le prince de Condé se montroit non seulement tout dévoué au roi, tout zélé pour son service, mais il professoit encore la plus vive reconnoissance pour Luynes et ses frères, qui l'avoient tiré de sa captivité. Ses trois ans de prison à Vincennes sembloient avoir anéanti tout ce qu'il y avoit eu en lui de fermeté et d'indépendance. Les autres princes, à la réserve du duc de Guise, qui lui demeura attaché, ne pouvoient plus reconnoître en lui leur chef; aussi, ils lui opposèrent le jeune comte de Soissons, qui avoit atteint l'âge de seize ans. Une dispute d'étiquette, la présentation de la serviette au roi, avoit brouillé les deux cousins. Elle fut en quelque sorte le signal d'une nouvelle guerre civile. Mayenne, puis Vendôme et le grand-prieur, son frère, puis Henri de Savoie, troisième duc de Nemours, qui, rentré récemment dans le royaume, s'associoit aux intrigues qu'il y voyoit éclore, puis le comte de Soissons et sa mère, quittèrent la cour, du 29 mars au 30 juin; tous se rendirent à Angers, et tous excitèrent la

---

(1) Le Vassor. L. XIV, p. 154-158; p. 174, 177, 179. — Bassompierre, p. 161. — Fontenay-M. p. 460. — Pontchartrain, p. 295. — Bazin. T. II, p. 93-101.

reine mère à tenter de nouveau la fortune des armes. (1)

1620.

Le public commençoit à se déchaîner contre l'ambition de Luynes et de ses deux frères; déjà l'on annonçoit que le premier prétendoit à la dignité de connétable ; quelques pamphlets accusoient la duchesse, nommée surintendante de la maison de la reine, de corrompre l'innocence du roi, et de l'éloigner de sa femme. Il semble qu'en même temps cette femme intrigante gagnoit la bienveillance d'Anne d'Autriche, qui la regardoit comme sa meilleure amie, en encourageant son penchant à la galanterie. Le gentilhomme qui s'étoit permis des insinuations contre madame de Luynes fut condamné à faire amende honorable, en chemise et la corde au cou, puis emprisonné pour la vie à la Bastille. Le parlement, qui servoit avec tant de rigueur le roi dans ses ressentimens, étoit cependant lui-même mécontent, car Louis XIII avoit, le 18 février, fait enregistrer des édits bursaux, sans lui en donner auparavant aucune connoissance. (2)

(1) Mém. du card. de Richelieu, au T. XXII, 2ᵉ série de la collection. L. XI, p. 31-66. — Fontenay, p. 461-467. — Bassompierre, p. 162. — Pontchartrain, p. 295-302. — Le Vassor. L. XIV, p. 183-188.

(2) Mém. de Richelieu. T. XXII, L. XI, p. 37. — Bazin. T. II, p. 104. — Le Vassor. L. XIV, p. 175.

Luynes étoit fort inquiet; il désiroit vivement éviter une seconde guerre civile, et ne pas commettre davantage un fils avec sa mère; il fit plusieurs tentatives auprès de Marie de Médicis, il lui envoya les négociateurs sur lesquels il comptoit le plus; mais la défiance de la reine mère sembloit redoubler en raison des avances qu'elle recevoit de lui. Il jugea enfin nécessaire de faire une nouvelle démonstration militaire contre les mécontens. Leur réunion commençoit à devenir formidable; les ducs de Retz et de la Trimouille, le maréchal de Boisdauphin, le comte de Candale et son frère l'archevêque de Toulouse, le duc de Rohan, avoient successivement rejoint la reine mère. Le duc de Longueville, qui s'étoit retiré dans son gouvernement de Normandie, promettoit d'y faire une puissante diversion. La ville de Caen étoit occupée par le chevalier de Vendôme, le Perche par le comte de Soissons, Angers et Chinon par la reine mère, le Poitou par les ducs de Rohan et de la Trimouille, la Saintonge et l'Angoumois par le duc d'Épernon, Metz par son fils, le marquis de la Valette, la Guyenne par le duc de Mayenne et le maréchal de Roquelaure; on ne se croyoit sûr ni du maréchal de Brissac en Bretagne, ni du duc de Montmorency en Languedoc; la Picardie et la Champagne étoient travaillées par les ducs de Longueville et de

Bouillon (1). Aucune confédération plus formidable ne s'étoit encore formée contre l'autorité royale, et ce n'étoit pas sans une vive inquiétude que Luynes, au commencement de juillet, conduisit le roi à l'armée qu'il avoit fait rassembler sur les confins de la Normandie. (2)

Louis XIII avoit alors presque accompli sa dix-neuvième année; il avoit de l'activité, de l'aptitude et de l'adresse pour toutes les choses matérielles; habile dans les détails de la chasse et de la fauconnerie, il avoit montré aussi de la dextérité pour beaucoup d'ouvrages faits à la main. Lorsqu'il fut conduit à l'armée, il ne montra pas moins d'aptitude pour le maniement des armes, puis pour l'exercice et les évolutions d'un bataillon. Il vouloit entrer dans tous les détails de la manœuvre; il étoit d'une sévérité rigoureuse sur la discipline : il envoya une fois un lieutenant de ses gardes, Pontis, qu'il aimoit fort, auprès d'Arnaud d'Andilly, pour apprendre sous lui une manière nouvelle de faire manœuvrer les soldats, et la lui enseigner ensuite. Comme il joignoit à cette connoissance des détails militaires une parfaite intrépidité, il se crut bientôt un grand général, et se persuada

---

(1) Pontchartrain, p. 308.
(2) Le Vassor. L. XV, p. 198. — Pontchartrain, p. 313. — Richelieu. L. XI, p. 65. — Fontenay, p. 462. — Bassompierre, p. 168.

qu'il étoit destiné à marcher sur les traces de son père. La guerre, dès lors, devint sa plus vive passion : c'étoit à ses yeux le chemin de la gloire, et pendant tout le reste de son règne il se laissa entraîner à des expéditions militaires toujours renaissantes, dont le but ne paroissoit nullement proportionné aux sacrifices qu'elles lui coûtoient, si l'orgueil d'être un grand roi et de faire trembler tous ses ennemis n'avoit été tout ensemble son objet et sa récompense. (1)

Ce fut pendant cette courte campagne contre sa mère que se développa pour la première fois cette passion de Louis XIII pour la guerre : il se plaisoit à passer en revue ses soldats, à tenir son conseil de guerre, à étudier le terrain sur les cartes, à visiter les retranchemens et à s'approcher des remparts en défense. La rapidité de ses succès donna plus d'intensité à ce goût naissant. Le duc de Longueville et les deux frères de Vendôme se troublèrent à l'approche du roi ; ils lui laissèrent occuper en peu de jours Rouen, Caen, Alençon, le Mans et Vendôme. La Normandie étoit rentrée dans le devoir ; le roi s'approcha de la Loire avec toute son armée et s'arrêta devant le pont de Cé. Cette place forte, qui garde le passage pour aller d'Anjou en Poitou, n'étoit qu'à une lieue d'Angers où se

---

(1) Mém. de Pontch. T. XXXI, L. VI, p. 425 *et passim*. — Fontenay-M. p. 384.

trouvoit sa mère. Déjà on lui avoit fait des propositions d'accommodement, car le parti des rebelles étoit fort découragé ; lorsque le 7 août, en poussant une reconnoissance, plutôt par divertissement qu'autrement, dit Bassompierre, le roi s'empara du pont de Cé ; la moitié des défenseurs de cette forte place s'en étoient retirés, frappés d'une terreur panique. La reine se hâta alors d'envoyer le cardinal de Sourdis et l'évêque de Luçon, auprès du roi, pour accepter la paix qui lui avoit été offerte; elle fut signée le 13 août. L'amnistie et le rétablissement du traité d'Angoulême en étoient presque les seules conditions. Le mouvement des mécontens n'avoit été qu'un caprice : il n'étoit soutenu par aucune passion populaire; ils n'avoient en eux-mêmes aucune volonté forte, aucun chef ne dirigeoit leur ambition, aussi, après avoir étourdiment rompu la paix, ils manquoient d'énergie pour faire la guerre. (1)

Ces événemens si mesquins, sur lesquels les écrivains contemporains entrent dans des détails infinis, empêchèrent le gouvernement français d'accorder une attention sérieuse aux révolutions bien plus graves qui changeoient alors la

---

(1) Mém. de Richelieu. L. XI, p. 68-95. — Bassompierre, p. 162-202. — Fontenay, p. 469-489. — Le Vassor. L. XV, p. 198-216. — Bazin. T. II, p. 108-115. — Capefigue. T. III, p. 180-203.

face de l'Europe. Il dépendoit en ce moment de la France, ou de rétablir la liberté de l'Italie et de l'Allemagne, ou d'appesantir le joug de la maison d'Autriche sur ces deux contrées.

Philippe III, roi d'Espagne, étoit alors âgé de quarante-deux ans ; doux et foible de caractère, il ne manquoit pas de sens, mais bien d'énergie ; il ne savoit se résoudre à rien par lui-même, et il étoit fait pour se laisser conduire. Le duc de Lerme, depuis le commencement de son règne, avoit eu tout pouvoir sur lui. Ce duc, avide d'argent, dominé lui-même par des favoris qu'il enrichissoit, et faisant consister sa grandeur dans la pompe et la magnificence, évitoit autant qu'il pouvoit d'engager l'Espagne dans une guerre qui auroit augmenté les embarras de ses finances déjà ruinées. Une tranquillité apparente couvroit ses misères, mais l'agriculture et l'industrie avoient reçu un échec fatal par l'expulsion des Maures ; des impôts accablans étoient perçus de la manière la plus oppressive, et la population comme la richesse décroissoient rapidement. Le duc de Lerme, qui avoit perdu sa femme, voulant se mettre à l'abri des coups de la fortune, demanda et obtint, en 1618, du pape Paul V, le chapeau de cardinal. Ce fut la source première de sa disgrâce. Philippe III, qui l'avoit traité jusqu'alors avec la plus grande familiarité, se sentit gêné par sa dignité nouvelle : il en ressentit de l'humeur. Le confesseur du roi, et le duc d'Uzeda, fils du duc de Lerme, profitèrent de cette froideur; Uzeda noircit son père par les accusations les plus odieuses; il le fit renvoyer le 20 octobre 1618, et il demeura principal ministre à sa place. (1)

Cette révolution de palais ébranla le triumvirat qui gouvernoit alors l'Italie. Le marquis de Bedmar et D. Pedro de Toledo furent rappelés; Ossuna, vice-roi de Naples, s'attendoit à l'être bientôt. Il avoit abusé cruellement du pouvoir qui lui étoit confié, dépouillant les sujets du roi, opprimant les voisins, faisant la guerre ou la paix sans consulter le cabinet de Madrid, outrageant l'honneur des familles, et se rendant surtout odieux au clergé et à la noblesse; mais il avoit eu le talent de gagner la faveur de la populace de Naples, il se croyoit sûr de son armée, forte d'environ seize mille hommes, et deux gentilshommes français, la Verrière et de Veines, qui étoient très avant dans sa confidence, lui persuadèrent, au lieu de se soumettre à la disgrâce qui le menaçoit, de monter lui-même sur le trône de Naples. Ils lui répondoient que le peuple, dans les provinces comme dans la capitale, se déclareroit pour lui;

(1) Watson, Philippe III. T. II, L. VI, p. 278-308. — Gonzalo de Cespedes. Liv. I, c. 3, fol. 5.

que l'Italie entière, accablée par le joug espagnol, verroit avec joie les deux Siciles recouvrer leur indépendance, que le duc de Savoie en particulier, et la république de Venise le seconderoient, que la France enfin l'appuieroit de toutes ses forces. De Veines se chargea de s'assurer des secours qu'il avoit fait espérer; il obtint d'abord les promesses de Charles Emmanuel et de Lesdiguières; il entra ensuite en négociations avec M. de Luynes; un intrigant attaché à celui-ci, nommé Déageant, qui avoit eu une grande part à la conspiration contre le maréchal d'Ancre, et qui avoit depuis été chargé par Luynes de plusieurs autres missions de confiance, fut envoyé en Italie pour suivre ce complot. Mais Luynes, troublé par les mouvemens de la cour, effrayé de la guerre civile qui commençoit, désavoua Déageant, et sacrifia peut-être le duc d'Ossuna lui-même, dont on crut qu'il dénonça la correspondance à la cour de Madrid. Ossuna, trompé par le cardinal Borgia, que Philippe III avoit désigné pour être son successeur, apprit tout à coup le débarquement de ce cardinal, qui, un matin du mois de mai 1620, se trouva maître des forteresses de Naples, et se fit reconnoître pour vice-roi. Ossuna fut obligé de repartir pour l'Espagne. Il y fut arrêté et finit sa vie en prison, mais ce fut seulement après la mort de Philippe III, survenue le 31 mars de l'année suivante. Philippe IV, le beau-frère de Louis XIII, lui succéda à l'âge de seize ans seulement, et bientôt après le favori de celui-ci, le comte duc d'Olivarès, régna sans partage sur la monarchie espagnole. (1)

1620.

On ne peut s'empêcher de regretter chacune des occasions que la politique a laissé échapper pour rendre l'indépendance à l'Italie. Cette belle région, que les imprudences de la France avoient précipitée dans le siècle précédent sous le joug des Espagnols, souffroit d'autant plus cruellement de leur ignorance qu'elle étoit plus éclairée, de leur despotisme, qu'elle connoissoit mieux et qu'elle aimoit davantage la liberté. L'excès de ses malheurs la disposoit à se jeter entre les bras de quiconque lui offroit une chance de salut, et elle se seroit probablement armée pour Ossuna, encore qu'il ne fût en aucune manière digne de son dévouement. Mais l'intérêt pour une nation réduite au désespoir n'avoit aucune part dans les résolutions de la France, et l'appui promis d'abord, puis retiré à un conspirateur et un traître, déconsidéroit le gouvernement, car c'étoit une violation

---

(1) Watson, Philippe III. L. VI, p. 280, 408-415. — Muratori *Annal.* T. XV, p. 189-193. — C. Botta, *Storia d'Italia.* T. IV, L. XVIII, p. 223-244. — Le Vassor. L. XIV, p. 191-196.

manifeste des traités, et son abandon étoit un acte de mauvaise foi privée. Il y auroit eu des motifs plus légitimes pour intervenir dans les affaires d'Allemagne, et pour empêcher que la couronne impériale ne devînt héréditaire dans la maison d'Autriche, au mépris de la constitution germanique, et avec un danger évident pour la liberté de toute l'Europe.

On voyoit alors en Allemagne, opposés l'un à l'autre, Ferdinand de Styrie, l'héritier désigné de Matthias, et Frédéric V l'électeur Palatin, placés comme les représentans du catholicisme et de la réforme. Ferdinand avoit atteint quarante et un ans; il étoit doué d'activité, d'adresse dans les négociations, et surtout d'une constance indomptable. Au moment de la mort de Matthias, le parti protestant étoit tellement supérieur au catholique dans tous les États héréditaires d'Autriche, que la perte de Ferdinand paroissoit inévitable. Toute la Bohême étoit soulevée contre lui; elle avoit annulé sa précédente élection, et le 27 août 1619 elle avoit déféré sa couronne à Frédéric V, avec le concours des États de Moravie, de Silésie et de Lusace. La Hongrie avoit appelé Bethlem Gabor, prince de Transylvanie, et l'avoit reconnu pour roi; la haute et la basse Autriche étoient en insurrection, et les États de ces deux provinces s'étoient déclarés contre Ferdinand; deux fois celui-ci fut assiégé dans Vienne par des armées suffisantes pour l'accabler ; ses conseils, ses ministres, ses prélats eux-mêmes, le pressoient de céder; son courage seul le sauva. Dans l'intervalle entre les deux siéges de Vienne, et tandis que son rival montoit sur le trône de Bohême, Ferdinand courut à Francfort pour assister à la diète électorale. Les électeurs luthériens de Saxe et de Brandebourg se déclarèrent pour lui, en haine du calvinisme de Frédéric V; son suffrage à lui-même lui fut compté, comme légitime roi de Bohême : les trois électeurs ecclésiastiques étoient pour lui, et il fut proclamé empereur sous le nom de Ferdinand II, le 28 août 1619. Toutefois Frédéric, qui étoit en même temps nommé roi de Bohême, et que ses oncles, le duc de Bouillon et le prince d'Orange, avoient encouragé à accepter cette nomination, comptoit sur l'appui de Bethlem Gabor, de la Suède, du Danemarck, de la Hollande, de Venise, de son beau-père Jacques, roi d'Angleterre, et même du roi de France. Frédéric avoit à peine vingt-quatre ans; on le trouvoit affable, gracieux ; on ne doutoit pas de sa bravoure, et il obtenoit toute la faveur que la jeunesse inspire. (1)

Mais Frédéric attendit vainement l'appui des

(1) Coxe, Hist. de la maison d'Autr. p. 143-154. — Schiller, *Dreyssigjahrigen Krieg*. T. I, p. 152-167. — Le Vassor. L. XIV, p. 129-147; et p. 161-167.

puissances protestantes sur lesquelles il avoit compté, tandis que les catholiques déployèrent pour son rival une énergie et un dévouement qui alloient jusqu'au sacrifice de tous leurs intérêts propres. Philippe III ne se contenta point d'avoir mis au service de son parent, ses généraux Dampierre et Bucquoi, il fit marcher à son aide toute l'armée du marquis Spinola, dans les Pays-Bas, forte de vingt-quatre mille hommes. De son côté Maximilien, duc de Bavière, chef de l'union catholique en Allemagne, s'unit intimement à Ferdinand, et mit à son service le comte de Tilly, en qui on ne tarda pas à reconnoître un des plus habiles généraux de cette époque. En même temps l'empereur envoya auprès de Louis XIII le comte de Furstemberg, comme son ambassadeur, pour lui représenter que sa cause étoit celle des trônes et de la religion catholique; que la France, avec ses huguenots, organisés comme un État dans l'État, pourroit bien ne pas tarder à éprouver elle-même les funestes conséquences du triomphe des principes protestans et républicains. (1)

La France s'étoit jusqu'à ce jour déclarée la rivale de la maison d'Autriche, et dès le temps de François Ier elle étoit l'alliée des protestans. En toute occasion elle avoit encouragé les

(1) Schiller. T. I, p. 168. — Le Vassor. L. XIV, p. 169. — Fontenay-Mar. p. 454.

électeurs à ne plus accorder la couronne impériale à la maison d'Autriche. Cependant il y avoit quelque chose de vrai dans l'avertissement que lui donnoit Ferdinand; celui-ci paroissoit être alors dans un si grand danger, que ce n'étoit plus contre l'ambition de sa maison que la France sembloit appelée à se tenir en garde: Louis XIII détestoit également la réforme et tout esprit de liberté; aussi il montroit de la répugnance à appuyer les protestans d'Allemagne. Le président Jeannin donna un mémoire pour le confirmer dans cette disposition; et d'après ses conseils, le duc d'Angoulême, le comte de Béthune et Châteauneuf, furent envoyés en ambassade aux différens princes d'Allemagne pour les engager à laisser vider entre les deux rivaux leur querelle pour le trône de Bohême, sans y intervenir. (1)

Le traité que ces ambassadeurs firent signer à Ulm, le 3 juillet 1620, entre l'union des protestans et la ligue des catholiques, fut tout à l'avantage des derniers. Ces deux ligues s'engageoient à maintenir la paix dans l'empire; mais tandis que les protestans, pour atteindre ce but, promettoient de poser les armes, le duc de Bavière se réservoit le droit de faire la guerre en Bohême, et les Espagnols, qui n'étoient point compris dans le traité, attaquèrent en même

---

(1) Flassan, Hist. de la Diplom. fr. T. II, p. 330. — Le Vassor. L. XIV, p. 130-135.

temps le Palatinat. On vit alors à quel point le zèle religieux, toujours si ardent chez les catholiques, s'étoit refroidi chez les protestans. L'électeur de Saxe, oubliant les intérêts de son Église, s'étoit allié à la maison d'Autriche; les autres princes protestans et les villes impériales, n'écoutant qu'une sordide parcimonie, ne profitèrent point du droit qui leur étoit réservé d'envoyer leurs soldats en Bohême : le roi d'Angleterre fit passer trois mille hommes à son gendre, puis les retira bientôt après. Frédéric fut assailli par des forces supérieures. Cependant les honneurs royaux lui avoient tourné la tête; il avoit mécontenté les Bohémiens pour ne consulter que des Allemands; lors même que l'ennemi s'avançoit sur sa capitale, il ne pouvoit s'arracher aux festins. Il ne parut point à son armée lorsqu'elle fut attaquée devant Prague, le 8 novembre 1620, par le duc de Bavière; et lorsqu'il apprit sa défaite, quoiqu'il lui restât encore de grandes ressources, il abandonna lâchement ses soldats, ses sujets et son royaume; il s'enfuit sans s'arrêter, jusqu'à ce qu'il fût arrivé à Berlin : la Bohême et le Palatinat furent en entier envahis par les armées catholiques. (1)

La France avoit donné à la maison d'Autriche

(1) Coxe, Hist. de la maison d'Autriche. T. III, p. 157-173. — Schiller. T. I, p. 174-182. — Le Vassor. T. II, L. XV, p. 218-230, et 258-250.

une assistance plus importante qu'elle n'avoit compté le faire. Elle avoit bien voulu empêcher la ruine de Ferdinand II, mais non pas écraser ses ennemis à ses pieds. Bientôt la nouvelle des effroyables rigueurs de l'empereur, de l'abolition de tous les priviléges de la Bohême, de la confiscation des biens de plus de sept cents barons, du supplice de vingt-trois d'entre eux, de la récompense offerte à qui apporteroit la tête de vingt-sept autres, de la mise au ban de l'empire de l'électeur Palatin, de la conquête de ses États par les Bavarois et les Espagnols, de la dissolution enfin de l'Union évangélique, apprirent à Louis XIII qu'il avoit tourné contre lui-même la balance politique de l'Europe, et livré l'Allemagne au rival qu'il devoit le plus craindre. Il rappela l'ambassade française, qui quitta Vienne le 2 mai 1621, s'applaudissant encore de ce qu'elle n'avoit pas réussi à réconcilier Ferdinand II avec Bethlem Gabor, comme elle avoit tenté de le faire. (1)

Pendant le même temps, Louis XIII étoit aussi entré en campagne contre les protestans du Béarn; mais cette guerre n'avoit encore point fait répandre de sang. Il avoit d'abord voulu visiter les deux gouvernemens des ducs d'Épernon

(1) Flassan, Hist. de la Diplom. T. II, p. 342. — Coxe. T. III, p. 175. — Schiller. T. I, L. I, p. 183. — Le Vassor. L. XV, p. 251-259. — Fontenay-M. p. 463.

et de Mayenne, pour faire rentrer ces seigneurs plus complétement dans le devoir. Le riche duc d'Épernon le reçut avec le faste qu'il se plaisoit à déployer dans son château de Cadillac; Mayenne, qui étoit venu au-devant de lui pour lui faire ses soumissions, l'accueillit ensuite, le 18 septembre, à Bordeaux. Mais les protestans du Béarn continuoient à refuser d'enregistrer l'édit sur la restitution des biens ecclésiastiques : Louis XIII déclara qu'il iroit le faire enregistrer lui-même, et que ni la saison avancée, ni la pauvreté des landes, ni l'âpreté des montagnes, ne l'arrêteroient. Bassompierre fit passer rapidement la Garonne à son armée. Les Béarnais, qui étoient persuadés que le roi ne viendroit pas jusqu'à eux, n'avoient fait aucun préparatif de défense. Le roi fit son entrée à Pau le 15 octobre, sans éprouver aucune résistance. Auparavant, il avoit fait saisir et consacrer de nouveau la grande église, pour y entendre la messe à son arrivée. En même temps, par menaces et par négociations, il s'étoit rendu maître de Navarreins, la forteresse et l'arsenal du Béarn, et il y avoit mis un gouverneur catholique. Alors non seulement il fit enregistrer l'édit sur la restitution des biens ecclésiastiques, mais encore un autre édit du 20 octobre, qui réunissoit à la couronne de France les deux débris de l'ancien royaume de Navarre, la basse Navarre et le

Béarn, et qui les soumettoit en commun au parlement de Pau, dont il changea l'organisation. Il rendit toutefois le gouvernement de cette province au marquis de la Force, qui l'exerçoit précédemment; et repartant en toute hâte pour Paris, courant souvent la poste à franc étrier, il y fit son entrée le 7 novembre de grand matin, accueilli par le peuple avec des cris de joie et d'enthousiasme. (1)

Mais la soumission du Béarn ne dura guère plus que la présence du roi dans cette province. Comme la grande masse de la population étoit protestante, elle étoit tout entière révoltée de se voir enlever ses édifices sacrés, et les biens du clergé dont elle étoit depuis long-temps en possession. Le gouverneur nouveau que Louis XIII avoit mis à Navarreins étoit seul fidèle à l'autorité royale, tandis que le marquis de la Force encourageoit assez ouvertement ses co-religionnaires à la résistance. En même temps, la ville de La Rochelle avoit convoqué une assemblée des députés de la religion, et les avoit invités à se réunir dans ses murs. Elle prétendoit pouvoir le faire sans attendre l'autorisation royale, parce que Luynes avoit fait déclarer à l'assemblée de Loudun que si les trois griefs principaux dont

---

(1) Richelieu. T. XXII, L. XI, p. 100-113. — Bassompierre, p. 209. — Rohan. L. II, p. 185. — Fontenay, p. 493-496. — Le Vassor. L. XV, p. 217, 231. — Bazin. T. II, p. 123.

elle se plaignoit n'étoient pas incessamment écartés, elle pourroit se réunir au bout de six mois. Il paroît que le gouvernement apporta des retards aux concessions qu'on lui demandoit, savoir, de remettre un gouverneur protestant dans la ville de Lectoure, de nommer deux juges protestans à la chambre mi-partie de Paris; enfin de confirmer pour quatre ans la garde des villes de sûreté. Il finit pourtant par s'exécuter pour toutes trois, en sorte que la convocation à La Rochelle étoit absolument illégale; elle le devint davantage après que le roi eut, le 14 novembre 1620, défendu aux députés des Églises de se réunir, sous peine de se rendre criminels de lèse-majesté. Les seigneurs du parti, et surtout le sage Duplessis-Mornay, firent ce qu'ils purent pour engager les réformés à ne pas provoquer l'autorité royale pour des causes qui ne pouvoient justifier une guerre civile; mais le pouvoir dans le parti avoit passé presque absolument aux bourgeois des villes et aux ministres, qui se livroient aveuglément à leur fanatisme et à leur orgueil, et qui étoient d'autant plus applaudis, qu'ils montroient plus de violence. Les députés arrivèrent de tous côtés à La Rochelle; ils célébrèrent un jeûne public, et firent l'ouverture de leur assemblée le 24 décembre 1620. (1)

(1) Le Vassor. L. XVI, p. 270.

Le premier acte de cette assemblée fut d'adresser, le 2 janvier 1621, ses remontrances au roi. Elle justifioit sa convocation, sur les assurances que le prince de Condé et le duc de Luynes avoient données en congédiant l'assemblée de Loudun; elle portoit des plaintes nouvelles sur les prédications destinées à exciter le peuple contre les huguenots, sur les violences exercées contre eux à Lyon, à Moulins, à Dijon, à Bourges, où leurs morts avoient été déterrés, leurs temples brûlés, leurs pasteurs chassés, sans qu'ils en pussent obtenir justice. Mais lorsque Favas, député général des Églises, présenta cette remontrance au roi, Louis répondit avec hauteur qu'il ne recevroit rien de la part de quelques factieux venus à La Rochelle, malgré les défenses qui leur en avoient été faites (1). Le roi étoit vivement aigri. Favas, au lieu de chercher à l'apaiser, sembloit vouloir se faire un mérite auprès de l'assemblée de La Rochelle, en poussant les choses à l'extrême. Duplessis-Mornay écrivoit lettres sur lettres aux huguenots pour les porter à la modération. Le duc de Bouillon, alors retenu au lit à Sédan, par la goutte, disoit : « Si j'étois en état de me « faire porter dans la salle du Louvre, je me « traînerois, tout estropié que je suis, aux pieds

---

(1) Le Vassor. L. XVI, p. 273.

« du roi, et je lui demanderois pardon pour l'as-
« semblée ; car il n'est que trop vrai que les for-
« malités requises pour sa convocation n'ont pas
« été gardées. » Lesdiguières étoit plus prononcé
encore ; il est vrai que cet habile capitaine n'é-
coutoit depuis long-temps que son ambition et
non sa conscience ; il avoit promis de se faire
catholique si le roi lui donnoit le rang de connétable ; puis il venoit de renoncer à cette émi-
nente dignité en faveur de Luynes, qui n'avoit
jamais commandé d'armée. Ce fut le 2 avril 1621
que l'épée fut donnée au nouveau connétable,
tandis que Lesdiguières se contenta du titre de
maréchal-général qui le mettoit au-dessus de
tous les autres maréchaux. Le roi saisissoit avec
empressement le projet de guerre nouvelle qui
lui étoit offert, et l'espoir d'abattre entièrement
les réformés. L'assemblée de La Rochelle, de
son côté, acceptoit la guerre avec une imprudence rare. Le marquis de Châteauneuf vint
avec cinq autres membres de cette assemblée
trouver à Niort les ducs de Rohan, de la Trémouille et de Soubise. Il commença par leur déclarer que l'assemblée ne demandoit point leur
avis, mais qu'elle vouloit seulement concerter
avec eux les moyens de pourvoir à la défense et
à la conservation des églises réformées. Rohan
ne se déconcerta point, et remontra vivement
la nécessité de se séparer. « Si vous ne voulez

« pas soutenir l'assemblée, reprit Châteauneuf, « on saura bien se défendre sans vous. » Quelques paroles aigres et piquantes furent encore échangées entre eux; puis tout à coup Rohan se condamnant par point d'honneur à écouter les ordres de son parti, plutôt que sa propre raison, lui dit : « Si l'assemblée prend des réso-« lutions contraires à mon avis, cela ne me sé-« parera pas des intérêts de nos Églises. » La Trémouille et Soubise n'osèrent reculer, et firent la même protestation. Les marquis de la Force et de Châtillon, l'un en Béarn, l'autre en Languedoc, avoient pris les mêmes engagemens envers l'assemblée : c'est à ces cinq seigneurs et à un petit nombre de villes que se trouvoient réduites toutes les forces du parti qui osoit défier le roi. (1)

Le nouveau connétable Luynes faisoit cependant avancer l'armée royale vers la Loire ; on parloit de quarante mille fantassins et de huit mille chevaux, qui ne devoient pas, il est vrai, servir tous dans le même corps d'armée. Le 24 avril, le roi publia une déclaration remplie d'assurances de son intention de maintenir les édits en faveur de la religion réformée, mais en même temps de menaces contre ceux qui se servi-

(1) Le Vassor. L. XVI, p. 279, 331, 334, 337. — Mém. de Richelieu. L. XII, p. 118-128. — Fontenay, p. 499-502 — Rohan. L. II, p. 183, 185. — Bazin. T. II, p. 132-138.

roient du prétexte de la religion pour colorer leur révolte. Le 29 avril, il partit de Fontainebleau pour aller joindre son armée : le connétable en prenoit le commandement, en se conduisant toutefois d'après les conseils du maréchal-général de Lesdiguières. Non seulement une foule de seigneurs s'empressoient à faire partie de cette expédition, la reine mère, la reine régnante, la connétable duchesse de Luynes, et tout un cortége de femmes suivoient aussi le roi. Pour subvenir aux frais d'une aussi brillante armée, divers édits de finance, dont l'un rétablissoit la paulette, ou droit annuel, avoient fait rentrer dix millions de livres dans les coffres de l'État. (1)

De son côté l'assemblée de La Rochelle s'étoit emparée de tous les pouvoirs, et gouvernoit la république des huguenots. Elle avoit divisé tous ceux de la France en huit gouvernemens qu'elle nommoit cercles, et elle avoit donné des chefs à chacun. Elle avoit attribué au duc de Bouillon le commandement des protestans de la Normandie, de l'Ile de France, et des autres provinces septentrionales, mais en même temps, comme premier maréchal de France, elle lui décernoit le commandement général des réfor-

---

(1) Bazin. T. II, p. 143. — Le Vassor. L. XVI, p. 338. — Richelieu. L. XII, p. 136. — Fontenay-M. p. 499-504. — Rohan. L. II, p. 183, 184.

més, en quelque province qu'il se trouvât. C'étoit ainsi qu'enorgueillis par l'esprit de corps, une poignée de gentilshommes, de bourgeois et de ministres, disposoient d'hommes puissans qui ne songeoient nullement à leur obéir ; Bouillon âgé de soixante-cinq ans (il étoit né le 28 septembre 1555,) étoit alors perclus de goutte ; il avoit renoncé aux intrigues et aux guerres civiles où il avoit passé sa jeunesse ; il intercéda pour les réformés dans ses lettres à Louis XIII, mais il ne sortit jamais de Sédan. De même l'assemblée avoit donné à Lesdiguières le commandement des protestans de la Bourgogne, de la Provence, et du Dauphiné, tandis que ce vieux capitaine étoit prêt à faire abjuration, et marchoit déjà avec leurs ennemis. Le duc de la Trémouille fut chargé de l'Angoumois, la Saintonge et les îles ; homme foible d'esprit et de caractère, il ne vit pas plus tôt l'armée royale entrée en Poitou, qu'il lui fit sa soumission. On annonçoit déjà que le marquis de Châtillon, dans le bas Languedoc, les Cévennes et le Gévaudan, le vieux la Force en Guienne, et son fils aîné en Béarn, ne persisteroient pas long-temps dans l'insurrection, et qu'on les verroit foiblir dès que les armées royales auroient eu le temps d'arriver jusqu'à eux. L'assemblée ne rencontra une parfaite obéissance, et les huguenots un dévouement absolu que dans les deux frères, ducs de

Rohan et de Soubise, dont le premier fut chargé du commandement de la haute Guienne et du haut Languedoc, le second du Poitou et de la Bretagne. (1)

L'assemblée se réservoit de donner les provisions des charges scellées de son sceau, sur lequel on voyoit empreinte une figure de la religion, avec ces mots, *pro Christo et rege*. Trois de ses députés devoient assister au conseil du commandant général, avec droit de suffrage ; pour subvenir aux frais de la guerre, elle ordonnoit d'arrêter tous les deniers royaux, provenant des tailles, aides, gabelles et autres impositions, tous les revenus ecclésiastiques, et le sixième des butins et rançons ; elle confirmoit dans leurs charges les seuls officiers de justice et de finances qui faisoient profession de la religion, et elle assuroit les traitemens des pasteurs sur le plus clair des revenus ecclésiastiques. On prétendit que ce réglement n'étoit autre chose que l'organisation d'une république huguenote, à l'instar de celle des provinces unies. Si les réformés se déterminoient à la révolte et à la guerre civile, le modèle des Hollandais étoit peut-être le meilleur qu'ils pussent suivre ; mais les circonstances n'étoient point faites pour leur inspi-

---

(1) Le Vassor. L. XVII, p. 346. — Le réglement sous date du 10 mai 1621, se trouve aux Traités de Paix. T. III, p. 169.

rer une telle énergie; se vouer à la guerre civile, à la guerre de religion, c'est se vouer avec son pays aux plus affreux malheurs; l'excès de l'oppression peut seul, non seulement justifier une telle entreprise, mais même lui donner des chances de succès, car on ne peut demander le courage du désespoir qu'à ceux auxquels il ne reste point d'autre issue. (1)

Ce n'est pas que le roi n'eût au fond du cœur une profonde malveillance pour les huguenots; que le père Arnoux, jésuite, son confesseur, ne lui rappelât sans cesse l'obligation de les exterminer; que dans la plupart des sermons on ne cherchât à réveiller le fanatisme populaire contre eux, et qu'ils ne fussent souvent exposés à de sanglans outrages. A Tours, le peuple soulevé venoit d'arracher à la pompe funèbre pour le brûler, le corps d'un réformé qu'on portoit au tombeau, de brûler le temple, de piller quelques maisons. Le roi ne voulut pas que les huguenots pussent croire qu'en se tenant paisibles ils couroient autant de danger que s'ils se défendoient; arrivé à Tours il fit informer contre les séditieux, et en fit pendre cinq (2). De là il passa à Saumur, après avoir donné parole au vieux Duplessis-Mornay, qu'il n'ôteroit point de ses

---

(1) Le Vassor. L. XVII, p. 347.
(2) Richelieu. L XII, p. 157.

mains cette place que Henri IV lui avoit confiée trente-quatre ans auparavant. Mais une fois dans le château il déclara que la prudence ne lui permettoit pas de le laisser à un huguenot. Luynes offrit pour récompense à Mornay cent mille écus et le bâton de maréchal, mais Mornay ne vouloit pas vendre une des places de sûreté données à sa religion. Il ne céda donc qu'à la force; à l'âge de soixante-treize ans il fut mis dehors de ce gouvernement, seule récompense qu'il eût reçue de Henri IV pour tant et de si longs services. Il se retira à son château de la Forêt-sur-Sèvre en bas Poitou, et il y mourut deux ans après. (1)

Dès le commencement des hostilités, il fut évident qu'une bien petite partie des réformés entreprenoit seule de tenir tête à toute la puissance royale. Le comte de Saint-Paul avoit pris Gergeau sur la Loire, et répondoit de l'obéissance du Vendômois, de la Beauce et du Dunois; Condé avoit pris Sancerre et en avoit rasé les fortifications; Vendôme contenoit les huguenots de la Bretagne; ceux de la Champagne, de la Picardie et de la Normandie s'étoient laissés désarmer sans résistance; ceux de la Provence et du Dauphiné, dont le marquis de Montbrun

(1) Le Vassor. L. XVII, p. 352-356. — Préface aux œuvres de Duplessis. T. I. — Bazin. T. II, p. 151-154. — Rohan. T. II, p. 185.

devoit prendre le commandement, au défaut de Lesdiguières, n'osoient point se déclarer contre leur gouverneur. La duchesse de la Trémouille ouvrit Thouars aux armées du roi; toutes les villes du Poitou se hâtèrent de faire leur soumission, et Louis XIII arrivé à Niort le 27 mai, apprit que, de toute la province, la seule ville de Saint-Jean-d'Angely, où s'étoit enfermé le duc de Soubise, refusoit de lui obéir. (1)

Le siége de Saint-Jean-d'Angely commença le 30 mai, et dès ce premier jour le faubourg fut pris d'assaut, encore qu'on l'eût défendu un mois contre Charles IX. Le corps de la place capitula le 25 juin. Soubise promit de ne jamais plus porter les armes contre le roi, mais il n'observa pas long-temps sa parole ; peut-être s'en crut-il dégagé par la rigueur extrême avec laquelle fut traitée la ville qu'il avoit défendue. Ses fortifications furent rasées, ses priviléges supprimés, ses habitans déclarés taillables et corvéables, comme ceux du plat pays. (2). Le roi chargea ensuite le duc d'Épernon d'attaquer La Rochelle : de tout temps ce duc avoit été l'ennemi de cette ville ; mais ses forces ne suffi-

---

(1) Le Vassor. L. XVII, p. 356. — Bazin. T. II, p. 154. — Rohan. L. II, p. 189.

(2) Richelieu. L. XII, p. 140. — Bassompierre, p. 272. — Fontenay-M. p. 510. — Rohan. L. II, p. 188. — Le Vassor. L. XVII, p. 364. — Bazin. T. II, p. 156-158.

soient point pour réduire une place très forte, à laquelle la mer étoit toujours ouverte. Avec le reste de son armée Louis XIII entra en Guienne. Déjà une partie des réformés séduits par Boesse Pardaillan s'étoient séparés du marquis de la Force, et vouloient traiter avec le roi ; bientôt la défection s'étendit jusqu'à ceux dont l'assemblée de La Rochelle se croyoit le plus assurée. Ce Châteauneuf, gentilhomme limousin, qui avoit provoqué Rohan, en lui disant que l'assemblée se défendroit bien sans lui, vendit à Luynes sa ville de Pons en Saintonge, et Favas, député général des Églises, qui avoit empêché la pacification quand elle étoit possible, livra de même Castel-Jaloux. Presque toutes les autres villes de la basse Guienne ouvrirent leurs portes ; le roi fut seulement arrêté du 23 juillet au 5 août, devant Clérac, petite ville sur le Lot, qui se défendit avec vigueur. Louis s'en étant enfin rendu maître, fit pendre trois de ses principaux habitans. Ce fut à ce siège que mourut le garde-des-sceaux Du Vair, qui avoit suivi l'armée. Les sceaux furent remis au connétable Luynes. Jamais encore on n'avoit vu le même homme déclaré chef en même temps de toutes les armées et de la justice. Cette cupidité, ce pouvoir scandaleux, excitoient un ressentiment universel ; on reprochoit à Luynes sa grandeur, ses richesses, et celles de ses deux frères. On disoit de lui qu'il n'étoit bon connétable que pour la paix, bon chancelier que pour la guerre; on révoquoit en doute jusqu'à sa bravoure personnelle. Toutefois et dans la paix et dans la guerre, son administration n'avoit jusqu'alors été marquée ni par de grandes fautes, ni par de grands malheurs. (1)

A cette époque, l'affection si vive que le roi avoit eue pour le duc de Luynes s'étoit dissipée. Déjà Louis XIII manifestoit ce caractère timide et chagrin, qui lui fit toujours prendre en aversion ceux dont il exécutoit docilement les volontés. Il se sentoit fatigué du connétable; il étoit choqué de son faste, il l'appeloit le roi Luynes; puis il s'effrayoit de l'idée que s'il le renvoyoit, il faudroit tout ordonner lui-même, et que toute la responsabilité retomberoit sur lui. Il parla avec amertume contre Luynes au père Arnoux, son confesseur, que Luynes lui-même lui avoit donné, à Bassompierre, à Puisieux, et tous pensoient comme Bassompierre, que c'étoient là des querelles entre mari et femme, après lesquelles on ne manque jamais de chasser les valets qui en ont su quelque chose. En effet, dès lors, et jusqu'à la fin de son règne, Louis XIII ne manqua jamais de sacrifier au favori dont

---

(1) Le Vassor. L. XVII, p. 369. — Bazin. T. II, p. 160. — Fontenay, p. 515. — Richelieu. L. XII, p. 144.

il se lassoit, ceux qui avoient écouté ses plaintes. (1)

Jusqu'alors le roi n'avoit eu que des succès dans sa campagne contre les huguenots. Il ne commença à rencontrer une résistance obstinée que dans le siége de Montauban qu'il entreprit le 18 août. Le comte d'Orval, un des fils du duc de Sully, commandoit dans cette place, et son père, qui étoit aussi dans la province, essaya vainement de négocier entre lui et la cour. Mais d'Orval céda son poste à la Force, lorsque celui-ci voyant la ruine de ses affaires dans la basse Guienne, se retira dans Montauban avec deux de ses fils; la garnison étoit de quatre ou cinq mille hommes, les plus audacieux et les plus compromis entre les huguenots des provinces que le roi avoit occupées; les bourgeois et même les femmes, animés par Dupuy, le premier consul de Montauban, qui se signala autant par sa prévoyance que par sa bravoure, partagèrent tous les dangers et toutes les fatigues des soldats. Chacun des grands de l'armée apportoit son projet, promettoit un succès facile, et par une attaque inconsidérée attiroit sur les armes du roi un nouveau revers. Dans une de ces attaques le duc de Mayenne fut tué le 17 septembre, et le regret qu'on en ressentit à

(1) Bassompierre, p. 348. — Le Vassor. L. XVII, p. 366. — Bazin. T. II, p. 170.

l'armée, mais plus encore à Paris, rappela les temps de la ligue, et la demi-royauté de son père. La populace de la capitale voulut le venger sur les huguenots; elle en tua plusieurs, et brûla leur temple à Charenton. (1)

Beaucoup de capitaines et de gens de marque avoient été tués dans l'armée du roi : plusieurs assauts avoient été repoussés. Cependant les assiégés avoient de leur côté perdu du monde, et ils pressoient le duc de Rohan, qui tenoit la campagne, et qui faisoit armer le bas Languedoc et les Cévennes, de les renforcer au moins d'un millier d'hommes. Rohan, trompant le duc d'Angoulême qui cherchoit à lui barrer le chemin, fit en effet entrer le 28 septembre, environ mille hommes dans Montauban, mais il en perdit au moins autant, qui avoient fait leur attaque par un autre côté. Luynes demanda, pour le 12 octobre, à Rohan, qui étoit cousin de sa femme, une entrevue sur la route de Castres, où ce dernier avoit son quartier-général. Il ne croyoit pas qu'aucun seigneur pût résister aux offres de grandeur et de richesse qu'il vouloit lui faire; mais Rohan ne voulut pas même entendre parler d'un traité, où tous ceux de sa religion ne seroient pas compris. Cependant un assaut donné

---

(1) Le Vassor. L. XVII, p. 390-394. — Bassompierre, p. 276-294. — Richelieu. L. XII, p. 147-150. — Fontenay, p. 517-520. — Bazin. T. II, p. 162.

le 21 octobre n'avoit point eu de succès, les maladies se multiplioient dans le camp; on assuroit que par elles ou par le fer ennemi, l'armée du roi avoit déjà perdu huit mille hommes. Le duc de Montmorency avoit amené trois mille fantassins de son gouvernement de Languedoc, mais ce duc, étant tombé malade, et ayant quitté le camp, tous ses soldats désertèrent la même nuit. De mauvaises nouvelles arrivoient en même temps des provinces; Bassompierre, dont la bravoure ne pouvoit être suspecte, eut enfin le courage de dire au roi qu'il ne restoit qu'un seul parti sage à prendre, celui de lever le siége. Le roi y consentit les larmes aux yeux, et la retraite se fit le 2 novembre en bon ordre. (1)

Pour que la campagne ne se terminât pas par un revers, le connétable conduisit le roi au siége de la petite place de Monheur sur la Garonne, qu'il étoit sûr de réduire, car elle n'étoit défendue que par deux cent soixante soldats. En effet, elle capitula le 11 décembre, mais le roi, naturellement dur, et qu'un échec récent avoit rendu plus cruel, n'accorda la vie sauve qu'aux gentilshommes et aux soldats; plusieurs des habitans furent assommés, la ville fut pillée et

(1) Le Vassor. L. XVII, p. 402. — Rohan. L. II, p. 190-198. — Richelieu. L. XII, p. 151. — Bassompierre, p. 329-332. — Fontenay, p. 522. — Bazin. T. II, p. 168. — Pontchartrain. T. XXXI, L. IV, p. 310.

brûlée (1). C'étoit ainsi que Luynes avoit compté de terminer glorieusement la campagne. Il venoit en même temps de remporter une autre victoire à la cour, et dans la faveur du roi, il avoit fait renvoyer le jésuite Arnoux, confesseur de Louis, coupable d'avoir écouté les plaintes que ce prince lui faisoit de son favori. Bassompierre n'auroit pas tardé à éprouver le même sort s'il avoit prêté l'oreille aux confidences que le roi étoit empressé à lui faire; et cependant l'affection de Louis pour le connétable étoit absolument éteinte; l'inclination qu'il avoit ressentie pour madame de Luynes, s'étoit aussi changée en haine. Chaste et réservé comme il étoit dans ses amours, le roi avoit conçu ou du dégoût ou de la jalousie de ce que la belle connétable écoutoit d'autres propos galans que les siens. Il avertit Luynes que le duc de Chevreuse étoit amoureux d'elle. « Il me dit, raconte Bas-
« sompierre, qu'il lui avoit fait cette harangue,
« dont je lui dis qu'il avoit très mal fait, et que
« c'étoit pécher de mettre mauvais ménage
« entre le mari et la femme. Il me dit : Dieu me
« le pardonnera s'il lui plaît, mais j'ai eu grand
« plaisir de me venger de lui, et de lui faire ce
« déplaisir; et devant qu'il fût six mois il comp-
« toit bien lui faire rendre gorge de toutes choses

(1) Le Vassor. L. XVIII, p. 420. — Bazin. T II, p. 172.

« qu'il lui avoit prises. »(1) Louis XIII n'eut point le temps ou de poursuivre cette vengeance, ou plutôt, comme il est plus probable, d'après son caractère où les habitudes l'emportoient toujours sur les affections, de sacrifier celui à qui il en avoit fait la confidence. Car à peine arrivé devant Monheur, Luynes avoit été atteint d'une de ces fièvres purpurines qui avoient causé tant de ravages dans l'armée. Pendant qu'on étoit encore occupé à brûler la ville de Monheur, il y succomba dans un village rapproché, le 14 décembre 1621. Le roi ne cacha point qu'il ne le regrettoit guère, les courtisans et le peuple le pleurèrent moins encore. Louis XIII repartit en hâte pour Paris, où il fit son entrée le 28 janvier 1622. S'il n'avoit pas dompté la rébellion, il l'avoit repoussée vers les provinces les plus éloignées, il l'avoit comme acculée à la Méditerranée. Dans une ligne plus rapprochée, La Rochelle, Montauban et Royan, que le duc de Soubise venoit de surprendre, restoient seules au pouvoir des réformés; et les Parisiens témoignèrent une joie égale à voir leur jeune roi revenir vainqueur des huguenots, et à le voir débarrassé de son favori. (2)

(1) Bassompierre, p. 353.
(2) Le Vassor. L. XVIII, p. 420. — Richelieu. L. XII, p. 154-176. — Fontenay, p. 525. — Rohan. L. II, p. 199. — Bassompierre, p. 359. — Capefigue. T. III, p. 244. — Bazin. T. II, p. 173.

CHAPITRE XIV.

Seconde campagne contre les huguenots et paix de Montpellier. — Le duc de Féria fait soulever la Valteline; importance de cette vallée. — Le cardinal de Richelieu, appelé aux affaires par la Vieuville, le remplace. — Il fait attaquer la Valteline et l'État de Gênes. — Paix de Mouçon. — 1622-1624.

Dans la première moitié du dix-septième siècle, les souverains qui occupoient les trônes des principales monarchies de l'Europe sembloient plus bouffis de l'orgueil royal qu'aucun de leurs prédécesseurs, et cependant tous également étoient incapables de gouverner par eux-mêmes. Nous avons vu que le roi d'Espagne, Philippe III, auroit cru déroger à l'éclat de sa couronne, s'il avoit admis un souverain qui n'étoit pas roi à s'égaler à lui en signant avec lui un traité de paix; qu'il laissoit déclarer, en son nom, qu'il ne pouvoit être lié par des traités, parce qu'un grand monarque ne reconnoît d'autres obligations que ses propres volontés; cependant aucun homme ne se montra plus constamment incapable d'avoir une volonté que lui. En Angleterre

1622. Jacques Ier rendoit également un culte à la plénitude de la puissance royale. Il étoit animé d'un profond respect pour sa propre majesté, pour celle de tous les rois, en qui il voyoit toujours une image de Dieu. Quelque zélé qu'il fût pour la réforme religieuse dont il s'étoit fait le champion dans ses écrits de controverse, le dogme du pouvoir absolu des rois avoit bien plus d'influence sur sa conduite; aussi se faisoit-il scrupule d'assister les réformés combattant pour la liberté de conscience; c'est dans cet esprit qu'il refusa ses secours aux Hollandais, quoique anciens alliés de son peuple; à son gendre l'électeur Palatin, quoique allié à son propre sang; les premiers n'étoient à ses yeux que des révoltés contre l'Espagne; le second, qu'un révolté contre l'empereur. Malgré sa religion encore, il dédaignoit pour son fils toute alliance inférieure à celles des maisons de France ou d'Autriche, et à cette époque c'étoit avec la cour de Madrid qu'il négocioit un mariage pour le prince de Galles. « Jaloux, dit Hume, de la
« dignité royale, parce qu'il sentoit en lui-
« même combien sa dignité personnelle étoit
« petite. (1) »

Le même contraste se trouvoit dans Louis XIII comme dans Philippe III et dans Jacques Ier.

(1) Hume's *History of England*. Tom. VIII, ch. 45, p. 237.

Louis XIII ne cessa d'obéir pendant toute sa vie ; mais il ne vouloit reconnoître l'existence ni des droits civils, ni des droits politiques, ni des droits de la conscience ; l'autorité absolue du monarque étoit à ses yeux la base de tout bon gouvernement. On auroit dit que comme l'amour de la liberté et l'intelligence des droits de l'humanité commençoient à se répandre, que comme les Hollandais, les Anglais, les Bohêmes, les Hongrois, les Allemands invoquoient leurs chartes, ou les principes de raison et de justice sur lesquels elles étoient fondées, les monarques se croyoient appelés à leur opposer les théories les plus offensantes du despotisme.

La haine de la liberté, la haine d'un parti qui prétendoit mettre des limites à l'autorité royale, et qui, par ses villes de sûreté, ses assemblées politiques, son organisation en cercles, prenoit des mesures contre elle pour maintenir ses droits, étoit entrée pour beaucoup dans la détermination de Louis XIII de faire la guerre aux huguenots : mais le roi se défioit de lui-même ; il avoit besoin de se reposer sur la volonté d'autrui. La mort du connétable de Luynes lui avoit ôté en quelque sorte le moyen de rien résoudre jusqu'à ce qu'un nouveau favori se fût emparé de lui. Auprès de lui, sur la Garonne, à la fin de décembre 1621, deux partis se disputoient déjà la faveur, celui des ministres et celui des courtisans : Henri de Gondi, cardinal de Retz, président du conseil, Henri de Schomberg, grand-maître de l'artillerie et surintendant des finances, et de Vic, garde des sceaux, avoient formé un triumvirat qui se croyoit assez fort pour garder le pouvoir; ces trois hommes s'efforçoient de persuader au roi de ne point prendre de favori, de régner par lui-même, ce qui vouloit dire de les laisser faire; et pour gagner sa faveur, ils le pressoient de poursuivre la guerre contre les huguenots. Les militaires, au contraire, et les courtisans auroient préféré rendre la paix au royaume, et ramener le roi à Paris. Ils voyoient que Louis XIII ressentoit alors beaucoup de goût pour Bassompierre, dont la gaîté, la valeur, la magnificence le séduisoient, en même temps qu'aucun homme de la cour n'avoit plus de souplesse dans l'esprit, plus d'empressement à suivre le pouvoir et à conformer ses opinions et ses volontés à celles du maître. Les ministres, pour éloigner Bassompierre, lui offroient la lieutenance de la Guienne et le bâton de maréchal de France. Il refusa leurs offres, et cependant, homme de plaisir, il sembloit sentir qu'il n'avoit point assez de force de volonté pour diriger le monarque; il n'aspira point à succéder à Luynes, et il reconnut le premier que le roi alloit tomber sous la domination ou de sa mère ou du prince de Condé, son cousin. Sa mère, dirigée alors par la haute prudence de Richelieu, ne fit voir à son fils, lorsqu'elle le reçut à Paris le 28 janvier, que déférence, que tendresse et que modestie; le prince de Condé, qui dès qu'il avoit reçu la nouvelle de la mort de Luynes, étoit accouru auprès du roi, et l'avoit rejoint sur sa route, entra aussitôt dans la cabale des ministres ; il excita Louis XIII à pousser avec vigueur la guerre contre les huguenots, jugeant bien que plus le foible monarque auroit d'embarras, plus il sentiroit le besoin de se reposer sur lui. L'intrigant abbé Ruccellai, qui s'étoit brouillé avec la reine et avec Richelieu, étoit alors le conseil et le guide du prince de Condé. (1)

La belle veuve du connétable, qui avoit pendant un temps causé quelque jalousie à la jeune reine, étoit revenue à Paris avec la cour, et elle sembloit se plaire à encourager Anne d'Autriche dans son étourderie. Un jour la jeune reine, en courant dans la grande salle du Louvre avec madame de Luynes et mademoiselle de Verneuil, fit une chute qui lui causa une fausse couche. Le roi envoya aussitôt à ces deux dames l'ordre de quitter le palais sous trois

---

(1) Bassompierre, p. 359-365. — Richelieu. L. XIII, p. 188-191. — Bazin. T. II, p. 177-180. — Capefigue. T. III, p. 255. — Le Vassor. L. XVIII, p. 421.

jours. Madame de Luynes dépêcha à l'instant au prince de Joinville, qui venoit de prendre le titre de duc de Joyeuse, un courrier pour l'en avertir, et lui dire que son crédit seul et son rang élevé pouvoient la sauver de cette disgrâce. Le duc, qui étoit fort amoureux, prit galamment son parti, malgré les conseils de ses amis. Il épousa la jeune veuve, qui devint célèbre sous le nom de duchesse de Chevreuse, et qui, ainsi que mademoiselle de Verneuil, obtint permission de demeurer auprès de la reine. (1)

Le roi avoit rappelé auprès de lui ses deux vieux ministres, le président Jeannin et le chancelier Sillery, et ceux-ci, qui étoient jaloux du prince de Condé, et blessés par son arrogance, conseillèrent à Louis de faire rentrer la reine mère au conseil. Les autres ministres, il est vrai, s'y opposoient, « pas tant, dit Richelieu dans ses « Mémoires, par aversion qu'ils eussent con- « tr'elle, que par la crainte qu'y étant une fois « établie, elle ne m'y voulût introduire. Ils con- « noissoient en moi quelque force de jugement; « ils redoutoient mon esprit, craignant que si le « roi venoit à prendre quelque connoissance « particulière de moi, il me vînt à commettre le « principal soin de ses affaires (2). » La reine

(1) Fontenay-Mar. p. 530. — Bassompierre, p. 376.
(2) Richelieu. L. XIII, p. 193. Cette phrase dans les Mémoires est corrigée de la main même de Richelieu.

cependant fut appelée au conseil, et s'y conduisit avec une extrême déférence, se rangeant toujours à l'avis de l'un des ministres, et s'efforçant ainsi d'effacer l'impression que son fils avoit gardée de son caractère intrigant et ambitieux. Mais quand la question de la paix ou de la guerre avec les huguenots fut remise sur le tapis, Condé parla avec chaleur pour la guerre, où il vouloit conduire et le roi et le duc d'Anjou son frère, tandis qu'il laisseroit Marie de Médicis à Paris. C'étoit à ses yeux le moyen le plus sûr d'amener Louis XIII à s'en remettre absolument à lui; on soupçonnoit aussi qu'il calculoit sur la chance des dangers de la guerre qui pouvoient atteindre les deux princes à la fois, auquel cas il étoit leur héritier légitime. Marie s'opposa autant qu'elle put à la guerre, secondée par les plus sages ministres, par Lesdiguières qui représentoit l'ardent désir des protestans d'obtenir la paix, et les dangers que couroit la France, si elle ne maintenoit pas au dehors la balance politique de l'Europe. Si la guerre étoit résolue, encore demandoit-elle que son fils ne s'y exposât pas de nouveau, ou bien vouloit-elle l'accompagner. Elle obtint seulement que le duc d'Anjou resteroit à Paris, et Condé, profitant du goût du roi pour les exercices et les revues, qu'il prenoit pour une ardeur guerrière, l'enleva en quelque sorte le 21 mars 1622, pour le conduire à Orléans, où il s'embarqua, avec les troupes qui y étoient rassemblées; il arriva par eau rapidement à Nantes (1). Sa mère, n'ayant pu le retenir, prit le parti de le suivre; mais une maladie la força de s'arrêter à Nantes.

La guerre où Condé entraînoit le jeune roi, pour le dérober à l'influence de sa mère, fut marquée par des succès, et plus encore par d'atroces cruautés. Le duc de Soubise, qui avec une petite armée partie de La Rochelle, à laquelle vinrent se joindre les mécontens de la province, avoit fait soulever de nouveau le bas Poitou, fut atteint le 16 avril, dans l'île de Rié, près de l'embouchure de la Loire, comme il vouloit faire embarquer ses troupes, mais avant que le flux eût assez élevé les eaux, pour qu'il pût s'éloigner du rivage. « Nous marchâmes, dit Bassompierre,
« jusqu'à la vue des ennemis, près de deux
« lieues, lesquels se jetèrent dans les vaisseaux
« et dans Saint-Gilles; et les autres mirent les
« armes bas, nous demandant miséricorde, sans
« rendre aucun combat. La cavalerie s'enfuit de
« même; mais ne pouvant faire une si longue
« retraite, la plupart furent tués en la suite de
« la victoire par les paysans. Il y mourut sur le
« champ, tués de sang froid, sans résistance,
« plus de quinze cents hommes, et plus d'autant

(1) Richelieu. L. XIII, p. 207. — Fontenay-Mar. p. 532. — Bassompierre, p. 368-379. — Le Vassor. L. XVIII, p. 457.

« de prisonniers, qui furent envoyés aux galè-
« res ; le reste fut tué par les gens de M. de la
« Rochefoucault et par les paysans. De telle
« sorte que M. de Soubise rentra à La Rochelle,
« avec trente chevaux, de sept cents qu'il avoit,
« et ne s'en retourna pas quatre cents hommes
« de pied, de sept mille qu'il avoit le jour précé-
« dent en son armée. » (1)

Les généraux de Louis XIII racontent ces massacres sans réflexion, sans étonnement, sans paroître soupçonner qu'un roi pouvoit traiter avec plus de ménagemens des sujets qui demandoient la paix, qui faisoient faire par Lesdiguières, par le duc de Bouillon, par le duc de Sully, alors retiré dans ses terres du Querci, des offres répétées de soumission que le prince de Condé étoit déterminé à ne point écouter. Au milieu de mai le roi reçut à capitulation Royan, dont il avoit fait entreprendre le siége par le duc d'Épernon. Il chargea ensuite ce duc d'observer La Rochelle, tandis que sous la conduite du prince de Condé il s'avança vers la basse Guienne. D'après les détails que donne Bassompierre, Condé paroît avoir été fort peu habile dans l'art de la guerre et l'attaque des places, mais hautain, soupçonneux, querelleur, et obstiné à repousser les avis des gens de l'art. Ce-

(1) Bassompierre, p. 389. — Bazin. T. II, p. 189. — Richelieu. L. XIII, p. 209.

pendant le roi soumettoit les unes après les autres les petites places qu'il rencontroit sur son passage, et considérant la bravoure des assiégés comme une obstination coupable dans la rébellion, il les traitoit avec la dernière rigueur. A Tonneins, à Négrepelisse, tous les habitans mâles furent passés au fil de l'épée, les femmes abandonnées aux soldats, les maisons brûlées, et les murailles abattues; les villes mêmes qui capituloient éprouvèrent la sévérité du roi : ainsi à Saint-Antonin, le ministre avec dix bourgeois furent pendus; les autres rachetèrent leur vie au prix de cinquante mille écus. La dévotion se mêloit à ces cruautés. Lorsque la cour arriva à Toulouse, le 2 juillet, elle n'y parut occupée que de religion; le prince de Condé, le duc de Vendôme, le grand prieur et le duc de Chevreuse, donnèrent à tous l'exemple, et six cents courtisans communièrent solennellement. (1)

Pendant ce temps les grands seigneurs attachés à la réforme, effrayés des chances qu'ils couroient, ou séduits par les offres de la cour, faisoient leur traité les uns après les autres; le marquis de La Force se laissa acheter, le 25 mai, au prix de deux cent mille écus, et d'un bâton de maréchal de France. Le duc de Sully avoit

(1) Bassompierre, p. 392-440. — Fontenay, p. 533-538. — Rohan, p. 205-214. — Richelieu. L. XIII, p. 212. — Bazin T. II, p. 189-195. — Le Vassor. L. XVIII, p. 464-478.

traité pour remettre au roi sa forteresse de Cadenac; mais il prenoit des prétextes pour différer d'exécuter sa promesse : tantôt il disoit que son fils, le comte d'Orval, tantôt que le beau-frère de celui-ci, La Force, lui faisoient violence; enfin il fut contraint de céder, et de se retirer à Sully, où le roi lui permit seulement d'emporter ses meubles les plus précieux. Peu après, le plus illustre guerrier du parti protestant, le vieux Lesdiguières, qui régnoit presqu'en souverain du Rhône jusqu'aux Alpes, accomplit le 25 juillet, à la persuasion de l'intrigant Déageant, et de la maîtresse qu'il avoit épousée dans sa vieillesse, cette abjuration qu'il avoit précédemment promise à Luynes, aux conditions qu'il y avoit mises dès cette époque. La cérémonie se fit dans l'église de Saint-André de Grenoble; au sortir de la messe, Lesdiguières reçut des mains de son gendre, le maréchal de Créqui, qui étoit catholique, les lettres patentes du roi qui le nommoient connétable. Enfin le marquis de Châtillon, petit-fils du grand Coligni, s'étoit soumis de son côté; il avoit livré au roi sa personne, et sa place d'Aigues-Mortes ; en sorte qu'il ne restoit plus à la tête des réformés d'hommes considérables que les deux frères, Soubise et Rohan ; le premier étoit alors en Angleterre, où il sollicitoit en vain des secours pour son parti; l'autre s'efforçoit de former une armée dans les Cévennes, pour venir délivrer les deux places de Montpellier et de Nîmes, que Louis XIII s'apprêtoit à assiéger. (1)

Les grâces accordées aux réformés que le roi vouloit gagner, le contraignirent à en faire d'autres aux catholiques qui lui étoient demeurés attachés, et qui commençoient à se plaindre de ce qu'on faisoit plus vite son chemin par la révolte que par l'obéissance. Ainsi l'orgueilleux duc d'Épernon, qui avoit prétendu à la dignité de connétable, reçut en dédommagement le gouvernement de la Guienne, qui jusqu'alors avoit toujours été réservé à un prince du sang. Le roi se plaisoit à donner à cette province, où les huguenots étoient en si grand nombre, un gouverneur qui s'étoit toujours signalé par sa haine contre eux. Il étoit bien aise aussi de reprendre au duc d'Épernon les gouvernemens de Saintonge et d'Angoumois. Il avoit donné au comte de Soissons le commandement de l'armée qui devoit resserrer La Rochelle; mais aucun personnage, si puissant fût-il, même un prince du sang, ne pouvoit se trouver associé au duc d'Épernon, sans avoir à se plaindre de ses manières hautaines et offensantes : il étoit nécessaire de l'éloigner de La Rochelle, où il n'au-

---

(1) Fontenay, p. 536-540. — Richelieu. L. XIII, p. 215. — Bassompierre, p. 437. — Rohan, p. 215-224. — Le Vassor. L. XVIII, p. 478. — Bazin. T. II, p. 192, 197.

roit pas tardé de prendre querelle avec Soissons. Bientôt il se fit de nouveaux ennemis du parlement et de l'archevêque de Bordeaux. Le bâton de maréchal de France que Lesdiguières avoit changé contre l'épée de connétable, fut donné à Bassompierre (1), et Schomberg eut le gouvernement de l'Angoumois et du Limousin.

Un moment, l'espérance fut rendue aux huguenots par l'approche du comte de Mansfeld et de l'administrateur d'Halberstadt. Ces deux redoutables aventuriers, qui avoient réussi à former des armées si puissantes par le seul attrait du pillage qu'ils permettoient à leurs soldats, après avoir relevé la fortune de l'électeur Palatin, furent tout à coup congédiés par lui, à la sollicitation du roi d'Angleterre son beau-père. Jacques Ier vouloit que Frédéric V s'en remît à la générosité de la maison d'Autriche pour la restitution de ses États, et comme c'étoit le moment où il négocioit le mariage du prince de Galles avec la sœur de Philippe IV, on le flattoit à Madrid des plus belles espérances. Les deux aventuriers renvoyés du Palatinat avoient passé le Rhin avec dix mille chevaux et quinze mille fantassins; ils s'approchoient de la Champagne, et ils prêtoient l'oreille tour à tour aux états-généraux qui vouloient les employer à

(1) Bassompierre, p. 452. — Le Vassor. L. XVIII, p. 482. — Fontenay, p. 542.

faire lever le siége de Berg-op-Zoom, et au duc de Bouillon qui les exhortoit à faire une diversion en France en faveur des réformés. L'effroi fut grand sur toute la frontière et jusqu'à Paris, quand on apprit la marche de cette formidable armée dont les rapines avoient déjà ruiné une grande partie de l'Allemagne. Le roi étoit à plus de cent cinquante lieues de distance avec tous ses généraux et ses meilleures troupes : mais le duc de Nevers, gouverneur de Champagne, commença à négocier avec les aventuriers ; il leur représenta qu'ils entreroient avec bien plus d'avantage au service d'un monarque riche et puissant, qu'à celui d'un parti qui penchoit déjà vers sa ruine. Il leur fit des offres très avantageuses au nom du roi, en même temps qu'il assembloit de toutes parts des soldats. Mansfeld fut la dupe de ces négociations. Pendant ce temps, Gonzales de Cordoue, avec une armée espagnole, occupoit le Luxembourg, et bientôt Mansfeld reconnut qu'il n'avoit d'autre ressource que de forcer son passage au travers des Ardennes pour entrer dans le Hainaut. A Fleurus, il livra bataille à l'armée espagnole; et après l'engagement le plus sanglant, où il eut le désavantage, il réussit enfin à rejoindre le prince d'Orange à Bréda. (1)

(1) Schiller, *Dreyssigjahr. Kriegs.* B. I, p. 227-230. — Le

A la fin d'août, Louis XIII se laissant diriger, quoiqu'à contre-cœur, par le prince de Condé qu'il n'aimoit point, entreprit le siége de Montpellier. Lesdiguières étoit arrivé au camp, mais Condé en ressentoit une grande jalousie, et ne vouloit suivre aucun de ses avis. Malgré son changement de religion, Lesdiguières n'avoit point abandonné absolument les intérêts de la réforme. Il s'entremettoit pour rétablir la paix ; il eut une conférence avec le duc de Rohan, qui la désiroit vivement, mais qui ne pouvoit vaincre l'obstination des villes. Toutefois les conditions étoient à peu près accordées lorsque Condé déclara brutalement que quelques stipulations qu'acceptassent le roi ou le connétable, s'il entroit dans la ville, il la livreroit au pillage. Lunel, Massillargues, Sommières, Lombez, avoient été pris, depuis que l'armée royale étoit en Languedoc, et presque partout, au mépris des capitulations, les villes avoient été pillées, les femmes violées, les hommes massacrés. Aussi les habitans de Montpellier consentoient-ils bien à se soumettre, à ouvrir leurs portes à Lesdiguières, pourvu que le roi ni Condé n'entrassent pas dans la ville. Louis XIII se récria sur l'insolence de telles conditions; la négociation fut rompue, et Lesdiguières retourna en Dau-

Vassor. L. XIX, p. 488-496. — Bazin. T. II, p. 202. — Richelieu. L. XIII, p. 217. — Fontenay, p. 543.

phiné; c'étoit là précisément ce que Condé avoit désiré. (1)

Cependant ceux qui entouroient le roi demeuroient toujours plus convaincus de l'incapacité de Condé. L'armée, affoiblie par une suite de siéges, quoiqu'elle eût reçu des renforts à plusieurs reprises, ceux surtout que lui avoit amenés Montmorency, gouverneur de la province, faisoit fort peu de progrès : les maladies y étoient fréquentes; elles emportèrent le cardinal de Retz, que Luynes avoit fait chef du conseil, et le garde des sceaux de Vic, outre un grand nombre de militaires (2). Des attaques mal conçues et mal dirigées par Condé, qui ne manquoit pas de bravoure, mais bien de talent, en firent perdre davantage encore. Dans celle du 2 septembre, le duc de Fronsac, jeune prince de grande espérance et qui promettoit d'être un bon capitaine, fut tué; le marquis de Beuvron, Cussau, Canillac, Hoctot, favori de M. le prince; Combalet, neveu du connétable de Luynes, et plusieurs autres gens de marque, furent aussi tués; le duc de Montmorency l'auroit été de même, si d'Argencourt, qui commandoit la sortie, ne l'avoit reconnu et ne l'avoit sauvé, en

---

(1) Bassompierre, p. 453. — Rohan, p. 227. — Richelieu. L. XIII, p. 220. — Vitt. Siri. T. V, p. 412. — Le Vassor. L. XIX, p. 508.

(2) Richelieu. L. XIII, p. 221.

lui criant : Retirez-vous par-là! « Il ne se le fit pas dire deux fois ; et bien qu'il se hâtât fort, il ne put éviter deux coups de pique des ennemis. » (1)

Toutefois Rohan sentoit bien que ce moment étoit le dernier où il pourroit traiter au nom de tout son parti. Depuis long-temps il avoit entamé des négociations secrètes avec Lesdiguières ; le roi, qui les approuvoit, les déroboit soigneusement au prince de Condé. « Celui-ci,
« dit Fontenay, affectoit particulièrement de se
« montrer contraire aux huguenots, parce que
« la reine, qui continuoit à n'avoir point d'en-
« fans, faisant croître ses espérances, il s'ima-
« ginoit, comme l'avoit éprouvé Henri-le-
« Grand, qu'il ne pourroit jamais être roi bien
« paisible et bien absolu, sans être estimé bon
« catholique, et qu'il lui étoit même plus né-
« cessaire de le témoigner qu'à un autre, à cause
« de ses pères. Et c'étoit aussi à cause de cela
« qu'il montroit d'aimer plus les jésuites que tous
« les autres religieux, les tenant les plus auto-
« risés parmi les catholiques. Mais voyant enfin
« qu'il ne pourroit pas empêcher la paix, il se ré-
« solut, pour montrer qu'il n'y participoit point,
« d'aller à Notre-Dame de Lorette, où long-temps

(1) Bassompierre, p. 461. — Fontenay-M. p. 545. — Richelieu. L. XIII, p. 222.

« auparavant il avoit fait un vœu; et puis à
« Rome, où le pape, qui étoit aussi fort mal sa-
« tisfait de ce traité, le reçut très bien » (1).
Lesdiguières avoit été rappelé auprès du roi
pour mettre la dernière main à la négociation.
Le duc de Rohan obtint la permission d'entrer
dans Montpellier, où il eut bien de la peine à
vaincre l'obstination des habitans, qui vouloient
se défendre jusqu'à la dernière extrémité; enfin
les portes de la ville furent ouvertes au roi le
20 octobre, et une paix, octroyée par le roi,
rétablit les anciens édits de pacification, et l'exercice des deux religions aux lieux où il avoit été
interrompu. Mais les huguenots renoncèrent à
toute autre assemblée de leur parti qu'à celles
de leurs consistoires et synodes ecclésiastiques;
ils consentirent à la démolition de toutes leurs
fortifications, et ils ne conservèrent comme villes
de sûreté que La Rochelle et Montauban. Toutefois, le roi promit de ne point mettre de garnison à Montpellier, de ne point y bâtir de citadelle, et de faire raser le fort Louis, bâti
récemment aux portes de La Rochelle. Les abo-
litions d'usage étoient prononcées en faveur des
rebelles; mais le duc de Rohan perdoit ses gouvernemens, et obtenoit seulement, en compensation de leur valeur, le duché de Valois, qui

(1) Fontenay-M. p. 546.

lui étoit engagé pour une somme de six cent mille livres. (1)

La retraite du prince de Condé avoit laissé le roi sans directeur. Louis XIII, assez habile à faire manœuvrer un bataillon, n'étoit capable de se former des idées nettes ni sur la situation de son royaume, ni sur celle de l'Europe. Aussi, malgré une activité apparente, quand il ne s'étoit pas donné à quelqu'un, il n'avoit aucun plan de conduite, et laissoit tout aller à l'abandon. Le président Jeannin étoit mort le 31 octobre 1622, à l'âge de quatre-vingt-deux ans; le vieux chancelier Sillery mourut seulement le 3 octobre 1624. Mais de Vic, puis Caumartin, tous deux morts avant lui, le remplaçoient, comme gardes des sceaux. Cependant Sillery, avec son fils Puisieux, furent, pendant l'année 1623, les chefs les plus actifs du gouvernement. Le comte de Schomberg, qui leur avoit été long-temps associé, fut écarté par une intrigue, le 28 janvier 1623; le roi lui reprit ses deux charges de grand-maître de l'artillerie et de surintendant des finances, sous prétexte qu'il avoit laissé tomber les dernières dans un extrême désordre.

---

(1) Mercure français. T. VIII, p. 837. — Fontenay-Mar. p. 347.—Bassompierre, p. 487.—Rohan, p. 230.—Discours du même sur les raisons de la paix, p. 232. — Richelieu. L. XIII, p. 223. — Le Vassor. L. XIX, p. 516. — Bazin. T. II, p. 207 — Capefigue. T. III, p. 272

Toutefois on convenoit qu'il avoit conservé les mains nettes. Le roi lui donna pour successeur le marquis de la Vieuville, sans accorder en même temps à celui-ci l'entrée au conseil. Dix-huit mois se passèrent en incertitudes et en intrigues; la Vieuville profitoit de la disposition défiante et jalouse du roi pour l'aigrir contre tous ses ministres, et les accuser de tous les embarras, de tous les revers qu'éprouvoit la France. En janvier 1624, il réussit à forcer le chancelier à rendre les sceaux, dont le roi pourvut Étienne d'Aligre. Puis le 3 février 1624, Sillery et son fils Puisieux furent renvoyés. (1)

Mais tandis que le pouvoir royal sembloit ainsi abandonné à l'aventure, l'homme qui devoit bientôt le ressaisir d'une main si puissante grandissoit avec l'appui de la reine mère, dont il étoit le seul conseiller. Richelieu, évêque de Luçon, reçut, le 5 septembre 1622, le chapeau de cardinal des mains de Grégoire XV. La promesse lui en avoit été faite dès l'année précédente, comme une des conséquences de la pacification d'Angers; le marquis de Louvois reçut ordre de demander à Rome cette nomination au nom de la France, en même temps des lettres secrètes du roi engageoient le pape à ne point l'accorder. La jalousie que les ministres avoient

(1) Bazin. T. II, p. 231. — Capefigue. T. III, p. 305. — Bassompierre, p. 488-504.

conçue des talens de Richelieu s'étoit communiquée au monarque lui-même. Quoique des instructions plus favorables à Richelieu eussent été données, au commencement de cette année, au commandeur de Sillery envoyé en ambassade à Rome, le confident de la reine, qui ne s'y fioit pas, envoya de son côté un agent à Rome pour presser sa propre promotion. (1)

La paix de Montpellier avoit détruit en quelque sorte l'indépendance des protestans; elle leur avoit ôté leurs assemblées politiques, leurs villes de sûreté, et leurs principaux chefs qui s'étoient vendus à la cour. Louis XIII n'avoit point besoin de prendre conseil de quelque grand homme d'État pour tourner cette pacification contre ceux avec qui il l'avoit conclue, et chercher à les ruiner par la paix, comme il les avoit ruinés auparavant par la guerre; il lui suffisoit de s'abandonner à sa bigoterie et à sa haine contre les huguenots, ou de laisser agir les gouverneurs de province, les commandans militaires, les prêtres et la populace, qui tous prenoient plaisir à assaillir un parti vaincu. Après la paix de Montpellier, Louis XIII avoit visité Marseille, puis le Dauphiné. Cette province, long-temps la forteresse du parti huguenot, étoit

(1) Richelieu. L. XIII, p. 221. — Bazin. T. II, p. 151 et 213. — Fontenay-M. p. 549.

rentrée sous la main de la couronne par la défection de Lesdiguières. Presque tous les gouverneurs qu'il avoit mis dans les places fortes étoient protestans; le roi les destitua tous pour mettre à leur place des catholiques. Rohan s'étoit chargé de faire démolir les fortifications des villes réformées; mais en retour le roi s'étoit engagé à retirer la garnison qu'il avoit laissée à Montpellier, à n'y point bâtir de citadelle, et à n'en point changer la municipalité. Valencé, commandant de cette garnison, ne tint aucun compte ni du brevet que le roi avoit laissé aux consuls de Montpellier, ni des ordres que Rohan lui rapportoit de Lyon. Il augmentoit le nombre des troupes qu'il tenoit à Montpellier; il en faisoit entrer d'autres dans les Cévennes; et Rohan s'étant plaint avec chaleur de cette violation du traité, il le fit arrêter. Toutefois il le fit relâcher au bout d'un certain temps; mais dans l'intervalle il avoit fait changer le consulat, et jeté les fondemens d'une citadelle. De même à La Rochelle, la violation du traité fut flagrante. Les députés de cette ville étoient venus rendre leurs devoirs au roi à Lyon; ils en rapportèrent une lettre de Louis à Arnaud d'Andilly, qui lui ordonnoit de démolir le fort Louis, récemment bâti pour bloquer leur ville et commander leur port. Mais une autre lettre du roi, de même date, lui ordonnoit de n'en rien faire. Dans les Cévennes, à Milhaud, à

Castres, partout les conditions de la paix oné- 1623.
reuses aux protestans étoient exécutées; celles
qui leur étoient favorables étoient refusées, ou
tournées en dérision, avec cette hauteur et cette
insolence que les vainqueurs montrent quelquefois aux vaincus, pour leur enseigner que ce
n'est pas à eux à demander justice. (1)

Tandis que la France ne sembloit occupée
que des fêtes que le roi avoit reçues à Avignon,
puis à Lyon, où il s'étoit réuni aux deux
reines, et enfin à Paris, où il fit sa rentrée le
10 janvier 1623, si elle avoit eu un ministère
plus vigilant, plus soigneux de sa considération
au dehors et de l'indépendance de ses alliés, elle
auroit cherché à arrêter les progrès rapides que
faisoit la maison d'Autriche vers l'asservissement de l'Italie et de l'Allemagne. Entre ces
progrès, un seul avoit fixé son attention et avoit
provoqué de sa part quelques démarches vigoureuses; et, ce qui peut paroître étrange au premier coup d'œil, c'est que cet événement, qui occupa long-temps l'Europe entière, s'étoit passé
dans une vallée reculée des Alpes, qui sembloit
n'avoir aucun rapport avec la France. Le
19 juillet 1620, les habitans de la Valteline,

(1) Rohan. L. III, p. 243-248. — Le Vassor. L. XIX,
p. 541. — Bazin. T. II, p. 225.

1623. Italiens de langage, mais sujets des Grisons, s'étoient révoltés contre leurs souverains des trois ligues, et avoient massacré tous les protestans réfugiés et tous les Grisons qu'ils avoient pu atteindre dans leur vallée. Ce soulèvement étoit le résultat d'un complot ourdi par le chevalier Robustelli de la Valteline, qui avoit obtenu l'assentiment du cardinal Frédéric Borromei, archevêque de Milan, et du duc de Féria, gouverneur de la Lombardie espagnole. Le massacre de la Saint-Barthélemy avoit été présenté aux habitans de la Valteline comme l'exemple qu'ils devoient suivre; et, en effet, la surprise et l'extermination, à une heure convenue, des protestans et des Grisons, par leurs concitoyens, leurs amis, leurs hôtes ou leurs parens, avoient été préméditées et accomplies avec une égale perfidie. Mais le pays étoit petit; la masse de la population, qui s'élève à peine à trente mille âmes, étoit catholique, et le nombre des victimes ne dépassa pas, selon Botta, trois cent cinquante (1), selon Cantù six cents personnes; plus de la moitié étoient des

---

(1) Carlo Botta, *Storia d'Italia*. T. IV, L. XIX, p. 267-275. — G. H. Mallet, Hist. des Suisses. T. III, c. 10, p. 373. — Cesare Cantù, *Storia di Como*. T. II, p. 226-240. — Aless. Zilioli, *Hist. mem.* T. II, L. VII, p. 173-186. — Batt. Nani, *Hist. Veneta.* L. IV, p. 203. — Richelieu. L. XV, p. 558.

Vénitiens ou des Lombards réfugiés pour cause de religion.

La fureur des Valtelins n'avoit pas, il est vrai, éclaté sans provocation. La vallée qu'ils habitent, et qui est traversée par la rivière d'Adda, depuis sa source jusqu'au lac de Chiavenna, d'où elle se verse ensuite dans celui de Como, a environ vingt lieues de longueur; nulle part la plaine qui occupe le fond n'a plus d'une lieue de large. Tandis que les Valtelins étoient catholiques, ils étoient soumis à la souveraineté des Grisons, chez lesquels dominoit la religion protestante. Les Grisons, divisés en trois ligues dont chacune étoit composée d'un assez grand nombre de communautés, se gouvernoient en turbulente démocratie : leur langue étoit l'allemande; ils regardoient les habitans de la Valteline comme des étrangers et des vaincus; ils méprisoient leurs superstitions; leur zèle pour les convertir étoit fanatique : les baillis qu'ils leur envoyoient pour rendre justice étoient souvent des hommes sans éducation, sans connoissance des lois, qui ne songeoient qu'à s'enrichir rapidement pendant leur courte administration, qui tour à tour vendoient leur ministère, ou s'abandonnoient à leurs passions avec brutalité. Des supplices honteux avoient été infligés par eux à beaucoup de Valtelins, à beaucoup de prêtres, et le peuple de la vallée ne s'insurgeoit qu'après avoir été tourmenté par une cruelle tyrannie. (1)

Au reste, ce n'étoient ni les abus de pouvoir des Grisons, ni l'horrible massacre du 19 juillet qui avoient attiré l'attention de l'Europe sur la Valteline. La France, l'empereur, le roi d'Espagne et la république de Venise, ne voyoient dans cette vallée que l'importance de la porte qu'elle ouvroit sur l'Italie. La France, qui s'étoit laissé fermer successivement par la maison de Savoie tous les passages des Alpes, n'avoit plus que la Valteline par laquelle elle pût communiquer avec Venise et l'Italie indépendante, sans emprunter aucun territoire ennemi ; c'étoit le chemin par lequel elle pouvoit faire descendre jusqu'au centre de l'Italie les bataillons suisses qu'elle prendroit à sa solde. La république de Venise, qui voyoit accomplir par les Espagnols dans un État limitrophe une révolution fort semblable à celle qu'ils avoient tentée chez elle deux ans auparavant, savoit bien qu'elle étoit entourée d'ennemis; que Luynes avoit mis la France à la suite de la maison d'Autriche; que les ambassadeurs français, Léon

---

(1) Botta. T. IV, L. XIX, p. 256. — G. de Cespedes, *Historia de Don Felipe IV*. Lib. I, capitulo 16, f. 27.

Brulart à Venise, Gouffier en Suisse, et Marchemont à Rome, avoient travaillé avec obstination à rompre son alliance avec les Grisons, à lui fermer ce passage, qui étoit pour elle en même temps une route importante de commerce, et le seul débouché par lequel elle pût faire arriver les Suisses et les Landsknechts dont elle recrutoit ses armées. Toutefois, c'étoit encore dans la France qu'elle avoit mis son espérance pour recouvrer une communication nécessaire à son existence. Pour les deux branches de la maison d'Autriche, le passage de la Valteline avoit plus d'importance encore. Par une de ses extrémités, cette vallée confinoit avec le Milanez, par l'autre avec le Tyrol. Tout autre chemin entre les États italiens et allemands de la maison d'Autriche étoit coupé par les États vénitiens interposés entre eux, ou par les Suisses. Aussi les trois puissances avoient travaillé dès long-temps, non seulement à obtenir des Grisons le passage pour elles-mêmes, mais encore à en exclure les deux autres. Les intrigues des Espagnols dans ce but avoient offensé et alarmé les Grisons, et les partisans de l'Autriche avoient été poursuivis dans les trois ligues comme ennemis de la liberté publique. Le duc de Féria, n'ayant pu s'ouvrir la Valteline par des traités, avoit enfin cherché à le faire par la violence et la trahison.

Les Grisons, soulevés d'indignation par le massacre du 19 juillet, cherchèrent d'abord à recouvrer la Valteline par les armes : les cantons de Berne et de Zurich leur envoyèrent deux bataillons de leurs milices; mais le duc de Féria s'étoit hâté de faire entrer dans la Valteline plusieurs milliers d'Espagnols et d'Allemands. Les Grisons, les Bernois et les Zuricois furent successivement mis en déroute. La Valteline s'organisa alors comme une république démocratique, sous la présidence du chevalier Robustelli, tandis que des troupes espagnoles et allemandes en occupoient tous les lieux forts. La république de Venise avoit fourni de l'argent aux Grisons et aux Suisses; elle avoit cherché à les réveiller de leur torpeur; mais la violence des factions, et les jalousies entre protestans et catholiques, sembloient anéantir les forces de la Suisse. Les Vénitiens envoyèrent alors Jérôme Priuli comme ambassadeur extraordinaire en France pour faire sentir à Louis XIII les dangers de l'usurpation des Espagnols. (1)

Luynes vivoit encore lorsque Priuli arriva auprès de Louis XIII, et sans se rendre bien

---

(1) Batt. Nani, *Storia Veneta*. L. IV, p. 208. — Carlo Botta, *Stor. d'Ital*. T. IV, L. XIX, p. 281. — Ces. Cantù. T. II, p. 248. — Mallet, *Hist. des Suisses*. T. III, c. 10, p. 377.

compte de toute la gravité de la question, il promit son assistance aux Vénitiens, et il envoya Bassompierre comme ambassadeur extraordinaire à Madrid, avec commission de requérir l'évacuation de la Valteline injustement envahie sur les Grisons alliés de la France. Son but, toutefois, étoit plus encore de se débarrasser honorablement de ce seigneur, au moment où il redoutoit son crédit croissant auprès du roi, que d'arrêter les progrès des Espagnols. (1)

Bassompierre étoit le plus aimable des courtisans, et le plus splendide des seigneurs de la cour de France : il fut reçu à Madrid avec une haute distinction. Le roi d'Espagne lui fit témoigner le désir qu'il avoit de lui donner une satisfaction entière, et il commença, en sa considération, par accommoder une querelle que du Fargis, l'ambassadeur ordinaire de France, s'étoit faite avec la police de Madrid, où tous les torts étoient de son côté (2). Bassompierre étoit arrivé le 9 mars 1621 à Madrid, mais son audience fut retardée par la maladie de Philippe III. On crut d'abord que c'étoit un prétexte pour différer l'expédition de son affaire. « Il étoit fort vrai, « cependant, dit Bassompierre, qu'il étoit ma-

---

(1) Flassan, Hist. de la Diplom. française. T. II, L. III, p. 344. — Mém. de Bassompierre. T. XX, p. 221.

(2) Flassan. T. II, p. 345. — Bassompierre, p. 230.

« lade. Sa maladie lui commença dès le premier
« vendredi de carême (26 février 1621) lors-
« qu'étant sur des dépêches, le jour étant froid,
« on avoit mis un violent brasier au lieu où il
« étoit, dont la réverbération lui donnoit si fort
« au visage, que les gouttes de sueur en dégout-
« toient; et de son naturel il ne trouvoit jamais
« rien à redire, ni ne s'en plaignoit. Le marquis
« de Pobar, de qui j'ai appris ceci, me dit que
« voyant comme ce brasier l'incommodoit, il
« dit au duc d'Albe, gentilhomme de sa chambre
« comme lui, qu'il fît retirer ce brasier qui en-
« flammoit la joue du roi. Mais comme ils sont
« très ponctuels en leurs charges, il dit que
« c'étoit au sommelier du corps, le duc d'Usséda.
« Sur cela le marquis de Pobar l'envoya cher-
« cher en sa chambre, mais par malheur il étoit
« allé voir son bâtiment; de sorte que le roi,
« avant que l'on eût fait venir le duc d'Usséda,
« fut tellement grillé, que le lendemain son tem-
« pérament chaud lui causa une fièvre, cette
« fièvre un érysipèle, et cet érysipèle, tantôt
« s'apaisant, tantôt s'enflammant, dégénéra
« enfin en pourpre, qui le tua (1). » Il mourut
le dernier jour de mars. Son fils, qui lui succé-
doit sous le nom de Philippe IV, avoit à peine
seize ans ; cependant il changea la plupart des

---

(1) Bassompierre, p. 228.

officiers de la cour; il exila le duc de Lerma, il mit en prison le duc d'Ossuna, puis il s'abandonna entièrement à son favori le comte duc d'Olivarès qu'il laissa régner à sa place. Olivarès, né à Rome sous le pontificat de Sixte-Quint, devoit avoir plus de trente ans, et le jeune monarque avoit lieu de croire qu'il pouvoit se fier à son expérience; mais Olivarès étoit dur, hautain, violent; il se jeta avec emportement dans les guerres hasardeuses que son prédécesseur avoit évitées, et il précipita ainsi la ruine de la monarchie espagnole. Toutefois, pendant les premiers mois du nouveau règne, ce fut son oncle, D. Balthasar de Zuniga, qui parut à la tête des affaires, et celui-ci apporta une grande modération à sa négociation avec Bassompierre. (1)

Les conférences s'étoient ouvertes le 21 mars. Elles furent suspendues par la mort du roi, et reprises seulement après la première audience que Philippe IV donna le 4 avril à Bassompierre; elles furent terminées par le traité de Madrid, du 25 avril 1621, qui portoit que les Espagnols et les Grisons remettroient toute chose dans la Valteline en son premier état; que les Grisons accorderoient aux Valtelins une en-

---

(1) Bassompierre, p. 241. — Richelieu. L. XII, p. 185. — Le Vassor. L. XVI, p. 522. — Cespedes. L. I, c. 18, f. 32. — L. II, c. 2, f. 36.

tière amnistie; qu'aucune religion autre que la catholique ne seroit tolérée dans la vallée; qu'enfin les cantons suisses se rendroient garans de toutes ces conditions. Le ministre du nouveau pape Grégoire XV seconda avec chaleur les démarches de Bassompierre; il se prononça même contre les atrocités commises au moment de l'insurrection. Les envoyés de la république de Venise, du duc de Savoie, du grand-duc de Toscane secondèrent aussi celui de France; tous sentoient que c'en étoit fait de toute liberté pour l'Italie, si la communication entre la Lombardie et l'Autriche étoit ouverte aux Espagnols. Cependant la France, avec autant d'ingratitude que d'imprudence, s'engagea par un article secret à rompre l'alliance des Grisons avec les Vénitiens. (1)

Au reste, le traité de Madrid fut repoussé par tous ceux dont il devoit régler les affaires: ni le duc de Féria, ni les Grisons, ni les Valtelins n'en étoient contens; et les treize cantons ne voulurent point le garantir. Les Grisons reprirent les armes, et attaquèrent avec fureur la Valteline; mais Féria, et l'archiduc Léopold d'Inspruck, frère de l'empereur, y avoient fait passer

(1) Botta. T. IV, L. XIX, p. 287. — Flassan, Dipl. T. II, p. 347. — Bassompierre, p. 228 et 254. — Bazin. T. II, p. 215. — Traités de paix. T. III, p. 167. — Cespedes. L. II, c. 4, f. 59.

des forces considérables. Près de six mille Grisons, qui étoient entrés dans la vallée, y furent taillés en pièces; Léopold s'empara de la ligue des dix droitures, et déclara qu'il la réunissoit à son comté de Tyrol. Il en désarma les habitans, il y interdit le culte réformé, il persécuta les ministres, il contraignit les deux ligues, Grise et de Cadée, à accepter un traité qui reconnoissoit toutes ses usurpations. Bientôt la tyrannie devint si atroce qu'une insurrection générale surprit les Autrichiens, et les chassa de nouveau des trois ligues. Mais il n'y avoit aucune proportion entre les forces des deux partis. Les Autrichiens rentrèrent dans la Rhétie par l'Engadine, les Espagnols par la Valteline, et les uns comme les autres parurent résolus à détruire des habitans trop difficiles à gouverner. Partout où ils pénétroient, ils passoient tous les paysans au fil de l'épée, ils rasoient tous les villages, ils mettoient le feu à toutes les maisons isolées. (1)

Tel étoit l'état de désolation de toute la Rhétie, lorsqu'après la paix de Montpellier et à son retour de Marseille, Louis XIII, au mois de

---

(1) Carlo Botta, *Storia d'Ital.* T. IV, L. XIX, p. 293. — Cantù, *Storia della diocesi di Como.* T. II, p. 249. — Batt. Nani, *Hist. Ven.* L. IV, p. 214, 222, 234. — Aless. Zilioli. T. II, Lib. VII, p. 194. — Muratori, *Annali d'Ital.* T. XV, p. 195. — Traités de paix. T. III, p. 175.

décembre 1622, eut une entrevue à Avignon avec le duc de Savoie Charles-Emmanuel, et Jean Pesaro, ambassadeur de Venise; l'un et l'autre lui remontrèrent avec force à quel point la subversion des républiques des Grisons, qui menaçoit également toute la Suisse, compromettoit et l'indépendance de l'Italie, et l'honneur et la sûreté de la France; Victor-Amédée, prince de Piémont, qui étoit aussi venu à Avignon, accompagna le roi jusqu'à Lyon, sous prétexte de rendre visite à Marie de Médicis, et de lui conduire sa femme, mais surtout pour agir sur les membres divers du conseil du roi, qui à cette époque même sembloit se dissoudre et se reformer. Enfin la négociation fut terminée par un traité d'alliance offensive et défensive signé à Paris le 7 février 1623, par lequel la France s'obligeoit à mettre sur pied quinze ou dix-huit mille fantassins et deux mille chevaux, la république de Venise dix à douze mille hommes de pied et deux mille chevaux, le duc de Savoie huit mille hommes de pied et deux mille chevaux, qu'ils devoient entretenir pendant deux ans, « ou jusqu'à l'entière restitution de la « Valteline, et autres lieux occupés, aux Gri- « sons (1) ». Ce traité, qui n'engageoit les trois puissances à agir contre la maison d'Autriche

---

(1) Traités de paix. T. III, p. 189.

que dans la seule Rhétie, ne fut point exécuté, l'Espagne, pour prévenir les hostilités, ayant proposé de remettre en dépôt entre les mains du pape, et jusqu'à ce qu'on en fût venu à un accomodement, les forteresses de la Valteline. En effet, au mois de mai, Horace Ludovisi, frère de Grégoire XV, vint occuper la Valteline avec deux mille soldats pontificaux ; ceux-ci, il est vrai, se trouvèrent être un ramassis de brigands accoutumés à tous les crimes et incapables de combattre. De plus, la mort de Grégoire XV, le 8 juillet, et la succession d'Urbain VIII de la maison Barberini, changèrent les dispositions de l'une des parties contractantes. Toutefois cet arrangement laissa au roi de France le temps de mettre en ordre ses affaires intérieures avant de s'engager dans une nouvelle guerre. (1)

Cette guerre ne pouvoit pas être long-temps différée; le prince que la France avoit aidé à monter sur le trône de l'Allemagne, devenoit tous les jours plus menaçant pour elle. Ferdinand II poursuivoit son projet de déraciner le protestantisme de tous les États autrichiens, et de l'opprimer lentement dans l'Empire. Il avoit forcé Bethlem Gabor à se renfermer dans la Transylvanie, et à renoncer au titre de roi de

---

(1) Carlo Botta. T. IV, L. XIX, p. 294. — Flassan. T. II, p. 354. — Muratori, *Ann.* p. 202. — Bazin. T. II, p. 219, 223.

Hongrie (1). Il avoit conservé aux Hongrois, pour prix de leur soumission, quelques priviléges qu'il comptoit bien leur retirer plus tard. D'autre part, il avoit interdit le culte protestant dans tout le Palatinat, quoique ce fût la religion de toute la population; enfin, dans une diète qu'il avoit assemblée à Ratisbonne, mais qu'il avoit menacée et effrayée, il avoit transféré, le 25 février 1623, la dignité électorale du prince palatin au duc Maximilien de Bavière, renversant ainsi l'ancien équilibre de l'Allemagne, et fortifiant dans le collége électoral le parti catholique aux dépens du protestant (2). Ce dernier voyoit avec effroi ces usurpations progressives; les princes et les villes libres, anciens alliés de la France, trembloient pour les derniers restes de leur liberté. Cependant la résistance se bornoit encore à quelques aventuriers qui faisoient de la guerre, ou plutôt d'un grand système de brigandage, leur moyen d'existence. Ernest, comte de Mansfeld, bâtard de cette maison illustre, et Christian de Brunswick, administrateur d'Halberstadt, prétendoient venger l'électeur palatin, ou défendre le protestantisme; le second, qui s'intituloit *l'ami de Dieu et l'ennemi des prêtres*, se disoit encore le chevalier de la

---

(1) Traités de paix. T. III, p. 179.
(2) Schiller, *Dreyssigjahrig. Kriegs*. T. II, p. 231. — Coxe, Hist. de la maison d'Autr. T. III, p. 188.

princesse palatine, dont il portoit un gant à son chapeau, avec la devise *tout pour Dieu et pour elle*. Tous deux cependant avoient formé des armées d'au moins vingt mille hommes, sans trésor, sans arsenaux, sans magasins; leur solde leur étoit payée avec la vaisselle des églises que ces deux chefs faisoient fondre; elles devoient vivre uniquement aux dépens des pays où elles faisoient la guerre; et si elles pilloient de préférence les biens de l'Église ou ceux des catholiques, elles n'y regardoient pas de bien près pour les distinguer, partout où elles trouvoient quelque chose à prendre; elles ravissoient tout ce qui pouvoit être emporté, tout ce qui pouvoit être arraché, par des menaces ou des tourmens, aux malheureux habitans des pays où elles entroient. (1)

Ce même système de guerre étoit adopté par Ferdinand II. Jusqu'alors celui-ci contenoit ses troupes dans ses États héréditaires; il avoit laissé au duc Maximilien de Bavière, et à son habile général Tilly, le commandement de l'armée d'exécution de l'Empire; et les Bavarois ou les Espagnols, qui prétendoient ne vouloir piller que les protestans, ne se rendoient pas moins odieux, par leur férocité ou leur cupidité, que les soldats de Mansfeld et de Christian de

---

(1) Schiller, *Dreyssigjahrig*. T. I, L. II, p. 219, 225. — Coxe, Hist. de la maison d'Autr. T. III, ch. 49, p. 178.

Brunswick. Ce fut seulement en juin 1625, que le comte de Wallenstein, un des plus riches seigneurs de Bohême, offrit à Ferdinand II de lui former une armée toute à lui, indépendante des Bavarois et des Espagnols, pour laquelle il ne demandoit ni paie, ni munitions, sous la seule condition qu'il pût la porter à cinquante mille hommes. Il estimoit que plus elle seroit nombreuse, plus elle seroit irrésistible, et plus elle pourroit étendre au loin son brigandage (1). C'est dans le même esprit que ces généraux aventuriers voyoient avec joie s'augmenter le nombre de leurs ennemis, car chaque État qui entroit en guerre avec eux, chaque conspiration qu'ils favorisoient, celle de Venise, par exemple, ou celle des Grisons, ouvroient de nouvelles contrées à leurs exactions. Plusieurs grandes batailles en Allemagne abattirent tour à tour Mansfeld, Christian d'Halberstadt ou Tilly. Mais leurs régimens se recrutoient bien vite ; la misère même engageoit les Allemands à chercher un refuge dans les armées : il valoit mieux pour eux être parmi les pillards que parmi les pillés. Chaque année cependant la condition des campagnes devenoit plus misérable. Au commencement de la guerre les soldats trouvoient les granges et les étables garnies; plus tard, ce ne

---

(1) Schiller, T. I, L. II, p. 244.

fut plus que par des tortures qu'ils purent arracher encore quelque chose aux paysans.

La trève de douze ans entre l'Espagne et les Provinces-Unies étoit expirée le 9 avril 1621. Peu de jours auparavant, les archiducs Ferdinand et Isabelle avoient adressé aux états-généraux des sept Provinces-Unies, une invitation à se réunir aux dix autres en un même corps, et sous un même chef. C'étoit leur proposer de renoncer à leur indépendance ou plutôt leur déclarer la guerre. Les Hollandais le considérèrent ainsi ; seulement les ambassadeurs de France et d'Angleterre, dans l'espoir de renouveler les négociations, engagèrent les deux partis à prolonger la trève encore six semaines. La mort de Philippe III et celle de l'archiduc Albert, empêchèrent aussi que les hostilités ne fussent reprises avec beaucoup d'ardeur. Toutefois Philippe IV rappela d'Allemagne toutes ses troupes espagnoles pour les employer contre les Provinces-Unies. A leur tête Ambroise Spinola assiégea Berg-op-Zoom pendant trois mois, en 1622; il y perdit beaucoup de monde, et le prince Maurice le força enfin à lever ce siége. Les deux campagnes suivantes ne furent pas plus actives, jusqu'à la mort du prince Maurice d'Orange, survenue le 23 avril 1625. (1)

(1) Kerroux, Abrégé de l'Hist. des Provinces-Unies. T. II. ch. 10, p. 538-549. — Le Vassor. L. XVI, p. 330. — Cespedes. L. II, c. 8, p. 46.

Mais la langueur avec laquelle les affaires de France avoient été conduites eut un terme, quand le cardinal de Richelieu fut appelé au conseil le 26 avril 1624. Ce fut le marquis de la Vieuville, surintendant des finances, qui en fit la proposition au roi. Jusqu'alors Richelieu, qui avoit trente-neuf ans passés, avoit dirigé avec une singulière prudence la conduite de la reine mère; il avoit voulu qu'elle regagnât l'affection de son fils, qu'elle lui inspirât une haute idée de son habileté, et que cependant elle ne le contrariât point, elle ne parût point vouloir le gouverner; et que lui donnant, toutes les fois qu'ils étoient demandés, les conseils d'un homme d'État accompli, elle laissât aux autres le soin de les mettre à exécution. Dans les livres treizième et quatorzième de ses Mémoires, sur les années 1622 et 1623, Richelieu dévoile les intrigues de tous ceux qu'il alloit bientôt remplacer; il ressent un profond mépris pour eux tous; il adopte si bien les sentimens de l'opposition, qu'il paroît invoquer l'autorité du parlement contre la puissance royale. « Le parlement, dit-il, voyant que
« sous l'administration des ministres les affaires
« étoient dans un si honteux abaissement, crut
« être obligé, par le devoir de sa charge, d'en
« dire son sentiment au roi. Ses députés arri-
« vèrent à Fontainebleau le 3 mai 1623, avec
« commission de représenter à Sa Majesté la mi-
« sère du peuple, la mauvaise conduite de ceux

« qui avoient la meilleure part au gouverne-
« ment, le peu d'espérance de voir sa dignité
« relevée sous leur ministère, et l'intérêt qu'il
« avoit de retrancher plutôt des dépenses, que
« de les soutenir par l'oppression du peuple. Le
« roi, par l'avis de son conseil, qui étoit accou-
« tumé de se servir de son maître plutôt que de
« le servir, leur dit que leurs remontrances ten-
« doient plutôt à desservir son gouvernement
« qu'à le réformer; qu'elles étoient plutôt faites
« par faction que par zèle, et que ce n'étoit pas
« à eux de prendre connoissance des affaires de
« son État. » (1)

Toute la teneur des Mémoires de Richelieu prouve assez que pendant les sept années qu'il avoit passées hors des affaires, depuis la mort du maréchal d'Ancre, il n'avoit eu d'autre passion que celle d'y rentrer. Cependant il opposa à la demande de M. de la Vieuville des scrupules et des difficultés. « Le cardinal, dit-il, s'en dé-
« fendit autant qu'il lui fut possible, pour plu-
« sieurs considérations. Il lui représenta qu'il
« avouoit que Dieu lui avoit donné quelques
« qualités et force d'esprit, mais avec tant de
« débilité de corps, que cette dernière qualité
« l'empêche de se pouvoir servir des autres dans
« le bruit et désordre du monde...... Pour être

(1) Mém. de Richelieu. T. XXII, L. XIV, p. 260.

« publiquement du conseil, il lui faudroit tant
« de conditions, pour la foiblesse de sa com-
« plexion, qu'il sembleroit que ce seroit pure
« délicatesse qui les lui feroit désirer. Premiè-
« rement, quantité de visites le tuent, et il vou-
« droit que personne ne lui pût parler d'affaires
« particulières...... Il désireroit qu'on ne fît pas
« trouver mauvais au roi, si souvent il n'étoit
« à son lever; mais qu'il sût et crût que rien ne
« l'en empêcheroit que le malheur qu'il a de ne
« pouvoir être long-temps debout, ou en une
« presse..... Mais, ajoute-t-il, toutes ces raisons
« furent inutiles, car comme cet homme étoit
« violent en ses passions, il poussa cette affaire
« si vivement qu'il n'y eut pas moyen de résister
« aux mouvemens du roi et de la reine mère,
« qu'il fît intervenir en cette occasion. » (1)

Richelieu avoit été introduit dans le conseil par la Vieuville, mais il se trouvoit embarrassé d'être associé avec un ministre emporté, brouillon, indiscret; aussi chercha-t-il d'abord à se tenir en arrière, à s'attribuer peu de fonctions dans le gouvernement, et seulement une part au département des affaires étrangères, jusqu'à ce que la Vieuville eût précipité sa propre disgrâce par ses imprudences. Toutefois il maintint, dès son entrée au conseil, le rang qu'il pré-

(1) Richelieu. L. XV, p. 284-286.

tendoit lui être dû comme cardinal, immédiatement après le cardinal de La Rochefoucault qui le présidoit, et au-dessus des princes du sang et autres princes, aussi bien que du connétable et du chancelier (1). Il n'eut, du reste, pas à attendre plus de quatre mois la disgrâce de la Vieuville; celui-ci se fit une querelle avec Bassompierre; il ôta à J.-B. d'Ornano, colonel des Corses, sa charge de gouverneur du duc d'Anjou, et lorsque Ornano demanda à être jugé, il le fit mettre à la Bastille, sans lui accorder de juges; il offensa tour à tour tous les gens de la cour, peut-être autant par sa sévérité à leur refuser des grâces ou des pensions, que par son imprudence. Il mit contre lui le père Seguiran, jésuite, confesseur du roi; il mécontenta, avant tous les autres, le roi lui-même, qui, dissimulant jusqu'au bout, le rassura encore par des expressions de bonté la veille du jour, 12 août 1624, où il lui déclara qu'il ne vouloit plus se servir de lui. Le surintendant se retiroit déconcerté de la présence royale, lorsqu'il fut arrêté et conduit au château d'Amboise. (2)

Au moment de la chute de la Vieuville, Richelieu n'espéroit point encore pouvoir concen-

(1) Richelieu. L. XV, p. 292.
(2) Bassompierre, IIIe P. T. XXI, p. 1-12. — Fontenay-Mareuil, fin de la Ire P. p. 561. — Richelieu. L. XV, p. 321-337. — Le Vassor. L. XX, p. 620. — Bazin. T. II, p. 243.

trer en ses seules mains toute l'autorité. Le roi ayant assemblé son conseil et lui ayant fait part du mécontentement qu'il avoit de la conduite de la Vieuville, le cardinal lui répondit : « On ne sauroit assez louer V. M. de s'être « défait d'une personne qu'elle nous fait con- « noître avoir commis tant de manquemens à « votre service ; ainsi qu'il n'y avoit aucun « qui ne fût étonné quand vous l'aviez appelé « à votre conseil, il n'y a personne qui n'es- « time qu'en l'en éloignant il ne reçoive que « ce qu'il mérite. Chacun connoît les qualités « qui sont en lui, qu'il n'agissoit que par passion « et par intérêt ; jamais ne donnoit aucun con- « seil que sur ces principes, changeoit tous les « jours de résolution, et, pour dire en un mot, « n'avoit aucune des parties nécessaires pour le « lieu qu'il tenoit. » Mais après avoir passé en revue toutes les affaires qu'il accusoit la Vieuville d'avoir mal conduites, le cardinal ajouta : « V. M. ne doit pas confier ses affaires publiques « à un seul de ses conseillers et les cacher aux « autres ; ceux que vous avez choisis doivent « vivre en société et amitié dans votre service, « et non en partialités et divisions. Toutefois et « quantes qu'un seul voudra tout faire il voudra « se perdre, mais en se perdant il perdra votre « État et vous-même ; et toutes les fois qu'un « seul voudra posséder votre oreille, et faire en

« cachette ce qui doit être résolu publiquement, « il faut nécessairement que ce soit pour cacher « à V. M. ou son ignorance ou sa malice. » (1)

Au reste Richelieu, pour affermir le gouvernement du roi, prit à tâche de calmer les ressentimens que la Vieuville avoit excités ; il rappela le comte de Schomberg au conseil, il retira le colonel Ornano de sa prison, il fit confier les finances à deux conseillers d'État, Michel de Marillac et Bochart de Champigny ; enfin, il créa une nouvelle chambre de justice contre les financiers, moins peut-être pour réprimer le désordre qui s'étoit introduit dans l'administration des finances, que pour donner le change au peuple et lui faire croire que l'excès de ses souffrances ne provenoit pas de celui qui ordonnoit les impôts ou qui en dissipoit le produit, mais de ceux à qui il en confioit la perception (2). Cette chambre, organisée avec une effrayante rigueur, et de grandes menaces contre quiconque intercéderoit pour les prévenus, finit par leur arracher sept millions, après en avoir envoyé quelques-uns au supplice.

Mais la première pensée que Richelieu apporta au conseil royal fut celle d'arrêter les en-

---

(1) Richelieu. L. XV, p. 338.
(2) Richelieu. L. XV, p. 341. — Le Vassor. L. XXI, p. 625. — Bazin. T. II, p. 245. — Capefigue. T. III, p. 317. — Rohan. L. III, p. 249.

vahissemens de la maison d'Autriche. Déjà il pouvoit reconnoître que l'ambition, l'orgueil, la dureté du comte duc d'Olivarès, son mépris pour les libertés des peuples et son indifférence pour leurs souffrances, seconderoient puissamment le génie ombrageux et le fanatisme persécuteur de Ferdinand II ; en sorte que les deux branches de la maison d'Autriche tendroient désormais avec vigueur et de concert vers un même but. L'on faisoit alors la guerre avec des armées si peu nombreuses, que l'Espagne, malgré la diminution rapide de sa population, n'éprouvoit encore aucune difficulté pour lever des soldats. Ses vieilles bandes non seulement étoient les plus redoutables de l'Europe, mais encore elles avoient communiqué leur esprit à tous ceux qui s'unissoient sous leurs drapeaux, et en particulier aux troupes italiennes. Les Napolitains marchoient alors presque les égaux en vaillance des Espagnols.

Philippe IV n'étoit pas moins formidable par l'étendue de ses possessions que par la valeur de ses armées. Il étoit souverain de toute la Péninsule espagnole, le Portugal compris; des îles de la Méditerranée, les Baléares, la Sardaigne, la Sicile; il tenoit l'Italie comme asservie par le royaume de Naples et le Milanez. La république de Gênes étoit pour lui plus qu'une alliée, elle s'étoit mise dans une dépendance presqu'absolue de l'Espagne. Tous les petits princes de l'Italie trembloient devant les ministres espagnols, et Venise et la Savoie sentoient déjà le joug qui les menaçoit. Cette monarchie si puissante, si envahissante, qui avoit en même temps subjugué les riches empires de l'Amérique, et qui se trouvoit aussi en possession de tous les établissemens des Portugais dans les Indes, venoit de se mettre, par l'acquisition de la Valteline, en communication avec l'autre monarchie de la branche cadette d'Autriche. Celle-ci, gouvernée par l'ambitieux Ferdinand II, comprenoit les six archiduchés autrichiens, la Bohême et la Hongrie. Son chef étoit empereur d'Allemagne; il avoit par ses victoires, par l'appui du duc de Bavière et de la ligue catholique, étendu outre mesure les prérogatives de la couronne impériale; et par la conquête du Palatinat, il s'étoit mis en communication avec une troisième souveraineté autrichienne, celle de l'archiduchesse Isabelle, gouvernante des Pays-Bas (1). Jamais la maison d'Autriche n'avoit été si redoutable, jamais aussi son joug n'avoit paru plus pesant. La haine de toute liberté et civile et religieuse; le mépris de tous les droits, de toutes les chartes, de tous les traités; l'indifférence à toutes les souffrances

1624.

―――――

(1) Richelieu. L. XV, p. 400.

de tous les peuples qui lui étoient soumis, étoient les principes de son gouvernement, et leur conséquence étoit le déclin rapide, partout où s'étendoit son autorité, des mœurs, de la justice, de la bonne foi, de la sécurité, de l'agriculture, du commerce, des arts, et enfin de la population. (1)

Richelieu connut tout le danger de l'Europe et de la France en particulier, et sans se laisser arrêter par la crainte de combattre, lui prince de l'Église, un gouvernement qui prenoit le catholicisme pour étendard dans toutes ses entreprises, il résolut de mettre partout obstacle aux empiétemens de la maison d'Autriche, sans toutefois lui déclarer la guerre, et de relever partout le parti protestant qu'elle écrasoit. « Nous pouvons faire, dit-il au roi en son con-
« seil, tout ce que dessus avec dextérité, sans
« rompre les traités que nous avons avec les
« Espagnols, si nous prenons simplement le
« prétexte d'aider par nos armes nos alliés en
« Italie, en la Valteline et en Flandre (2). » La force de l'Autriche avoit été infiniment augmentée par la réunion qu'elle venoit d'opérer de ses

(1) « Il n'y a personne qui ne sache que l'Espagnol est comme le chancre, qui ronge et mange tout le corps où il s'attache. » Richelieu. L. XV, p. 296.

(2) Richelieu. L. XV, p. 407. Depuis sa rentrée aux affaires Richelieu donne l'extrait de tous ses discours au conseil, et de tous ses mémoires au roi.

membres épars; le but de Richelieu étoit de les séparer tous de nouveau. Par une attaque sur Gênes il vouloit intercepter la voie par laquelle les soldats et l'argent d'Espagne arrivoient en Lombardie; par la reprise de la Valteline, il vouloit fermer aux Espagnols le passage du Milanez en Autriche; en restituant à l'électeur palatin ses États, il vouloit fermer la route de la Bohême aux Pays-Bas espagnols, et en soulevant le cercle de Basse-Saxe, il vouloit couper également la route de la Bohême à la Hollande.

Pour agir puissamment en Allemagne en faveur des Provinces-Unies et de l'électeur palatin il étoit nécessaire, avant tout, de renouer les liaisons entre la France et l'Angleterre. Richelieu s'y appliqua dès sa rentrée au conseil, et avant la disgrâce de la Vieuville. Une brouillerie survenue l'année précédente entre l'Angleterre et l'Espagne facilitoit ce rapprochement. Jacques Ier, roi d'Angleterre, avoit mis sa vanité à ce que son fils ne choisît son épouse que dans une des plus puissantes maisons de l'Europe. Malgré les intérêts de sa religion, malgré ceux de la politique, malgré les affections de son peuple et la rivalité établie entre les Anglais et les Espagnols dans les Indes, il avoit désiré ardemment marier son fils à une fille de Philippe III. Pour l'obtenir il s'étoit soumis aux conditions les plus contraires aux préjugés comme aux intérêts de ses sujets. George Villiers, duc de Buckingham, son favori, et en même temps le favori de son fils, engagea celui-ci à traverser avec lui la France, au mois de mars 1623, sous un nom supposé, pour se rendre à Madrid, et y faire connoissance avec l'épouse qui lui étoit destinée ; il y fut reçu avec beaucoup de courtoisie ; il y passa six mois dans les fêtes, et la dispense que Philippe faisoit demander à la cour de Rome pour ce mariage étoit sur le point d'être accordée, tous les articles étant déjà convenus, lorsque la mort de Grégoire XV arrêta son expédition. Pendant ce séjour de Charles, prince de Galles, à Madrid, le duc de Buckingham, qui étoit remarquable par sa beauté, son faste et l'insolence de ses galanteries, fit la cour si ouvertement à la femme du premier ministre, le comte duc d'Olivarès, qu'il devint nécessaire de presser son départ. Dès lors les deux gouvernemens se refroidirent l'un pour l'autre : le prince de Galles repartit sans avoir épousé l'infante, et bientôt après le projet d'alliance fut rompu. (1)

En renonçant à une princesse espagnole,

(1) Hume's *History of England*. T. IX, c. 49, p. 45-51. — Rapin-Thoyras, Hist. d'Anglet. T. VIII, L. XVIII, p. 217-236. — Bazin. T. II, p. 227. — Cespedes. L. IV, c. 3 et 4, f. 130.

Jacques Ier rechercha aussitôt pour son fils une princesse française. Les comtes de Carlisle et de Holland, ses ambassadeurs extraordinaires, vinrent trouver Louis XIII à Compiègne, et lui demandèrent pour le prince de Galles la princesse Henriette, troisième fille de Henri IV. L'avantage des deux royaumes se trouvoit évidemment à cette alliance, et Richelieu développe longuement dans ses Mémoires les raisons qu'il exposa en sa faveur au conseil du roi (1). Mais comme cardinal il ne pouvoit se dispenser d'exiger que la sœur du roi très chrétien pût pratiquer librement sa religion dans un royaume hérétique, et qu'elle ne vît point persécuter sous ses yeux des catholiques pour leur croyance. Il consentit néanmoins que cette tolérance fût reléguée dans un article secret des traités, hors du contrat de mariage, et sous la seule garantie du roi et du prince de Galles (2). Le mariage fut donc conclu, et la dispense demandée à Rome; mais il s'écoula cinq mois avant qu'on pût l'obtenir, encore que Richelieu eût envoyé successivement à Rome pour la solliciter le père Bérulle, fondateur de l'Oratoire, et le père Joseph, capucin, son plus intime confident. Urbain VIII insistoit pour que l'engage-

(1) Richelieu. L. XV, p. 293-302.
(2) Richelieu. L. XV, p. 303. — Hume, c. 49, p. 63. — Rapin-Thoyras. L. XVIII, p. 256. — Bazin. T. II, p. 240.

ment de Jacques Ier de ne pas persécuter les catholiques, fût contracté directement avec le saint-siége. Jacques Ier s'y refusoit, déclarant qu'il ne pourroit le faire sans compromettre sa couronne. Enfin, le cardinal fit déclarer au pape que le roi « ayant une parfaite confiance en « l'affection paternelle de sa sainteté vers sa per- « sonne, et au grand jugement qu'elle a de ce « qui peut arriver dans les affaires présentes, « ne lui restant aucun autre moyen d'empêcher « la rupture, avoit pensé devoir promettre dans « un mois l'accomplissement du mariage, dont « il avoit plu déjà à sa sainteté accorder la dis- « pense, se réservant ce temps pour obtenir de sa « sainteté ordre exprès à son nonce, de la déli- « vrer sans autre condition. » C'étoit annoncer respectueusement qu'on s'en passeroit si elle ne venoit pas au terme fixé ; elle fut aussitôt accordée au mois d'avril 1625. (1)

Avant la célébration du mariage, Richelieu avoit déjà obtenu de sa négociation avec l'Angleterre la diversion puissante en faveur de la Hollande, et des États opprimés de l'Allemagne, qu'il avoit eu particulièrement en vue de produire. Le cardinal avoit engagé le conseil du roi à promettre aux Hollandais des secours contre la maison d'Autriche. « Il soutint, dit-il

(1) Richelieu. L. XVI, p. 420. — Bazin. T. II, p. 254. — Le Vassor. L. XXI, p. 632.

« lui-même courageusement, que bien que de
« prime abord il semblât qu'à Rome on pût
« trouver à redire à une union plus étroite que
« le roi voudroit reprendre avec les Hollandais,
« il pensoit toutefois pouvoir assurer qu'on ne
« l'improuveroit pas, étant certain qu'à Rome,
« plus qu'en tous les lieux du monde, on juge
« autant les choses par la puissance et l'autorité
« que par la raison ecclésiastique ; le pape
« même sachant que les princes sont souvent
« contraints de faire, par raison d'État, des
« choses du tout contraires à leurs senti-
« mens (1). » Par le traité de subsides conclu
avec les provinces unies à Compiègne, le
10 juin 1624, le roi leur avançoit trois millions
deux cent mille livres ; il exigeoit en retour
qu'elles s'engageassent à ne faire ni paix ni trêve
avec qui que ce fût sans son consentement (2),
et à ce qu'au besoin elles l'assistassent de leurs
vaisseaux.

Jacques, en mariant son fils avec une fille de
France, avoit compté d'engager cette cour dans
une ligue contre la maison d'Autriche, d'autant
que Richelieu avoit suffisamment laissé entrevoir aux ambassadeurs anglais toute sa malveillance, toute sa défiance contre cette maison.

(1) Richelieu. L. XV, p. 313.
(2) Flassan, Hist. dipl. L. IV, p. 365. — Le Vassor.
L. XXI, p. 630.

1624.

Cependant le cardinal voyoit que la rupture du mariage d'Espagne avoit été suivie d'une irritation violente entre les cours de Londres et de Madrid. Il étoit clair que Jacques et son favori Buckingham vouloient la guerre; Richelieu se décida à la leur laisser faire sans s'y engager lui-même. Il déclara que le traité de ligue ne devoit s'entamer qu'après celui de mariage; quand l'Angleterre demanda le passage au travers de la France pour une armée qu'elle vouloit envoyer dans le Palatinat sous les ordres du comte de Mansfeld, Richelieu laissa entendre que ce seroit une conséquence naturelle de la ligue, et Buckingham, impatient de se venger de l'Espagne, engagea son maître à prendre à sa solde, sans autres éclaircissemens, ce redoutable aventurier, qui passa par Paris, où il fut reçu avec la plus haute distinction avant de se rendre en Angleterre. Jacques, imprudent, présomptueux, et le prince de l'Europe qui prenoit le plus mal ses mesures, ne convint de rien avec la France; il fournit de l'argent à Mansfeld pour lever douze mille hommes en Angleterre; en lui donnant commission de se rendre dans le Palatinat, pour le recouvrer, il lui interdit de la manière la plus expresse de commettre aucune hostilité ou contre les Espagnols, ou contre la gouvernante des Pays-Bas, de donner aucun secours à la ville de Breda que le marquis Spinola assiégeoit alors sur les

Hollandais. Mansfeld mit à la voile avec douze mille hommes et deux cent mille livres sterling; il se présenta d'abord devant Calais; c'étoit au milieu de l'hiver de 1624 à 1625. Richelieu, qui n'avoit point l'intention d'offenser si directement l'empereur, refusa de permettre aux Anglais de débarquer. Après des semaines perdues en négociations, les vaisseaux anglais se rendirent en Zélande, où les états-généraux ne voulurent point permettre non plus le débarquement. Pendant ce temps, une maladie contagieuse s'étoit développée parmi les malheureux soldats entassés entre les ponts; on assure que les deux tiers d'entre eux y périrent; les autres, quand on leur permit enfin de prendre terre, désertèrent pour s'engager dans les troupes hollandaises, et l'expédition anglaise fut abandonnée. (1)

Breda étoit alors assiégé par Spinola, à la tête d'une armée de trente mille hommes; le prince d'Orange y avoit mis une bonne garnison, mais il n'avoit point pu réunir assez de troupes pour faire lever le siége. Il se prolongea du mois d'août 1624 au 5 juin 1625 que la ville fut obligée de se rendre. Le but de Richelieu

(1) Mém. du comte de Brienne. T. XXXV, p. 391. — Le Vassor. L. XXI, p. 658. — Rapin-Thoyras. T. VIII, L. XVIII, p. 266. — Hume's *Hist. of England*. T. IX, c. 49, p. 65. — Bazin. T. II, p. 265. — Richelieu. L. XVI, p. 457.

étoit atteint cependant. Les Espagnols avoient eu trop à faire chez eux pour songer à attaquer la France, et après la capitulation de Breda, leur armée étoit si épuisée qu'elle n'étoit plus redoutable. Une autre négociation en Allemagne avoit eu pour but de susciter des adversaires à la ligue catholique ; l'armée d'exécution de l'empire étoit toujours menaçante, sous les ordres de Tilly, tandis que les protestans ne paroissoient nulle part en mesure de l'arrêter. Des Hayes, ambassadeur français auprès du roi de Danemarck, lui fit sentir tout ce que les couronnes du nord auroient à redouter si elles laissoient subjuguer l'Allemagne. Tous les princes du cercle de Basse-Saxe étoient convenus de mettre toutes leurs troupes sous les armes. Gustave-Adolphe, roi de Suède, et Christian IV, roi de Danemarck, s'offrirent en même temps pour en prendre le commandement. Christian fut préféré par la diète de Lawemburg, le 25 mars 1625, et, nommé capitaine-général du cercle, il réunit une armée imposante pour tenir tête à Tilly. (1)

Richelieu assuré que la maison d'Autriche auroit suffisamment à faire dans le nord, pour ne point se presser de commencer les hostilités

---

(1) Schiller, *Dreys. Kriegs.* T. I, L. II, p. 238. — P. H. Mallet, Hist. de Danemarck. T. VII, L. X, p. 373.

avec la France, et voulant conserver les apparences de la paix, tout en faisant aux Espagnols tout le mal possible, prit ses mesures pour isoler les troupes qu'ils avoient en Italie ; et c'étoit au cœur de l'hiver qu'il comptoit le faire. Le marquis de Cœuvres fut envoyé en Suisse en même temps comme ambassadeur et général d'armée, pour engager les cantons à accéder enfin au traité de Turin, et à faire rentrer la Valteline sous l'autorité des Grisons. Il leur portoit six cent soixante mille livres, soit pour payer des pensions, soit pour lever des troupes. Richelieu vouloit que son général recouvrât la Valteline, et s'emparât des quatre forteresses qui commandoient cette vallée, sans se soucier de savoir si les garnisons en étoient espagnoles ou pontificales : dans le premier cas il prétendoit ne point entrer en guerre avec l'Espagne, mais presser seulement l'exécution d'un traité convenu avec la cour de Madrid ; dans le second il affirmoit aussi ne point manquer de respect à la cour de Rome, qu'il sollicitoit depuis long-temps ou de démolir les forteresses, ou de les remettre aux Grisons, ou même aux Valtelins, ou aux Espagnols sur lesquels les Français sauroient bien les reprendre. Urbain VIII s'obstina à conserver les forts, persuadé que la France respecteroit les drapeaux de l'Église ; mais le marquis de Cœuvres ayant levé en Suisse une petite armée de six mille hommes et

1624

trois cents chevaux à laquelle il joignit trois mille Français et un corps de cavalerie qui s'étoit assemblé dans la Bresse, entra à l'improviste dans le pays des Grisons à la fin de novembre 1624, en chassa les garnisons qu'y avoit laissées l'archiduc Léopold; rétablit les trois ligues grises dans leur indépendance; puis descendant de là dans la Valteline, il força le lieutenant du pape, comte de Bagno, à capituler le 8 décembre, et à lui remettre les quatre forteresses de Tirano, Sondrio, Morbegno et Bormio. A l'extrémité de la vallée, cependant, les Espagnols continuèrent à occuper le fort de Riva sur le lac de Chiavenna, que Cœuvres ne réussit point à réduire, et qui fermoit le passage aux Français et aux Suisses, si par la Valteline ils vouloient entrer dans le Milanez. (1)

Richelieu n'avoit au reste point donné l'ordre à Cœuvres d'entrer en Lombardie, pour ne pas rompre la paix avec l'Espagne, mais il jugeoit qu'un État plus foible ne méritoit de sa part ni les mêmes ménagemens ni la même bonne foi. Renouvelant le scandale du traité de Grenade et de la ligue de Cambrai, il accepta les propositions de Charles-Emmanuel, duc de Savoie, pour partager avec lui les Etats de la république de

---

(1) Le Vassor. L. XXI, p. 663. — Botta. L. XIX, p. 297. — Muratori, *Annali*. T. XV, p. 206. — Nani, *Storia Veneta*. L. VI, p. 278. — Richelieu. L. XV, p. 410.

Gênes. C'étoit par Gênes que les troupes d'Espagne entroient en Italie, et se répandoient ensuite sur tout le continent; c'étoit par Gênes encore que l'argent et les munitions destinés aux armées, arrivoient d'Espagne; mais la France n'avoit absolument aucun différend avec cette république; elle ne lui avoit fait aucune demande, et n'avoit pu éprouver de sa part aucun refus. Le duc de Savoie avoit seul, avec cette seigneurie, une discussion en quelque sorte judiciaire; il s'agissoit de savoir qui d'elle ou de lui, avoit acheté à bon droit le fief de Zuccarello, confisqué par l'empereur sur le marquis de Carreto (1). Sur ce futile fondement Charles-Emmanuel proposa à la France de conquérir toute la Ligurie et la Corse, se réservant Savone et la rivière de Ponent en partage, et abandonnant aux Français la capitale, avec le reste de l'État. Cette proposition fut agréée dans la conférence de Suze, où le duc de Savoie rencontra, au mois de novembre, MM. de Cœuvres et de Béthune, ambassadeurs de France en Suisse et à Rome. Ils voulurent aussi y engager l'ambassadeur vénitien, Jérôme Priuli; mais celui-ci repoussa cette offre perfide avec indignation; rappelant au duc de Savoie, par l'exemple même de Venise, quel danger

---

(1) Botta. L. XIX, p. 303.

court un État foible, qui s'allie avec un plus puissant pour commettre une injustice, car il ne manque jamais d'être dépouillé à son tour. Le duc et les ambassadeurs français feignirent de se laisser persuader, et cachèrent soigneusement aux Vénitiens la suite de leurs projets. (1)

Loin cependant d'abandonner l'espérance de se rendre maître de Gênes, Richelieu donna ordre au connétable de Lesdiguières de seconder le duc de Savoie avec une puissante armée, et il engagea les Hollandais par un second traité de subsides du 24 décembre, à lui fournir vingt vaisseaux de guerre qui devoient être employés dans la Méditerranée. Il fut convenu avec le duc de Savoie que pour que la France n'eût point l'embarras de motiver une déclaration de guerre contre la république de Gênes, elle n'en feroit aucune, et qu'en conséquence ni l'armée ni la flotte qu'elle emploieroit pour cette expédition ne déploieroient l'étendard royal.

Ce fut le 4 mars 1625 que le duc de Savoie et le connétable de Lesdiguières passèrent en revue à Asti, l'armée avec laquelle ils alloient envahir la Ligurie. Elle se composoit de vingt-quatre mille fantassins et trois mille chevaux,

---

(1) Carlo Botta, *Storia d'Italia.* L. XIX, p. 305. — Batt. Nani, *Stor. Veneta.* L. VI, p. 294. — Richelieu. L. XV, p. 404. — Le Vassor. L. XXI, p. 672. — Cespedes. L. V, c. 10, f. 187.

avec un grand train d'artillerie; elle entra immédiatement par Novi dans l'Etat génois, sans déclarer la guerre. La république, corrompue par le commerce et le repos, avoit absolument perdu l'habitude des armes ; non seulement ses milices étoient sans discipline et sans courage, les troupes étrangères qu'elle tenoit à sa solde étoient le rebut de l'Italie, parce qu'aucun soldat qui aimoit la guerre, et qui ne craignoit pas le danger, ne s'engageoit sous des drapeaux si pacifiques. Les nombreuses forteresses bâties dans les positions si faciles à défendre de la Ligurie, étoient négligées ou désarmées; aussi les revers éprouvés coup sur coup par la république furent rapides et honteux. C'étoit sur la capitale que Lesdiguières et le duc de Savoie se dirigeoient, le premier par la route de Gavi, le second par celle de Rossiglione. Ce dernier passage fut forcé par les Piémontais; les lâches qui devoient le défendre ne s'arrêtèrent dans leur fuite qu'à Voltri, lorsqu'ils arrivèrent au bord de la mer. Toutefois, comme on n'auroit pu, sans de grandes difficultés, faire conduire jusque devant les murs de Gênes la grosse artillerie de siége par la route de Rossiglione, le duc de Savoie vint rejoindre Lesdiguières devant Gavi, pour se rendre maître de cette forteresse. Après une bataille assez obstinée, il prit Voltaggio, riche bourgade, qui fut pillée et dont les habitans furent soumis à tous les outrages par la férocité et la lubricité des vainqueurs. La prise de Gavi, et celle de sa citadelle bâtie sur un roc escarpé, suivirent de près cette déroute. Tous les soldats étrangers que la république avoit à sa solde, ou avoient péri dans ces divers combats, ou avoient déserté, ou étoient demeurés prisonniers. Charles-Emmanuel pressoit Lesdiguières d'avancer jusqu'aux portes mêmes de Gênes, l'assurant que cette ville frappée de terreur, d'où partoient chaque jour de nombreuses felouques chargées de fuyards, pour Livourne et pour la Corse, ne lui résisteroit pas long-temps. Mais le vieux connétable, peu accoutumé à obéir, supportoit avec impatience l'autorité que le duc de Savoie s'arrogeoit sur lui; il se défioit de ses projets ambitieux; il lui reprochoit de n'avoir point fourni toutes les munitions et tous les vivres qu'il s'étoit engagé à faire arriver au camp; il déclara enfin qu'il ne descendroit point sur le revers méridional de l'Apennin, qu'il n'attaqueroit point une cité si puissante et si bien fortifiée, en se logeant lui-même dans ces montagnes arides, qui ne fournissent rien pour la vie de l'homme, à moins que le duc de Savoie n'eût assuré des vivres pour trois mois à son armée. (1)

(1) Carlo Botta, *Storia d'Italia*. L. XIX, p. 309-321. — Muratori, *Ann*. p. 210. — Filippo Casoni, *Annali di Genova*.

Ainsi les événemens divers de la guerre préparée en 1624 ne s'accomplissoient qu'en 1625. Mais durant ce même printemps, les mouvemens survenus dans l'intérieur de la France devoient y apporter des modifications. Le roi Jacques I d'Angleterre, étoit mort d'une manière assez inattendue, après quelques accès seulement de fièvre tierce, le 27 mars 1625, dans la cinquante-neuvième année de son âge, après en avoir régné vingt-deux sur l'Angleterre. C'étoit désormais son fils Charles I qui pressoit la conclusion de son mariage avec madame Henriette de France. Ce mariage fut célébré à Paris, le 11 mars, six semaines après la mort du roi Jacques. Ce fut le duc de Chevreuse qui représenta l'époux royal, et toute la cérémonie fut réglée sur ce qui s'étoit pratiqué aux noces de funeste mémoire du père de l'épousée, Henri, qui n'étoit encore alors que roi de Navarre, avec Marguerite de Valois. Mais au milieu des fêtes qui suivirent le mariage, arriva, le 24 mai, pour conduire la jeune reine en Angleterre, ce même duc de Buckingham, favori de Jacques, puis de son fils, qui, par ses audacieuses galanteries, avoit

---

T. V, p. 56. — Aless. Zilioli, *Delle Hist. memorab. de suoi tempi.* T. III, Lib. IV, p. 148-158. — Richelieu. L. XVI, p. 448. — Le Vassor. L. XXI, p. 699. — Cespedes. L. VI, c. 4, f. 221.

fait manquer le mariage d'Espagne. Devenu plus hardi par sa faveur croissante, et par ses succès auprès des femmes, ce fut à la reine de France elle-même qu'il osa offrir ses hommages, et tandis qu'il étonnoit la cour par son faste, que de son manteau se détachoit une pluie de perles légèrement cousues en guise de broderie, et qu'il se plaisoit à répandre sur son passage, il obtint de la coquetterie et de la vanité d'Anne d'Autriche plus de complaisance à écouter ses discours amoureux, qu'une femme modeste n'auroit dû s'en permettre. La reine étoit d'une beauté remarquable, elle étoit passionnée comme une Espagnole, et elle avoit pour confidente intime la galante et intrigante duchesse de Chevreuse. La reine étoit à bon droit blessée de ce que le roi ne faisoit aucune attention à elle, de ce que passant ses journées entières à la chasse, il ne se montroit à elle que triste, morose et défiant; peut-être vouloit-elle le piquer par quelque jalousie. Elle prêta l'oreille à Buckingham, plus qu'au cardinal de Richelieu, qui, de son côté, lui parla d'amour. La reine mère et Richelieu profitèrent de ses imprudences pour éloigner toujours plus son mari d'elle; pour chasser toutes ses femmes et ne l'entourer plus que d'espions et d'ennemis. La cour accompagna la reine Henriette jusqu'en Picardie, et ce fut à une lieue d'Amiens qu'elle se sépara de sa mère et de sa belle-sœur. (1)

A cette époque une guerre nouvelle de religion avoit éclaté en France. Les deux frères, Rohan et Soubise, voyant le ministère de Richelieu engagé dans une lutte hasardeuse contre la maison d'Autriche, crurent le moment favorable pour faire recouvrer à leur parti ses assemblées politiques, ses villes de sûreté, son organisation militaire, et tous les avantages qu'il avoit perdus par la pacification de Montpellier. Tout onéreux aux protestans que fût le traité de Montpellier, il étoit encore violé effrontément à leur préjudice, et Rohan, qui l'avoit signé, se croyoit obligé à le garantir. Le fort Louis, que le comte de Soissons avoit bâti à mille pas de la porte de La Rochelle, de manière à intercepter l'entrée de cette ville, et que le roi avoit promis de raser, étoit au contraire revêtu chaque jour d'ouvrages plus redoutables. A Brouage, à Oléron, on avoit placé des troupes, de l'artillerie, des gardes-côtes; on ne permettoit aux vaisseaux d'entrer dans le port de La Rochelle, ou d'en sortir, qu'en payant des droits si considérables que le commerce de cette ville étoit pres-

(1) Mém. de madame de Motteville. T. XXXVI, p. 342-350, 557, etc. — Le Vassor. L. XXI, p. 704. — Bazin. T. II, p. 255. — Richelieu. L. XVI, p. 421. — Bassompierre. T. XXI, p. 20. — Brienne. T. XXXV, p. 400-406.

que ruiné : une flotte étoit préparée à Blavet pour en achever le blocus ; le duc de Nevers annonçant toujours sa croisade contre les Turcs, et ses prétentions au trône des Paléologues, ses ancêtres, avoit réuni à Blavet sept beaux vaisseaux de ligne, qu'on croyoit y être pour le service du roi, car Richelieu avoit dit assez publiquement que c'étoit au moyen de la paix qu'il falloit soumettre la grande forteresse des protestans, et que l'un des principaux avantages de son alliance avec les Anglais et les Hollandais, c'est qu'il les mettoit dans l'impossibilité de secourir en France les rebelles huguenots. (1)

Le traité de Montpellier n'étoit pas mieux exécuté envers les religionnaires des autres provinces : malgré ses promesses, le roi ne retiroit point sa garnison de Montpellier, et y bâtissoit une forteresse. Les réformés avoient été déclarés admissibles à toutes les charges, ils ne pouvoient cependant obtenir même celle de sergent, s'ils ne changeoient de religion. Devant les tribunaux, aucune justice ne leur étoit maintenue ; le même parlement, dans des cas tout semblables, prononçoit deux arrêts contradictoires, pour faire gagner son procès à un catholique, pour faire perdre un huguenot. A toutes les réclamations contre la violation de l'édit de

---

(1) Richelieu. L. XV, p. 298. — Bassompierre. T. XXI, p. 17.

Nantes, on répondoit avec dédain : *Sa Majesté ne contracte point avec ses sujets, encore moins avec des hérétiques et des rebelles.* Il ne pouvoit, aux yeux des protestans, rester aucun doute sur la haine que ressentoient contre eux le roi, les ministres, les tribunaux, la populace; ils voyoient que la résolution étoit prise de les détruire ou pendant la paix ou par la guerre. Mais quelque justes que fussent leurs motifs pour se tenir en garde, un parti ou un peuple ne doivent jamais engager le combat par un vain point d'honneur; ils ne doivent en appeler à la force que s'ils ont la possibilité d'être forts, la chance tout au moins de demeurer vainqueurs; autrement ils précipitent leur écrasement final, après des humiliations bien plus cruelles que celles qu'ils n'ont pas voulu supporter. Les huguenots n'avoient plus ni assez d'hommes ni assez d'argent, ni surtout assez d'enthousiasme pour soutenir la lutte où Rohan et Soubise les engageoient. Leurs anciens chefs, plus prudens et plus habiles, Duplessis-Mornay et le duc de Bouillon, les auroient arrêtés sans doute s'ils n'étoient pas morts dès l'an 1623. (1)

Le duc de Soubise prit sur lui de débloquer La Rochelle; il se saisit d'abord, au commencement de janvier 1625, de l'île de Ré, afin de ne

---

(1) Richelieu. L. XVI, p. 414. — Rohan. L. III, p. 251. — Le Vassor. L. XXI, p. 680. — Bazin. T. II, p. 253.

point compromettre les Rochelois, et de leur laisser la liberté de le désavouer. Il y arma cinq petits vaisseaux comme pour un voyage de long cours, n'emmenant cependant avec lui que trois cents soldats et cent matelots. Tout à coup, le 17 janvier, il se présenta devant le port de Blavet; il attaqua résolument les grands vaisseaux du duc de Nevers, y entrant le premier l'épée à la main; il s'en rendit maître; mais lorsqu'il voulut ressortir du port, un vent contraire vint seconder les obstacles que lui opposoit le duc de Vendôme, gouverneur de Bretagne, qui, avec deux mille hommes, vint l'assiéger dans le port de Blavet, dont la passe est longue et fort étroite. Les huguenots crurent Soubise perdu, et le désavouèrent. Cependant, au bout de trois semaines, le vent ayant changé, il coupa à coups de hache la chaîne et le cable qui fermoient le port, et en ressortit avec quinze ou seize vaisseaux qu'il ramena à l'île d'Oleron, dont il se rendit maître. Rohan, persuadé que cette action vigoureuse qui privoit le roi de sa marine de guerre le disposeroit à traiter, se montra empressé d'entrer en négociations, demandant seulement l'exécution du traité de Montpellier. Il étoit vivement secondé par les agens que Lesdiguières et le duc de Savoie avoient dépêchés à la cour sur ces premières nouvelles, pressant le roi d'accorder aux huguenots leurs demandes, pour ne pas interrompre les succès qu'ils avoient alors en Italie; mais Rohan s'apercevant bientôt que Richelieu n'étoit point ébranlé, crut devoir commencer de son côté les hostilités en Languedoc; il prit les armes le 1er mai, et convoqua à Castres une assemblée des églises de la province, par laquelle il se fit nommer général. (1)

Rohan avoit eu raison de croire qu'il causeroit au ministre un immense embarras; mais il n'avoit point assez calculé que par là même il fortifioit la maison d'Autriche, et causoit un cruel préjudice à la cause de la religion dans toute l'Europe; que de plus il laisseroit dans le cœur du roi et de son ministre une rancune que ceux-ci trouveroient bien les occasions de satisfaire; qu'enfin il n'étoit point sûr de l'adhésion de son parti, qu'il précipitoit si imprudemment dans la guerre civile. En effet la Force, Chatillon, la Trémouille, le nouveau duc de Bouillon, tous les grands enfin s'étoient rattachés à la cour, et la plupart des villes du Midi faisoient déclarer à Rohan qu'elles ne vouloient point le recevoir; Montauban ne se souleva pour lui qu'après une longue résistance; Saint-Jean de Breuil, Vigan, lui fermèrent leurs portes, et ne cédèrent qu'à la force; la chambre de l'édit établie à Béziers rendit un arrêt contre lui; Nîmes, Uzès

---

(1) Rohan. L. III, p. 254. — Le Vassor. L. XXII, p. 715.

et Alais, persistèrent long-temps à ne point le recevoir; et comme il parcouroit les Cévennes, il étoit obligé de menacer les huguenots pour les déterminer à la guerre civile. (1)

Le duc de Rohan réussissoit cependant à recruter son armée; et malgré quelques échecs, il faisoit face partout aux troupes du roi, qui s'avançoient sous les ordres du maréchal de Thémines et du duc d'Épernon. Le premier s'étoit approché de Castres, dont Rohan avoit confié le commandement à sa femme, qui s'y défendoit avec un courage et une intelligence au-dessus de son sexe. Le second avoit marché sur Montauban : de part et d'autre on paroissoit éviter un engagement, et on s'attachoit plutôt à ruiner le pays. Bientôt, autour de ces deux villes, il ne resta plus ni blés, ni arbres fruitiers, ni vignes, ni maisons; tout fut détruit par les flammes. (2)

Cependant le duc de Soubise, qui avoit obtenu l'approbation et l'assistance des Rochelois, tenoit la mer avec une flotte puissante, et s'enrichissoit par les prises qu'il faisoit sur le commerce français. Il fit aussi une descente dans le Midi, qu'il ravagea avec non moins de barbarie que les généraux du roi avoient ravagé les entours de Montauban et de Castres. Ces cruautés

---

(1) Rohan. L. III, p. 257. — Le Vassor. L. XXII, p. 718.
(2) Rohan. L. III, p. 269. — Le Vassor. L. XXII, p. 721.

n'eurent d'autre résultat que de causer à Bordeaux et à Toulouse des soulèvemens de la populace, qui massacra dans ces deux villes tous les protestans qu'elle put atteindre. Richelieu n'avoit point de vaisseaux à opposer à ceux de Soubise; mais il exigea impérieusement des Hollandais et des Anglais qu'ils lui fournissent ceux qu'ils avoient promis dans un autre but, et qu'ils y reçussent garnison française. Ce fut avec cette flotte d'emprunt, d'abord surprise et maltraitée par Soubise le 16 juillet, que Thoiras et le duc de Montmorency vinrent attaquer Soubise dans la rade du bourg de Saint-Martin de Ré; après avoir battu, le 15 septembre, ses troupes qui étoient débarquées, ils s'emparèrent aussi d'une partie de sa flotte. Avec le reste Soubise se retira en Angleterre. Le peuple, soit en Angleterre, soit en Hollande, manifestoit le plus vif ressentiment contre son gouvernement, de ce qu'il avoit ainsi fourni aux ennemis de sa religion le moyen de vaincre des frères en la foi. (1)

Cependant le pape Urbain VIII avoit envoyé le cardinal François Barberini, son neveu, comme légat en France, pour se plaindre de l'outrage qui lui avoit été fait en chassant ses garnisons de la Valteline; il devoit en demander réparation, et

(1) Rohan. L. III, p. 268. — Bassompierre, p. 24. — Richelieu. L. XVI, p. 432, 446. — Le Vassor. L. XXII, p. 723, 732.

proposer en même temps quelques moyens de pourvoir aux intérêts de la religion catholique, dans un pays que les armes de la France se disposoient à rendre à des souverains protestans. Le légat avoit abordé à Marseille avant la célébration du mariage de la reine d'Angleterre ; il y avoit été reçu par le duc de Guise, gouverneur de Provence, avec des honneurs qu'on n'avoit encore rendus à aucun cardinal ; la même pompe l'accompagna dans tout son voyage ; les distinctions redoublèrent encore à Paris, où Barberini reçut aussi les hommages des cours souveraines ; il prit le pas sur le frère du roi, héritier présomptif de la couronne, et il fut traité par le roi lui-même, dans son audience, sur un pied d'égalité (1). Mais avec le cérémonial finissoit la déférence de la cour de France. Louis XIII ne voulut point traiter d'affaires avec l'envoyé du pape, et Richelieu lui fit bientôt comprendre qu'il ne laissoit point conduire les intérêts de l'État par les maximes de la cour de Rome. Il lui déclara nettement qu'il ne consentiroit jamais à laisser enfreindre les droits des Grisons, ses alliés, sur leurs sujets. Il paroît que Barberini avoit quelque espérance de faire constituer la Valteline en souveraineté pour sa famille, tandis que la France sentoit bien que ce seroit la

---

(1) Le Vassor. L. XXII, p. 708-712. — Richelieu. L. XVI, p. 459.

même chose que de l'abandonner à l'Espagne. Richelieu demanda au cardinal François Barberini ses pleins pouvoirs, et lui fit sentir que rien ne pouvoit être conclu avec lui, puisqu'il n'étoit pas autorisé par le roi d'Espagne; des paroles piquantes furent échangées entre les deux cardinaux. Dans une des conférences Barberini pleura; il jeta à deux reprises, de dépit, son bonnet sur la table; il refusa les présens que vouloit lui faire le roi; il demanda enfin brusquement son audience de congé, vers le milieu de septembre, et il repartit sans vouloir écouter de nouvelles propositions. (1)

Richelieu, qui n'étoit en général guère disposé à faire intervenir les assemblées politiques dans le gouvernement de l'État, crut cependant devoir s'appuyer sur elles dans la circonstance critique où il se trouvoit. Il étoit engagé en même temps dans une guerre civile et dans une guerre étrangère; il s'étayoit au dehors sur les protestans qu'il combattoit dans l'intérieur du royaume; tous les zélés catholiques crioient au scandale contre lui, pour avoir fait attaquer à force ouverte les soldats du pape dans la Valteline, pour avoir marié la sœur du roi à un prince hérétique, pour avoir appelé en Alle-

(1) Le Vassor. L. XXII, p. 735. — Bazin. T. II, p. 263. — Richelieu. L. XVI, p. 470, 481. — Flassan. T. II, L. IV, p. 369-377.

magne les hérétiques de la Scandinavie, afin de rétablir un prince hérétique dans la souveraineté du Palatinat. Richelieu résolut donc de se décharger, sur une assemblée des notables, de l'espèce de responsabilité qu'on vouloit faire peser sur lui; elle fut convoquée à Paris pour le 19 septembre. On y vit réunis les princes du sang, les grands officiers de la couronne, les ducs et pairs, les maréchaux de France, les cardinaux, les pairs ecclésiastiques, et des députés du clergé et des cours souveraines du royaume. La reine mère d'abord, puis le cardinal de Sourdis ensuite, parurent incliner pour la paix. Tous les autres approuvèrent vivement tout ce qu'avoit fait le ministre; ils l'encouragèrent à persévérer; et puisque le clergé offroit les fonds nécessaires pour combattre les huguenots du royaume, et que tout le revenu ordinaire pouvoit être employé à la guerre étrangère, ils l'invitèrent à poursuivre l'une et l'autre jusqu'à ce qu'il les eût conduites à une issue honorable. (1)

D'autre part une nombreuse assemblée du clergé, où l'on vit trois cardinaux, huit métropolitains, trente évêques et cent députés du second ordre, accorda au roi un don gratuit considérable, et elle confirma un jugement rendu

(1) Le Vassor. L. XXII, p. 738. — Bazin. T. II, p. 263. — Richelieu. L. XVI, p. 481.

par la Sorbonne contre des libelles attribués à la cour de Rome, pour démontrer « que la France « a vilainement et honteusement fait une ligue « impie, et mû une guerre injuste contre les ca- « tholiques. » L'évêque de Chartres, chargé d'y répondre au nom de l'assemblée, le fit avec tant de vigueur, que ce corps, pour ne point se brouiller avec la cour de Rome, n'osa pas persister dans l'approbation qu'il lui avoit d'abord donnée. (1)

La guerre vraiment injuste qu'on pouvoit reprocher à Richelieu étoit celle qu'il faisoit alors poursuivre dans l'Etat de Gênes. Entreprise au mépris du droit des gens, elle étoit encore accompagnée de mesures barbares, où l'on ne pouvoit voir autre chose que l'abus de la force contre la foiblesse. Avant qu'elle eût commencé, des bâtimens de Gênes, venant d'Espagne, et surpris par le mauvais temps, avoient cherché un refuge dans les ports, qu'ils croyoient amis, de la Provence. Le duc de Guise, averti qu'ils portoient de fortes sommes d'argent, les fit saisir. L'Espagne, à qui ces sommes appartenoient, les ayant en vain réclamées, fit mettre la main, par représailles, sur tous les biens des Français résidant en Espagne. Aussitôt une ordonnance du roi, enregistrée au parlement le

(1) Richelieu. L. XVI, p. 531. — Le Vassor. L. XXII, p. 795. — Bazin. T. II, p. 278.

7 mai, interdit à tout Français tout trafic avec l'Espagne, et fit saisir les biens de tous les sujets de la couronne d'Espagne qui se trouvoient en France. Ces actes de brigandage public tinrent lieu de toute autre déclaration de guerre entre les deux nations. (1)

L'homme qui avoit montré le plus d'acharnement contre la république de Gênes étoit un émigré génois, nommé Claudio de Marini, que Louis XIII avoit nommé son représentant à la cour de Turin. Ce Claudio avoit un frère nommé Vincenzio, directeur de la poste à Gênes. Celui-ci fut convaincu d'avoir profité de ses fonctions pour intercepter des dépêches et les envoyer à son frère, pour lui transmettre aussi le plan des principales forteresses de l'État. Accusé de haute trahison, il fut condamné à mort et exécuté le 12 mai. Son procès donna des preuves des criminelles menées de son frère. Le sénat de Gênes ne pouvoit admettre qu'un de ses citoyens eût eu le droit de se dégager de tous ses liens envers sa patrie, de se faire Français, et de travailler à ce titre à la subversion de la république. Il fit citer Claudio de Marini devant les tribunaux, sans tenir compte de sa qualité d'envoyé du roi de France. Le 30 août il fut condamné par contumace à mort, avec con-

(1) Isambert, Anc. lois. T. XVI, p. 148. — Bazin. T. II, p. 269.

fiscation de tous ses biens, et démolition de ses maisons. Dix-huit mille écus de récompense furent promis à celui qui apporteroit sa tête (1). Dès que Richelieu eut connoissance de cet arrêt, il fit rendre par le roi, le 4 octobre, une déclaration portant : « Que par une audace et témérité « extraordinaire, ceux qui gouvernent à présent « la république de Gênes ayant violé le droit « des gens, en la personne du sieur Marini, am- « bassadeur de S. M. en Piémont, et ayant fait « publier une sentence par laquelle ils l'ont « déclaré rebelle au premier chef....... Sa Ma- « jesté considérant combien en ce sujet sa dignité « se trouve offensée, et les lois publiques vio- « lées, a pris sous sa sauvegarde la personne et « les biens dudit sieur Marini, son ambassa- « deur. » Le roi ordonne en conséquence de saisir dans tout le royaume tous les biens et marchandises des Gênois, avec tous leurs livres de négoce, et traduire leurs personnes en prison ; et de plus il promet une récompense de soixante mille livres à quiconque aura puni de mort l'un « de ceux qui auront assisté au jugement et té- « méraire sentence donnés contre le sieur Ma- « rini. » La femme de Marini s'étoit fait envoyer de Gênes la liste des noms et surnoms de tous les sénateurs et procurateurs de la république,

---

(1) Filippo Casoni, *Annali di Genova*. T. V, Lib. II, p. 102-106.

sur lesquels le roi très chrétien appeloit le couteau des assassins. (1)

Malgré des mesures si sauvages, malgré ce mépris pour les lois et les mœurs des nations civilisées, Richelieu désiroit la paix. Il s'étoit proposé de susciter des ennemis à la maison d'Autriche, bien plus que de la combattre lui-même, et il y avoit réussi, puisqu'il avoit engagé les rois d'Angleterre, de Danemarck et de Suède à entreprendre la défense des protestans en Allemagne. Déjà il s'étoit manifesté de la froideur entre Louis XIII et Charles Ier, à l'occasion de la maison de la reine d'Angleterre. Le parlement ne vouloit point y souffrir de catholiques, et Buckingham en avoit renvoyé tous les Français que Henriette avoit conduits avec elle. Les discussions prenoient de l'aigreur, Richelieu craignoit que les Anglais ne donnassent des secours aux réformés de France; il fit agir la duchesse de Chevreuse, dont Buckingham se disoit alors amoureux, et il obtint par elle, en effet, que deux ambassadeurs lui fussent envoyés au mois de décembre pour traiter d'une ligue en faveur de l'électeur Palatin. (2)

---

(1) Isambert, Lois franç. T. XVI, p. 151. — Flassan, Hist. de la Diplom. T. II, p. 363. — Fil. Casoni, p. 105. — Bazin. T. II, p. 269.

(2) Richelieu. L. XVI, p. 512. — Bazin. T. II, p. 281. — Le Vassor. L. XXII, p. 758.

Mais les ménagemens auxquels Richelieu étoit forcé de se soumettre répugnoient à son caractère; il en concevoit un profond ressentiment contre les huguenots, qui, par leur soulèvement, avoient rendu un si grand service aux Espagnols ses ennemis, en même temps qu'ils avoient refroidi les Anglais et les Hollandais, ses alliés, par la sympathie qu'ils excitoient chez eux. Rien n'étoit plus fâcheux à ses yeux que d'avoir à la fois à combattre au dedans et au dehors. Il résolut donc de faire la paix avec tout le monde, mais de profiter de cette paix même pour achever de ruiner les huguenots, et d'ajourner l'accomplissement de ses projets contre la maison d'Autriche, jusqu'à ce qu'il les eût entièrement écrasés. Déjà il avoit enlevé à cette maison la Valteline; il avoit engagé le duc de Savoie et les Vénitiens à rompre avec elle. Il y avoit peu d'inconvéniens désormais à ses yeux à se séparer dans les négociations de ces deux puissances plus foibles; il les avoit mises assez en danger pour qu'elles ne pussent renoncer à la protection de la France.

Depuis le milieu de l'été la fortune des armes avoit changé dans la Ligurie. Le refus de Lesdiguières de mettre le siége devant Gênes avoit forcé le duc de Savoie à se replier sur la rivière de Ponent, dont il avoit entrepris la conquête, et où il avoit commis d'horribles cruautés. La république sembloit, toutefois, toucher à sa ruine dernière, lorsqu'une galère entra dans le port, ayant à bord, pour le compte de marchands génois, un million de ducats d'or qui leur étoient envoyés d'Espagne; d'autres la suivirent, apportant encore six millions, que les marchands s'empressèrent de mettre au service de leur patrie. L'argent fit bientôt accourir les soldats sous les drapeaux de Gênes, et rendit du zèle à ses amis. Le duc de Féria, gouverneur du Milanez, s'avança vers la Ligurie avec vingt mille fantassins et deux mille chevaux; peu après il fut joint par une nombreuse cavalerie croate et polonaise, à laquelle les Suisses avoient accordé le passage (1). Lesdiguières et le duc de Savoie furent contraints à la retraite. Féria entra à son tour en Piémont, et déjà l'on s'attendoit à voir toute cette principauté ravagée par les Croates, qui se montroient bien plus propres au pillage qu'au combat. Toutefois, Féria ne voulut pas s'aventurer en Piémont, sans s'être auparavant assuré d'une place forte. Il mit le siége devant Verrue, et l'obstinée résistance de cette petite forteresse sauva les États de Savoie, comme au commencement de la

---

(1) 50,000 Allemands, suivant Bassompierre, obtinrent dans l'été le passage par la Suisse. Le Vassor, qui rapporte la dépêche au roi. L. XXII, p. 775.

même campagne la résistance de Riva avoit sauvé la Lombardie. (1)

Excepté en Piémont, la guerre paroissoit partout suspendue, et Richelieu profitoit de ce temps de relâche pour négocier partout à la fois. Il offrit aux huguenots de les remettre dans tous les droits qu'ils avoient compromis par leur imprudente levée de boucliers. Il envoya, le 13 novembre, Bassompierre en Suisse, avec de l'argent et des promesses, pour contrebalancer l'influence que l'Espagne commençoit à acquérir dans la confédération. Bassompierre, colonel-général des Suisses, parlant l'allemand comme sa langue, comptant dans les cantons un grand nombre d'amis personnels, et en gagnant chaque jour de nouveaux par sa libéralité, par ses manières ouvertes et enjouées, fut reçu à la diète de Soleure avec des égards qu'on n'avoit encore montrés à aucun ambassadeur. Il engagea cette diète à déclarer, le 15 janvier 1626, qu'elle reconnoissoit la Valteline et les comtés de Chiavenne et de Bormio comme appartenant aux Grisons; qu'elle demandoit que ces pays leur fussent restitués, et qu'elle aviseroit aux moyens les plus convenables pour obtenir cette restitution; enfin, qu'elle refuseroit le passage

---

(1) Carlo Botta, *Storia d'Italia.* L. XIX, p. 322-332. — Muratori, *Annali.* T. XV, p. 211. — Le Vassor. L. XXI, p. 702. — Batt. Nani, *Stor. Ven.* L. VI, p. 300-304.

par la Suisse à celui des détenteurs qui ne consentiroit pas à cette entière restitution. (1)

Dans le même temps Richelieu entretenoit les ambassadeurs d'Angleterre d'une ligue entre cette puissance, la Hollande, le Danemarck et la Suède, en faveur du Palatin, dans laquelle il paroissoit disposé à entrer. Il promettoit à Venise de la garantir contre les Autrichiens, et au duc de Savoie de l'aider à conquérir Gênes; mais, d'un autre côté, il avoit renoué des négociations directes avec l'Espagne; car les ambassadeurs n'avoient point été rappelés. Le marquis de Mirabel, ambassadeur d'Espagne à Paris, avoit fait le premier des ouvertures à Bassompierre, qui avoient été accueillies avec empressement; de son côté, Charles d'Angennes, comte du Fargis, ambassadeur de France à Madrid, avoit eu ordre de sonder le comte d'Olivarès sur les intentions de la cour d'Espagne. Du Fargis, qui n'avoit point, à ce qu'on assure, des pouvoirs suffisans, signa, le 1er janvier 1626, avec le premier ministre du roi d'Espagne, un traité qui devoit terminer le différend de la Valteline. Richelieu montra beaucoup de colère de cette signature; il voulut que du Fargis déclarât à Olivarès qu'en la donnant il avoit hasardé sa tête; il fit demander par

(1) Bassompierre. T. XXI, p. 29-37. — Flassan. T. II, L. IV, p. 382-385. — Le Vassor. L. XXII, p. 772.

lui quelques modifications au traité, qui, après tout, étoient de peu d'importance, et en même temps il enveloppa toute cette négociation du plus profond secret. Sa colère, probablement feinte, n'étoit qu'une justification qu'il se préparoit d'avance auprès de ses alliés pour le moment où il devroit découvrir ce qu'il avoit fait. L'effet de ses négociations simultanées étoit calculé par lui; c'étoit un artifice dont il se glorifie. « Le commencement, dit-il, de cette année 1626 « fut signalé par deux actions importantes et « peu attendues, qui donnèrent au roi le repos « au dehors et au dedans de son royaume, et « lui ouvrirent le chemin pour exterminer le « parti huguenot qui depuis cent ans divisoit « son État. Ces deux affaires furent la conclu- « sion de la paix avec l'Espagne et celle avec « les huguenots. » L'Espagne se rendit coulante sur l'accommodement des affaires d'Italie, pour que le roi s'engageât toujours plus dans la guerre contre les huguenots; l'Angleterre, qui vouloit maintenir la France en guerre avec l'Europe, et qui craignoit que la guerre civile ne déterminât Louis XIII à accepter les propositions du légat, chargea ses ambassadeurs de solliciter les Rochelois de recevoir la paix que le roi leur avoit offerte, et n'oublia ni raisons ni menaces pour parvenir à cette fin; « d'où il arriva, ajoute-t-il, « que par une conduite pleine d'industrie inac-

« coutumée, on porta les huguenots à consentir « à la paix, de peur de celle d'Espagne, et les « Espagnols à faire la paix, de peur de celle des « huguenots. » (1)

La paix des huguenots, qu'ils acceptèrent le 5 février 1626, les laissoit à peu près dans l'état où ils se trouvoient au commencement de la guerre, sauf qu'on leur permettoit de conserver leurs nouvelles fortifications, et que le roi d'Angleterre garantissoit les conditions qui leur étoient accordées; en particulier, les ambassadeurs de Charles Ier promettoient, d'après les paroles qui leur avoient été données, « que le « fort Louis, et les îles de Ré et d'Oleron ne « serviroient jamais pour nuire à la sûreté et « au commerce de La Rochelle. » Les huguenots et leurs protecteurs au dehors du royaume ne doutoient point qu'aussitôt cette paix conclue le roi ne s'engageât avec vigueur dans la ligue contre la maison d'Autriche; aussi ils s'étoient rendus plus faciles sur les conditions de l'accord; au reste, chacune des villes confédérées, La Rochelle, Montauban, Castres, Nîmes, Uzès et les Cévennes l'acceptèrent séparément. » (2)

(1) Mém. du card. de Richelieu. T. III, L. XVII, p. 1.
(2) Rohan. L. III, p. 270-280. — Le Vassor. L. XXII, p. 792. — Flassan. T. II, L. IV, p. 398. — Bazin. T. II, p. 284. — Le Traité dans Richelieu. T. III, L. XVII, p. 14. — Mém. du card. de Brienne. T. I, p. 423.

Tout à coup, la cour de France annonça à ses alliés que son différend avec l'Espagne étoit aussi terminé par un traité que du Fargis et le comte duc d'Olivarès avoient signé à Monçon, en Aragon, le 5 mars 1626. Le fait n'étoit point absolument vrai; du Fargis avoit bien de nouveau donné une signature le 5 mars, sans avoir des pouvoirs suffisans, mais elle n'avoit pas encore été ratifiée; de nouvelles modifications avoient été apportées au traité, et l'accord final ne s'étoit terminé qu'un mois après à Barcelone : les deux rois étoient convenus cependant de l'antidater, pour s'excuser d'en avoir dérobé la connoissance au cardinal légat Barberini, alors présent à la cour d'Espagne (1). « Leurs Majestés, étoit-
« il dit dans le traité de Monçon, §. 1er, désirant
« se remettre en bonne amitié et correspondance,
« si elle étoit tant soit peu altérée par les mou-
« vemens arrivés entre les seigneurs Grisons et
« les Valtelins, ont résolu et promettent de re-
« mettre les affaires desdits seigneurs Grisons et
« les Valtelins, comtés de Bormio et Chiavenne,
« en l'état où elles étoient quand ces premiers
« troubles ont commencé parmi eux, ce que l'on
« présuppose avoir été au commencement de

(1) Flassan. T. II, L. IV, p. 391. — Le Vassor. T. III, L. XXIII, p. 2-11. — Bazin. T. II, p. 286. — Richelieu. L. XVII, p. 27. — Bassompierre. T. III, p. 45. — Cespedes. L. VII, c. 2. fol. 258.

« l'année 1617, sans altérer ni innover chose « aucune en l'état où elles se trouvoient pour « lors, annulant pour cet effet tout traité fait « depuis ladite année 1617 avec les Grisons, « par qui que ce puisse être, à la réserve des « restrictions contenues en la présente capitula-« tion. » Par ces restrictions, aucune autre religion que la catholique ne devoit être tolérée dans la vallée; le droit d'élire leurs juges et magistrats étoit abandonné sans partage aux Valtelins; une amnistie sans exception leur étoit accordée; les Grisons ne pouvoient mettre de garnison dans leurs vallées; les forts de ces vallées devoient être rendus au pape pour être, par lui, immédiatement démolis; enfin, les Valtelins, en échange des privilèges qui leur étoient accordés, devoient payer aux Grisons un cens annuel de vingt-cinq mille écus. (1)

La publication du traité de Monçon causa un soulèvement universel d'indignation contre la France. Tous ses alliés se plaignoient en même temps de son arrogance, de sa mauvaise foi, de son mépris pour tous les intérêts étrangers. Les Grisons n'avoient pas même été consultés sur un traité qui leur imposoit tant de conditions onéreuses; et l'on avoit oublié d'accommoder leur

(1) Le traité de Monçon, avec de nombreuses annexes, est au T. III des Traités de paix, p. 241-252.

querelle avec l'archiduc Léopold de Tyrol. Les Suisses se regardoient comme joués par ce manque d'égards pour leurs confédérés, et pour les engagemens qu'on leur avoit fait prendre à eux-mêmes. Le pape, qui avoit son neveu pour légat, présent au lieu où l'on négocioit le traité, et à qui on l'avoit soigneusement caché, refusa de se charger de la démolition des forteresses. Le sénat de Venise, indigné de ce qu'on avoit conclu sans lui, au mépris de l'engagement formel, §. 9 du traité du 7 février 1623, ne l'étoit pas moins de ce qu'on lui faisoit perdre la garantie de son droit de passage accordé par les Grisons. Le duc de Savoie, enfin, étoit plus irrité qu'aucun autre. Son fils, le prince de Piémont, étoit alors même à Paris, et on lui avoit tout caché. Au lieu des conquêtes qu'on lui avoit promises, on lui imposoit seulement une trève de quatre mois avec les Génois, et l'on référoit à deux arbitres nommés par les deux parties ses différends avec cette république. La tromperie dont Richelieu avoit usé envers les Anglais et les Hollandais étoit plus provoquante encore. Il les avoit sollicités d'envoyer des ambassadeurs à Paris, pour régler les conditions de la ligue qu'il vouloit conclure, disoit-il, avec eux et les rois de Suède et de Danemarck, et cette négociation feinte n'avoit servi qu'à obtenir de meilleures conditions pour la France seule, de la part des Espagnols et des huguenots. Tout le monde se soumit cependant, et la paix parut rétablie; mais une profonde indignation couvoit dans les cœurs, et le caractère du cardinal de Richelieu commença à être noté en Europe, comme celui d'un homme qui ne pouvoit être lié ni par les traités, ni par les lois morales, ni par l'affection et la reconnaissance, ni par les sermens. (1)

(1) Carlo Botta, *Storia d'Italia.* L. XIX, p. 333. — Le Vassor. L. XXIII, p. 12. — Batt. Nani, *Historia Veneta.* L. VI, p. 512-518. — Guichenon, Hist. générale de Savoie. T. II, p. 413. — Richelieu. L. XVI, p. 29. — Bassompierre. T. III, p. 48.

FIN DU TOME VINGT-DEUXIÈME.

TABLE CHRONOLOGIQUE
ET ANALYTIQUE
DU TOME VINGT-DEUXIÈME.

SUITE DE LA HUITIÈME PARTIE,
ou
LA FRANCE SOUS LES BOURBONS.

Chapitre IX. *Pacification de la France; courte guerre de Savoie; mariage du roi; mécontentement des grands; arrestation et supplice du maréchal de Biron.* 1598—1602.

Il est impossible de mesurer d'avance l'étendue d'un travail historique; une étude approfondie en fixe seule les bornes............ Page	1
Nous sentons peu d'attrait pour cette étude des temps rapprochés, que le public préfère...	2
Nous devons rectifier l'illusion qu'ils nous font pour les réduire à leur grandeur réelle.....	3
J'ai voulu tour à tour ou m'arrêter au seizième siècle, ou traiter rapidement les deux derniers.	4
En me mettant à l'œuvre je puis promettre seulement d'éviter la prolixité, sans oser assigner un terme à mon travail................	5
La centralisation du pouvoir, la suppression des existences provinciales, ôtent à l'histoire son intérêt.............................	6
Nombre infini des mémoires rédigés par la vanité ou l'intrigue; ils ne constituent pas l'histoire.	7

1598. Henri IV, à quarante-cinq ans, commence avec la paix son travail pour centraliser l'autorité................................. page 8
Puissance, dans les provinces, des ligueurs, des Politiques, des huguenots................ 9
De nouveaux princes trouvoient leur garantie dans les habitudes féodales de leurs subalternes.. 11
Résolution de Henri IV de rabaisser cette nouvelle féodalité; érection des duchés-pairies... 12
Volonté ferme et unique du roi qui dirige un ministère doué de talens, mais désuni..... 13
Première action du gouvernement royal, répression des brigandages des gens de guerre. 16
Rétablissement des finances. Rosny appelé de la carrière militaire aux finances............ 17
Caractère dur et hautain de Rosny; il supprime les voleries et suspend les grâces imprudentes.. 18
Abandon de l'arriéré; suppression de la pancarte; aucune innovation en finances...... 19
Pots de vin; ordonnances de comptant pour le jeu et les maîtresses du roi; marais, manufactures.. 20
Les mémoires originaux de Sully ne relèvent point son esprit ou son caractère........ 23
Amélioration réelle dans le sort de tous, œuvre de Sully et d'Henri IV; effets de la baisse de l'argent.. 24
Passion de Henri IV pour la chasse, pour le jeu, pour les femmes. Ses désavantages personnels.. 26
Son amour pour Gabrielle d'Estrées, qui le trompoit; il veut l'épouser................ 28

1599. 10 avril. Mort de Gabrielle d'Estrées. 10 novembre. Divorce du roi d'avec Marguerite de Valois. . . . . page 30
Le roi s'attache à Henriette d'Antragues et lui fait une promesse de mariage. 33
Négociations dès 1592 pour marier Henri IV à Marie de Médicis. 35
Le contrat signé le 25 avril, et le mariage célébré par procuration le 5 octobre. 36
Politique étrangère; mort de Philippe II (13 septembre 1598). Philippe III et son ministre le duc de Lerma. 37
Les archiducs Albert et Isabelle souverains des Pays-Bas. Rodolphe II, empereur. 38
Guerre entre la Suède et la Pologne; l'inimitié entre la France et l'Espagne survit à la paix de Vervins. 40
Différend entre la France et la Savoie sur le marquisat de Saluces soumis au pape. 42
Novembre. Le duc de Savoie vient en France pour négocier ou avec le roi ou contre lui. . 43

1600. Ce duc, mécontent des Espagnols et des Français, est disposé à s'allier au plus offrant. . 44
27 février. Premier traité pour l'échange de Saluces contre la Bresse; le duc ne le ratifie pas. 46
Signes du mécontentement universel, qui encouragent le duc de Savoie dans sa résistance. . 47
Colère du duc de Biron en apprenant en quels termes le roi parloit de lui. 49
Biron renouvelle l'ancien projet de partager la France en duchés indépendans. 51
Les grands seigneurs pour la plupart entrent dans les projets de Biron, sauf les huguenots. 53

TABLE CHRONOLOGIQUE

1600. Le duc de Savoie compte sur ces conjurés ; le roi lui déclare la guerre le 11 août... page 54

Toute la Savoie est conquise en peu de semaines, à la réserve de trois citadelles............ 55

17 janvier 1601. Traité de paix ; la Bresse et le Bugey acquis à la France, qui renonce à Saluces............................... 57

9 décembre 1600. Rencontre de Henri et Marie à Lyon. Henri est peu satisfait........... 58

1601. Le roi s'empresse de retourner vers la marquise de Verneuil, sa maîtresse. Haine entre ces deux femmes........................ 60

Mauvais ménage entre le roi et la reine. Naissance du dauphin, le 27 septembre........ 61

Henri pardonne à Biron, et l'envoie en ambassade à Élisabeth. Siége d'Ostende......... 62

Élisabeth parle à Biron du supplice du comte d'Essex, pour qu'il exhorte Henri à agir comme elle............................ 65

Soucis que cause à Henri le mariage de sa sœur Catherine avec le duc de Bar............ 66

1602. Le mécontentement éclate dans le Midi parmi les huguenots et les Politiques............ 68

Entrevue de Henri à Blois avec d'Épernon et Bouillon ; il appelle Biron à sa cour...... 69

Lafin dénonce Biron et tous les grands ; Henri se défie de tous ; arrivée de Biron......... 70

15 juin. Arrestation du duc de Biron et du comte d'Auvergne ; charges contre Biron......... 72

Procès du duc de Biron ; sa condamnation ; son supplice le 31 juillet................... 74

2 octobre. Le comte d'Auvergne, quoique aussi coupable, remis en liberté............. 76

1602. Autres supplices; exhortations du cardinal d'Ossat à opprimer moins le peuple..... page 77

Jalousie extrême du roi contre Bouillon; il l'invite à la cour; Bouillon refuse de venir.... 79

Bouillon comparoît à Castres devant la Chambre de l'Édit, puis se retire à Genève......... 81

12 décembre. Escalade tentée par les Savoyards sur Genève. Henri IV protége Genève..... 82

1603. Les princes protestans recommandent Bouillon au roi. Mort d'Élisabeth, le 4 avril....... 83

CHAPITRE X. *Fin du règne de Henri IV; sa politique; ses projets; sa mort.* 1603 — 1610.

1603. La France seule en paix, d'autant plus forte que ses rivaux s'affoiblissent............. 85

L'animosité religieuse s'éteint parmi les grands, mais l'aigreur des deux partis se maintient dans le peuple........................ 86

Corruption de la cour; quels étoient les courtisans admis dans la familiarité de Henri IV. 87

Henri en Lorraine; ses négociations avec les Allemands; il met un lieutenant à lui dans Metz............................... 89

Rosny envoyé en Angleterre à Jacques Ier. Ses doubles instructions, des ministres et du roi. 90

Rosny chargé de prévenir Jacques Ier contre la maison d'Autriche, pour assister sous main les Hollandais....................... 92

Audiences de Sully; traité avec l'Angleterre, du 30 juillet, pour secourir les Hollandais.. 94

Lutte de Sully avec le comte de Soissons et les grands, pour s'opposer à leurs exactions sur le peuple.......................... 96

Rosny réveille la jalousie de Henri contre l'Espagne : son opposition dans le conseil avec Villeroy.................... page 97

1604. Rosny demande encore deux ans de paix pour se préparer à une guerre de trois campagnes. 98

Dureté de Rosny envers les créanciers de l'État, envers les traitans, trésoriers et engagistes. 100

Les projets de Rosny communiqués à l'Espagne; trahison de Nic. L'Hoste, commis de Villeroy. 102

Henri se défie des Concini, confidens de la reine; les manières de celle-ci le repoussent....... 103

La marquise de Verneuil intrigue avec l'ambassadeur d'Espagne; elle espère être reconnue pour épouse de Henri IV................ 104

9 novembre. Le comte d'Auvergne, d'Entragues et la marquise de Verneuil sont arrêtés..... 106

Mort de la sœur de Henri; paix du roi Jacques avec l'Espagne, 29 août................ 109

12 octobre. Traité de commerce de Henri avec l'Espagne. 20 septembre. Prise d'Ostende par les Espagnols......................... 110

1605. Henri se défie de tous ceux qui l'approchent, surtout de ceux qui étoient autrefois ses camarades........................... 112

Dureté de Henri avec Duplessis-Mornay : on lui dénonce des conjurations dans le Midi... 113

Juillet. Rosny envoyé à Châtellerault pour présider l'assemblée triennale des huguenots... 115

Les grands seigneurs écartés de l'assemblée; les places de sûreté confirmées pour quatre ans. 116

Conspirations dénoncées à Henri : supplice des frères Lucquesse..................... 117

Henri conduit une petite armée en Limousin : grands jours; supplices; complot de Meyrargues............................. 119

1606. 12 février. Rosny, fait duc et pair de Sully, chargé de préparer une expédition contre Sédan.................................... page 122

Alarme des protestans : le duc de Bouillon refuse de livrer Sédan...................... 124

Négociations. Sully promet de prendre Sédan en un mois ; jalousie des autres ministres... 125

6 avril. Bouillon réconcilié au roi : il reçoit garnison dans Sédan et revient à la cour....... 127

1607. Plaisirs et prodigalités de Henri IV ; pots de vin, ventes d'offices pour y faire face.......... 128

Établissement de la Paulette. Mars. Chambre de justice contre les financiers............... 129

Politique extérieure ; querelle de Venise avec Paul V. La réforme près d'éclater à Venise. 131

Henri IV offre sa médiation : il sacrifie l'intérêt des Vénitiens à la cour de Rome.......... 133

Les Suisses et les Grisons protestans alliés à la France ; le fort de Fuentes bâti pour brider ces derniers................................ 134

Les Hollandais : secours que Henri IV leur donne secrètement pour miner l'Espagne.... 136

24 avril. Trêve de huit mois pour négocier ; opposition entre Maurice de Nassau et Barneveldt....................................... 138

Habiles négociations du président Jeannin, terminées le 11 janvier 1609, par la trêve de douze ans.................................. 139

1608. Inquiétudes que causent à Henri les rivalités de ses maîtresses. Son recours à Sully........ 141

Humeur de Henri contre les époux Concini. Son mécontentement des Guises............... 142

Délateurs trop écoutés par Henri ; il envoie

1608.	Sully en Poitou; supplice de quelques intrigans.............................. page	143
	Efforts du roi pour complaire aux jésuites, pour convertir Sully et son fils...........	145
	Défiance des catholiques; projets de Henri contre la maison d'Autriche...............	147
	Ce que Sully nomme le grand projet de Henri. Conquêtes que ce roi méditoit pour lui-même.................................	148
	Projets de Henri pour les mariages de ses trois fils; négociation avec la Lorraine.........	150
1609.	Multiplication des duels; édit de juin 1609 pour les réprimer........................	151
	Passion du roi pour Charlotte de Montmorency, qu'il marie au prince de Condé...........	154
	Henri veut faire divorcer la princesse de Condé; la reine croit que c'est pour l'épouser......	155
	La reine fait proposer une alliance intime à l'Espagne. Le roi redoutoit le caractère de Sully...................................	156
	Trésor royal; rigueurs de Sully pour l'accroître sans cesse; projet sur les monnoies.........	158
	Abaissement de l'Espagne; expulsion des Morisques de Valence et de Grenade..........	160
	Un million de sujets de l'Espagne embarqués; ils périssent presque tous................	161
	Contestation sur la succession de Clèves et Juliers; les protestans s'unissent pour défendre les *possédans*..........................	163
	Henri IV s'allie avec l'Union de Halle, des protestans; foiblesse de ses autres alliances....	165
	Décembre. Traité avec Charles-Emmanuel, duc de Savoie, pour la conquête de la Lombardie.	167

1609. Imprudence de ces projets de guerre. Henri pourvoit au sort de ses enfans adultérins. page 168

Querelles violentes entre Henri et le prince de Condé; il poursuit la princesse sous divers déguisemens.................................. 170

29 novembre. Condé sort de France avec la princesse; les archiducs n'osent pas le recevoir..................................... 172

1610. Henri assemble une forte armée pour la succession de Juliers et pour enlever la princesse à Bruxelles................................. 174

20 mars. La reine déclarée régente, avec de grandes limitations; elle veut se faire sacrer. 175

Répugnance extrême de Henri pour ce sacre; ses craintes superstitieuses............... 176

12 mai. Soissons quitte Paris pour une dispute d'étiquette: tous les amis de Henri éloignés. 178

Inimitiés nombreuses suscitées contre Henri, au dedans et au dehors du royaume....... 179

13 mai. Sacre de la reine. 14 mai. Le roi est assassiné par Ravaillac.................. 180

CHAPITRE XI. *Régence de Marie de Médicis au nom de Louis XIII; elle conserve les vieux ministres de Henri IV; courtisans de la reine; opposition des princes du sang, des huguenots. Projet d'un double mariage avec l'Espagne; les princes se préparent à la guerre civile; traité de Sainte-Menehould; majorité du roi.* 1610 — 1614.

1610. 14 mai. Le duc d'Épernon se saisit de l'autorité au moment où le roi est tué à ses côtés. 183

Le nouveau roi Louis XIII âgé de huit ans et demi; les ministres et la cour veulent donner la régence à sa mère................. 185

1610. Les ministres recourent au parlement, tandis que les courtisans mettent les troupes en mouvement.................... page 187
D'Épernon presse avec menaces le parlement de proclamer la régence ; elle est proclamée. 188
Soupçons qui planent sur ceux qui recueillent le pouvoir; doctrine sur le régicide....... 189
L'Espagne, la reine, les Concini, d'Épernon, madame de Verneuil tour à tour suspects... 190
Soupçons de Sully. Avertissemens qu'il reçoit ; il retourne s'enfermer à la Bastille........ 193
Le pouvoir de fait de la reine devient un pouvoir de droit; adhésion de Sully............ 195
15 mai. Lit de justice où la régence de la reine-mère est déclarée..................... 197
Conseillers secrets de la régente ; conseil de régence. 17 mai. Retour du comte de Soissons. 198
Prétentions du premier prince du sang à être lieutenant-général du royaume. Soissons accepte de l'argent au lieu du pouvoir....... 199
Le nouveau gouvernement s'établit sans secousses. Procès de Ravaillac............. 201
Son fanatisme; son supplice ; il meurt en déclarant qu'il n'a point de complices.......... 203
Nouvelles révélations après sa mort. Les doutes ne furent jamais dissipés................ 204
La reine n'adopte pas de parti ; réglement de sa journée; ses conseils et sa cour............ 206
Influence secrète et caractère de Leonora Galigai, femme de Concini................. 208
Concino Concini veut passer pour gouverner la reine ; son insolence................... 209
Les quatre ministres ; leur âge avancé ; leur foiblesse quand Henri ne les dirige plus....... 210

1610. Pouvoir des grands, étrangers aux provinces, et qui n'avoient rien de féodal....... page 211
Les gentilshommes, seuls armés, n'avoient de carrière que celle de se donner aux grands.. 212
Citadelles des gouverneurs qui commandoient les villes; distribution des gouvernemens... 214
Ordre des grands; princes du sang; princes étrangers; princes légitimés; favoris...... 217
Concini devient marquis d'Ancre; la reine permet le mariage à la veuve Montpensier..... 218
Funérailles de Henri; grâces au peuple; promesses aux protestans; envoi de troupes à Juliers.................... 220
Inquiétude que donne Condé; les Espagnols lui offrent le trône................ 223
Ses prétentions à une part au gouvernement; les grands s'empressent au-devant de lui.... 224
16 juillet. Il rentre à Paris; il est bien reçu de la reine, et en reçoit des grâces pécuniaires. 225
La reine désire une union intime avec l'Espagne; Condé, qu'on maintienne l'équilibre contre elle................... 227
Élisabeth de France demandée en même temps par Philippe III et par le prince de Piémont. 229
17 octobre. Sacre du roi à Reims; nouvelle déclaration en faveur des huguenots......... 230
Querelles qui éclatent de toutes parts à la cour, à la suite du sacre................. 231
Querelle entre les ministres; Sully veut empêcher le pillage du trésor royal.......... 234
1611. Tous s'accordent contre Sully; il est renvoyé le 26 janvier................. 235
Joyeuse, d'Épernon, Condé, Bouillon, quittent la cour; projets du duc de Savoie sur Genève. 237

TOME XXII.

1611. La régente prend Genève sous sa protection et force le duc à désarmer............ page 238

Assemblée triennale des réformés ; limites de son autorité mal définies................... 239

Grands seigneurs appelés à cette assemblée; les rôles de Bouillon et de Sully intervertis..... 241

Duplessis nommé président. Sully exhorté à ne point vendre ses charges................ 243

Grand caractère du duc de Rohan ; réconciliation de Sully et de Bouillon............. 245

La reine veut dissoudre l'assemblée avant de lui répondre; elle se sépare le 15 septembre... 247

Importance des affaires des huguenots selon Richelieu ; la reine occupée des intrigues de cour............................... 248

Elle veut marier le fils de Concini à la fille de Soissons, puis elle rompt ce mariage....... 249

Fréquentes batailles entre les grands ; le chevalier de Guise veut tuer le marquis de Cœuvres. 251

Le Comte de Soissons, dédaigné par la reine, se ligue avec le prince de Condé........... 353

1612. Les ministres, pour se maintenir contre les princes, concluent le double mariage d'Espagne............................... 255

Alarme des protestans, au dehors et au dedans; complot pour enlever Saint-Jean-d'Angely à Rohan................................ 256

Les princes quittent la cour; Concini fait offenser les grands par la reine.............. 257

Recours de Bellegarde aux sorciers. Guet-apens de Soissons contre le chancelier; il y renonce. 259

10 novembre. Mort de Soissons. Mayenne envoyé en Espagne pour demander Anne d'Autriche................................ 261

1612. Condé se rapproche des protestans. Illusion qu'on se fait sur la force de leur parti.. page 262
16 août. Union de Privas; disposition des chefs; livre de Duplessis contre la papauté........ 264
La reine s'unit à Condé contre ses vieux ministres, d'Épernon et les Guises............ 265
1613. 5 janvier. Le chevalier de Guise tue le baron de Luz; courroux de la reine; ses projets de vengeance......................... 267
Blessée des demandes de Condé elle change de parti et rappelle Guise, Épernon et les ministres.............................. 269
Le chevalier de Guise tue encore le fils du baron de Luz; faveurs dont la reine le comble.... 271
Concini disgracié quelque temps; il est rappelé, réconcilié aux ministres, et fait maréchal d'Ancre............................. 273
Troubles en Italie. Mort de deux ducs de Mantoue. Prétentions de la Savoie sur le Montferrat................................ 275
Jalousie entre la France et l'Espagne. Ces puissances forcent la Savoie à poser les armes.. 277
L'espion Maignat puni, mais le nom de Concini supprimé de son procès................. 278
L'autorité dépérit entre les mains de la reine; Villeroy et Sillery brouillés.............. 279
1614. Mépris du peuple pour la reine. Janvier. Condé et les princes quittent la cour........... 281
Villeroy veut qu'on les attaque à force ouverte; la reine n'ose pas et négocie............. 283
Manifeste de Condé; vague de ses reproches; réponse de la reine.................... 284
15 mai. Traité de Sainte-Menehould; la reine

1614. accorde à Condé ses demandes ; affaire de
Poitiers.......................... page 284
5 juillet. La reine voyant que les princes restent armés marche contre eux en Poitou.... 288
Après avoir tenu les États de Bretagne, où Vendôme se soumet, elle ramène le roi à Paris.. 290
Mort de Montmorency, du chevalier de Guise et de Conti. Déclaration du roi au conseil. 291
2 octobre. Le roi tient un lit de justice pour se déclarer majeur à treize ans accomplis..... 292

CHAPITRE XII. *États-généraux de Paris ; retraite des princes; la cour se rend à Bordeaux pour le double mariage, pendant la guerre civile. Paix de Loudun ; arrestation de Condé; nouvelle guerre civile; massacre du maréchal d'Ancre.* — 1614-1617.

1614. Louis XIII majeur à treize ans ; ce qu'on déméloit alors dans son caractère........... 294
Commencemens de la faveur d'Albert de Luynes, chargé de dresser ses oiseaux............. 295
États-généraux convoqués dans un moment favorable au pouvoir national............. 297
Grands dignitaires députés par le clergé ; point de princes par la noblesse, des magistrats par le tiers-état. 299
Ils délibèrent par gouvernemens ; leurs disputes de préséance...................... 300
La noblesse demande la surséance de la Paulette et de la gabelle levée sur les nobles.... 302
Le tiers-état, la surséance d'un quart de la taille et des pensions ; projet pour racheter les offices.......................... 303
Le clergé demande la publication du concile de Trente ; la noblesse le seconde........... 306

1614. Offense donnée par Savaron à la noblesse; apologie du tiers-état.................. page 307
La noblesse indignée de cette apologie, parce que ceux du tiers s'étoient dits ses frères cadets. 308
Les états-généraux approuvent les mariages d'Espagne sans en faire l'objet d'une délibération.................................... 310
Confection des cahiers généraux, mélange informe de tous les griefs du peuple........ 311
Les dégrèvemens demandés par le tiers-état lui sont refusés............................ 313
Tous les ordres s'accordent à demander un tribunal d'exception contre les financiers..... *Ib.*
Acharnement contre eux; attaque indirecte de l'Université contre les jésuites............ 315
Loi fondamentale proposée par le tiers-état, pour affermir l'indépendance de la couronne. 316

1615. 2 janvier. Discours du cardinal du Perron pour menacer la France d'un schisme en raison de cette loi...................................... 319
Trouble que cause ce discours, arrêt du conseil qui évoque au roi cette discussion......... 320
Nouvelles instances du tiers contre la taille; communication incomplète sur les finances.. 322
Cet exposé des finances contient de faux énoncés sur les fonds restés à la Bastille, etc... 324
Les députés n'accordent point de foi à cet exposé, qui, cependant, leur ferme la bouche. 326
Scènes de violence du duc d'Épernon, de M. de Bonneval, du prince de Condé............ 327
Demande de lois nouvelles sur les duels. 23 février. Séance royale pour présenter les cahiers.. 331

1615. Discours de Richelieu, évêque de Luçon, à la séance royale; progrès marqué dans l'éloquence politique.................. page 332

Les députés restent à Paris jusqu'au 24 mars, sans qu'on leur permette de s'assembler..... 333

Leur mécontentement en se séparant. Le parlement veut se mettre à leur place.......... 334

Son arrêt du 28 mars pour convoquer les pairs; il est cassé. Sa lutte avec la reine......... 336

Le prince de Condé se retire de la cour; il s'unit à tous les mécontens.................. 338

Il accuse le maréchal d'Ancre, pour profiter de l'animosité du peuple et de celle de Longueville................................ 340

9 août. Manifeste de Condé. 17 août. Départ de la cour pour Bordeaux.................. 341

18 septembre. Arrêt du parlement contre Condé; avances de celui-ci aux protestans......... 343

Progrès de la reine; son séjour à Poitiers; la maréchale d'Ancre rentre en faveur auprès d'elle................................... 344

Bois-Dauphin opposé à Condé; il manque de talent et d'activité. Rohan et Sully se déclarent pour Condé............................ 345

Rohan va soulever les protestans de Guienne et Languedoc. Ses talens, funestes à son parti. 348

18 octobre. Le double mariage s'accomplit à Bordeaux et à Burgos; les princesses échangées le 9 novembre..................... 350

17 décembre. La cour revient de Bordeaux vers Tours. Changement dans les affections de la reine.................................. 352

1616. 1er janvier. Ouverture des négociations avec

1616. Condé; médiation du duc de Nevers; trêve. p. 354
13 février. Congrès de Loudun; le nombre des rebelles s'accroît pendant la trêve.......... 355
Prétentions des mécontens; retraite volontaire d'Épernon et de ses amis............... 357
3 mai. Le prince de Condé signe la paix en abandonnant les intérêts des huguenots..... 359
Gratifications aux mécontens; signature accordée à Condé. Projet conçu de l'arrêter..... 361
Le maréchal d'Ancre retiré de Picardie; le chancelier de Sillery renvoyé............ 363
Le ministère changé en entier. Barbin, Mangot, l'évêque de Luçon appelés au conseil...... 364
Le comte d'Auvergne remis en liberté; Bouillon et Mayenne reviennent les premiers à Paris.................................... 365
Haine contre le maréchal d'Ancre; sa querelle avec le cordonnier Picard; projet des princes de le tuer............................. 367
Retour de Condé; il préside le conseil; il protége le maréchal d'Ancre, puis s'en repent. 369
Il engage le maréchal à quitter Paris. Longueville enlève au maréchal ses places de Picardie. 371
Condé accusé de prétendre à la couronne; cri de son parti, *barre à bas*............... 372
La reine se résout à faire arrêter Condé au Louvre; il lui faut ourdir une conjuration pour cela............................ 374
Condé arrêté le 1er de septembre par le marquis de Thémines........................... 375
Tous les autres princes, que la reine voulait arrêter en même temps, réussissent à s'échapper............................. 377
La reine laissée seule à la cour; elle charge

1616.	Brissac de présider le conseil de guerre. page	379
	7 septembre. Les capitaines veulent tuer le comte d'Auvergne parce qu'il prend la première place à ce conseil................	380
	Déclaration contre Condé ; négociations avec les princes ; armistice pour l'hiver..........	381
	30 novembre. Disgrâce de du Vair. Richelieu, secrétaire d'État ; retour de Concini ; abattement de sa femme..................	383
1617.	2 janvier. Mort de la fille de Concini ; il y voit le signal de sa ruine prochaine...........	385
	Instructions de Richelieu aux ambassadeurs qu'il envoie aux princes protestans...........	387
	10 mars. Les princes déclarés rebelles ; trois armées envoyées contre eux..............	389
	24 avril. Les hostilités suspendues par la mort du maréchal d'Ancre.................	391
	Luynes engage Louis XIII à conspirer contre le favori de sa mère. Vitry promet de le tuer..	392
	Le maréchal d'Ancre est tué comme il entre au Louvre ; le roi paroît à la fenêtre et remercie.	394
	On empêche la reine mère de parler à son fils ; les vieux ministres sont rappelés..........	395

CHAPITRE XIII. *Louis XIII gouverné par Luynes ; exil de la reine mère à Blois ; assemblée des notables à Rouen ; médiation de la France en Italie ; commencemens de la guerre de trente ans ; traités avec la reine mère à Angoulême, puis à Angers ; guerre contre les protestans dans le Midi.* 1617-1621.

| 1617. | La nation paroît tout entière s'associer au meurtre du maréchal d'Ancre................ | 398 |
| | Ce meurtre annoncé aux deux armées ; les princes déposent les armes et reviennent à la cour.. | 399 |

1617. Déclaration du roi en leur faveur. Condé reste captif et sa femme le joint à Vincennes. page 401

3 mai. Entrevue de Louis avec sa mère; elle est envoyée à Blois.................... 403

Supplice de Travail, un des conjurés; basse réponse du parlement au roi sur le maréchal.. 404

La maréchale d'Ancre mise en jugement; traitement fait à son fils; accusations contre elle. 406

Luynes et d'autres grands sollicitent les juges de la condamner. Sentence du parlement..... 408

8 juillet. Son supplice; biens des Concini donnés aux Luynes. Le pape en réclame sa part.... 409

Le roi retourne à ses jeux; ses soupçons contre sa mère; enfantillages de sa femme........ 411

Promesses de Luynes aux réformés; le clergé catholique réclame pour l'Église du Béarn.... 413

Médiation de la France en Italie pour le duc de Savoie. Caractère de ce prince........... 415

Philippe III parle de le faire *obéir*. Efforts de Charles-Emmanuel pour soulever l'Italie.... 417

Traité d'Asti en 1615, rompu par D. P. de Toledo; la guerre renouvelée.............. 418

Les troupes espagnoles toujours formidables malgré la décadence de l'État. Lesdiguières en Piémont........................ 419

La France rétablit la paix entre la Savoie et Milan, entre Venise et l'archiduc Ferdinand de Styrie............................ 421

Conjuration du marquis de Bedmar contre Venise; beaucoup de Français y sont impliqués. 422

24 novembre. Assemblée des notables à Rouen; demandes intéressées du clergé et de la noblesse.............................. 425

1617. Multiplication d'offices héréditaires qui écrasent l'industrie. Réformations de détail. page 427

Initiative du conseil pour quelques réformes plus importantes. Mort de Villeroy............ 428

Ambition de Luynes ; ses nouveaux honneurs ; ses précautions contre la reine mère...... 431

1618. Querelle de d'Épernon avec le garde des sceaux; sa retraite de Metz ; influence de madame de Luynes............................. 432

Les querelles du Béarn liées à une jalousie du favori ; elles prennent un aspect menaçant.. 434

Elles éclatent en même temps que la guerre de trente ans ; état des deux religions en Allemagne............................... 436

Rodolphe II (1596-1612) attaque le protestantisme avec adresse, en Autriche et dans l'Empire................................. 438

Résistance des protestans en Hongrie, Bohême et Transylvanie ; ils appellent Matthias à leur aide................................. 439

1608. Partage de la monarchie entre les deux frères ; tous deux promettent la liberté de conscience............................. 441

1612-1618. Matthias, empereur ; il destine son héritage au fanatique Ferdinand de Styrie.. 443

23 mai. Deux conseillers de Matthias jetés par les fenêtres du château de Prague......... 445

La guerre commence malgré les efforts de celui-ci, qui meurt le 20 mars suivant...... 446

Désobéissance du Béarn ; supplice de quelques partisans de la reine mère................ 447

1619. 22 février. Marie de Médicis, délivrée par le duc d'Épernon, se retire à Angoulême........ 449

1619. Courte guerre entre Louis XIII et sa mère, terminée par le traité d'Angoulême, du 30 avril. p. 451

Entrevue à Tours de la mère et du fils. Mariage de Christine de France avec le prince de Piémont.................................... 453

Persécution de l'arminianisme en Hollande. Barneveldt mis à mort ; Grotius exilé..... 455

20 octobre. Condé remis en liberté. Faveurs accumulées sur Luynes et ses frères......... 456

1620. Nouvelles brouilleries ; assemblée des huguenots à Loudun ; querelle entre les princes pour la serviette................................. 458

Haine contre Luynes ; puissance de la confédération formée contre lui................. 461

Luynes conduit le roi en Normandie ; le goût de la guerre se développe en Louis XIII...... 463

La Normandie soumise ; déroute des mécontens au Pont-de-Cé. 13 août. Paix d'Angers.... 464

La France distraite de la politique générale ; révolution ministérielle à Madrid......... 465

Le duc d'Ossuna recourt à la France pour se faire roi de Naples ; il est sacrifié......... 467

27 et 28 août 1619. Frédéric couronné roi de Bohême. Ferdinand II, empereur........ 470

Le roi d'Espagne et le duc de Bavière secourent Ferdinand, tandis que Frédéric est abandonné. 472

3 juillet 1620. La France, par le traité d'Ulm, désarme les protestans et assure la victoire à Ferdinand..................................... 473

Regrets de la France lorsqu'elle voit Ferdinand II abuser de sa victoire............. 474

15 octobre. Louis XIII à Pau, rend les biens de l'Église aux catholiques, et réunit la Navarre à la France................................ 475

1621. 2 janv. Assemblée des réformés de La Rochelle ;
leur remontrance au roi repoussée.... page 479
2 avril. Luynes fait connétable; l'assemblée de
La Rochelle veut la guerre, en dépit des seigneurs................................. 480
29 avril. Le roi part pour l'armée contre les
huguenots; réglemens de l'assemblée de La
Rochelle............................... 482
Les commandans des cercles nommés par l'assemblée abandonnent presque tous sa cause.. 483
Le roi punit une insurrection catholique à Tours ;
il reprend Saumur à Duplessis-Mornay..... 485
Les huguenots se laissent presque partout désarmer. 25 juin. Prise et punition de Saint-Jean-d'Angely....................... 486
Luynes fait garde des sceaux ; le roi se détache
de lui; ses confidences à Bassompierre..... 488
18 août. Siége de Montauban; Mayenne tué ;
les troupes royales éprouvent plusieurs échecs. 490
2 novembre. Le roi lève le siége de Montauban ;
la ville de Monlaur brûlée; Luynes mal vu
du roi................................ 492
14 décembre. Mort de Luynes ; le roi retourne
à Paris............................. 494

CHAPITRE XIV. *Seconde campagne contre les huguenots, et paix de Montpellier. Le duc de Féria fait soulever la Valteline ; importance de cette vallée. — Le cardinal de Richelieu appelé aux affaires par la Vieuville le remplace. Il fait attaquer la Valteline et l'état de Gênes ; paix de Monçon.* 1622-1626.

1622. Philippe III, Jacques Ier et Louis XIII veulent
être absolus, sans être jamais capables de
commander........................... 495

1622. La guerre contre les huguenots commencée en haine de la liberté, continuée pour gouverner le roi............................. page 497

Lutte pour la domination, entre la reine mère que dirige Richelieu, et Condé dirigé par Ruccelai................................ 498

Disgrâce dont madame de Luynes est menacée; elle épouse le duc de Chevreuse........... 499

21 mars. Condé entraîne le roi dans le Poitou; cruautés commises contre les huguenots.... 501

Le roi, du Poitou, passe dans la Guienne et le Languedoc; massacres et pillages.......... 503

Les principaux chefs des huguenots se vendent au roi. Lesdiguières fait connétable........ 504

D'Épernon fait gouverneur de Guienne. Mansfeld répand l'épouvante en Champagne.... 506

Il passe en Hainaut. Louis XIII entreprend le siége de Montpellier................... 508

Divers échecs au siége de Montpellier; négociations pour la paix; Condé s'y oppose...... 509

20 octobre. Paix de Montpellier. Condé passe à Rome. Changemens dans le conseil du roi... 511

5 septembre. Richelieu fait cardinal. Jalousie que ressentent de lui les ministres......... 513

1623. Toutes les conditions de la paix qui pouvaient être favorables aux huguenots violées par les agens du roi........................... 515

Vigilance que demandent les affaires étrangères. 19 juillet 1620. Massacre de la Valteline.... 517

Importance du passage de la Valteline pour la France, Venise, l'Espagne et l'Empire..... 520

Les Grisons attaquent la Valteline, secondés par les Zuricois et les Bernois; ils sont battus... 522

1623. Ambassade de Bassompierre à Madrid pour la
Valteline. Il y voit mourir Philippe III. page 523
Traité de Madrid, du 25 avril 1621, que Bassompierre fait signer à Philippe IV........ 525
Il n'est accepté par personne. Horrible oppression des Grisons sous les Autrichiens; recours
à la France....................... 526
7 février 1623. Traité entre la France, Venise et
la Savoie; dépôt des forts de la Valteline entre
les mains du pape................... 528
Ferdinand II poursuit ses projets pour l'oppression de l'Allemagne. Armées d'aventuriers... 529
Ruine de l'Empire. Wallenstein. Renouvelle-
ment de la guerre des Pays-Bas.......... 530

1624. 26 avril. Richelieu appelé au conseil du roi; sa
conduite depuis sept ans qu'il étoit hors des
affaires......................... 534
Conditions sous lesquelles il accepte le ministère;
disgrâce de la Vieuville, le 12 août......... 535
Richelieu insiste auprès du roi pour qu'il se
confie à son conseil, non à un seul homme. 537
Richelieu résolu d'arrêter les envahissemens de
la maison d'Autriche; puissance de cette
maison......................... 539
Cercle des États autrichiens autour de la
France. Richelieu veut le couper en trois en-
droits.......................... 540
Il profite de la brouillerie de l'Angleterre avec
l'Espagne à l'occasion du mariage du prince
de Galles........................ 543
Il promet Henriette de France au prince de
Galles et arrache au pape une dispense..... 544
Il resserre son alliance avec la Hollande; il
fait espérer aux Anglais de se liguer avec eux. 546

1624. Armée anglaise confiée à Mansfeld ; elle est ruinée sur mer par la maladie. Siége de Bréda. page 548

Le roi de Danemarck appelé contre l'empereur. Cœuvres chargé de recouvrer la Valteline... 550

Traité de partage de la république de Gênes avec le duc de Savoie. Venise repousse cette perfidie. 552

1625. 4 mars. Gênes attaquée au sein de la paix. Désastres de cette république. 554

Massacres et pillages dans la Ligurie. Lesdiguières refuse d'attaquer la capitale........ 555

11 mai. Mariage de Charles Ier d'Angleterre avec Henriette de France. Ardeur de Buckingham auprès de la reine..................... 557

Nouvelle guerre de religion; les huguenots demandent l'exécution du traité de Montpellier. 559

17 janvier. Soubise surprend la flotte royale au port de Blavet et s'empare des vaisseaux.... 561

1er mai. Rohan prend aussi les armes en Languedoc ; mais une moitié des protestans refuse de s'armer........................... 563

Affreux ravages autour de Montauban et de Castres. Défaite de Soubise.............. 564

F. Barberini, cardinal légat à Paris, reçu avec distinction ; mais il ne peut réussir à traiter. 565

19 septembre. Assemblée des notables, qui approuve la politique de Richelieu.......... 567

Violation du droit des gens envers les Génois ; la tête des magistrats mise à prix......... 569

Froideur avec l'Angleterre pour la maison de la reine. Richelieu veut la paix............. 572

Les Français et Savoyards évacuent la Ligurie ; danger du Piémont ; siége de Verrue...... 573

1626. Janvier. Négociation de Bassompierre en Suisse et de du Fargis en Espagne........ page 576
Richelieu amène les Espagnols et les huguenots à traiter avec lui, en les trompant en même temps............................. 577
Paix avec les huguenots, le 5 février. Traité de Monçon, le 5 mars, sur la Valteline...... 578
Indignation des alliés de la France, qui se voient tous joués par Richelieu............... 580

FIN DE LA TABLE.

DE L'IMPRIMERIE DE CRAPELET,
RUE DE VAUGIRARD, N° 9.

www.ingramcontent.com/pod-product-compliance
Lightning Source LLC
Chambersburg PA
CBHW060406230426
43663CB00008B/1403